21世纪国际经济与贸易学专业系列教材

国际货物运输保险

（第4版）

主编 ◎ 黄海东 孙玉红

清华大学出版社
北京

内 容 简 介

本书结合国际贸易业务、保险学和保险法的理论与原则，对国际货物运输中的保险问题进行了较为全面而详细的论述。全书内容以与国际贸易关系最为密切的运输保险为重点，包括中国加入 WTO 后的保险业现状、出口信用保险与实务、产品责任保险与实务，并在叙述过程中穿插了许多具体案例，以帮助读者掌握如何运用保险基本理论和条款对案例进行分析和阐释，这也使本书的内容更加丰富和具有吸引力。

全书内容以学生为本位进行编排，以保险基本知识为起点，以保险法与保险原则为支撑，比较深入地对国际贸易中的保险业务和问题进行了阐述。

本书可作为国际贸易、国际物流、国际货物运输等专业的本科教材，也可作为贸易、物流、货运等行业从业人员的参考用书。

本书封面贴有清华大学出版社防伪标签，无标签者不得销售。
版权所有，侵权必究。举报：010-62782989，beiqinquan@tup.tsinghua.edu.cn。

图书在版编目（CIP）数据

国际货物运输保险 / 黄海东，孙玉红主编．—4 版．—北京：清华大学出版社，2021.10（2025.1重印）
21 世纪国际经济与贸易学专业系列教材
ISBN 978-7-302-59461-1

Ⅰ．①国… Ⅱ．①黄… ②孙… Ⅲ．①国际运输－货物运输－交通运输保险－高等学校－教材 Ⅳ．①F840.63

中国版本图书馆 CIP 数据核字（2021）第 217194 号

责任编辑：邓　婷
封面设计：刘　超
版式设计：文森时代
责任校对：马军令
责任印制：刘　菲

出版发行：清华大学出版社
网　　址：https://www.tup.com.cn, https://www.wqxuetang.com
地　　址：北京清华大学学研大厦 A 座
邮　　编：100084
社 总 机：010-83470000
邮　　购：010-62786544
投稿与读者服务：010-62776969，c-service@tup.tsinghua.edu.cn
质量反馈：010-62772015，zhiliang@tup.tsinghua.edu.cn
印 装 者：三河市铭诚印务有限公司
经　　销：全国新华书店
开　　本：185mm×260mm　　印　张：17.5　　字　数：431 千字
版　　次：2010 年 2 月第 1 版　2021 年 11 月第 4 版　印　次：2025 年 1 月第 4 次印刷
定　　价：49.80 元

产品编号：087791-01

第 4 版前言

本书自 2016 年 12 月出版第 3 版后，国内外保险市场开放政策出现了新变化，主要体现在国际贸易术语解释通则方面，由此，本版增加了 INCOTERMS 2020 相关规定。

具体来看，INCOTERMS 2020 于 2019 年 9 月修订完成，于 2020 年 1 月 1 日生效。该通则包括 11 个贸易术语，分别为 EXW（工厂交货）、FAS（船边交货）、FOB（船上交货）、CFR（成本加运费）、CIF（成本、保险费加运费）、FCA（货交承运人）、CPT（运费付至指定目的地）、CIP（运费、保险费付至指定目的地）、DAP（目的地交货）、DPU（运输终端交货）和 DDP（完税后交货）。其中与保险密切相关之处包括两个方面。一是用 DPU（delivered at place unloaded）取代了原 INCOTERMS 2010 中的 DAT（delivered at terminal）术语。INCOTERMS 2020 考虑到使用"终端"一词会让没有仔细阅读指导说明的用户产生混淆，"终端"可以指代任何地方而非仅限于集装箱码头等，因此将 DAT 改为 DPU，只改名称，不对贸易术语进行其他实质性更改。二是在 INCOTERMS 2020 中，CIP 术语中关于保险的规定发生了变化，已变为协会货物条款 A 类保险。

此外，为了更好地把握全球和中国保险服务市场开放的新局面，进一步完善和更新教材的内容，本次修订除了完善和校对原稿，还在以下几个方面进行了调整和补充。

第一，更新了中国保险业发展的数据。根据中国统计局发布的保险数据，将保险费收入、保险深度和保险密度数据更新至 2020 年。

第二，调整和增加了部分案例。第四章增加了两个案例，第六章修订了两个案例。

第三，将涉及《中华人民共和国产品质量法》的相关内容更新至 2018 年版，将原《中华人民共和国产品质量法》第十四条第二项更新为《中华人民共和国产品质量法》第二十六条第二项，将《中华人民共和国民法通则》更新为《中华人民共和国民法典》。

第四，本次修订增加了相关参考文献和网站。

本书由黄海东、孙玉红任主编，并负责全书的修改和定稿工作。参与本书编写的还有王如意、李剑奇、杨玺暖，感谢他们对本教材编写工作的大力支持。在编写过程中，编者参考了国内外有关的文献资料，在此，向参考文献的作者表示诚挚的谢意。

由于编者水平有限，书中不妥之处在所难免，敬请各位同行和读者批评指正。

作　者

2021 年 6 月

第 3 版前言

本书自 2012 年 9 月出版第 2 版后，国内外保险市场开放政策出现了新变化，主要体现在以下几个方面。

（1）国务院于 2014 年 8 月 13 日发布了《关于加快发展现代保险服务业的若干意见》，简称"新国十条"。"新国十条"要求推进保险业改革开放，全面提升行业发展水平。这意味着中国保险市场继我国加入世界贸易组织承诺逐步开放之后，即将迎来新一轮开放。

（2）中国上海自贸区的设立加快了保险市场开放的探索。2015 年 10 月 30 日，中国人民银行会同商务部、银监会、证监会、保监会、国家外汇管理局和上海市人民政府，正式联合印发《进一步推进中国（上海）自由贸易试验区金融开放创新试点 加快上海国际金融中心建设方案》（以下简称《方案》），《方案》中对保险市场的扩大开放和保险资金的拓宽运用做出了相应规定。

（3）2015 年 12 月 20 日生效的中韩自由贸易区协定（FTA）中纳入了中国关于保险服务市场开放的内容，这意味着中国在与其他国家签署的自由贸易区协议中首次涉及对保险服务的开放承诺。

为了更好地把握全球和中国保险服务市场开放的新局面，进一步完善和更新教材的内容，本次修订的内容主要包括以下几个方面。

第一，更新并增加了最新的保险市场数据。

第二，在第二章中增加了两部分内容：一是中国在国内外自贸区中保险市场的开放，二是根据"新国十条"确立了中国保险业和保险市场的发展目标。

第三，本次修订增加了一部分练习题，主要集中在第一章和第二章。

本书由黄海东、孙玉红任主编，并负责全书的修改和定稿工作。参与本书编写的还有武淑慧、方亮、赵伏云、王丽丽、赵慧、云杰、林正、张斯琦，感谢他们对本教材编写工作的大力支持。在编写过程中，编者参考了国内外有关的文献资料，在此，向参考文献的作者表示诚挚的谢意。

由于编者水平有限，书中不妥之处在所难免，敬请各位同行和读者批评指正。

作　者
2016 年 10 月

第 2 版前言

随着全球经济一体化、经济信息化和我国经济改革的不断深入，入世后的中国对外贸易发展强劲，已成为我国国民经济的重要组成部分。而中国业已跃升为世界第一出口大国和第二进口大国，在国际贸易格局中占有越来越重要的地位。由于国际贸易中的货物在运输途中不可避免地会因自然灾害、意外事故而遭受损失，出口商有时会由于对方的信用问题而收不到货款，出口产品由于质量原因可能会对消费者造成伤害而给企业带来损失，因而通过保险的方式转嫁风险，成为国际贸易活动中不可或缺的一环，需要相关人员进行专业的学习；此外，步入新世纪的我们会发现周边的生活也面临着经济发展和科技进步所带来的比以往任何时候都要多得多的风险。随着我国成为世界第二经济大国，国民收入和人民生活水平不断提高，保险行为不仅成为国际贸易活动中的一个重要环节，也必将成为人们生活中的一个重要组成部分，与每个人息息相关。

本书自 2010 年 2 月出版第 1 版后，国际商会于 2010 年 9 月 27 日向全球正式公布了修订的《国际贸易术语解释通则 2010》（简称 INCOTERMS 2010），并于 2011 年 1 月 1 日正式实施。INCOTERMS 2010 的内容与之前的版本相比有一些重大修改和增减，为了适应国际货物运输保险工作以及相关教学的需要，本书做出第一次修订。因此，本次修订的最主要内容是将 INCOTERMS 2010 的新内容融入保险的原则和保险的实务中；同时，为了使本书的内容协调一致，用《2009 年伦敦保险协会货物条款》取代了 1982 年的条款；另外，对第 1 版中的错漏进行了修改和补充。

本书由黄海东、孙玉红任主编，并负责全书的修改和定稿工作。参与本书编写的还有武淑慧、方亮、赵伏云、王丽丽、赵慧、云杰、林正、张斯琦，感谢他们对本教材编写工作的大力支持。在编写过程中，编者参考了国内外有关的文献资料，在此，向参考文献的作者表示诚挚的谢意。

由于编者水平有限，书中不妥之处在所难免，敬请各位同行和读者批评指正。

作　者
2012 年 6 月

第1版前言

随着全球经济一体化、经济信息化和我国经济改革的不断深入,入世后的中国对外贸易发展势头强劲,成为我国国民经济的重要组成部分。而中国业已跃升为世界第三贸易大国,在国际贸易格局中占有越来越重要的地位。由于国际贸易中的货物在运输途中不可避免地会因自然灾害、意外事故而遭受损失,出口商有时会由于对方的信用而收不到货款,出口产品由于质量原因可能会对消费者造成伤害而给企业带来损失,因而通过保险方式转嫁风险,成为国际贸易活动不可或缺的一环,需要相关人员进行专业的学习;此外,当我们步入新世纪时,会发现我们的生活也面临着由于经济发展和科技进步所带来的比以往任何时候都要多得多的风险。随着我国国民收入和人民生活水平的提高,保险行为不仅仅是国际贸易活动中的一个重要环节,也必将成为人们生活中的一个重要组成部分,与每个人息息相关。因此,对保险知识和理论进行学习成为大学生提高综合素质的一个方面。

为适应国际贸易专业本科生专业学习的需要,我们编写了这本国际贸易运输保险教材,通过这本教材,希望读者对国际贸易保险形成一个比较完整的知识体系。

本书由黄海东、孙玉红任主编,并负责全书的修改和定稿工作。参加本书编写工作的有王如意、李剑奇、杨玺暖。感谢他们对本教材编写工作的大力支持,谨此一并致谢。在编写过程中,编者参考了国内外有关的文献资料,在此,向参考文献的作者表示诚挚的谢意。

由于作者水平有限,书中不妥之处在所难免,敬请各位同行和读者批评指正。

作　者
2009 年 8 月

目　　录

第一章　风险及保险知识概述 ... 1

第一节　风险及其相关概念 ... 1
一、风险的定义 ... 1
二、风险因素、风险事故与损失 ... 3
三、风险的分类 ... 5

第二节　风险管理 ... 7
一、风险管理的起源 ... 7
二、风险管理的演进过程 ... 7
三、风险管理的含义与过程 ... 8
四、企业风险和个人风险 ... 9
五、风险的度量 ... 11
六、风险管理的方法 ... 13
七、纯粹风险管理及其与其他类型风险的比较 ... 16
八、企业风险管理的组织 ... 18

第三节　保险的定义、要素和特征 ... 18
一、保险的定义 ... 18
二、保险的要素 ... 19
三、保险的特征 ... 20

第四节　保险的职能和作用 ... 22
一、保险的职能 ... 22
二、保险的作用 ... 24

第五节　保险的分类 ... 25
一、按保险性质分类 ... 25
二、按保险标的分类 ... 25
三、按危险转移层次分类 ... 26
四、按保险实施方式分类 ... 27
五、其他分类方式 ... 27

复习思考题 ... 31

第二章　中国保险市场的开放与现代保险业发展概况 ... 32

第一节　入世前的中国保险市场 ... 32

- 一、中国保险业的创立与发展 ... 32
- 二、改革开放以来国内保险市场的形成 ... 34
- 三、入世前中国保险市场的准备阶段和试点阶段 ... 34

第二节 中国保险市场对外开放的入世承诺与过渡期特点 ... 35
- 一、中国保险市场对外开放的入世承诺 ... 35
- 二、中国保险市场对外开放的入世过渡期特点 ... 37
- 三、中国保险市场对外开放的入世后过渡期特点 ... 38
- 四、中国在国内外自贸区中的保险市场开放 ... 40

第三节 中国保险业的现状和发展目标 ... 41
- 一、中国保险业的发展现状和水平 ... 41
- 二、中国保险业和保险市场的发展目标 ... 44

第四节 现代保险业发展概况 ... 46
- 一、意大利是现代海上保险的发源地 ... 46
- 二、资本主义的发展促进了保险立法 ... 47
- 三、英国海上保险的产生和发展 ... 47
- 四、美国保险业概况 ... 50
- 五、日本保险业概况 ... 51
- 六、瑞士保险业概况 ... 51

复习思考题 ... 52

第三章 保险的基本原则 ... 53

第一节 最大诚信原则 ... 53
- 一、最大诚信原则的含义 ... 53
- 二、规定最大诚信原则的原因 ... 53
- 三、最大诚信原则的基本内容 ... 54
- 四、违反最大诚信原则的法律后果 ... 57

第二节 保险利益原则 ... 58
- 一、保险利益的含义 ... 58
- 二、各类保险的保险利益 ... 59
- 三、保险利益的变动、适用时限与坚持保险利益原则的意义 ... 62
- 四、国际货物运输保险中保险利益的转移 ... 63

第三节 近因原则 ... 66
- 一、近因原则的含义 ... 66
- 二、近因原则的应用 ... 67

第四节 损失补偿原则 ... 69
- 一、损失补偿原则的含义 ... 69

二、损失补偿原则的派生原则 70
　复习思考题 77

第四章　保险合同 78
　第一节　保险合同的概念、特征和分类 78
　　一、保险合同的概念 78
　　二、保险合同的特征 78
　　三、保险合同的分类 80
　第二节　保险合同的民事法律关系 83
　　一、保险合同的主体 83
　　二、保险合同的客体 88
　　三、保险合同的内容 88
　第三节　保险合同的订立、变更和终止 90
　　一、保险合同的订立 90
　　二、保险合同的变更 95
　　三、保险合同的终止 97
　　四、保险合同的中止和复效 100
　第四节　保险合同的履行 101
　　一、投保人义务的履行 101
　　二、保险人义务的履行 104
　　三、保险合同的解释原则和争议处理 106
　复习思考题 110

第五章　海洋运输货物保险保障的范围 111
　第一节　海洋运输货物保险保障的风险 111
　　一、海上风险 111
　　二、外来风险 114
　第二节　海洋运输货物保险保障的损失 115
　　一、全部损失 115
　　二、部分损失 118
　第三节　海洋运输货物保险保障的费用 122
　　一、施救费用 122
　　二、救助费用 123
　　三、共同海损分摊费用 125
　　四、其他费用 125
　复习思考题 127

第六章　海洋运输货物保险条款 ... 128

第一节　我国海洋运输货物保险条款 ... 128
　　一、基本险条款 ... 128
　　二、附加险条款 ... 137
　　三、专门险条款 ... 142

第二节　伦敦协会海洋运输货物保险条款 ... 146
　　一、协会货物（A）险 ... 147
　　二、协会货物（B）险 ... 149
　　三、协会货物（C）险 ... 150
　　四、协会战争险、协会罢工险和恶意损害险 ... 151
　　五、协会货物险别的其余部分 ... 153

第三节　中、英两国海运货物保险条款比较 ... 155
　　一、两国海运货物保险条款的共同点 ... 155
　　二、两国海运货物保险条款的区别 ... 156

复习思考题 ... 160

第七章　陆上、航空、邮包运输货物保险 ... 161

第一节　陆上运输货物保险 ... 161
　　一、陆运险与陆运一切险 ... 162
　　二、陆上运输冷藏货物险 ... 162
　　三、陆上运输货物战争险 ... 163

第二节　航空运输货物保险 ... 163
　　一、我国航空运输货物保险险别和条款 ... 164
　　二、协会航空运输货物保险险别和条款 ... 165

第三节　邮包运输货物保险 ... 166
　　一、我国邮政包裹运输保险险别与条款 ... 166
　　二、协会战争险条款（邮包） ... 167

复习思考题 ... 168

第八章　国际货物运输保险实务 ... 169

第一节　国际货物运输保险投保实务 ... 169
　　一、贸易的价格条件 ... 169
　　二、投保险别的选择 ... 171
　　三、选择合适的保险人 ... 174
　　四、保险金额的确定 ... 175
　　五、投保手续 ... 176
　　六、投保的方式 ... 181

第二节　国际货物运输保险承保实务..182
　　　　一、保险单的缮制、批改和转让..182
　　　　二、保险费的结算..184
　　第三节　国际货物运输保险索赔实务..187
　　　　一、索赔的程序..187
　　　　二、被保险人在索赔时应履行的其他义务..190
　　　　三、索赔工作应注意的问题..191
　　　　四、索赔时效..191
　　第四节　国际货物运输保险理赔实务..192
　　　　一、国际货物运输保险的理赔手续..192
　　　　二、确定损失原因..193
　　　　三、责任的审定..194
　　　　四、赔偿金额的计算..195
　　复习思考题..198

第九章　出口信用保险..199

　　第一节　出口信用保险概况..199
　　　　一、出口信用保险的定义..199
　　　　二、出口信用保险的主要特点与作用..199
　　　　三、出口信用保险承担的风险和对象..200
　　　　四、出口信用保险的种类..200
　　第二节　国外的出口信用保险..201
　　　　一、国外出口信用保险的发展..201
　　　　二、国际主要出口信用保险机构的类型..202
　　第三节　中国的出口信用保险..203
　　　　一、中国出口信用保险的发展历程..203
　　　　二、中国出口信用保险的政策性特征..205
　　　　三、中国出口信用保险的主要功能..206
　　第四节　中国短期出口信用保险实务..206
　　　　一、短期出口信用保险概述..206
　　　　二、短期出口信用保险产品..209
　　　　三、短期出口信用保险投保..210
　　　　四、短期出口信用保险理赔和追偿实务..216
　　　　五、短期出口信用保险贸易融资实务..220
　　第五节　中国中长期出口信用保险实务..221
　　　　一、中长期出口信用保险概述..221
　　　　二、出口买方信贷保险..223

三、出口卖方信贷保险 227
　　　四、出口买方信贷保险与出口卖方信贷保险的区别 229
　复习思考题 231

第十章　国际产品责任法与进出口产品责任保险 232
　第一节　产品责任及其法律制度 232
　　　一、产品责任 232
　　　二、产品责任法律制度 237
　　　三、归责原则 240
　　　四、产品责任损害赔偿 243
　第二节　产品责任保险经营实务 247
　　　一、产品责任保险概述 247
　　　二、产品责任保险的种类 251
　　　三、产品责任保险的承保 256
　　　四、产品责任保险费率的厘定 258
　　　五、风险管理与赔偿处理 260
　复习思考题 263

参考文献 264

第一章 风险及保险知识概述

风险是保险产生和发展的基础，保险是人类社会处理风险的一种手段。正是由于风险和保险具有这样的内在联系，保险研究才需要以风险研究为基础。本章首先讨论风险和风险管理的基本概念，在此基础上引出保险的概念和特征，然后分析保险的职能和作用，最后阐述保险的分类方法和主要种类。

通过本章的学习要掌握风险的基本概念与特征、风险的分类；掌握风险管理的基本概念，了解风险处理的基本方法；掌握保险的基本概念、特征和分类；了解保险的职能和作用。

第一节 风险及其相关概念

一、风险的定义

在日常生活中，"风险"是一个极其简单、使用频繁的词语。例如：

"乘坐飞机的风险很高，我宁愿坐火车。"

"小刘是个驾车的新手，搭乘他的车风险太大。"

"我宁可收入低一点，也要待在国有企业，到民营企业虽然收入高一些，但得承担大起大落的风险。"

"医生说不能确保该手术完全成功，存在并发症，甚至瘫痪等风险，你决定现在做还是再观察一段时间？"

"我劝你还是不要购买股票，你可以考虑购买一些国债或基金，这些投资工具的风险较低。"

"本公司核保部主要是为了选择好的风险（预期损失较低的被保险人）给以承保。"

……

显然，在上述各种情形中，"风险"一词具有不同的含义。

关于风险，有许多不同的定义，本书沿用北京大学孙祁祥所著的《保险学》一书对风险所下的定义：风险是一种损失的发生具有不确定性的状态。这个概念认为风险不仅需要考虑损失的可能性，但更强调风险所具有的三个特征，即客观性、损失性和不确定性。

（一）风险的客观性

风险是客观存在的，不以人的意志为转移，是独立于人的意识之外客观存在的客观规律。例如，众所周知，人在有石棉的环境中工作会损害健康，进而慢慢丧失劳动能力。因为石棉中的有害物质会增加人们感染石棉沉着病的机会，而这种病会导致人体肺功能的降低并易于诱发癌症。在50年前，沉着病是一种尚未查明的疾病，人们对此缺乏了解，但这并没有改变石棉与生俱来就是有害物质，人们接触了它，就容易致病这样一个基本事实，也不影响其风险的大小。

风险是人类社会非常普遍的现象。人们购置住房，可能因火灾、水灾、地震而发生损失；司机开车可能因发生撞人或被撞事故而遭受严重的生命、财产损失，还可能因被起诉而承担法律责任；组建一个企业或投资一个项目存在无法收回本金的可能性；我们不知道自己什么时候会生病、什么时候会下岗、什么时候会死亡，可能导致死亡或产生疾病的原因数不胜数；使用电器可能会触电，使用煤气可能会泄漏，抽烟过多可能导致肺癌，因臭氧层遭破坏而过多暴露于强烈的紫外线下可能导致皮肤癌。

总之，天灾、人祸并没有随着城市化、工业化、科技文明的进步而消失，在某种程度上可能会导致新的、更强大的破坏力，从而不断向经济社会提出挑战，并带来比以往任何时候都要多得多的风险。例如，新技术、新材料的使用，给许多国家带来了日益严重的风险；而核泄漏、计算机系统故障、遗传和基因技术的滥用、新型材料的污染等，给人们的生活带来了很多危害。计算机和互联网的应用把我们带入了一个全新的信息知识社会，同时也带来了某些人利用高科技犯罪的重大隐患；国际分工可以使参与国双赢，同时也埋下了国民经济被他国操纵的种子；生活和医疗条件的改善使人类的预期寿命和生活质量得到了提高，同时也带来了世界性的老龄化问题，加重了护理、医疗等方面的负担；工业化、城市化的进程增加了对基础设施、交通、文化和各种消费品的需求，同时也带来了严重的环境污染。

（二）风险的损失性

风险的损失性是指风险是与损失相关的一种状态。在广义的投资活动中，人们所谈论的风险是指收益或者损失的不确定性。一项投资活动可能给投资者带来收益，也可能带来损失。根据这种不确定性可以将风险划为三类。第一类风险可以称为收益风险，是指只会产生收益而不会导致损失的风险，只是具体的收益规模无法确定。例如，受教育的风险问题，在现代社会，受教育无疑是一种非常必要而且明智的行为，教育会让人受益终生，但教育到底能够为受教育者带来多大的收益又是无法计量的，它不仅与受教育者个人的内部因素有关，而且与受教育者的机遇等外部因素有关。这可以看作是带来收益的风险。第二类风险可以称为纯粹风险，即危险，它是指只会产生损失而不会带来收益的风险。对于这类风险，我们无法确定具体的损失。在现实生活中，纯粹风险是普遍存在的，正如（一）中所论述的。第三类风险可以称为投机风险，它是指既可能产生收益也可能造成损失的风险。这类风险最好的例子就是股票投资。一旦某人购买了某种股票，就可能随该种股票的贬值而亏损，也有可能随该种股票的升值而获益。但在保险学领域，人们所谈论的风险是与损失相联系的。离开了可能发生的损失，谈论风险就没有任何意义，因此这类风险是指纯粹风险或危险。

（三）风险的不确定性

尽管风险客观存在，时时处处影响着人类的活动，但就具体某一风险而言，其发生却是偶然现象，在其发生之前，人们无法准确地预测其发生的时间、地点及损失程度。

例如，车祸在全世界范围内普遍存在，全球平均每几秒钟就会发生一起车祸。然而，人们不可事先预测到将于何时、何地发生车祸，也无法预测其严重程度。之所以如此，是由于任何风险的发生均是多种因素综合作用的结果，而每一种因素的作用时间、方向、强度以及各因素的作用顺序等必须达到一定条件才能发生风险。这些因素之间事先并无任何联系，许多因素本身就是随机的。

二、风险因素、风险事故与损失

与风险概念密切相关的术语包括风险因素（hazards）、风险事故（peril）和损失（loss），这些术语与风险概念经常被混用，应该加以区别。

（一）风险因素

风险因素是指那些引起风险事故、增加损失概率和损失程度的条件。风险因素一般分为有形风险因素（physical hazards）和无形风险因素（invisible hazards）两类。

（1）有形风险因素。它是指那些影响损失概率和损失程度的物理条件或因素。某建筑物所处位置、所使用建材和实际用途等，老化的电线、年久失修的排水系统、某人有吸烟酗酒的不良嗜好等都属于有形风险因素。一座靠近消防队且具有良好供水系统的建筑物相对于地处偏僻、没有消防设施和供水的建筑物而言，遭受严重火灾损失的可能性要小得多；木结构的房屋比砖混结构的房屋更容易发生严重的火灾；厂区内的运输车比长途运输车出事故的概率低得多。

（2）无形风险因素。它是指观念、态度、文化等看不见的、影响损失可能性和损失程度的因素。主要的无形风险因素是道德风险因素（moral hazards），是指一方当事人通过合同或协议等方式转移风险后，趋利避害的动机大大减小的可能性。道德风险因素是普遍存在的。假设某家庭中，丈夫开一辆公车，工作单位可以报销所有的相关费用，包括修理费用；妻子开一辆经济适用型的私车，所有成本都需由家庭自付。该公车在性能、价值方面远远超过私车，并假设因特殊情况车库只能容纳一辆车，另一辆车只能停在路边（遭受被盗、损毁的可能性高得多），那么该家庭很可能因为费用分担方式的不同安排，以及出于私人成本的考虑而将私车停放在车库内，这对工作单位或社会而言就是一种道德风险。

也有的教科书称此为行为风险，如北京大学孙祁祥认为，行为风险是指由于人们行为上的粗心大意和漠不关心，易于引发风险事故发生的机会和扩大损失程度的因素。例如，躺在床上吸烟的习惯，增加了火灾发生的可能；外出不锁门，增加了偷窃发生的可能；驾驶车辆时不系安全带，增加了发生车祸以后伤亡的可能等。而人们购买了保险以后，由于转嫁了风险，因此，反而加大了上述行为风险发生的可能性。

因此，在保险领域中，道德风险因素更为显著，它是指投保人/被保险人因为保险而降低防损、减损动机的可能性，可以分为事前道德风险（ex ante moral hazard）和事后道德风险（ex post moral hazard）两类。前者是指投保人/被保险人在投保后防损动机减弱的可能性。例如，一般的人出门后，如果不确定自己是否已锁好门，往往会尽快赶回去检查一下，但购买盗窃险后，预防损失的额外成本（赶回家所花费的时间和精力）需由自己负担，而受益的则是保险人（减小被盗的可能性，从而降低了保险人赔款的可能性），因此，立刻返回检查的动机就会相对减弱。后者是指保险事故发生后，投保人/被保险人不积极施救，延误最好的抢救时机，而使损失增加的可能性。

值得注意的是，道德风险不同于保险欺诈，后者是指因恶意行为或不良企图，故意制造保险事故，促使保险事故发生或扩大损失、虚报损失，以骗取保险金。保险欺诈属于违法行为，可以借助法律加以惩罚和制裁，而道德风险只能通过优化保单条款、严格核保程序、加强教育和宣传等手段加以防范和缓解。

（二）风险事故

风险事故又称风险事件，它是损失的直接原因。风险之所以会发生，是因为风险事故的发生使得潜在的危险转化为现实的损失，因此，风险事故是损失的媒介。例如，火灾、暴风、爆炸、雷电、船舶碰撞、船舶沉没、地震、盗窃、汽车碰撞、人的死亡和残疾等都是风险事故。有些风险事故与人的过失、过错或不当干预有关，属于人为事故；有些风险事故则属于自然灾害或天灾。例如，因为野炊活动导致的森林大火属于人为事故，由于闪电引起的森林大火则属于天灾。保险业称这种与个体能力及行为无关的天灾事故为"上帝行为"（act of god）。

（三）损失

损失是指价值的消灭或减少。本书所讨论的大部分情况是可能会发生的经济损失，因此，损失必须能够以一种便于计量的经济单位，如人民币表示出来。当然，有许多损失是无法用经济的方法计算或表示的。例如，亲人的死亡，谁能计算出其家人在精神上所遭受的打击和痛苦是多少人民币？尽管如此，本书还是将讨论的范围限定在必须用货币来表示的经济损失方面。

自然灾害、恐怖袭击等各种意外事件会造成重大人员伤亡和财产损失。

1970—2002年，死亡人数最多的40起自然灾害中，死亡人数最多的为1970年的孟加拉洪水，死亡约30万人；死亡人数最少的为1978年留里旺岛热带气旋，死亡3200人。

1995年，日本神户地震造成直接经济损失973亿美元。

1998年，我国三江流域洪水造成的直接经济损失达2500亿元。

2001年，美国"9·11"事件造成的损失达900多亿美元。

2002年，欧洲的大洪水造成的损失达123亿美元。

2002年，美国的"丽莉"飓风造成的损失达20亿美元。

上述意外事件都与风险息息相关。

（四）风险因素、风险事故、损失和不确定性（风险）之间的联系

风险因素、风险事故、损失和不确定性这些概念存在一定的内在联系，即风险因素引发风险事故，而风险事故导致损失。

我们可以通过简单的例子来加以说明：假设某人最近购买了第一辆家用轿车，他知道存在某些风险因素，如新车还处于磨合期、驾驶技术不熟练、机械故障等，这些因素可能引发或增加碰撞、自燃、人身伤害等风险事故，风险事故可能导致各种直接、间接的损失，车主在特定期限内是否会发生损失、何时会发生损失、损失金额多少等都存在不确定性，这种不确定性就构成了风险。

图1-1所示为风险因素、风险事故与损失的关系。

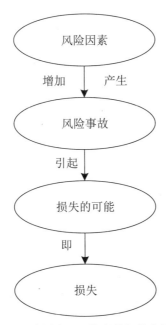

图 1-1　风险因素、风险事故与损失的关系

三、风险的分类

为了便于分析和研究风险的规律和特点,通常需要将众多的风险进行分类。由于分析的角度不同,研究的目的不同,会有不同的风险分类,下面只介绍几种常见的分类。

(一)纯粹风险和投机风险

传统的风险管理教材都会将风险分为这两大类,即纯粹风险和投机风险。

(1) 纯粹风险是只带来损失的风险。如果你遭遇火灾,你的房屋、家产可能被损毁,家人遭受伤害,火灾不会给你带来收益或经济利益,因此火灾是一种纯粹风险。类似地,交通事故、地震、洪灾、违约、犯罪、操作失误等也都是纯粹风险。企业经营过程中经常要面临这类风险。

(2) 投机风险是既可带来损失也可带来收益的风险。利率、汇率、金融产品价格(如股票价格)和商品价格的变化给企业财务状况所带来的影响就是投机风险,或者说利率风险、汇率风险、价格风险都是投机风险。例如,债券投资者的资产—债券的价值因利率上升而下降,因利率水平的降低而增加,也就是说,利率下降会带来额外收益,利率上升会遭受损失,债券投资者面临的利率风险就是投机风险。同样,股票投资的风险主要也是投机风险。一般来讲,企业在融资和证券投资过程中所遇到的风险主要是投机风险,特别地,金融风险主要是投机风险。

纯粹风险往往是一种静态风险,其期望损失相对稳定,或者说,在经济条件或自然环境不变的情况下,期望损失不变,损失波动特点不变。例如,人身风险主要取决于人的平均寿命和社会环境。在短期内,平均寿命和社会环境相对稳定,因此,人身风险的期望值,如死亡概率,在短时期内变化不大或基本不变。纯粹风险往往服从大数定律或中心极限定理,大数定律是传统保险定价的基础。因此，保险公司所承保的风险往往是纯粹风险，或者说可保风险往往是纯粹风险。

投机风险一般是动态风险，赌博例外。动态风险的损失期望值或收益期望值随经济环境变化而变化、随时间改变而改变。大数定律不能刻画投机风险的特点和规律，因此，投机风险不符合传统保险的可保条件。虽然现在保险市场也涉及投机风险领域，所开发的新型的保险产品也与投机风险（主要是金融风险）相联系，然而纯粹风险永远是保险公司最重要的承保对象。

（二）可分散风险和不可分散风险

风险的可分散化是风险管理中非常重要的概念，不论是采用保险来应对风险还是通过金融市场来转移风险，风险的分散化都是要考虑的根本方面。

可分散化风险具有这样的特点：不同风险单位组合在一起后可以减小风险损失的不确定性，或者说面临风险的个人或组织联合起来分担风险时，能降低风险损失的程度。不可分散化风险则不会因面临风险的个人或组织联合起来分担风险而减小风险，或降低风险损失的程度。

随着组合的风险单位数量的增加，平均每个单位风险损失的不确定性不断减小。

在研究金融风险时，我们经常采用系统风险和非系统风险作为不可分散风险和可分散风险的另一种描述。各种股票的收益可能是相互关联的，但未必是完全正相关的。也就是说，在一些股票价格上涨（或下跌）的同时，另一些股票价格正好下跌（或上涨）。因此，当一个投资者同时持有多种股票时，就可以通过减小股票价格的波动来减小风险。这种能够通过持有多种股票（或称多样化组合）来降低风险程度的风险就是非系统风险或可分散风险。系统风险是不能通过多样化股票组合来减小的，这类风险受制于一些影响整个股票市场的因素，如宏观经济政策、利率政策以及整个国家的经济环境等。

区分可分散风险和不可分散风险或非系统风险和系统风险，对于研究保险市场乃至整个金融市场都是非常必要的。对于保险而言，它不但影响风险分担、购买保险的必要性，也涉及风险分担机制的建立、保险价格的确定。

（三）纯粹风险的类型

纯粹风险是保险学研究的最主要的风险类型。按照风险所导致的损失结果来分类，纯粹风险可分为人身风险、财产风险、责任风险。

（1）人身风险是指导致人员死亡或受伤的可能性，也指由于丧失工作能力导致经济困难的可能性。例如，因各种原因导致死亡或伤残，年老、疾病和失业导致收入减少的可能性等都属于人身风险。

（2）财产风险所导致的损失可分为直接损失和间接损失两大类。直接损失主要是指因财产被破坏、损毁或者被征收而导致的损失。例如，建筑物在火灾中被烧毁部分的经济价值就是直接损失。间接损失是直接损失导致的间接后果。例如，建筑物在火灾中被烧毁后所导致的租金损失；企业因停工、停产所导致的收入减少，为尽快恢复生产营业所导致的加急费用和额外经营成本等都是间接损失。

财产风险导致直接损失的同时也导致间接损失,而且通常情况下间接损失比直接损失大得多,一般在4倍左右。

(3) 责任风险是当一个人或一个组织(企业)因疏忽或过失造成他人人身或财产损失时,按照相关法规的要求,必须承担损害赔偿责任的可能性。

第二节 风险管理

一、风险管理的起源

管理风险的方法自古就有。原始社会的人们就知道通过挖掘洞穴、轮流站岗等方式来防范被野兽伤害的风险。商品经济产生以后,人们学会了将风险转移给他人,并产生了保险;早在1384年3月24日就出现了最早的具有现代保单形式的保单;1424年,热那亚出现了第一家海上保险公司;随后,通过保险公司来管理风险成为越来越正规和通用的手段。然而,这些管理风险的方法往往只注重人身和财产的安全,不能从根本上防范重大危害和减少重大的风险损失。

风险管理作为一门系统性的管理学科只有几十年的历史,人们普遍认为它起源于20世纪50年代的美国。促成风险管理学科产生的因素是多方面的,其中发生在20世纪50年代左右的几起重大事件起到了直接的推动作用。1948年,美国钢铁工人因养老退休金和团体人寿保险问题罢工达半年之久,给美国经济造成了严重的影响。1953年8月12日,美国通用汽车公司自动变速装置厂发生大火,火灾致使房屋、机器设备及其原材料损毁所造成的直接经济损失达300万美元,由于该厂是唯一一家供应通用汽车公司所有汽车及卡车的自动变速装置零件的厂家,因此,导致通用公司汽车及卡车制造停顿36个月;除此之外,还造成该公司卫星工厂、玻璃厂、钢铁厂以及其他股份公司生产业务停顿,导致间接经济损失高达5000万美元。这还只是美国当时15次重大火灾之一。

这些事件促使人们探索系统而科学的方法来有效防范和抑制重大事故的发生,减少风险事故给人们带来的灾难后果,这便导致了20世纪五六十年代学术界和企业界关于风险管理学科的系统性研究和探索。

二、风险管理的演进过程

从理论发展以及所涉及的核心内容来看,风险管理大体上经历了三个发展阶段(见图1-2):第一阶段为可保风险管理阶段,第二阶段为可保风险管理与金融风险管理并存的发展阶段,第三阶段为整体风险管理阶段。

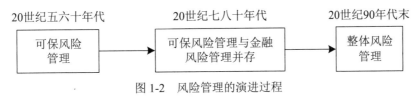

图1-2 风险管理的演进过程

（一）可保风险管理阶段

在这一阶段，风险管理研究的主要对象是可保风险，其重要发现是，保险并不是应对风险损失的唯一途径，除保险外还存在许多其他风险管理的方法，而且有些风险管理的措施，如损失预防措施，对一些复杂的问题比保险更为有效。保险以外的风险管理方法有如下三种：

（1）风险转移。通过非保险合同方式将风险损失转移给合同的对方。

（2）风险自留。企业不购买保险，自己承担风险损失。为此企业可以有计划地设立风险基金，用以弥补事故发生后的经济损失；企业也可以设立专门的部门或子公司（如专业自保公司），通过内部定价，像购买保险一样向这种专业自保公司交纳准备金，由专业自保公司来承担责任范围内的待摊损失。

（3）风险控制。企业通过采取预防措施防范风险损失的发生，减少事故发生后的损失程度。例如，通过安装预警器和自动喷淋设备来控制火灾风险的发生和损失，通过加强检查和安全措施来防范偷盗和犯罪等。

如何科学地运用各种可能的风险管理手段来防范、控制和管理企业的财产风险、责任风险和人身伤害风险，使企业最大限度地减少损失，是可保风险的管理所要研究的内容。

（二）可保风险管理与金融风险管理并存阶段

20世纪60年代以后，随着马科维兹（Markowitz）资产组合理论的推广与应用，用来规避和转移金融风险的衍生工具不断出现，金融风险管理的理论和方法以独立于保险风险管理理论的方式迅速发展，并在实践中不断深入。

20世纪七八十年代，金融风险管理与可保风险的管理在管理对象、管理方法和措施以及所基于的理论基本上是不同的，是各自独立发展的。这一时期，保险人是管理纯粹风险的专家，往往缺乏对投机风险和金融风险管理的技术和经验，而精通金融风险管理的专家往往不懂纯粹风险、可保风险的管理技巧。

（三）整体风险管理阶段

到了20世纪90年代，风险管理科学进一步升华，纯粹风险与投机风险经常交融在一起，并相互影响，整体风险管理也就应运而生。在整体风险管理的思维框架下，需要兼顾纯粹风险（重要的一类为可保风险）、投机风险（主要为金融风险）的相互影响或相关关系，企业风险管理逐渐抛弃以前地窖式的管理方式，开始以整个企业的经营和管理活动为考察对象，综合考察企业所面临的所有风险，包括纯粹风险、金融风险、经营风险、政治风险等，以实现企业价值最大化目标。

三、风险管理的含义与过程

（一）风险管理的含义

在不同发展阶段，风险管理有不同的含义。20世纪60年代，风险管理是指保险管理，因为风险管理的主要内容就是如何有效应对纯粹风险，如何在保险和风险自留之间进行合理选择。随着风险管理理论的发展和应用的深入，风险管理有了新的含义。

在本书中，我们把风险管理定义为一门管理学科，企业或组织用以系统、全面、科学地分析和评价所面临的各种不确定性和风险因素及其影响，并在此基础上合理使用各种管理风险的方法和措施，以有效防范和控制不确定性和风险可能引起的各种损失和后果。

风险管理不只是一种专门的方法，它也是一种全面的管理职能。就像企业管理是一门科学一样，风险管理也拥有自己的理论、方法和过程，它注重系统性、全面性和科学性。风险管理也不只是保险管理，保险只是风险管理采用的重要方法和职能之一。

（二）风险管理的过程

不论什么类型的风险，其管理过程一般都包括以下几个主要步骤。

（1）识别各种重要风险。

（2）衡量潜在的损失频率和损失程度。

（3）开发并选择适当的风险管理方法。

（4）实施所选定的风险管理方法。

（5）持续地对公司风险管理方法和战略的实施情况及适用性进行监督。

上述风险管理框架适用于企业和个人的风险管理。在本章中，为了使读者对风险管理的基本内容更熟悉一些，我们将对风险管理的主要方法做一个综述。

四、企业风险和个人风险

（一）企业风险

从广义上讲，任何原因引起的企业价值可能的减少都可以被定义为企业风险，从而都属于企业风险管理的范畴。从根本上说，企业价值是由公司未来净现金流量（现金流入减去现金流出）期望值的大小、获得的时间以及风险（波动）因素决定的。引起企业价值发生波动的一个主要原因就是，预期的未来净现金流发生了意外变动。具体来说，现金流入的意外减少或现金流出的意外增加都会极大地降低公司的价值。企业风险中对现金流量以及企业价值变动影响最大的为价格风险、信用风险和纯粹风险（见图1-3）。

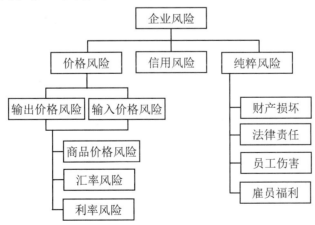

图1-3　企业风险的主要类型

1．价格风险

价格风险（price risk）是指由于输出价格或者输入价格的可能变动所导致的现金流量的不确定性。输出价格风险指的是公司所提供的产品和劳务的价格变动风险；输入价格风险指的是公司为其生产过程顺利进行所支付的劳动力、原材料以及其他输入要素的价格变动风险。对现有以及未来的产品和服务在销售和生产过程中的价格风险进行分析，在公司的战略管理中起着核心作用。

价格风险又可细分为商品价格风险、汇率风险和利率风险。商品价格风险指的是如煤、铜、燃油、天然气以及电力等商品的价格波动带来的风险。这些商品对一些公司来说是输入，而对另一些公司来说是输出。由于经济活动的全球一体化，许多公司的输出和输入价格还会因为利率变化而发生波动。举例来说，利率上涨会影响信用条款和使用信用卡购物的顾客的支付速度。利率变动还会影响公司通过借贷方式为其经营活动进行融资的成本。

2．信用风险

当公司的客户和借款方拖延或不能履行所承诺的支付时，公司就面临着信用风险（credit risk）。绝大多数公司在应收账目上都面临着一定程度的信用风险。对于一些金融机构而言，如商业银行，由于它们的贷款可能会被借款人拖欠不还，从而具有很高的信用风险。如果公司向外借债，它们反过来也会使贷款人陷入信用风险中（也就是公司拖欠借款而给贷款人造成的风险）。结果是，向外借债会使公司所有者面临公司因无法偿还债务而被迫倒闭的风险，并且由于信用风险的增加，公司不得不增加借债的成本。

3．纯粹风险

在大中型公司中，传统上的风险管理职能（或"风险管理"）主要是指对纯粹风险（pure risk）的管理。以下列出了影响公司商务活动的几类主要的纯粹风险。

（1）由于物理损坏、被盗以及政府征收（也就是被外国政府没收财产）而引起的公司资产价值减少的风险。

（2）由于给客户、供应商、股东以及其他团体带来人身伤害或财产损失而必须承担法律责任的风险。

（3）由于对雇员造成人身伤害而引起的按照相关法规必须进行赔偿的风险，以及除此之外必须承担的其他法律责任风险。

（4）由于雇员（有时也包括其家庭成员）死亡、生病以及伤残而引起的按照雇员福利计划支付费用的风险，还包括养老金和其他退休储蓄计划中对雇员的责任。

美国货币监理署将美国银行潜在的风险划分为以下九种类型。

（1）信贷风险。由于借款人不能按照合同约定按期偿付利息和本金而导致贷款银行经济受损的风险。

（2）利率风险。由于利率变动导致资产价值变动的风险。

（3）流动性风险。由于银行不能按时偿付债务产生的风险，如存款人出现过度提款需求时，银行资产不能及时变现或变现时造成资产价值损失所带来的损失可能性。

（4）价格风险。由于金融产品交易中价格变化所导致资产价值改变而产生的风险，如外汇交易、股票交易等都有潜在的价格风险。

（5）汇率风险（外币换算风险）。银行财务报表从一种货币换算到另一种货币时产生的风险,一般存在于跨国银行海外分行账户换算过程中。

(6) 交易风险。由于日常交易操作差错、被骗,或者没有能力提供某些金融业务等而产生的风险。

(7) 法律风险。由于违法违规、不遵守职业道德或银行内部纪律和程序等而形成的风险。

(8) 战略风险。由于银行的长期计划或目标设计不当、决策错误或对行业变化反应迟缓等而形成的风险。

(9) 信誉风险。由于银行在公众和社会中的负面形象以致银行难以开发新客户或维持既有客户而形成的风险。

(二) 个人风险

对个人和家庭面临的风险可以用多种方法进行分类。在图 1-4 中,我们将个人风险分为六类:收入风险、医疗费用风险、责任风险、实物资产风险、金融资产风险和长寿风险。收入风险指的是家庭收入的潜在波动,这类风险是由于收入的获得者因为死亡、伤残、年龄和技术变革等原因导致劳动能力下降所引起的。家庭费用支出也具有不确定性,特别是医疗和责任诉讼会带来巨大的非预期费用。家庭同时还面临着实物资产价值损失的风险,如汽车、房屋、船只和电脑等可能会被损坏。金融资产的价值也会因为通货膨胀以及股票、债券实际价值的变动而发生波动。长寿风险指的是退休后个人可能会比他们所拥有的财务资源更加长寿。

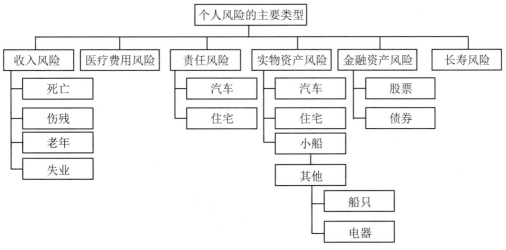

图 1-4 个人风险的主要类型

五、风险的度量

在现实生活中,人们可能经常听到这样的说法:这个事情风险很大或风险很小。这里所说的风险很大或很小是什么意思呢?实际上,它所谈论的是风险的程度问题。损失的不确定性与风险程度之间存在着一种正相关关系:损失发生的不确定性大,我们就说风险大;损失发生的不确定性小,我们就说风险小。损失的严重性也是与风险的程度呈正相关关系的:如果损失发生的严重程度高,我们就说风险大;如果损失发生的严重程度低,我们就说风险小。

如前文所说，当风险是指损失概率，而不仅仅是指损失可能性的情形下，风险的大小是可以度量的，而且通常有一定的精度保证。例如，你和朋友打赌，从一副扑克牌（54张）中随机抽取一张牌不是黑桃A，则你输掉这次打赌，即损失的概率是1/54。

在某些情况下，风险的大小是无法度量的。例如，在一次国际跳水比赛中，前世界冠军在跳最后一轮动作之前已经领先对手3分，他有可能输掉这场比赛吗？当然有可能，如果他最后一跳发挥极其失常，而对手却正常发挥或超水平发挥，他就会输掉比赛。他输掉这场比赛的可能性究竟有多大呢？在比赛结束之前，谁也说不准，至多凭经验和直觉认为他输给对手的概率很小。

再看一个例子，假设小李是一位健康的40岁男性，他在未来一年中有可能死亡吗？回答是肯定的。我们能度量其死亡的可能性吗？回答是否定的。尽管我们可以从人口统计年鉴或保险行业使用的经验生命表中得到一个概率，例如，从我国1990—1993年寿险经验生命表（男）可知，40岁男性在未来一年中死亡的概率为2‰，或者说每1000个40岁男性中大约有两人会在未来一年中死亡，但这并不能代表小李这一特定个体在未来一年中的死亡概率。因为小李只是一个人，而不是一个统计总体，在未来一年中他或者死亡，或者活着，只有这两种可能。也就是说，在这种特定情形下，统计概率是无能为力或无关的，这一点在个人风险管理和保险规划中具有重要的含义，我们将在后面做进一步阐述。

一般地，我们可以采取两种思路来度量风险：一是基于先验信息的演绎推理，二是基于统计分析的归纳推理。

演绎推理要求能够事先确定风险的各种可能结果及相应的概率，从而可以度量损失的概率，抛硬币、掷骰子都属于此类情形。但是，如果试验次数或样本容量太少，实际结果可能偏离预期结果。例如，抛10次重量均匀的硬币，得到3次正面朝上、7次正面朝下的结果，不同于预期50∶50的概率。随着试验次数或样本容量的不断增加，实际结果将逐渐接近预期的50∶50的概率。

当然，演绎推理不适用于保险业务的损失概率。上文提及的小李可能在未来一年中死亡或生存，由此推出有50%的概率死亡是非常荒谬的。事实上，保险公司是基于统计分析，采用归纳推理来度量风险的。假设某保险公司观察某城市10 000家独立的、砖混结构的居民住房，发现在过去一年中有10家发生了火灾，该保险公司由此可以推断，该地区砖混结构居民住房发生火灾损失的概率约为1‰，并以此作为计算预期损失和厘定保险费率的重要依据。当然，如果只考察了10家居民住房，发现没有一家发生火灾或发现有一家发生火灾，并由此推断发生火灾的概率为0或10%，都是不可靠和不可取的。为确保损失估计的准确性和费率厘定的可靠性，保险公司必须积累相当数量的经验数据。作为分析基础的统计总体或样本总体，必须同时具备以下两个特征：足够大的样本量和同质性。

（一）足够大的样本量

用于度量概率的统计总体或样本总体必须具有足够大的样本量。以抛掷均匀的硬币为例，如果只抛几次，我们无法根据得到的频率发现或揭示正面朝上的真实概率；随着抛的次数不断增加，正面朝上的频率越来越接近真实概率，即50%。为了证实这一点，历史上曾有不少人做过实验,其结果如表 1-1 所示。[1]这就是大数法则的思想,简单地说,随着样本量或被保险人数的增加,实际损失经验将趋向真实的概率。

表 1-1 关于频率的实验结果

实 验 者	抛掷硬币次数	出现正面次数	频 率
蒲 丰	4040	2048	0.5069
皮尔逊	12 000	6019	0.5016
皮尔逊	24 000	12 012	0.5005

(二)同质性

除样本量的要求外,用于度量概率的统计总体或样本总体还必须具有同质性,即每一个样本单位或被观察对象必须具有相似的特征。例如,在前面提及的火灾发生概率为 1‰ 的例子中,样本单位或保险标的具有很好的同质性:独立的居民住房、砖混结构、同一城市。如果统计总体或样本总体缺乏同质性,那么由此得出的估计结果是非常不准确的,当然也是不可靠的。

六、风险管理的方法

图 1-5 概括了风险管理的主要方法。这些方法并不是完全独立的,可以把它们大致分为三类:①损失控制;②损失融资;③内部风险抑制。损失控制和内部风险抑制通常包括公司为了增加企业价值而进行投资(或放弃投资)的各种决策,它们与其他一些投资决策,如是否购买新厂房的决策,或者个人是否购买电脑的决策在概念上是等同的。损失融资决策指的是在损失发生时为支付损失额所采取的各种融资决策。

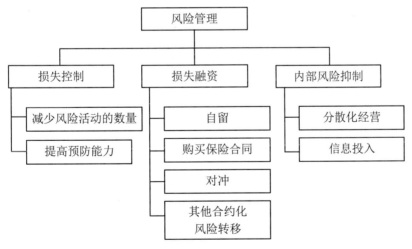

图 1-5 风险管理的主要方法

---

[1] 周伏平. 个人风险管理与保险规划[M]. 北京:中信出版社,2004.

（一）损失控制

损失控制（loss control）指的是通过降低损失频率和（或）减小损失程度（规模）来减小期望损失成本的各种行为，有时也将损失控制称为风险控制。①通常把主要是为了降低损失频率的行为称为损失防止（loss prevension）手段，而把主要是为了减小损失程度的行为称为损失降低（loss reduction）手段。损失防止的一个常见例子是对飞机进行定期检查，这样可以防止机械故障的发生。定期检查降低了飞机坠毁的频率，但对飞机坠毁的损失程度却无能为力。损失降低的一个常见例子是安装热感或者烟感的喷淋系统，这样可以把火灾事故的损失程度减到最小。许多损失控制手段可以同时影响损失频率和损失程度，所以往往无法将它们严格归于损失防止或损失降低。举例来说，对消费产品进行全面检测可以减少受伤害的人数，同时也可以降低受伤害的严重程度。类似地，在汽车中安装安全气囊在大多数情况下可以降低伤害的严重程度，同时也可能影响伤害发生的频率。伤害事故是增加还是减少，取决于由于安全气囊的保护使得虽然发生了事故却没有造成伤害的次数是否超过了由于安全气囊在不恰当时间打开或打开太猛而造成的伤害事故的次数，以及由于安全气囊的保护作用而使司机麻痹大意造成的事故与伤害的次数。

从另一个角度讲，损失控制有两种常用的办法：①减少风险活动的数量；②对风险活动可能造成的损失提高预防能力。公司可以通过减少风险活动的数量而降低风险。例如，公司可以减少有风险产品的产量，还可以转向生产其他风险较低的产品。对风险活动的数量加以控制主要是为了影响风险的损失频率。这种策略的最大缺陷是，它虽然考虑了风险活动的损失，但却因此丧失了风险活动可能带来的收益。在极端情况下，如果把风险活动的数量减少到零，也就是说，公司不从事任何活动，那么公司就不会有任何风险损失了。这种极端的策略称为风险规避（risk avoidance）。

我们举一个具体例子来说明限制风险活动水平的做法。例如，一个运输有毒化学物质的卡车运输公司，如果发生了交通事故，运载的有毒化学物质就会造成人员伤害以及环境污染，从而会引起法律责任诉讼。该公司可以通过减少运输次数来降低发生法律责任诉讼的频率；或者公司可以决定停止运载有毒化学物质，转而运输无毒物品（如布料或者不含胆固醇的奶酪等）以完全避免这种风险。再举一个个人风险管理的例子，有人为了降低因飞机坠毁而丧生的可能性而很少乘坐飞机，他如果从来不乘坐飞机，那就可以完全避免这类风险。当然，搭乘其他交通工具的风险可能变大（例如，在感恩节的前一天沿95号州际高速公路开车从纽约到迈阿密，路上与你同行的有许多长途运输卡车，其中有一些运输的就是有毒化学物质）。

第二种主要用于损失控制的办法是提高对给定风险行为水平的预防能力（重视程度），其目的是通过降低损失频率和（或）损失程度使活动更安全。这方面常见的例子有：进行全国的安全检测以及安装安全保障设备。例如上文提到的卡车运输公司可以对其司机进行深入的安全培训，限制每个司机每天的驾驶时间，并且加固运输中使用的容器以降低泄漏的可能性。提高预防能力常常意味着要支付直接费用或其他成本（如需要配备更多的司机来驾车，这样才会更安全）。

---

① 周伏平. 个人风险管理与保险规划[M]. 北京：中信出版社，2004.

（二）损失融资

通过获取资金来支付或补偿损失的方法称为损失融资（loss financing）（有时也称为风险融资）。通常有四种损失融资手段：①自留；②购买保险合同；③对冲；④其他合约化风险转移。这些手段并不是相互独立的，它们经常组合在一起使用。

第一种主要的损失融资手段是自留。自留（retention）是指公司或个人承担了部分或全部的损失。举例来说，卡车运输公司可能决定自己承担由于燃油价格上涨而导致现金流减少的风险。对大中型公司来说，如果它们通过一个正式的损失融资计划来自留风险，那么这时的自留通常被称为自我保险（self-insurance）。

公司可以使用内部资源或外部资源来支付自留损失。内部资源包括正常生产活动中的现金流，以及为损失融资而进行的流动资产投资。外部资源包括借债和发行新股，但在遭受了重大损失后这类资源的获取成本通常是很高的。要注意，虽然使用了外部融资渠道，但这两种手段仍然属于自留的范畴，原因是公司必须偿还为了损失融资所借的款项；如果是发行新股，公司也必须把未来的利润分配给新股东。

第二种主要的损失融资手段是购买保险合同。正如许多读者所了解的那样，保险合同一般会规定保险公司为约定的损失支付资金（也就是为这些损失融资）；作为交换，在合同开始时，购买保险合同的一方要向保险公司支付一笔保险费。保险合同降低了购买保险一方的风险，因为它把损失风险转嫁给了保险公司，而保险公司则通过分散化来降低自身的风险。例如，保险人通过出售大量的涉及多种类型损失的保险合同来降低自己的风险。

第三种主要的损失融资手段是对冲（hedging）。正如上文提到的，如远期合约、期货合约、期权合约以及互换合约等金融衍生合约已经在对多种类型的风险管理中得到了广泛应用，当然最主要的还是用于价格风险管理。这些合约可以用来对风险进行对冲，也就是说，可以用来抵消由于利率、商品价格、汇率以及其他价格变动带来的损失。其中的一些衍生合约已经开始在纯粹风险的管理中得到应用，并且可以相信这些应用在未来还会大大扩展。

个人和小型公司使用金融衍生品来进行风险对冲的还比较少。现在，我们举一个简单的例子来说明什么是对冲。在生产过程中使用燃油的公司会因为燃油价格的意外上涨而遭受损失，而生产燃油的公司会因为燃油价格的意外下跌而遭受损失。于是，这两类公司可以通过使用远期合约来进行风险对冲。在远期合约中，生产燃油的公司必须在未来某个约定的交货日以一个事先约定的价格（称作远期价格）向使用燃油的公司提供约定数量的燃油，不管当时市场上燃油的实际价格是高还是低。由于在签订合约时，远期价格已经商定，因此使用燃油的公司与生产燃油的公司都可以降低价格风险。

第四种主要的损失融资手段是使用各种其他合约化风险转移（other contractual risk transfers），公司可以通过这种手段将风险转嫁给其他方。和保险合约以及金融衍生品相同的是，这类合约在风险管理方面的应用也十分广泛。例如，与独立的承包商打交道的公司按常规会与承包商事先签订合约，约定一些免责条款和补偿协议，使公司不会在由承包商造成的人身伤害事故官司中遭受任何经济损失。

（三）内部风险抑制

公司或个人除使用损失融资手段把风险转嫁给其他方来降低风险外，还可以在其内部抑制风险。内部风险抑制（internal risk reduction）主要有两种形式：①分散化经营；②信息投入。

内部风险抑制的第一种主要形式是分散化经营。公司可以通过把经营活动分散化的方式，从内部来降低风险（也就是常说的"不要把所有的鸡蛋放在一个篮子里"），即通过分散经营来降低风险。个人也可以通过将存款投资于不同的股票来进行类似的分散经营。此外，股东采取投资组合来分散风险的做法会对公司购买保险合同以及使用对冲的决策产生重要的影响。

内部风险抑制的第二种主要形式是进行信息方面的投入，目的是为了对期望损失进行更理想的预测。信息投入能够对未来现金流进行更精确的估计或预测，从而减小实际现金流相对于预测值的变动。这方面的例子不胜枚举，其中包括对纯粹风险损失的损失频率和损失程度的估计、为了降低输出价格风险而对不同产品潜在需求情况进行的市场调研，以及对未来商品价格或利率进行预测等。保险公司降低自身风险的途径之一就是对数据进行专业化的分析，以获取关于损失的精确预测。大中型公司往往也认为在信息方面的投入对降低纯粹风险是行之有效的。由于广泛存在着对影响企业价值并决定用来降低风险的合约（如保险合约和金融衍生合约）价格的关键变量进行精确预测的需求，出现了许多专门从事为其他公司或团体提供信息和预测服务的公司。

七、纯粹风险管理及其与其他类型风险的比较

本书将用相当大的篇幅集中介绍纯粹风险及其管理，其中包括公司和个人如何使用保险手段来减少风险和进行损失融资。但我们采用的风险管理分析框架是非常一般化的，稍加改动甚至不加任何修改就可以适用于对其他类型风险的分析。此外，我们对保险市场的详细介绍以及对保险合同和用于降低企业其他类型风险的工具所进行的比较，有助于读者了解在现代风险管理中可以运用的众多降低风险的手段。

纯粹风险包括以下几个共同（并非独有的）特征。

（1）财产毁坏、法律责任以及雇员遭受伤害或生病而给公司带来的损失，相对于公司所拥有的资源来说通常是数额巨大的。如果纯粹风险造成的实际损失比期望损失低，那么公司的企业价值就会增加，但这种情况下可能产生的最大收益往往相对较小；如果实际损失大于期望损失，那么公司价值的减少可能是非常巨大的，甚至会威胁公司的生存。

（2）由纯粹风险造成损失的原因（如锅炉爆炸而导致厂房损毁或消费者受到产品伤害而提出法律责任诉讼），对各公司来说通常是不同的，这取决于各公司所采取的措施。实际上，公司在很大程度上能够对造成这些损失的原因加以控制。也就是说，可以通过采取一定的措施（如采取降低发生火灾或法律诉讼的可能性的措施）来降低损失频率和减小损失程度。相对来说，对于价格风险，尽管公司可以采取各种措施来降低风险或提高公司的承受能力，但有一些造成重大价格变动的原因是公司根本无法控制的（例如，造成汇率变动的经济因素、整个市场范围内的利率变动或者是消费者需求的多样化等）。

（3）保险公司是专门从事纯粹风险的度量和分担工作的，公司一般可以通过向保险公司购买保险的办法，降低纯粹风险的不确定性和进行损失融资。保险手段的广泛使用从一定意

义上也反映了纯粹风险导致的损失对不同公司产生不同影响的特性。一般来说，当某个公司发生巨大损失时，别的公司不会同时遭受同样的损失，因此可以通过分散风险的办法来降低纯粹风险，保险合同正是起到了这种分散风险的作用（详见第四章和第五章）。而对于价格风险（以及各种形式的信用风险）造成的损失，一般不能通过保险合同来降低不确定性和进行损失融资。由于价格风险在为许多公司带来收益的同时也会造成损失，因而人们通常使用金融衍生合约来降低这种风险，如远期合约、期货合约、期权合约以及互换合约。通过这些合约，大部分损失风险可以转嫁给在该风险下可能获取收益的一方。

（4）由纯粹风险导致的损失通常不会同时给其他方带来利益，而一些由其他类型风险导致的损失却可能会给其他方带来利益。例如，输入价格的上涨会伤害买方的利益，但同时却给卖方带来了利益。与此类似，美元对外币汇率的下跌会伤害美国进口商的利益，但同时会给美国的出口商以及进口美国货物的外国进口商带来利益。纯粹风险与价格风险的一个重要区别就是：纯粹风险导致的损失会减少社会的总财富，而输出价格和输入价格的波动所导致的损失不一定会减少社会总财富。除此之外，正如我们上面已经提到的，因为价格的变动很多时候会给一些公司造成损失，同时却给另一些公司带来利益，所以这些公司可以利用相反的衍生合约来降低风险。

纯粹风险及其管理的许多细节问题与其他类型风险及管理存在着差别，但从概念上讲，即使纯粹风险及其管理与其他类型风险及管理不是完全一致的，至少也十分相似。下面我们用一个具体例子来说明这个问题。例如，一个消费品生产商，他使用燃油作为能源。这个公司面临着由于其产品会对消费者造成伤害而导致法律责任诉讼的风险，同时它也面临着燃油价格可能上涨的风险，这两种风险都会给公司带来巨大的损失。对于法律责任诉讼导致的期望损失，公司可以通过如下的方法来管理：一是采用安全性更高的产品设计方案，二是向消费者提供安全使用说明和危险警告。对于燃油价格上涨的风险，虽然公司对价格上涨本身可能无力干预，但是它可以采用一些手段来减少自己的损失，如采用一种柔性技术，这种技术可以保证公司以较低的成本在生产中用其他的能源代替燃油。该公司可以通过购买产品责任保险来降低自己的责任风险，同样也可以使用燃油期货合约对价格上涨造成的损失风险进行对冲。

尽管从概念以及广义的风险管理战略角度上说，纯粹风险与其他类型的企业风险是基本一致的，但因为纯粹风险具有一些与众不同的特征，以及在纯粹风险管理中其对保险合同具有很强的依赖性，所以纯粹风险管理通常由专业人员来完成。纯粹风险管理需要的主要专业手段包括风险分析、安全管理、保险合同以及其他降低纯粹风险的手段，还包括广泛的财务和管理方面的技巧。保险业的主要功能就是降低公司以及个人的纯粹风险。在美国（以及其他许多发达国家），从事保险业的人数已达数百万，保险业已经发展成为最大的产业之一。除此之外，纯粹风险管理和保险业对社会经济的其他许多领域也会产生相当大的影响，这些领域包括法律、医疗保健、房地产租赁以及消费者信用等。

近年来，由于各种类型的企业风险不断加剧，以及在对冲价格风险中所使用的各种金融衍生产品的大量增加，使得企业风险管理的范围和深度都有了实质性的发展。对于原先只重视纯粹风险的管理者而言，现在越来越有必要认识其他类型的企业风险管理的重要性。同样，普通管理者以及其他类型企业风险的管理者,也需要从整体上了解纯粹风险是如何影响各种企业活动和经营的具体领域的。

八、企业风险管理的组织

  风险管理的职能应该位于整个公司组织结构中的什么位置上呢?通常来说,高层管理人员对风险管理需求的认识、风险的规模和重要性以及可能的管理效率等因素,决定了风险管理职能在组织中的位置以及具体由什么部门来负责。许多大型公司都设立了专门的部门来负责管理纯粹风险,该部门的负责人一般称为风险经理(或风险管理董事)。然而,由于产生损失的原因多种多样,风险管理的整个过程应该由公司的所有主要部门一起协同努力,其中包括生产部门、市场营销部门、财务部门以及人力资源部门等。

  公司的大小不同,风险管理部门的人员构成也不同。一个典型的风险管理部门应该包括精通财产责任保险、员工赔偿、安全和环境危险、法律诉讼管理以及雇员福利计划等知识的各类专业人员。由于风险管理的复杂性,许多公司面临着原材料价格变动、利率变动或汇率变动带来的价格风险,这些公司往往还会成立单独的部门或安排专门人员来处理这些风险。今后,是否会进一步把价格风险与纯粹风险集中到一个风险管理部门来统一管理还是一个未知数。

  在绝大多数公司里,风险管理部门通常隶属于财务部门并需要向财务负责人进行报告,这是因为保护资产免受损失、损失融资和财务职能之间存在密切的关系。然而也有一些公司,它们面临的主要风险是法律责任风险,这些公司的风险管理部门还需要向法律部门进行报告。也有少数公司的风险管理部门需要向人力资源部门进行报告。

  不同公司风险管理职能的集中化程度也不尽相同,不少公司把责任细分到了具体的执行单位。风险管理职能的集中可以在安排损失融资时带来一定的规模经济性。而且,许多风险管理决策本质上是战略性决策,集中管理可以使风险经理与高层管理人员之间的沟通更加有效。

  然而,风险管理职能的集中化也存在一些弊端,其中之一就是可能降低公司其他部门的经理和雇员对风险管理的重视程度。在对风险进行总体集中管理的同时,如果把风险成本或损失细分到具体单位,往往能引起这些单位的负责人对成本控制的充分重视。另外,如将日常安全检测与环境保护这样的风险管理活动下放到具体单位也会带来不少好处。在这种情况下,具体部门的经理可以更加关注风险,并可以对存在的许多问题直接进行及时有效的处理。

第三节 保险的定义、要素和特征

一、保险的定义

  在日常生活中,我们往往把"保险"理解成稳妥、有把握的意思。例如,把钱放在保险箱中很"保险",是指丢失的可能性不大;把资金存入银行要比投入股市"保险",是指遭受损失的可能性较小。但保险学中所讨论的"保险"有其特定的意义,它是从英文"assurance"

和"insurance"翻译而来的。保险在英文中最初的意思是 safeguard against loss in return for regular payment，即以经常性交纳一定费用（保费）为代价来换取在遭受损失时获得补偿。虽然这样对保险进行定义很不完整，但在一定程度上反映了保险的特征。例如，保险是一种事后行为，是一种经济补偿。

现代保险的含义可以从两个方面来解释。一方面是从经济的角度来解释，保险是一种经济补偿制度，是分摊意外事故损失的一种财务安排。保险集合了大量同质的风险，运用概率论和大数法则，正确估算损失概率和损失金额，并据此确定保险费率，通过向投保人收取保险费，建立保险基金，用以补偿被保险人所遭受的损失。另一方面是从法律的角度来解释，保险是一种合同行为，保险经济关系是通过保险双方订立保险合同来确立的。根据保险合同的约定，投保人承担交付保险费的义务，保险人在保险事故发生时履行保险赔偿或给付的义务。

《中华人民共和国保险法》（以下简称《保险法》）第二条将保险的定义表述为："本法所称保险，是指投保人根据合同约定，向保险人支付保险费，保险人对于合同约定的可能发生的事故因其发生所造成的财产损失承担赔偿保险金责任，或者当被保险人死亡、伤残、疾病或者达到合同约定的年龄、期限等条件时承担给付保险金责任的商业保险行为。"

二、保险的要素

保险的要素是进行保险经济活动应具备的基本条件。现代商业保险的要素包括可保风险的存在、大量同质风险的集合与分散、保险费率的厘定、保险基金的建立和保险合同的订立。

（一）可保风险的存在

可保风险是指符合保险人承保条件的风险。构成可保风险的条件有以下几条。

（1）风险必须是大量的、同质的。大量的、同质的风险要求大量性质相近、价值相近的保险标的面临同样的风险，保险公司可以根据保险统计数据，运用概率论和大数法则预测损失的概率，准确地厘定保险费率。

（2）风险发生具有不确定性。风险的不确定性要求被保险人在投保时不知道风险将来是否一定会发生，更不知道风险发生后会造成多大的损失。如果风险的发生是可预知的，其造成的损失也是事先可以确定的，则不能成为可保风险。

（3）风险不能使大量同类标的同时遭受损失。虽然可保风险必须是大量的，而且大量同类标的均有遭受损失的可能，但是大量同类标的不能同时发生损失，否则损失幅度过于巨大，使保险公司在财务上无力承受，保险损失分摊的职能也就无法履行。

（4）风险必须具有可预测性。保险的经营依赖于费率的准确厘定，而费率厘定的依据是风险发生的概率以及风险导致标的损失的概率，风险的可预测性使保险公司可以根据以往长期大量的损失统计资料预测损失发生的概率，从而合理、准确地厘定费率。

（二）大量同质风险的集合与分散

保险的经营过程实质上是风险的集合与分散的过程。保险人通过保险将众多投保人所面临的分散性风险集合起来，当保险责任范围内的损失发生时，又将少数人发生的风险损失由全体投保人共同分摊。保险风险的集合与分散应具备以下两个前提条件。

(1) 大量风险的集合。保险不是保险人个人的善举，而是众多投保人的互助行为。保险人实现互助的方法是集合多数人的保费，补偿少数人的损失。因此，大量风险的集合，一方面是基于风险分散的技术要求，另一方面是概率论和大数法则在保险经营中得以运用的前提。

(2) 同质风险的集合。同质风险是指在种类、品质、性能、价值等方面大体相近的风险单位。只有大量同质的风险，才能真正发挥保险的互助合作性。如果风险不同质，风险损失发生的概率就不同，风险就无法进行集合与分散，而如果对不同质风险进行集合与分散，则会影响保险公司的稳健经营。

(三) 保险费率的厘定

作为保险人承担投保人风险的代价，投保人必须向保险人支付保险费。保险人收取的保险费不是凭主观意愿随便收取的，而是根据损失概率和损失程度确定的保险费率计收的。保险人依据历史的损失统计资料，运用大数法则，比较精确地预测损失发生的概率和损失程度，从而确定损失的大小。这种科学的方法能使保险人收取的保险费与保险人承担的赔偿责任相一致，体现保险费的公平合理。为了防止各保险公司间保险费率的恶性竞争，一些国家规定由保险同业公会厘定保险费率，或者由国家保险监管机构审定保险费率。

(四) 保险基金的建立

保险人将收取的保险费集合起来，建立保险基金，并妥善地管理和运用，为保险人履行赔偿或给付义务做准备。保险基金是保险赔偿和给付的基础，也是保险公司财务稳定性的经济基础。

(五) 保险合同的订立

保险是投保人与保险人之间的商品交换关系，这种经济关系需要有关法律关系对其进行保护和约束，即通过订立保险合同明确双方的权利和义务，并依照保险合同的规定履行各自的权利和义务，否则保险的经济关系难以成立。

三、保险的特征

保险作为一种应对风险的经济补偿制度，在功能和做法上与救济、赌博、储蓄等经济活动和行为有相似之处，如不加以区分就会对保险产生模糊甚至错误的认识，因此有必要通过保险与这些行为的比较来进一步加深对保险的认识，这也是保险的特性所在。

(一) 保险与救济

保险和救济都是对灾害事故造成的损失给予补偿的经济制度，但是两者在经营主体、保障对象和资金来源上有着明显的不同。

(1) 保险提供保障的主体是商业保险公司；救济则以国家为主体，是一种社会行为。

(2) 保险的保障对象是满足承保条件的特定的被保险人；社会救济的对象主要是无力谋生的老、弱、病、残等社会弱势群体。

（3）保险是双方的法律行为，按照保险合同的规定，投保人交付保险费，保险人履行赔偿或者给付保险金的义务，因此保险赔偿或者给付的范围、金额和对象都受保险合同的约束，并受到法律的保护；而救济是单方面的法律行为，是救济者对受助者的无偿赠予，没有法律上的义务，因此救济的形式、数额和对象都不受任何限制。

（二）保险与赌博

从表面上看，保险与赌博在金钱上的得失同样取决于偶然事件的发生与否，有相似之处。被保险人缴付的保险费与其获得的赔偿并不保持等价交换关系，有赖于偶然因素。例如，有的被保险人长年缴付保险费而没有得到一点赔偿，而个别被保险人刚缴付保费就获得巨额赔偿。这只是从单个被保险人角度来看的结果，保险费和保险金是不相等的，确实存在一定的偶然性。但是从保险的整体来看，保险费和保险金是一致的，保险与赌博在事实上有着本质区别。

（1）保险的目的在于通过被保险人的互助共济，减少灾害事故造成的损失，被保险人只能获得损失补偿，不能因保险额外获利；而赌博的目的在于侥幸获利，以小博大。

（2）保险以被保险人对保险标的具有保险利益为前提条件，要求保险标的受损必须与被保险人的经济利益有直接关系；而赌博是个人意愿，没有保险利益要求。

（3）保险的数理基础是概率论和大数法则，保险费是依照科学的方法合理计算出来的，从理论上讲，保险费的收取和保险金的支付是相等的；而赌博完全依靠偶然机会，是冒险、碰运气的行为。

（4）保险是转移和减少纯粹风险的一种办法，而赌博则会产生和增加新的投机性风险。

（三）保险与储蓄

保险与储蓄都体现了有备无患的思想，在保障经济生活的安定方面是相似的，尤其是人寿保险中的生存保险和年金保险，带有长期储蓄的性质，但是两者构成的方法和作用不完全相同。

（1）储蓄是一种个人自助行为，储蓄者依靠自己个人的本息累积增值；而保险是一种互助合作的行为，必须依靠多数投保单位和个人的互助共济才能实现，体现了"我为人人，人人为我"的保险宗旨。

（2）储蓄采取存取自由的原则；而保险是一种合同行为，除非投保人中途退保领取退保金，否则保险人只有在保险事故发生时或保险期满时才支付保险金。

（3）储蓄是自留风险行为；而保险却实现了风险的转移，投保人通过交付保险费的方式将风险转移给了保险公司。

（4）储蓄的用途很广，既可以用作灾害事故的损失补偿，也可以用作教育费、养老金等支出；而保险金的用途一般是特定的，仅用于保险责任范围内的损失补偿和保险事件出现时的保险金给付。

通过保险与救济、保险与赌博、保险与储蓄的比较可以看出，保险具有以下五个特征。

（1）经济性。保险是一种经济保障活动。保险经济保障活动是整个国民经济活动的一个有机组成部分，其保障的对象是财产和人身，它们直接或间接属于社会生产中的生产资料和劳动力两大经济要素，其保障的手段都以货币的形式进行补偿或给付。

（2）商品性。在商品经济条件下，保险是一种特殊的服务性商品，体现了投保人和保险人之间的一种交换的商品经济关系。

（3）互助性。保险通过保险人向众多投保人收取保险费，建立保险基金，应对少数被保险人面临的风险损失，体现了"一人为众，众为一人"的互助特征。

（4）法律性。从法律角度看，保险是一种合同行为。保险合同是保险双方建立保险关系的形式，也是保险双方当事人履行权利和义务的法律依据。

（5）科学性。现代保险以大数法则和概率论等科学的数理理论为基础，保险费率的厘定和保险准备金的计提都建立在科学精算的基础上。

第四节　保险的职能和作用

一、保险的职能

保险的职能是指保险内在的固有的功能，它是由保险的本质和内容决定的。保险的职能有基本职能和派生职能之分。

（一）保险的基本职能

保险的基本职能是指保险在一切经济条件下均具有的职能。保险的基本职能是分担风险和补偿损失，这两个职能是相辅相成的。补偿损失是保险的最终目的，分担风险是保险处理风险事故的技术方法，是补偿损失的一种手段。分担风险和补偿损失的关系体现了保险机制运行过程中手段和目的的统一。

1．分担风险

保险公司通过向众多的投保人收取保险费，建立保险基金，当少数被保险人遭受损失时，用保险基金对其进行补偿。也就是说，少数人面临的风险通过保险的风险集合与分散，由大家共同来分担，从整体上提高了人们对风险的承受能力。

2．补偿损失

补偿损失是保险最根本的职能。当保险责任范围内的保险事故发生并造成损失时，保险人按照保险合同的规定，及时、准确、迅速、合理地进行损失补偿。这种补偿既包括对被保险人因自然灾害或意外事故造成的经济损失的补偿，也包括对被保险人依法应对第三者承担的经济赔偿责任的补偿，还包括对商业信用中违约行为造成的经济损失的补偿。因此，补偿损失职能主要是就财产和责任保险而言的。

对于人身保险，由于人的生命和身体的价值难以用货币来计价，在保险合同约定的保险事故发生或者达到约定的年龄或期限时，保险人按约定的保额进行保险金给付。因此，人身保险的损失补偿一般称为保险金给付。

（二）保险的派生职能

保险的派生职能是在保险固有的基本职能的基础上，随着社会生产力的发展和保险分配关系的发展而产生的。保险的派生职能包括风险管理职能、投资职能和社会管理职能。

1. 风险管理职能

保险企业作为集合与分散风险的专业管理机构，其自身的特点决定了在业务经营过程中所面临的风险远远大于其他企业。从自身经营的稳定性出发，风险管理成了保险的一个重要的派生职能。许多保险公司非常重视风险管理，设置了风险管理专职部门或机构，专门从事风险评估、损失控制、事故调查、灾损分析和防灾培训等工作。随着保险业的发展和保险市场竞争的不断加剧，保险公司承保的标的越来越复杂，承保的保额越来越高，承保的范围越来越广，许多保险公司不断加大投资规模，招募专业技术人才，配备精良的仪器设备，努力通过高水平的风险管理工作来保障业务经营的稳定和发展。越来越多的投保人在投保时不仅要比较保险公司提出的保险费率和保险计划书，而且还把保险公司能够提供哪些安全技术服务作为是否投保的考虑条件。由此看来，完善的风险管理和高水平的安全技术服务在保险业中逐渐成为新的竞争手段。

2. 投资职能

保险费收取与保险金赔付之间存在的时间差和数量差，为保险投资提供了可能。为了保证将来保险金的赔付和增强保险公司的偿付能力，保险公司必须对保险资金进行投资并保证保险资金的保值与增值。因此，保险投资是保险公司又一重要的派生职能。随着保险承保能力日趋过剩、保险竞争日益加剧以及资本市场的不断完善，保险投资不仅是推动保险业前进的车轮，也是弥补承保业务亏损、维持保险业继续经营的生命线。因此，保险投资与保险业的发展已经融为一体，承保业务和投资业务的并驾齐驱已成为保险业发展的一种潮流。在西方资本市场，保险公司尤其是人寿保险公司既是中长期资金的主要供应者，又是重要的机构投资者。保险投资管理水平的高低已成为保险市场竞争的强有力的手段。

3. 社会管理职能

保险的社会管理职能不同于国家对社会的直接管理，它是通过保险内在的特性，促进经济社会的协调以及社会各领域的正常运转和有序发展。保险的社会管理职能是在保险业逐步发展成熟并在社会发展中的地位不断提高之后衍生出来的一项职能。保险的社会管理职能具体体现在社会保障管理、社会风险管理、社会关系管理和社会信用管理四个方面。

（1）社会保障管理。商业保险是社会保障体系的重要组成部分，在完善社会保障体系方面发挥着重要作用。商业保险一方面可以扩大社会保障的覆盖面；另一方面可以提高社会保障的水平，缓解政府在社会保障方面的压力，为维护社会稳定和保障人民安居乐业做出了积极贡献。

（2）社会风险管理。保险公司利用积累的风险损失资料和专业的风险管理技术，为全社会风险管理提供有力的支持。同时，保险公司还可以直接配合公安消防、交通安全、防汛防洪等部门，实现对风险的控制和管理。

（3）社会关系管理。保险公司介入灾害事故处理的全过程，可以提高事故处理效率，减少当事人可能出现的各种纠纷，为维护政府、企业和个人之间正常有序的社会关系创造了有利条件，减少了社会摩擦，提高了社会运行的效率。

（4）社会信用管理。最大诚信原则是保险经营的基本原则，保险公司经营的产品实际上是一种以信用为基础、以法律为保障的承诺，在培养和增强社会的诚信意识方面具有潜移默化的作用。同时，保险公司经营过程中可以收集企业和个人的履约行为记录，为社会信用体系的建立和管理提供重要的信息资料来源，实现社会信用资源的共享。

二、保险的作用

保险的作用和保险的职能是两个既相互区别又相互联系的概念。保险的作用是保险职能在履行过程中的具体体现。保险的作用主要表现在宏观和微观两个方面。

（一）保险的宏观作用

保险的宏观作用是指保险对全社会以及国民经济在总体上所产生的经济效益。

1. 有利于保障社会再生产的正常进行和国民经济持续稳定地发展

社会再生产过程由生产、分配、交换和消费四个环节组成，它们在时间上是连续的，在空间上是均衡的。但是，再生产过程的这种连续性和均衡性难免会因遭受各种灾害事故而被迫中断和失衡。保险的经济补偿能及时、迅速地帮助受灾单位尽快恢复正常的生产经营，保证社会再生产过程的连续性和稳定性，保证国民经济向既定目标持续、稳定、健康地发展。

2. 有利于科学技术的推广应用

科技进步已成为经济发展中最重要的推动力，但是任何一项科学技术的产生和应用，不仅可以带来巨额的物质财富，而且还会带来新的风险。保险为科学技术推广应用在遭受风险事故时提供经济保障，加快新技术的开发运用。例如，航空航天技术的应用，如果没有飞机保险、卫星保险，其生产和经营各方都将受到很大的限制。

3. 有利于对外经济贸易和国际交往并促进国际收支平衡

保险是对外经济贸易和国际经济交往中必不可少的环节。保险业务，尤其是涉外保险业务的发展，不仅可以有力地促进对外经济贸易，使国际经济交往得到保障，而且可以带来巨额的无形贸易净收入，成为国家积累外汇资金的重要来源，对平衡一国的国际收支起着积极的作用。

4. 有利于社会的安定

对社会总体来说，灾害事故的发生具有必然性。保险通过分散风险和及时的经济补偿解除了人们的后顾之忧，为稳定社会秩序、安定人民生活起到了积极的作用。

（二）保险的微观作用

保险的微观作用是指保险作为经济单位、家庭和个人风险管理的财务处理手段所产生的经济效益。

无论何种性质的企业，在生产经营和流通过程中，都可能因遭受自然灾害和意外事故而造成经济损失，其中，重大的损失甚至会影响企业的正常运转。企业如果参加了保险，一旦遭遇保险责任范围内的保险事故造成损失，就可以按照保险合同保险费支付与保险金赔付之间存在的时间差和数量差，为保险投资提供了可能。

第五节 保险的分类

保险有很多分类标准，比较常见的有按保险性质、保险标的、危险转移层次和保险实施方式进行分类。

一、按保险性质分类

按保险性质的不同，保险可以分为商业保险、社会保险和政策保险。

（1）商业保险是指投保人根据合同约定，向保险人支付保险费，保险人对于合同约定的可能发生的事故因其发生所造成的财产损失承担赔偿保险金的责任，或者当被保险人死亡、伤残、疾病或者达到合同约定的年龄、期限时承担给付保险金责任的保险行为。

（2）社会保险是指国家通过立法为社会劳动者暂时或永久丧失劳动能力或失业时提供一定的物质帮助以保障其基本生活的一种社会保障制度。当劳动者遇到生育、年老、疾病、死亡、伤残和失业等问题或危险时，国家以法律的形式为其提供基本的生活保障，将某些社会危险损失转移给政府或者某一社会组织。

（3）政策保险是政府为了一定政策的目的运用普通保险的技术而开办的一种保险。一般分为四类：①为实现农业增产增收政策开办的农业保险，具体包括种植业保险、养殖业保险等；②为实现扶持中小企业发展政策开办的信用保险，具体包括无担保保险、能源对策保险、预防公害保险、特别小额保险等；③为实现促进国际贸易政策开办的输出保险，具体包括出口信用保险、外汇变动保险、出口票据保险、海外投资保险、存款保险等；④还有针对洪水、地震、核辐射等因素引起的损失开办的巨灾保险。由于巨灾保险涉及面广、风险巨大，因此，许多国家成立了专门的机构来经营该种保险，并通过再保险集团来分散巨大的风险。

二、按保险标的分类

保险标的是指保险事故有可能发生的载体。社会保险的保险标的是单一的人身，政策保险的标的是从广义上理解的财产，只有商业保险才同时拥有不同的标的。现在，一般按广义把商业保险分为财产保险和人身保险两大类，但按狭义可细分为财产保险、人身保险、责任保险和信用保证保险。

（1）财产保险的保险标的是财产以及与之相关的利益，保险人承担保险标的因自然灾害和意外事故，如火灾、爆炸、海难、空难等危险损失的经济赔偿责任。财产保险有广义和狭义之分。广义的财产保险包括财产损失保险、责任保险、信用保证保险等，狭义的财产保险仅指以物质财富及其相关利益为保险标的的保险。为了更清楚地说明问题，我们这里所讨论的是狭义的财产保险。

（2）人身保险的保险标的是人的身体或生命，以生存、年老、伤残、疾病、死亡等人身危险为保险事故，被保险人在保险期间因保险事故的发生或生存到保险期满，保险人依照合同对被保险人给付约定保险金。

（3）责任保险的保险标的是被保险人对第三者依法应负的民事损害赔偿责任或经过特别约定的合同责任。责任保险包括公众责任保险、雇主责任保险、职业责任保险、产品责任保险和第三者责任保险等。

（4）信用保证保险的保险标的是合同的权利人和义务人约定的经济信用，以义务人的信用危险为保险事故，对义务人（被保证人）的信用危险致使权利人遭受的经济损失，保险人按合同约定，在被保证人不能履约偿付的情况下负责提供损失补偿，属于一种担保性质的保险。按照投保人的不同，信用保证保险又可分为信用保险和保证保险两类。信用保险的投保人是权利人，而保证保险的投保人是义务人自己。不论是信用保险还是保证保险，保险人所保障的都是义务人的信用，最终获得补偿的都是权利人。只不过信用保险的投保人是权利人，而保证保险的投保人是义务人。信用保险包括国内商业信用保险、出口信用保险、投资保险。我国目前主要有短期出口信用保险和中长期出口信用保险。保证保险包括合同保证保险、产品质量保证保险、忠诚保证保险等。

需要指出的是，在这四类保险中，人身保险与其他三类保险有着本质的不同。财产保险、责任保险、信用保证保险都属于损失保险，其保险标的是有形或者无形的"物"，均可以用货币进行计量，可以被看成是广义的财产保险；而人身保险是给付性质的，其保险标的是人的寿命或者身体，不能用货币计量。

三、按危险转移层次分类

（一）原保险与再保险

按照危险损失转移的层次分类，保险可分为原保险（重复保险和共同保险）和再保险。

（1）原保险是指投保人与保险人之间直接签订合同，确立保险关系，投保人将危险损失转移给保险人。这里的投保人不包括保险公司，仅指除保险公司以外的其他经济单位或个人。

（2）再保险也称分保，是指保险人将其所承保的业务的一部分或全部分给另一个或几个保险人承担。再保险的投保人本身就是保险人，称为原保险人，又称保险分出人；再保险业务中接受投保的保险人称为再保险人，又称保险分入人。再保险人承保的保险标的是原保险人的保险责任，原保险人通过将业务转让给再保险人，使危险损失在若干保险人之间又进行了转移。这种危险转移是纵向的，再保险人面对的是原保险人，再保险人并不与最初的投保人打交道。

（二）复合保险与重复保险

投保人在同一期限内就同一标的物的同一危险向若干保险公司投保，如果保险金额之和没有超过标的财产的实际可保价值，称为复合保险；如果保险金额之和超过标的财产的实际可保价值，称为重复保险。

我国《保险法》第五十六条第四款规定："重复保险是指投保人对同一保险标的、同一保险利益、同一保险事故分别与两个以上保险人订立保险合同，且保险金额总和超过保险价值的保险。"构成复合保险或重复保险必须满足以下条件。

（1）保险标的相同，否则保险合同之间没有关系。

（2）保险利益相同，对于同一个保险标的物，如果投保人针对不同的可保利益投保，不构成重复保险。

（3）保险事故相同，如果投保人投保的保险事故不同，各自为单保险合同。

（4）分别与两个或两个以上的保险人签订保险合同，首先要有两个或两个以上的保险人；其次要有两份或两份以上的保险合同，如果仅有一份保险合同，则属于共同保险。

（5）保险金额之和未超过保险价值，属于复合保险；超过保险价值，属于重复保险。

（三）共同保险

共同保险也称共保，具体有两种情况。一种是几个保险人联合起来共同承保同一标的的同一危险、同一保险事故，而且保险金额不超过保险标的的价值。发生赔偿责任时，赔偿金依照各保险人承保的金额按比例分摊。另一种是保险人和被保险人共同分担保险责任，这实际上是指投保人的投保金额小于标的物价值的情况，不足额被视同由被保险人承担。共同保险的危险转移形式是横向的。这里要注意将以下几个概念区分清楚。

（1）共同保险和再保险。在共同保险中，每一个保险人直接面对投保人，各保险人的地位是一样的，危险在各保险人之间被横向分摊；而再保险中，投保人直接面对原保险人，原保险人又与再保险人发生业务关系，投保人与再保险人之间没有直接的联系，两者通过原保险人发生间接关系，危险在各保险人之间被纵向分摊。

（2）共同保险和复合保险。两者在本质上是相同的，都是若干保险人共同承保某一危险，但在形式上存在差别：在共同保险中，几家保险人事先已经达成协议，决定共同承保，投保人与各保险人之间签订的是一个保险合同，各保险人是主动采用这种共同分担方式的；而在复合保险中，保险人事先并未达成协议，投保人与各保险人之间签订了多个合同，而且是投保人主动采取行动，保险人对于这种共同分担方式是被动接受的。

四、按保险实施方式分类

按照保险实施方式，可将保险分为强制保险和自愿保险。

（1）强制保险又称法定保险，是指国家或政府根据法律、法令或行政命令，在投保人和保险人之间强制建立起保险关系。

（2）自愿保险也称任意保险，是指投保人和保险人在平等自愿的基础上，通过订立保险合同或者自愿组合，建立起保险关系。

五、其他分类方式

（一）按是否以营利为目的分类

按照经营保险是否以营利为目的，保险可分为营利保险和非营利保险（见图1-6）。

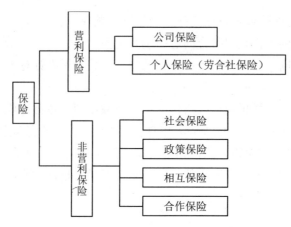

图1-6 按是否以营利为目的进行的保险分类

(1) 营利保险是指保险组织以追求利润为目的而经营的保险。保险经营者按照利润最大化的原则开展保险业务,并将所获得的利润分配给投资者。我们所指的营利保险就是商业保险。

(2) 非营利保险是不以营利为目的的保险业务的统称,它主要由非营利机构经办,如美国的联邦农作物保险公司经办的农作物保险业务、美国蓝盾—蓝十字组织经办的医疗保险业务、中国进出口银行经营的出口信用保险业务等;也可以由营利机构受政府的委托经办,如中国人民保险公司受政府的委托经办的出口信用保险业务。

按照经营主体的不同,非营利保险又可分为社会保险、政策保险、相互保险及合作保险。

(二) 按经营主体分类

按照经营主体,保险可分为公营保险和私营保险。

(1) 公营保险是指由政府出面经营的保险。一般分为国家经营的保险和地方政府经营的保险。政府出面经营保险不外乎出于两个目的:一是为了营利,以增加国家财政收入;二是为了政策的实施。对于营利性质的公营保险,在经营方面与私营保险并无区别,两者自由竞争、共同生存。对于以实施政策为目的的公营保险,一般具有独占性,即只能由国家经营,其中,有的险种具有强制性,如社会保险、政策保险;有的险种不具有强制性,如美国联邦政府举办的银行存款保险对保险加入者就没有强制性。

(2) 私营保险是指由私人投资经营的保险。它的组织形态较多,按照是否以营利为目的可分为两大类:第一类是具有营利性质的保险,主要包括公司保险和个人保险;第二类是非营利性质的保险,主要包括合作保险和相互保险。

(三) 按保险客户分类

按照保险主体或投保单位,保险可分为个人保险和团体保险。

(1) 个人保险,其投保人是单个的自然人,是以个人的名义向保险人购买的保险。

(2) 团体保险,其投保人为集体,投保的团体与保险人签订一份保险总合同,保险人向集体内的成员提供保险。团体保险的保险费率要低于个人保险,它多用于人身保险。团体保险的程序不像个人保险那么烦琐,如团体人身保险一般不要求成员进行体检,而是发给每人一个保险证。团体人身保险在各国有不同的险种,在美国有团体健康保险、团体养老保险和团体年金保险。在我国有团体终身保险、团体意外伤害保险、团体定期寿险、团体年金保险、团体短期健康保险、团体长期健康保险等。企业一般把团体保险作为向职工提供福利的一种方式。有些险种,保险人为了防止道德危险和逆向选择,只对团体而不对个人开办。近年来,团体保险的市场已经由过去的人身保险领域延伸至财产、责任保险领域,如美国的一些企业在其雇员福利计划中就包括团体私用汽车保险和团体房主保险。

(四)按承保的危险分类

按照承保的危险,保险可分为单一危险保险、综合危险保险和一切险。

(1)单一危险保险,即保险人仅对被保险人所面临的某一种危险提供保险保障。例如,地震保险只对地震灾害负赔偿责任。

(2)综合危险保险,即保险对被保险人所面临的两种或两种以上的危险承担经济补偿责任。目前的保险险种大部分都是综合危险保险。

(3)一切险,即保险人除对合同中列举出来的不保危险外,对被保险人面临的其他一切危险都负有经济赔偿责任。

就综合险和一切险而言,仅从保险合同中列明了的保险责任还难以进行判断,但是从险种的名称、除外责任能够加以区分。一切险通常在险种的名称中加以体现,同时,在保险责任项下通常注明"本保单除外责任之外的一切责任"纳入保险责任范围;而综合险却通常在除外责任项下注明"本保单保险责任之外的一切责任"纳入除外责任范围。因此,一切险是将保险合同中没有明示的危险视为保险责任,而综合险是将保险合同中没有明示的危险视为除外责任。

(五)按保额确定方式分类

按照是否在保险合同中列明保险标的物的价值,保险可分为定值保险和不定值保险。

(1)定值保险。定值保险是指在保险合同中列明当事人双方事先确定的保险标的物的实际价值,即保险价值。因为人身保险不能以价值来衡量,所以定值保险仅用于财产保险。一般而言,定值保险标的物的实际价值极不容易确定,如艺术品、书籍、矿物标本等,如果不在合同中加以明确,很容易引发纠纷。当发生损失时,赔偿金额按照保险金额和损失程度确定。具体计算公式为

$$损失程度 = \frac{保险标的实际价值 - 保险标的残值}{保险标的实际价值}$$

$$赔偿额 = 保险金额 \times 损失程度$$

(2)不定值保险。除上述采取定值保险外的财产保险均采用不定值保险方式,不定值保险在合同中不事先列明保险标的的实际价值,仅将列明的保险金额作为赔偿的最高限度。发生损失时,先按照保险金额与保险标的物的实际价值算出保障程度,再按照损失额的相应比例赔偿。具体计算公式为

$$保障程度 = \frac{保险金额}{损失当时保险标的完好的实际价值}$$

$$损失额 = 损失当时保险标的完好的实际价值 - 残值$$

$$保险赔偿额 = 损失额 \times 保障程度$$

(六) 按是否足额投保分类

按照保险金额占标的物价值的比例分类，保险可分为足额保险、不足额保险和超额保险。

(1) 足额保险是指投保人以全部保险价值投保，与保险人订立保险合同，建立保险关系。保险合同中确定的保险金额与保险价值相等。当保险事故发生时，如果保险标的物全部受损，保险人按照保险金额全部赔偿；如果保险标的物一部分受损，保险人则以实际损失为准支付赔偿金。但也有一种称为"推定全损"的情形，指的是保险标的虽然没有达到全部受损的程度，但有全部损失的可能，或者其修复所需费用将超过修复后保险标的的价值。在权威部门经过鉴定做出"推定全损"的结论后，被保险人可以将标的物的残余价值或一切权利转让给保险人，同时请求保险人支付保险标的的全部保险金额，这种行为称为"委付"。经过委付，保险标的即视为归保险人所有，保险人取得了任意处置保险标的物的权利。在委付的情况下，保险标的虽然没有发生全部损失，但只要"推定全损"，投保人仍可要求获得全部保险金。

(2) 不足额保险也称部分保险，指的是保险合同中约定的保险金额小于保险价值。不足额保险产生的原因有三种：一是投保人仅以保险价值的一部分投保，原因或者是为了少交保险费，或者是投保人认为标的物发生全损的可能性非常小，没有必要足额投保；二是因为保险标的发生危险事故的可能性非常大，保险人只接受不足额投保，要求投保人也要承担一部分损失，从而增强其防灾防损意识；三是保险合同签订以后，保险标的物的价值上涨，导致最初的足额保险变成了不足额保险。不足额保险赔偿金的计算要分两种情况：一种是标的物发生全损时，保险人根据保险合同中确定的保险金额赔偿，不足部分由投保人自行承担；另一种是标的物发生部分损失时，保险人按照对保险价值的保障比例承担损失。具体赔偿金额的计算公式为

$$赔偿金额 = 损失金额 \times \frac{合同中约定的保险金额}{保险价值}$$

(3) 超额保险指的是保险合同中约定的保险金额大于保险价值。产生超额保险的原因有两种。第一种是在订立保险合同时，保险双方确定的保险金额大于保险价值。出现这种情况，可能是投保人对保险价值没有准确清晰的认识，高估了保险价值，投以超额保险金，而保险人也没能发现，造成了超额保险；也可能是投保人明知确切的保险价值，却故意投保高额保险金，企图利用保险获得不当利益，这是恶意超额保险。产生超额保险的第二种原因是签订保险合同后，保险标的物的价值下跌，导致保险金额超过保险价值，使原来的足额保险转为超额保险。当危险事故发生后，保险人只按照保险标的物的实际价值赔偿，如果投保人存在欺诈行为，保险合同即失效。

 专栏

学生所面临的风险

Harrington & Niehaus, Risk Management and Insurance

Consider come of the risks that you face during a semester as a student. The obvious risks are that you could become ill or injured, you could have an automobile accident, your residence could burn down, your vehicle could be stolen, and so on.

Consider some other risks that you face: you could buy food that is contaminated, you could purchase a product at causes an accident，and your bank could fail.

You also are exposed to many other risks. For example, your teacher could give a very difficult exam, or you could forget a fundamental concept—so that in either case you bomb the exam, causing your grade point average to suffer. Alternatively, your best friend could never see you, and so on.

 复习思考题

1. 何谓风险？它有哪些特征？
2. 简述风险的种类。
3. 风险管理学科大体上经历了哪三个发展阶段？
4. 风险管理的三种方法是什么？
5. 概述保险的基本要素。
6. 简述保险与赌博、保险与救济、保险与储蓄的区别。
7. 简述保险的基本职能和派生职能。
8. 简述保险在宏观和微观方面的作用。
9. 自保和保险的区别是什么？
10. 商业保险、社会保险和政策保险的区别是什么？
11. 原保险、再保险和共同保险的区别是什么？
12. 复合保险和重复保险的区别是什么？
13. 试分析出口企业面临哪些风险。
14. 如何管理出口企业的风险？
15. 什么是定值保险？什么是不定值保险？
16. 什么是足额保险？什么是不足额保险？什么是超额保险？

第二章　中国保险市场的开放与现代保险业发展概况

随着我国保险业的对外开放和保险业的快速发展，保险业在我国国民经济中的作用进一步增强。通过本章的学习，要了解我国加入世界贸易组织（WTO）之前中国保险业的创立和发展，以及我国保险市场形成、开放和发展的过程；掌握中国保险市场对外开放的入世承诺与过渡期特点；掌握中国保险业的现状和发展目标；了解世界现代保险业发展的概况。

第一节　入世前的中国保险市场

一、中国保险业的创立与发展

（一）中国近代保险业

1. 外国保险业的渗入

19世纪初，以英国为代表的西方列强加紧对中国的商品输出，海运量不断扩大，海上保险显得越来越重要。与此同时，西方现代形式的保险业开始向中国广州及其他东南沿海地区渗透。

鸦片战争前，广州是当时中国唯一的对外通商口岸。1805年，东印度公司在广州设立保险行，这是近代中国出现的第一家保险公司。第一次鸦片战争以后，清廷被迫签订《南京条约》，割让香港岛，开放广州、福州、厦门、宁波、上海为通商口岸。帝国主义用武力打开了中国的大门，伴随而来的是资本主义的经济侵略。1846年，英国人在上海设立"永福""大东亚"两家人寿保险公司。

19世纪中期，外商保险业对中国进行更大规模的入侵，所有保险条款、费率均由英商的外国保险公司同业公会制定。20世纪前可以说是英国保险公司垄断了中国的保险市场。

20世纪以后，美国、法国、德国、瑞士、日本相继在中国设立了保险公司或代理机构。外国保险公司对中国民族工商业实行高利盘剥，不仅保险期限短，而且保险费率高（如对中国船舶收取的保险费率高达10%）。

2. 民族保险业的创立和发展

19世纪80年代，中国新兴的民族资产阶级提出"商战"的口号，反对"困商"政策，要求清廷保护和发展民族工商业。1875年，招商局在上海设立了一个附属保险机构，主要承保招商局的轮船、货栈并进行货物运输保险。10年后，招商局在上海创办"仁和""济和"两家保险公司，后合并为"仁济和保险公司"，这是中国近代第一家民族保险公司。中国自办的人寿保险公司出现时间较晚，1912年才开办了"华安合群人寿保险公司"。

中国近代民族保险业在创立的初期发展缓慢。截至1912年，中国人自办的保险公司仅有7家。民族资本还没有足够的资金投入保险业，同时也缺乏保险方面的管理人才和经营人才，特别是外国保险公司对中国保险市场的垄断，阻碍了民族保险业的发展。

1914年爆发了第一次世界大战，西方各国忙于战争，无暇东顾，暂时放松了对中国的经济侵略，使中国的民族工商业和保险业得到了一个迅速发展的机会。1916年，民族资本开办了数十家保险公司。但好景不长，第一次世界大战后，西方各国很快又卷土重来，与中国有贸易关系的国家几乎都来开设保险公司、分公司或代理处。这些公司大多集中在上海、广州、天津等通商口岸，也有的渗入到汉口等内地城市。

五四运动后，随着中国民族工商业的发展，民族保险业有了长足的发展，但由于资本小，业务自留量有限，仍然摆脱不了外商的控制和支配。民族保险业始终没有在中国保险市场上占据主导地位。

（二）中国现代保险业的创立

1．中国人民保险公司的建立与发展

随着1949年5月上海的解放，人民政府接管了21家官僚资本保险机构，私营保险业须重新登记，缴存保证金，经批准后方准复业，有近半数的保险公司被"淘汰"。政府规定：保险公司除经营保险业务外不得兼营买卖外汇、证券和其他商业活动；在承保国内保险业务时，不得签发外币保险单；废除保险费折扣，规定了保险经纪人的佣金比例。为解决国内保险企业的业务分保问题，1949年7月，47家华商保险公司成立了"民联分保交换处"，割断了华商与外商的保险业务分保关系。外商保险公司因招揽不到保险业务而纷纷申请停止营业，到1952年年底，外资保险企业全部撤离上海。

1949年10月，中国人民保险公司正式成立并开业。中国人民保险公司强调保险与防灾相结合，并改革旧的保险经营方式。其初期经营的业务主要是火险和运输险，公司有计划地降低费率，并积极开拓新的业务，如团体与个人的寿险业务、汽车保险、旅客意外险、邮包险、航空险、金钞险、船舶险、渔业险等。同时，在东北、华北地区试办了养殖业保险，在华东、西北地区试办了种植业保险。1949年12月起，政务院连续颁布了一系列强制保险的决定和条例，如《关于实行国家机关、国营企业、合作社财产强制保险及旅客强制保险的决定》《铁路车辆强制保险条例》《船舶强制保险条例》等。保险业务的迅速发展使保费收入迅速增长。截至1958年年底，中国人民保险公司已有分支机构4600多个，从业人员5万多人，累计收入保费16亿元，支付赔款3.8亿元，上缴国库5亿元，积累保险资金4亿元，拨付防灾费用2300万元，结余资金都存入银行作为信贷资金。

在这个过程中，保险发展也出现过曲折。由于过分强调国家法定保险的作用，使部分地区和一些群众对保险产生了逆反心理。后来，在国家宏观调控下，停办了部分强制保险，并在巩固的基础上试办新的险种，对工作中出现的问题进行了总结和改进。在这一时期，保险业务的发展对恢复国民经济起到了积极的作用。

2．国内保险业务的停办

人民公社化以后，有人认为，实行"一大二公"，吃、穿、生、老、病、死、灾害事故都由国家包下来了，保险的历史作用已经完成，因此，决定除国外保险业务外，国内保险业务一律停办。从1959年5月起，中国人民保险公司对外仍挂牌，对内则成为中国人民银行总行的一个处的建制。但是，这一决定在事实上很难贯彻执行，上海、哈尔滨的国内保险业务停不下来，广州、天津等地的国内保险业务停办后又申请恢复。这说明停办国内保险业务违反了社会经济发展的客观规律，保险业务在社会主义经济建设中的作用和地位是无法取代的。

1966年"文化大革命"开始以后，保险业再次受到冲击，在"左"的错误思想影响下，保险被认为是资本主义的产物，保险公司被认为是"剥削公司"，应当彻底"砸掉"。仅存的上海、哈尔滨等地的国内保险业务被迫停办，还有人提出要停办涉外业务，在当时国务院总理的干预下，涉外保险业务才得以保存下来。中国人民保险公司只留下7个人进行清理工作。

国内保险业务在全国中断20年的后果是大量的专业人员和宝贵资料散失，拉大了与国外保险业的差距，给中国现代保险业的发展带来不可挽回的损失。

二、改革开放以来国内保险市场的形成

改革开放以来，中国保险市场的对外开放经历了以下几个阶段。

（一）准备阶段（1980—1992年）

允许一些境外的保险公司在中国设立代表处，增进中外保险业的相互了解和合作。

（二）试点阶段（1992—2001年）

1992年9月，中国人民银行颁布《上海外资保险机构暂行管理办法》，明确规定了外资保险公司设立的条件、业务范围、资金运用等方面的内容。之后，美国友邦公司在上海设立分公司，成为第一家进入我国的外资保险公司。

（三）过渡阶段（2001—2004年）

2001年我国正式加入WTO，这标志着我国保险业对外开放进入一个新阶段。该年12月国务院颁布《中华人民共和国外资保险公司管理条例》，2002年修改了原保险法，保监会也修改了《保险公司管理规定》，这些都为保险业的全面对外开放打下了基础。

（四）全面开放阶段（2004年至今）

2004年12月11日，保险业入世过渡期结束，标志着我国保险业进入全面开放的新时期。

三、入世前中国保险市场的准备阶段和试点阶段

（一）入世前中国保险市场的准备阶段

1979年，为适应中共十一届三中全会以经济建设为中心的形势需要，中国对金融领域进行了大刀阔斧的改革。改革的中心是建立以中央银行为领导、多种金融机构并存的金融组织体系，以适应国民经济和社会发展的需要。在这种背景下，国务院批准恢复了中国人民保险公司，并从1980年起，在全国恢复办理中断了21年之久的国内保险业务。1988年之前，由于中国人民保险公司在中国保险市场上处于独家垄断经营地位，其行政色彩和官办作风较浓厚，因此，从中国保险市场的总体情况来看，严格地说，这一时期真正的中国保险市场尚未

形成。1988年4月,平安保险公司在深圳特区宣告成立,打破了中国人民保险公司独家经营垄断市场的格局。在此之前的1986年7月,新疆建设兵团农牧业生产保险公司虽然已正式开业,但由于当时只是一家自保机构,因而对国内保险市场格局几乎未能产生什么影响。而平安保险公司成立初期,虽然从资本规模到经济范围都无法同中国人民保险公司相比,但由于机制灵活、管理先进,业务发展极为迅速。例如,从保费收入来看,1990年,平安保险公司保费收入5600万元人民币,仅占当年全国保费收入的0.3%;1998年,平安公司的保费收入已达161亿元人民币,占中国保险市场12.9%的份额(1992年中国人民银行批准平安保险公司由区域性公司改为全国性公司)。

(二)入世前中国保险市场的试点阶段

1992年,中国保险市场开始了对外开放的试点工作,美国国际集团在上海设立第一家在华外资保险经营机构。1994年,批准日本的东京海上火灾保险公司在上海设立分公司。1995年,将保险对外开放的试点城市从上海扩大到广州,同时批准加拿大宏利保险公司在上海筹备一家合资人寿保险公司。截至2001年年底,共有29家外资保险公司在华设立了44家经营机构,中外合资保险公司19家,外资保险公司分公司13家。外资保险公司的保费收入为33.29亿元人民币,所占市场份额为1.58%。

在试点开放阶段,外资保险公司仅在上海、广州、深圳三个城市设有营业机构,业务范围仅限于在华外资企业的财产保险业务及个人缴费的人身保险业务。我国保险市场在对外开放的试点过程中呈现出以下几个特点。第一,从时间上看,中国保险市场的对外开放与国内保险业的改革和发展几乎是同步进行的。长期以来,中国国内保险业一直由中国人民保险公司占据垄断地位。在大力培育和发展国内保险机构的同时,我国的保险市场也开始了对外开放的试点工作。第二,从地域上看,我国保险市场的对外开放是循序渐进的。1992年,上海作为我国第一个试点城市对外国保险公司开放,到1995年,在总结试点经验的基础上,保险对外开放的试点城市扩大到了广州市。第三,从业务范围上看,在保险市场对外开放的试点过程中,外资保险公司的业务范围受到了一定的限制。外资寿险分公司和中外合资寿险公司只能经营外国人和由境内个人缴费的人身保险业务,不能经营团体人身保险业务。第四,从寿险公司设立形式上看,在保险市场对外开放的试点过程中,外资保险公司的形式也受到了一定的限制,主要是外资寿险公司必须与中方合资。第五,从保险开放的进程来看,由于我国保险市场对外开放还处于试点时期,与《保险法》相关的有关规定还在制定中,因此国内保险公司承受竞争压力的能力很有限。

第二节 中国保险市场对外开放的入世承诺与过渡期特点

一、中国保险市场对外开放的入世承诺

入世时,中国保险业在企业设立形式、地域范围、业务范围、营业执照的发放、法定保险五个方面做出了高水平的承诺。同时,对于入世前就已进入中国保险市场的外资保险公司,

我国保险业根据世界贸易组织的规则，承诺其适用"祖父条款"。保险业入世承诺的具体内容包括以下几点。

（一）企业设立形式

对于外资财产险公司，加入时，允许设立分公司或合资公司，合资公司外资股比可以达到51%；加入后2年内，允许设立独资公司，即没有设立形式的限制。

对于外资寿险公司，加入时，只允许设立合资公司，外资股比不超过50%，外方可自由选择合资伙伴。

对于外资再保险公司，加入时，允许设立分公司、合资公司或独资公司，既没有设立形式的限制，也没有地域限制和营业执照的数量限制。

对于外资保险经纪公司，加入时，只允许设立合资公司，且外资股比不超过50%；加入后3年内，外资股比可达到51%；加入后5年内，允许设立外资全资子公司。

随着地域限制的放开，经批准，已进入市场的外资公司在机构扩展时不需要满足第一次市场准入时的资格条件。

（二）地域范围

入世后，第一批保险开放城市包括上海、广州、大连、深圳和佛山；加入2年内，开放城市增加10个，分别为北京、成都、重庆、福州、苏州、厦门、宁波、沈阳、武汉和天津；加入后3年内，外资可以在全国任何城市和地区设立营业机构，即没有地域限制。

（三）业务范围

对于外资财产险公司，加入时，外资公司可经营境外企业的财产险服务、在华外商投资企业的财产保险以及与之相关的责任保险和信用保险，同时可以从事没有地域限制的"统括保单"和大型商业险业务；加入后2年内，除法定保险以外，外资财产险公司业务范围完全放开。

对于外资寿险公司，加入时，只能在营业范围内经营外国人和境内个人缴费的人身保险业务；加入后3年内，业务范围可以扩大到经营中国公民和外国公民的健康险、团体险和养老金/年金保险。

此外，根据入世承诺，入世后，没有在中国设立保险营业机构的外国保险公司可以通过跨境的方式进行国际水险、航空险、货运险和再保险的经纪业务。

（四）营业执照的发放

按照承诺，入世后，中国发放保险营业执照将没有数量上的限制。根据《中华人民共和国外资保险公司管理条例》，申请营业执照的外国保险公司应满足三个基本条件：①申请者经营保险业务的时间超过30年；②申请者提出申请前一年年末总资产超过50亿美元；③申请者在华设立代表处2年以上。

对外资保险经纪公司而言，上述三个条件只是在申请前一年年末总资产方面与产、寿险公司要求不同，具体是：加入时，外资保险经纪公司总资产要求超过5亿美元；加入后1年内总资产要求超过4亿美元；加入后2年内总资产要求超过3亿美元；加入后4年内总资产要求超过2亿美元，此后维持这一标准不变。

（五）法定保险

按照国内保险法规，目前境内保险公司应向中国再保险公司进行20%的法定分保。根据入世承诺，加入时境内保险公司法定分保比例不变；加入后1年内，法定分保比例降至15%；加入后2年内降至10%；加入后3年内降至5%；加入后4年内取消法定分保。但是，机动车辆第三者责任险，商用运输车辆司机、承运人责任险，加入后不允许外资保险公司经营。

（六）祖父条款

简单地说，祖父条款指入世前外资在中国境内设立的营业机构，其既得利益入世后不受影响；入世后设立的机构，必须按照入世承诺和《中华人民共和国外资保险公司管理条例》等现有法规操作，即老机构老办法，新机构新办法。

二、中国保险市场对外开放的入世过渡期特点

2001年年底，按照入世承诺放开对外资保险公司经营地域和业务范围等有关限制后，其业务增长能力进一步增强，外资保险公司的强劲增长势头已逐渐显现。具体来看，截至2004年12月31日，共有来自14个国家和地区的40家外资保险公司在我国设立了77个营业机构。在华外资保险公司的业务增长迅速，年保费收入从入世前2001年年底的33.29亿元人民币增长到2004年年底的98.04亿元人民币，增长了约2.95倍，保费收入约占市场份额的2.27%。在开放较早的上海和广州，外资保险公司保费收入已经分别占当地市场份额的14.9%和15.82%。

中国保险市场对外开放的入世过渡期主要有以下几个特点。第一，外资保险公司数量增加较快。入世前，我国保险市场上有29家外资保险公司，共设立了44家保险营业机构。截至2004年年底，外资保险公司在数量上已超过中资保险公司。第二，外资保险公司经营范围不断扩大。外资保险公司经营保险业务的城市已经由"入世"前的5个增加到当时的14个，包括上海、广州、深圳、佛山、大连、江门、东莞、海口、天津、北京、苏州、成都、重庆和宁波。第三，外资保险公司业务增长迅速。入世以来，外资保险公司保费收入年均增长速度为43.11%，高于市场平均水平约14.67个百分点。外资保险公司在我国保险市场上的影响和作用逐步增强，成为促进保险业增长新的生力军。第四，保险市场对外开放的环境有明显的改善。入世后，保监会及时清理了世贸组织规则和中国入世承诺不符的保险法律法规，加快完善保险法规制度。2002年2月1日，《中华人民共和国外资保险公司管理条例》正式实施，为外资保险公司市场准入和经营发展提供了更明确的法律依据。2003年1月新修订的《中华人民共和国保险法》、2004年5月新修订的《保险公司管理规定》以及《中华人民共和国外资保险公司管理条例实施细则》的实施，进一步完善了保险法规制度。

总之，在这一时期，中国保险业已经逐步实现了从封闭到开放、从局部开放到全面开放的平稳过渡。保险市场基本呈现出以中资保险公司为主，中外资公司相互竞争、共同发展的新局面。

三、中国保险市场对外开放的入世后过渡期特点

在入世后的过渡期阶段,外资保险公司开始通过进一步拓展经营地域、扩大业务范围、设立分支机构、股权渗透等多种途径,全面加强对我国保险市场的影响。

截至 2007 年 5 月 31 日,共有 46 家外资保险公司在华设立了 130 个营业性机构;外资保险公司的保费收入为 141.2 亿元人民币,所占市场份额为 4.64%;共有 135 家外资保险机构设立了近 200 家代表处;外资公司保费收入从 2001 年年底的 33.29 亿元人民币,增长到 2005 年年底的 148.19 亿元人民币,是入世前的 4.24 倍;外资公司占全国市场的份额较入世前的 1.58% 增长了 3.06 个百分点。在业务险种方面,保险业积极引进国际上经营有特色的专业保险机构,填补了国内保险业部分空白。在经营地域方面,积极引导外资保险公司进入中西部地区和东北老工业基地,推动地区经济均衡发展。

截至 2014 年年底,共有 15 个国家和地区的保险公司在我国设立了 56 家外资保险公司,外国保险机构在华设立代表处 140 家。

2014 年,外资保险公司实现保费收入 901.9 亿元,同比增长 32.6%,占全国保费收入的 4.5%,占比较 2013 年提高 0.5 个百分点;各类赔款与给付支出 472 亿元;外资保险公司总资产为 6646.7 亿元,较年初增加 2231.4 亿元,增长 50.5%,占保险业总资产的 6.5%。

表 2-1 所示为 2014 年北、上、广、深外资保险公司的发展情况。

表 2-1 2014 年北、上、广、深外资保险公司发展情况

城 市	外资保费收入/亿元	同比增长/%	外资财产保险公司		外资人身保险公司	
			保费收入/亿元	同比增长/%	保费收入/亿元	同比增长/%
北京	162.2	10.4	16.3	31.5	145.8	8.5
上海	143.8	14.6	26.8	36.0	117.0	10.5
广州	105.3	29.6	13.3	17.7	92.2	31.7
深圳	38.0	10.5	6.2	51.2	31.8	5.1

2014 年,外资财产保险公司保费收入为 168 亿元,同比增长 102.4%,市场份额为 2.2%;外资财产保险公司赔款支出 91.2 亿元,同比增长 50.5%。

在外资财产保险公司的业务结构中,车险、企财险、责任险、货运险、农业保险、意外险构成其主要业务来源,上述六个险种占比分别为 56.6%、11.5%、9.1%、7.3%、5.9%、4.7%,合计占比 95.1%。

表 2-2 所示为外资财产保险公司保费收入前 5 名。

表 2-2 外资财产保险公司保费收入前 5 名

序号	2014 年		2013 年		2012 年	
	名称	在外资财产保险公司中占比/%	名称	在外资财产保险公司中占比/%	名称	在外资财产保险公司中占比/%
1	安盛天平	39.4	中航安盟	17.2	美亚	16.4
2	中航安盟	8.7	美亚	13.8	利宝互助	10.7

续表

序号	2014年 名称	在外资财产保险公司中占比/%	2013年 名称	在外资财产保险公司中占比/%	2012年 名称	在外资财产保险公司中占比/%
3	美亚	7.0	利宝互助	10.2	安盟	10.5
4	史带财产	6.3	安联	7.9	安联	8.6
5	安联	5.3	三星	7.4	三星	7.7
	合计	66.7	合计	56.5	合计	53.9

2014年，外资人身保险公司实现保费收入733.9亿元，同比增长23%，市场份额为5.8%；外资人身保险公司各类赔付支出136.9亿元，同比增长60.2%。表2-3所示为外资人身保险公司保费收入前5名。

表2-3 外资人身保险公司保费收入前5名

序号	2014年 名称	在外资人身保险公司中占比/%	2013年 名称	在外资人身保险公司中占比/%	2012年 名称	在外资人身保险公司中占比/%
1	工银安盛	21.0	工银安盛	17.2	友邦	18.3
2	友邦	14.4	友邦	15.8	工银安盛	10.0
3	中美联泰	9.2	中美联泰	9.5	中美联泰	9.8
4	中意	7.6	中意	8.0	中意	8.8
5	招商信诺	7.2	招商信诺	7.1	信诚	7.6
	合计	59.4	合计	57.6	合计	54.5

外资再保险公司实现分保费收入983.5亿元，同比增长104.1%，占全国再保险公司分保费收入的64.8%；总分保赔付支出227.5亿元，同比增长12%；利润总额18.2亿元，同比增长72.8%。

2018年以来，我国保险业对外开放步伐明显加快。2019年5月，银保监会提出允许外国保险集团公司和境外金融机构成为外资保险公司股东，外资保险公司的投资主体更加多元化。同年10月，国务院发布修改《中华人民共和国外资保险公司管理条例》（以下简称《条例》）的决定，规定"外国保险集团公司可以在中国境内设立外资保险公司""境外金融机构可以入股外资保险公司"。为落实《条例》规定，明确外国保险集团公司和境外金融机构准入条件，亟需对《中华人民共和国外资保险公司管理条例实施细则》（以下简称《实施细则》）进行修改。《实施细则》修改后，外资保险公司的外方股东增加为三类，即外国保险公司、外国保险集团公司以及其他境外金融机构。同时，为保证外资保险公司的专业优势，进一步规定外资保险公司的外方唯一或者主要股东应当为外国保险公司或者外国保险集团公司。此次修改删除了《实施细则》中有关外资股比的限制性规定，外国保险公司或者外国保险集团公司作为外资保险公司股东，其持股比例可达100%。

自银保监会宣布实施取消合资寿险公司外资比例限制的开放举措以来，外资保险加速布局中国市场。2020年1月，安联（中国）保险控股有限公司正式于上海开业，成为中国首家开业的外资独资保险控股公司,也是中国金融业近年来对外开放的标志性成果。2020年7月,友邦保险上海分公司获批改建为友邦人寿保险有限公司,成为中国内地首家获得设立批复的外资独资人身保险公司。

根据银保监会公布的保险机构法人名单,截至2020年12月31日,共有238家保险机构。境外保险机构在华共设立了66家外资保险机构、117家代表处和17家保险专业中介机构,外资保险公司总资产1.71万亿元。

中国保险市场对外开放的入世后过渡期主要具有以下特点。第一,业务发展快,但增长基数低,市场影响有限。例如,2021年1月份,外资保险公司保费收入为666.77亿元,市场份额为6.61%,同比上升1.17个百分点。第二,随着近年来国家对外资保险公司股比限制的取消,外资市场准入加快。外资保险公司由2018年的56家提升到2020年年底的66家。第三,公司之间发展不平衡。安联、友邦等一些大型保险公司率先独资进入中国保险市场。第四,产险影响小于寿险。从保费增速来看,以2021年1月份为例,外资人身险公司原保费收入同比增长37.21%,高于人身险公司平均13.49%的增幅,外资产险公司原保费收入同比增长7.78%,高于产险公司平均0.07%的同比增幅。

总之,外资加大对中国的投资,不仅丰富了国内保险市场主体和产品,并且引进国际保险行业的资金、经验和人才,对我国保险市场的健康发展非常有利。一些外资保险公司以独资的方式登陆中国市场,其不同的经营理念、文化传统会在中国市场得到更多体现,这对于市场多元化、差异化的经营管理具有积极意义。

四、中国在国内外自贸区中的保险市场开放

(一)中国在中韩自贸区中的保险市场开放承诺

中国目前已经分别与港澳台地区、东盟、新加坡、巴基斯坦、新西兰、智利、秘鲁、瑞士、冰岛、哥斯达黎加、韩国、澳大利亚签署了自由贸易协定,在上述自由贸易协定中,中韩FTA协定将金融服务单独列为一章(第十一章),其中正文部分包括十四项条款以及"具体承诺"附录。该章的主要内容包括适用范围、国民待遇、金融机构的市场准入、特定信息的处理、审慎例外、透明度、支付和清算系统、审慎措施的承认、金融服务委员会、磋商、争端解决、金融服务投资争端的事前磋商以及主要定义等,具体行业承诺减让表包含在服务贸易具体承诺减让表中,采取了与GATS(WTO的服务贸易总协定)相同的正面清单方式。关于保险方面的承诺如表2-4所示。

表2-4 中韩FTA中我国保险服务业承诺开放情况

部门	限制类型	跨境提供	境外消费	商业存在	自然人移动
所有保险及其相关服务	市场准入限制	除再保险、海运保险等外不做承诺	保险经纪人不做承诺,其他没有限制	较多限制	除水平承诺外不做承诺
	国民待遇限制	没有限制	没有限制	有限制	除水平承诺外不做承诺

（二）中国在上海自贸区中的保险市场开放探索

2015年10月30日，中国人民银行会同商务部、银监会、证监会、保监会、国家外汇管理局和上海市人民政府正式联合印发《进一步推进中国（上海）自由贸易试验区金融开放创新试点加快上海国际金融中心建设方案》（下称《方案》）。

这份号称上海自贸区新金改方案的文件，被官方称为"新阶段深化上海自贸试验区和上海国际金融中心建设的纲领性文件"，意义重大。《方案》回应了外界期待的多项热点政策，包括率先实现人民币资本项目可兑换，合格境内个人投资者境外投资，进一步扩大人民币跨境使用等。《方案》中对保险市场的扩大开放和保险资金的拓宽运用做出了相应规定。

《方案》中主要包括以下三方面规定。

第一，《方案》第十五条规定：允许公募基金管理公司在自贸试验区设立专门从事指数基金管理业务的专业子公司。支持保险资金等长期资金在符合规定前提下委托证券期货经营机构在自贸试验区内开展跨境投资。

这意味着保险资金的投资途径也进一步得以拓宽，在证券期货机构混业经营的大背景下，险资在自贸区内的跨境投资将更为便利。

第二，《方案》第十九条规定：支持在自贸试验区设立保险资产管理公司及子公司、保险资金运用中心。支持保险资产管理机构设立夹层基金、并购基金、不动产基金、养老产业基金、健康产业基金等私募基金。支持保险资产管理公司发起、保险公司投资资产证券化产品。依托金融要素市场研究巨灾债券试点。

这意味着上海建设国际保险中心架构下需要打造的三个中心为再保险中心、航运保险中心以及保险资金运用中心，而对于资产证券化产品，保险资管公司的兴趣早已不局限于"投资"，而更看重"发起"。

第三，《方案》第二十条规定：完善再保险产业链。支持在自贸试验区设立中外资再保险机构，设立自保公司、相互制保险公司等新型保险组织，以及设立为保险业发展提供配套服务的保险经纪、保险代理、风险评估、损失理算、法律咨询等专业性保险服务机构。支持自贸试验区内保险机构大力开展跨境人民币再保险和全球保单分入业务。鼓励各类保险机构为我国海外企业提供风险保障，在自贸试验区创新特殊风险分散机制，开展能源、航空航天等特殊风险保险业务，推动国际资本为国内巨灾保险、特殊风险保险提供再保险支持。

这意味着上海自贸区已成为企业走出去的一个桥头堡，为各类保险机构提供了市场空间。

第三节　中国保险业的现状和发展目标

一、中国保险业的发展现状和水平

改革开放以来，我国保险业迅速发展，充分发挥了经济补偿职能，为改革开放和国民经济发展做出了重要贡献。四十年来，我国保险业发展巨大。表2-5显示，我国保险费收入从1991年的227.30亿元增加到2020年的45 257.34亿元。在我国保险费收入上百倍增长的同时可以发现，其增长率从1991年的27.78%下降到2020年的6.13%。我国的保险深度和保险密度双双得到快速增长。表 2-6 显示，我国保险深度和保险密度分别从 2004 年的 3.39% 及 332.2 元增加到 2020 年的 4.49% 及 3288.0 元。2019 年保险公司总资产达 20.56 万亿元，较 2018 年增长 12.2%[①]。虽然我国保险市场发展迅速，但是发展水平远低于世界平均水平，表 2-7、表 2-8 显示了 2018 年中国保险密度和保险深度的排名情况，名次分别为第 46 位和第 36 位，低于世界平均水平。因此，我国保险市场的发展潜力巨大。

表 2-5　1991—2020 年我国保险费收入的增长情况

年　份	保费收入/亿元	保费收入增长率/%	产险收入/亿元	产险收入增长率/%	寿险收入/亿元	寿险收入增长率/%
1991	227.30	27.78	144.20	22.20	83.10	40.70
1992	301.80	32.78	193.10	33.91	108.70	30.81
1993	395.50	31.05	251.40	30.19	144.10	32.57
1994	500.30	26.50	336.90	34.01	164.30	14.02
1995	594.90	18.91	390.70	15.97	204.20	24.28
1996	776.60	30.54	452.50	15.82	324.10	58.72
1997	1088.00	40.10	486.00	7.40	602.00	85.75
1998	1247.30	14.64	499.60	2.80	747.70	24.20
1999	1393.22	11.70	521.10	4.30	872.10	16.64
2000	1595.90	14.55	598.40	14.83	997.50	14.38
2001	2109.00	32.15	685.00	14.47	1424.00	42.76
2002	3053.10	44.77	778.30	13.62	2274.80	59.75
2003	3880.40	27.10	869.40	11.70	3011.00	32.36
2004	4318.10	11.28	1089.90	25.36	3228.20	7.21
2005	4927.33	14.11	1229.86	12.84	3697.48	14.54
2006	5641.40	14.49	1509.40	22.73	4132.00	11.75
2007	7033.44	25.00	2086.92	32.00	4946.52	21.90
2008	9789.14	39.20	2446.21	17.30	7342.93	48.50
2009	11 137.30	13.80	2992.83	22.40	8144.47	11.00
2010	14 527.97	30.40	4026.07	34.60	10 500.93	28.90
2011	14 341.00	10.50	4780.92	18.79	9560.08	6.90
2012	15 485.54	8.00	5330.10	15.70	10 155.44	4.10
2013	17 217.94	11.20	6481.24	17.20	10 736.70	7.90
2014	20 233.61	17.50	7546.28	16.40	12 687.33	18.20
2015	24 283.00	20.01	8423.00	11.62	15 859.00	25.00
2016	30 904.15	27.27	9266.00	10.01	21 638.30	36.44
2017	36 581.00	18.37	10 541.00	13.76	26 040.00	20.34
2018	38 017.00	3.93	11 756.00	11.53	26 261.00	0.85
2019	42 644.75	12.17	13 016.33	10.72	29 628.42	12.82
2020	45 257.34	6.13	13 583.69	4.36	31 673.64	6.90

资料来源：http://data.stats.gov.cn/easyquery.htm?cn=C01.

[①] 数据来源：国家统计局网站 https://data.stats.gov.cn/easyquery.htm?cn=C01.

表 2-6 我国 2004—2020 年保险密度和保险深度的情况

年　份	保险深度/%	保险密度/（元/人）
2004	3.39	332.2
2005	2.70	375.6
2006	2.80	431.3
2007	2.93	532.4
2008	3.25	736.7
2009	3.32	834.4
2010	3.65	1083.4
2011	3.04	1064.4
2012	2.98	1143.7
2013	3.03	1265.4
2014	3.18	1479.3
2015	3.54	1722.1
2016	4.16	2198.9
2017	4.40	2612.7
2018	4.15	2730.5
2019	4.33	3082.9
2020	4.49	3288.0

数据来源：作者根据国家统计局网站 https://data.stats.gov.cn/easyquery.htm?cn=C01 数据计算得出。

表 2-7 2018 年全球保险密度排名

密度排名	国家（地区）	保险密度/美元
1	开曼群岛	12 112
2	中国香港地区	8313
3	瑞士	6811
4	丹麦	5772
5	卢森堡	5011
6	中国台湾地区	4997
7	新加坡	4749
8	芬兰	4737
9	爱尔兰	4687
10	荷兰	4631
46	中国内地	384
	世界平均	660

资料来源：瑞士再保险 Sigma 报告. 2017 年世界保险业：总体稳健，但成熟寿险市场拖累增长. 2018（3）.

表 2-8 2018 年全球保险深度排名

深度排名	国家（地区）	保险深度/%
1	中国台湾地区	21.32
2	开曼群岛	19.61
3	中国香港地区	17.94
4	南非	14.27
5	韩国	12.08
6	芬兰	10.65
7	丹麦	10.21
8	英国	9.58
9	荷兰	9.56
10	法国	8.95
36	中国内地	4.57
	世界平均	6.13

资料来源：瑞士再保险 Sigma 报告. 2017 年世界保险业：总体稳健，但成熟寿险市场拖累增长. 2018（3）.

二、中国保险业和保险市场的发展目标

国务院于 2014 年 8 月 13 日公布了《关于加快发展现代保险服务业的若干意见》，简称"新国十条"。"新国十条"要求推进保险业改革开放，全面提升行业发展水平。这意味着中国保险市场继入世承诺逐步开放保险市场之后，即将迎来新一轮开放。"新国十条"确立了中国保险业的发展目标，即到 2020 年，基本建成保障全面、功能完善、安全稳健、诚信规范，具有较强服务能力、创新能力和国际竞争力，与我国经济社会发展需求相适应的现代保险服务业，努力由保险大国向保险强国转变。保险成为政府、企业、居民风险管理和财富管理的基本手段，成为提高保障水平和保障质量的重要渠道，成为政府改进公共服务、加强社会管理的有效工具。保险深度（保费收入/国内生产总值）达到 5%，保险密度（保费收入/总人口）达到 3500 元/人，使保险的社会"稳定器"和经济"助推器"作用得到有效发挥。改革开放以来，我国保险业快速发展，服务领域不断拓宽，为促进经济社会发展和保障人民群众生产生活做出了重要贡献。但总体上看，我国保险业仍处于发展的初级阶段，不能适应全面深化改革和经济社会发展的需要，与现代保险服务业的要求还有较大差距。加快发展现代保险服务业，对完善现代金融体系、带动扩大社会就业、促进经济提质增效升级、创新社会治理方式、保障社会稳定运行、提升社会安全感、提高人民群众生活质量具有重要意义。

为深入贯彻党的十八大和中共十八届二中全会、中共十八届三中全会精神，认真落实党中央和国务院决策部署，加快发展现代保险服务业，现提出以下意见。

（一）总体要求

（1）指导思想。以邓小平理论、"三个代表"重要思想、科学发展观为指导，立足于服务国家治理体系和治理能力现代化，把发展现代保险服务业放在经济社会工作整体布局中统筹考虑，以满足社会日益增长的多元化保险服务需求为出发点，以完善保险经济补偿机制、

强化风险管理核心功能和提高保险资金配置效率为方向，改革创新、扩大开放、健全市场、优化环境、完善政策，建设有市场竞争力、富有创造力和充满活力的现代保险服务业，使现代保险服务业成为完善金融体系的支柱力量、改善民生保障的有力支撑、创新社会管理的有效机制、促进经济提质增效升级的高效引擎和转变政府职能的重要抓手。

（2）基本原则。一是坚持市场主导、政策引导。对商业化运作的保险业务，营造公平竞争的市场环境，使市场在资源配置中起决定性作用；对具有社会公益性、关系国计民生的保险业务，创造低成本的政策环境，给予必要的扶持；对服务经济提质增效升级具有积极作用但目前基础薄弱的保险业务，更好发挥政府的引导作用。二是坚持改革创新、扩大开放。全面深化保险业体制机制改革，提升对内、对外开放水平，引进先进经营管理理念和技术，释放和激发行业持续发展和创新活力。增强保险产品、服务、管理和技术创新能力，促进市场主体差异化竞争、个性化服务。三是坚持完善监管、防范风险。完善保险法制体系，加快推进保险监管现代化，维护保险消费者合法权益，规范市场秩序。处理好加快发展和防范风险的关系，守住不发生系统性、区域性金融风险的底线。

（3）发展目标。到 2020 年，基本建成保障全面、功能完善、安全稳健、诚信规范，具有较强服务能力、创新能力和国际竞争力，与我国经济社会发展需求相适应的现代保险服务业，努力由保险大国向保险强国转变。保险成为政府、企业、居民风险管理和财富管理的基本手段，成为提高保障水平和保障质量的重要渠道，成为政府改进公共服务、加强社会管理的有效工具。保险深度（保费收入/国内生产总值）达到 5%，保险密度（保费收入/总人口）达到 3500 元/人。保险的社会"稳定器"和经济"助推器"作用得到有效发挥。

（二）构筑保险民生保障网，完善多层次社会保障体系

（1）把商业保险建成社会保障体系的重要支柱。商业保险要逐步成为个人和家庭商业保障计划的主要承担者、企业发起的养老健康保障计划的重要提供者、社会保险市场化运作的积极参与者，支持有条件的企业建立商业养老健康保障计划，支持保险机构大力拓展企业年金等业务，充分发挥商业保险对基本养老、医疗保险的补充作用。

（2）创新养老保险产品服务。为不同群体提供个性化、差异化的养老保障；推动个人储蓄性养老保险发展；开展住房反向抵押养老保险试点；发展独生子女家庭保障计划；探索对失独老人保障的新模式；发展养老机构综合责任保险；支持符合条件的保险机构投资养老服务产业，促进保险服务业与养老服务业融合发展。

（3）发展多样化健康保险服务。鼓励保险公司大力开发各类医疗、疾病保险和失能收入损失保险等商业健康保险产品，并与基本医疗保险相衔接；发展商业性长期护理保险；提供与商业健康保险产品相结合的疾病预防、健康维护、慢性病管理等健康管理服务；支持保险机构参与健康服务业产业链整合，探索运用股权投资、战略合作等方式，设立医疗机构和参与公立医院改制。

（三）发挥保险风险管理功能，完善社会治理体系

（1）运用保险机制创新公共服务提供方式。政府通过向商业保险公司购买服务等方式，

在公共服务领域充分运用市场化机制,积极探索推进具有资质的商业保险机构开展各类养老、医疗保险经办服务,提升社会管理效率;按照全面开展城乡居民大病保险的要求,做好受托承办工作,不断完善运作机制,提高保障水平;鼓励发展治安保险、社区综合保险等新兴业务;支持保险机构运用股权投资、战略合作等方式参与保安服务产业链整合。

(2)发挥责任保险化解矛盾纠纷的功能作用。强化政府引导、市场运作、立法保障的责任保险发展模式,把与公众利益关系密切的环境污染、食品安全、医疗责任、医疗意外、实习安全、校园安全等领域作为责任保险发展重点,探索开展强制责任保险试点;加快发展旅行社、产品质量以及各类职业责任保险、产品责任保险和公众责任保险,充分发挥责任保险在事前风险预防、事中风险控制、事后理赔服务等方面的功能作用,用经济杠杆和多样化的责任保险产品化解民事责任纠纷。

(四)完善保险经济补偿机制,提高灾害救助参与度

(1)将保险纳入灾害事故防范救助体系。提升企业和居民利用商业保险等市场化手段应对灾害事故风险的意识和水平;积极发展企业财产保险、工程保险、机动车辆保险、家庭财产保险、意外伤害保险等,增强全社会抵御风险的能力;充分发挥保险费率杠杆的激励约束作用,强化事前风险防范,减少灾害事故发生,促进安全生产和突发事件应急管理。

(2)建立巨灾保险制度。围绕更好保障和改善民生,以制度建设为基础,以商业保险为平台,以多层次风险分担为保障,建立巨灾保险制度;研究建立巨灾保险基金、巨灾再保险等制度,逐步形成财政支持下的多层次巨灾风险分散机制;鼓励各地根据风险特点,探索对台风、地震、滑坡、泥石流、洪水、森林火灾等灾害的有效保障模式;制定巨灾保险法规;建立核保险巨灾责任准备金制度;建立巨灾风险管理数据库。

第四节 现代保险业发展概况

一、意大利是现代海上保险的发源地

11世纪末,意大利半岛的商人控制了东方和西方的中介贸易。在经济繁荣的比萨、热那亚和威尼斯等北部地区的商人中间,已经出现了类似现代形式的海上保险。这些商人和高利贷者将他们的贸易、汇兑票据和保险的习惯做法带到他们所到之处。由于这些商人的足迹遍及整个欧洲,在14世纪以后,保险也就由此在西欧各国的商人中间开始流行,现代化的保险业务逐渐形成。

从史料上看,世界上第一张保险单——Polizza(意为承诺)是热那亚商人乔治·勒克维伦于1347年10月23日签发的承保"圣太·克拉拉"号船舶的一张保险单。这张保险单因未订明保险人承保的风险(仅规定如船舶在6个月内到达,保险人不负赔偿责任),所以不具有现代保险单的形式,但到了1397年在佛罗伦萨出现的保险单上已经出现承保"海上灾害、天灾、火灾、抛弃、王子的禁制、捕捉"等字样,开始具有现代保险单的形式。

二、资本主义的发展促进了保险立法

资本主义的产生和发展,引发西欧各国对海上航线的探寻。15—16世纪新航线的开辟,使欧洲商人的贸易范围空前扩大,海上保险得到迅速发展,同时,保险方面的纠纷也相应增加。为了适应保险业务发展的需要,巴塞罗那、威尼斯、佛罗伦萨等地的政府相继制定并颁布了海上保险法令、条例以及标准保险单格式。

在美洲新大陆被发现以后,贸易中心逐渐从地中海一带转移至大西洋沿岸。海上保险制度也自意大利经葡萄牙、西班牙的各大城市传入荷兰、英国、法国以及北欧的一些城市,这些国家已处于世界贸易的发展阶段。1556年,西班牙国王颁布法令确定了保险经纪人制度;安特卫普于1563年也通过法令规定海上保险及保单格式,这一法令及安特卫普交易所的习惯做法被欧洲各地的保险人所采用。

三、英国海上保险的产生和发展

(一)英国海上保险和保险立法的产生和发展

16世纪以前,英国的对外贸易和保险业均被意大利和汉萨同盟的商人所控制。此后,随着资本主义在西欧各国的发展以及新航线的开辟,欧洲的贸易规模空前扩大了,尤其是发现美洲新大陆以后,世界贸易中心由地中海一带转移到了大西洋沿岸,英国的对外贸易得到了迅猛发展。16世纪以后,英国采取措施排斥外国商人的势力。例如,1554年,英国商人从国王那里获得特权,组织贸易公司垄断经营海外业务,从此对外贸易及海上保险开始由英国商人自己经营,海上保险的一些法令和制度也相继制定和建立。经过一个多世纪的发展,英国成为世界海上保险的中心。促进英国海上保险发展的一个很重要的因素是1574年伊丽莎白女王批准设立保险商会和颁布经营海上保险的法案并制定标准保险单。1601年,伊丽莎白女王制定了第一部有关海上保险的成文法,称为《关于商人使用保险单的立法》。为了加强英国保险业在世界保险业中的竞争力量,整顿当时的伦敦保险市场,英国政府于1720年颁布了《泡沫法案》,批准"皇家交易保险公司"及"伦敦保险公司"这两家公司享有经营海上保险的独占权,其他公司或合伙组织均不得经营海上保险业务。从此以后,这两家特许保险公司垄断经营伦敦海上保险业务近百年。但法案并没有限制个人经营者办理海上保险业务,这就为劳合社(一家以个人名义办理海上保险业务的社团组织)的发展提供了有利条件。

1824年,英国政府取消了《泡沫法案》,大量资金开始涌入海上保险市场,英国保险业的经营主体与空间迅速增多和扩大。1884年,在伦敦经营海上保险业务的公司成立了"伦敦保险人协会",这个公会组织在水险条款标准化方面做了大量的工作。它所制定的保险条款(简称"协会条款")在国际保险市场得到广泛应用。

1906年,英国制定了《海上保险法》,这部保险法是英国曼斯菲尔德爵士在出任英国皇家法院首席大法官的二十年间,在对上千个海上保险判例所做研究的基础上结合国际惯例而制定的。长期以来,它对世界各国的保险立法具有深刻的影响,直到现在它仍是世界上最具权威的海上保险法典之一。

（二）伦敦劳合社（Lloyd's of London）的概况

1. 劳合社的产生和发展

劳合社又称劳埃德社，是当今世界上唯一的允许个体保险人经营保险业务的保险市场。劳合社本身不办理保险业务，而是由取得会员资格的承保人以自己的名义来办理承保业务。因此，劳合社只是一个管理与服务的机构而不是一个保险公司。

劳合社是由一个名叫爱德华·劳埃德（Edward Lloyd）的英国商人于1688年在泰晤士河畔塔街所开设的咖啡馆演变发展而来的。17世纪的资产阶级革命为英国资本主义的发展扫清了道路，英国的航运业得到了迅速发展。当时，英国伦敦的商人经常聚集在咖啡馆里，边喝咖啡边交换有关航运和贸易的消息。由于劳埃德咖啡馆临近一些与航海有关的机构，如海关、海军部和港务局，因此这家咖啡馆就成为经营航运的船东、商人、经纪人、船长及银行高利贷者经常会晤、交换信息的地方。保险商也常聚集于此，与投保人接洽保险业务。后来这些商人们联合起来，当某船出海时，投保人就在一张纸，即承保条上注明投保的船舶或货物以及投保金额，每个承保人都在承保条上注明自己承保的份额，并签上自己的名字，直至该承保条的金额被100%承保。

由于当时通信十分落后，准确可靠的消息对于商人们来说是无价之宝。店主劳埃德先生为了招揽更多的客人到其咖啡馆来，于1696年出版了一张小报《劳埃德新闻》（*Lloyd News*），每周出版3次，共发行了76期，使其成了航运消息的传播中心。约在1734年，劳埃德的女婿出版了《劳合社动态》（*Lloyd's List*），后易名《劳合社日报》，至今该报仍在伦敦出版。后来，咖啡馆的79名商人每人出资100英镑，于1774年租赁皇家交易所的房屋，在劳埃德咖啡馆原业务的基础上成立了劳合社。英国议会于1871年专门通过了一个法案，批准劳合社成为一个保险社团组织，劳合社通过向政府注册取得了法人资格，但劳合社的成员只能限于经营海上保险业务。直至1911年，英国议会取消了这个限制，批准劳合社成员可以经营包括水险在内的一切保险业务。

2. 劳合社的承保人

劳合社的承保人又称名人（name）或真正承保人（actual underwriter）。劳合社就其组织的性质而言，不是一个保险公司，而是一个社团组织。它不直接办理保险业务或出具保险单，所有的保险业务都通过劳合社的会员，即劳合社承保人单独进行交易。

劳合社只是为其成员提供交易场所，并根据劳合社法案（*Lloyd's act*）和劳合社委员会的严格规定对他们进行管理和控制，包括监督他们的财务状况、为他们处理赔案、签署保单、收集共同海损退还金等，并出版报刊，进行信息搜集、统计和研究工作。劳合社承保人以个人名义对劳合社保险单项下的承保责任单独负责，其责任绝对无限，会员之间没有相互牵连的关系。劳合社从成员中选出委员会，劳合社委员会在接收新会员入会之前，除了必须由劳合社会员推荐，还要对他们的身份及财务偿付能力进行严格审查。例如，劳合社要求每一位会员具有一定的资产实力，并将其经营保费的一部分（一般为25%）提供给该社作为保证金，会员还须将其全部财产作为其履行承保责任的担保金。另外，每一承保人还将其每年的承保账册交呈劳合社特别审计机构，以证实其担保资金是否足以应付他所承担的风险责任。根据劳合社委托书，承保人所收取的保险费由劳合社代管。

在1994年以前，劳合社的承保人都是自然人，或称个人会员（individual member）。1994年以后，劳合社允许公司资本进入该市场，出现了公司会员（corporate member）。从此以后，个人会员的数量连年递减，而公司会员的数量逐年递增。根据1997年年底至1999年年底两年的统计数字看，劳合社个人会员的数目分别为6825名、4503名和3317名，而公司会员的数目分别为435名、660名和885名。

劳合社的承保人按承保险种组成不同规模的组合，即承保辛迪加（underwriting syndicate）。组合人数不限，少则几十人，多则上千人。每个组合中都设有积极承保人（active underwriter），又称承保代理人（underwriting agent）。由该承保代理人代表一个组合来接受业务，确定费率。这种组合并非合股关系，每个承保人各自承担的风险责任互不影响，没有连带关系。截至1999年年底，劳合社的承保辛迪加的数量为122个。

劳合社作为一个商业组织，仅接受它的经纪人招揽的业务，换句话说，劳合社的承保代理人代表辛迪加不与保险客户（即被保险人）直接打交道，只接受保险经纪人提供的业务。保险经纪是技术性业务，经纪人是受过训练的专家，他们精通保险法和保险业务，有能力向当事人建议投保何种保险单最能符合其需要。保险客户不能进入劳合社的业务大厅，只能通过保险经纪人安排投保。经纪人在接受客户的保险要求以后，准备好一些投保单，上面写明被保险人的姓名、保险标的、保险金额、保险险别和保险期限等内容，保险经纪人持投保单找到一个合适的辛迪加，并由该辛迪加的承保代理人确定费率，认定自己承保的份额，然后签字。保险经纪人再拿着投保单找同一辛迪加内的其他会员承保剩下的份额。如果投保单上的风险未"分"完，他还可以与其他辛迪加联系，直到全部保险金额被完全承保。最后，经纪人把投保单送到劳合社的保单签印处。经查验核对，投保单换成正式保险单，劳合社盖章签字，保险手续至此全部完成。

3．劳合社保险市场的承保业务及其改革现状

目前，劳合社成员的承保业务大体分为四大类，即水险、非水险、航空和汽车保险。

（1）第一类：水险。劳合社的水险业务约占劳合社总业务的21%。世界上约有13%的海上保险业务是由劳合社承保的。劳合社承保的水上风险范围很广，从游艇到超级油轮及其货物，从海岸供给船（offshore supply boat）到大型石油钻井机，世界上几乎所有的远洋船舶的责任风险都在劳合社办理了再保险。

（2）第二类：非水险。非水险业务在劳合社业务中所占的比例约为51%。劳合社承保的非水险风险包罗万象，从火灾到暴风雨，从地震到盗窃抢劫，从产品责任到职业过失，从影星的眼睛、钢琴家的手指到可怕的疾病，只要市场上对某种风险产生了保障需求，富有创新进取精神的劳合社承保人很快就会设计出相应险种。劳合社的非水险市场也承保短期寿险业务。劳合社不承保的风险种类只有长期寿险和信用风险两种。

（3）第三类：航空保险。航空保险业务约占劳合社业务的11%。目前，劳合社的航空保险业务约占世界该类业务量的25%。劳合社的航空险承保人被认为是承保航空器实体损害风险和责任风险方面的杰出专家。世界10大航空公司中有9家并且是9名最大的航空器制造商都在劳合社购买了保险。

（4）第四类：汽车保险。汽车保险在劳合社业务中约占17%。许多其他的汽车保险商都

要求投保的汽车要标准化，但劳合社的汽车承保人则乐意承保非标准化的高价值的汽车，甚至为电动自行车这样小的保险标的也办理保险，劳合社因此在汽车保险领域名声大噪，世界上最大的7家汽车制造商都在劳合社购买了保险。

20世纪90年代以来，由于世界保险市场竞争加剧，加上劳合社本身业务经营方式的影响，劳合社的业务经营陷入了困境，1992年营业出现巨额亏损。从1993年开始，劳合社大力进行改革，实施了"重建更新计划"（reconstruction and renewal，R&R）。改革的一个令人瞩目的措施便是向劳合社市场引入了"公司会员"，允许公司资本进入劳合社，打破了劳合社会员只允许是自然人而不允许是法人的传统惯例。劳合社的公司会员承担有限责任，自1994年1月1日被准入劳合社以来，公司会员的数目及其承保能力连年增长。到1999年年底，已有885个公司会员，其承保能力达130亿美元，占劳合社总承保能力163亿美元的80%，而个人会员的承保能力仅占20%。公司会员要将其经营保费的50%或更多上交劳合社，作为担保金最低不少于80万美元，这个比例比对个人会员所要求的25%和30%的比例要高得多。劳合社目前还在酝酿更多的改革计划，包括打破只接受劳合社经纪人招揽业务的传统做法，尝试从世界上其他保险经纪人处直接获得业务。

1997年，世界著名的评估机构标准普尔（Standard Poor's）公司在其推出的"世界最大商业保险公司"排行统计表中列入了劳合社，因为它们认为劳合社在许多项目上是一个全球经营者，首次披露的对其市场的评级为A+。按非寿险保费净收入排行，劳合社列世界第二，非寿险保费净收入为108.66亿美元，仅次于日本东京海上与火灾保险有限公司。但在过去30年中，由于来自石棉和污染责任的巨额索赔，使得劳合社的经营陷入了困境，虽然R&R改革措施取得了一些成绩，但仍不尽如人意。这个保险业巨子正面临着巨大的内外压力。

四、美国保险业概况

美国是世界上最大的保险市场，无论公司数量、业务种类还是业务量，在世界上都首屈一指。2006年，世界上保费收入最高的是美国，为11 701.01亿美元，占当年全世界保费收入的31.43%。庞大的保险体系，众多的保险人，通过保险服务对美国经济发展起了极大的推动作用。

保险经纪人在美国市场上发挥着一定的作用，但远没有英国那么重要。在寿险方面，保险经纪人几乎不介入。在一些州（如纽约州）有规定，保险经纪人不得办理人寿保险和年金保险业务。

美国保险市场竞争十分激烈，表现在银行和一些金融机构中，国外公司也纷纷进入美国市场。激烈的竞争使从业者努力通过信息技术的应用、降低成本、提供特色服务等手段来保持市场份额。

未来美国保险业的增长将主要来自海外市场。美国的保险公司不断增加对保险市场增长较快的国家和地区的投资。国际保险市场的不断开放，为美国的保险公司提供了本国高度成熟市场不能提供的发展机遇。同样，欧洲等地的保险公司通过兼并等手段进入美国保险市场，与美国的从业者进行竞争。

美国对保险业的管理主要从立法、司法和行政三方面进行，其管理的严格性和广泛性着重体现在监督范围上,通过立法对保险公司的创设、经营范围、经营所需的最低资本、保险人的偿付能力、准备金标准、投资范围及费率厘定、保险单格式等加以严格管理。司法管辖主要体现在法院对保险条款的解释及对保险纠纷的裁决上。美国对保险业实行联邦政府和州政府的双重管理体制。

五、日本保险业概况

日本保险市场的一个显著特征是保险人数量较少,这主要是因为保险主管机构大藏省对保险开业实行认可制,通过控制保险人数量来达到限制竞争的目的。截至 2006 年 12 月底,日本保险市场共有 86 家保险公司,其中,寿险公司 38 家(其中日本公司 34 家、外国公司 4 家),财产保险公司 48 家(其中日本公司 26 家、外国公司 22 家)。2006 年,日本仍然是世界第二大财产保险市场,保费收入 4602.61 亿美元,占世界保险市场的 12.369%。

日本寿险业在世界上堪称一流,从展业、理赔、险种设计、经营管理到计算机普及应用等方面都已形成独特的体系。日本保险公司展业有两种主要途径:一种是保险公司职员进行的直接展业,另一种是通过代理店进行的间接展业,其中后者的保险费收入占绝大部分(90%以上)。代理店根据委托合同代理保险人与投保人签订保险合同,并帮助投保人选择合适的投保项目,接受保险费并负责售后服务。20 世纪 90 年代中期,日本共有代理店 47 万余家。

在日本,寿险收入占其全部保费收入的大部分(一般都在 70%以上),全国寿险的普及率达 90%,是世界上寿险普及率最高的国家。日本寿险具体险种众多,经营者根据经济的发展与社会需求的变化,不断推出新险种。

日本还有两家专业再保险公司,在国内市场上发挥分保职能,并与海外许多国家的保险公司开展分保业务。

日本本国保险企业与外资保险企业都受大藏省的监督管理。日本对保险业管理相当严格,但在严格限制下允许灵活经营,使日本保险业得以充分发展。

六、瑞士保险业概况

瑞士保险业历史悠久、信誉卓著,自 19 世纪上半叶萌芽发展至今,已成为拥有百余家保险公司、年保费总额为一千两百多亿瑞郎的重要金融服务部门。瑞士保险业十分发达,人均保费多年来一直位居世界各国之首。每年国内保费总收入约占瑞士国内生产总值的 11%左右。

瑞士有保险公司百余家,其中寿险公司占 1/4,再保险公司有十几家。瑞士保险市场分布很不平衡,前 15 家最大寿险公司占了寿险市场份额的 98%,15 家最大保险公司的市场份额占整个非寿险市场的 85%。这种集中程度在发达国家是十分罕见的。瑞士的一些实力雄厚、经营规模庞大的保险公司不仅在国内市场上占有举足轻重的地位,而且在国际保险市场上也颇具影响力。

瑞士的保险公司十分多样化:有的保险公司集中经营一个或少数几个险种;有的保险公司经营业务广泛,涉及几乎所有主要险种;有的保险公司服务对象仅局限于国内客户,有的则将业务拓展至广阔的国际市场。

再保险实力强是瑞士保险业的一大特色。再保险公司使直接保险公司的部分风险得以转移,从而提高了直接保险公司的承保能力。瑞士再保险业每年的保费收入占整个保险业的1/4左右。世界著名的瑞士再保险公司是世界第二大再保险公司,它在世界各地的主要城市均设有分支机构。

由于拥有先进的金融服务和资产管理业,投资业务是瑞士保险公司的长项。由于保险公司每年均能吸收到大量资金,如何管理好这部分资金至关重要,因此它同时也是一个为保户服务的"理财"机构。瑞士保险公司通常利用保费收入进行各种投资业务。总体来说,瑞士保险业将接近60%的收入投资于有价证券及债券,约13%的收入投资于股票,约14%的收入投资于房地产业。

瑞士是一个比较典型的外向型保险国家,每年保险费收入一半来自海外,在开拓国外保险市场方面一直处于优先地位。多年来,瑞士各大保险公司纷纷寻求进入国外保险市场的途径,通过建立分支机构、购买外国公司股权等拓展保险业务,取得了令人瞩目的成就。

复习思考题

1. 什么是保险密度?什么是保险深度?
2. 简述中国保险市场改革开放的四个阶段。
3. 中国保险市场对外开放的入世承诺主要内容是什么?
4. 简述中国保险业发展的特点。
5. 简要介绍伦敦劳合社的情况。
6. 《国务院关于加快发展现代保险服务业的若干意见》("新国十条")提出的保险业2020年发展目标是什么?
7. 我国在区域层面保险业开放的主要内容是什么?
8. 上海自贸区中关于保险市场开放的主要内容是什么?
9. 试比较英国、美国、日本、瑞士保险业的发展特点。

第三章 保险的基本原则

保险活动有着它自身必须遵循的基本原则，在这些原则下才能保证保险作用的充分发挥。保险基本原则是保险合同当事人双方在订立、变更和履行合同的过程中必须遵循的准则。保险关系作为一种民事法律关系，在调整这种关系中更注重商业习惯，而保险基本原则就是在保险活动中逐渐形成，且为人们所公认的保险习惯做法。本章要求掌握最大诚信原则、保险利益原则、近因原则和损失补偿原则的基本含义和主要内容，把握其在国际货物运输保险实务中的地位及具体应用。

第一节 最大诚信原则

一、最大诚信原则的含义

在保险活动中，最早以法律形式出现的最大诚信原则是英国于1906年《海上保险法》中做的规定："海上保险是建立在最大诚信原则的基础上的保险合同，如果任何一方不遵守这一原则，他方可以宣告合同无效。"我国《保险法》第五条规定："保险活动当事人行使权利、履行义务应当遵循诚实信用原则。"

最大诚信的含义是指当事人要向对方充分而准确地告知有关保险的所有重要事实，不允许存在任何作伪、欺骗和隐瞒行为。

重要事实一般是指对保险人决定是否承保或以何条件承保起影响作用的事实，它影响保险人决定是否接受投保人的投保和确定收取保险费的数额。例如，有关投保人和被保险人的详细情况、有关保险标的的详细情况、危险因素及变化情况、以往的损失赔付情况，以及以往遭到其他保险人拒绝承保的事实等。

因此，最大诚信原则可表述为：保险合同当事人订立保险合同及在合同的有效期内，应依法向对方提供影响对方做出是否缔约及缔约条件的全部实质性重要事实；同时，绝对信守合同订立的约定与承诺；否则，受到损害的一方可以以此为理由宣布合同无效或不履行合同的约定义务或责任，还可以对因此而受到的损害要求对方予以赔偿。

二、规定最大诚信原则的原因

（一）这是由保险经营的特殊性决定的

保险经营是一种特殊的劳务活动。一方面是因为保险的经营以危险的存在为前提，保险人对可保危险提供保险保障的承诺，因此，对保险人而言，危险的性质和大小直接决定着保险人是否承保及保险费率的高低；另一方面，保险标的具有广泛性和复杂性的特点，投保人对保险标的的危险情况最为了解，因此，保险人只能根据投保人的介绍和叙述来确定是否承保并确定保险费率；另外，最大诚信原则最早起源于海上保险，在保险双方签订保险合同时，往往远离船舶和货物所有地，保险人对保险标的一般不能进行实地勘察，仅仅依靠投保人叙述的情况来决定是否承保和怎样承保。因此，特别要求投保人诚信可靠，要求投保人基于最大诚信原则履行告知与保证的义务。

（二）保险合同的附和性要求保险人的最大诚信

保险合同属于附和合同或格式合同，合同中的内容一般是由保险人单方面制定的，投保人只能同意或不同意，或以附加条款的方式接受。而保险合同条款又较为复杂，具有较强的专业性，一般的投保人或被保险人不易理解和掌握，如保险费率是否合理、承保条件及赔偿方式是否苛刻等，在一定程度上是由保险人决定的。因此，保险合同的附和性要求保险人基于最大诚信来履行其应尽的义务与责任。

（三）规定最大诚信原则也是保险本身所具有的不确定性决定的

保险人所承保的保险标的，其危险事故的发生是不确定的，而对有些险种来说，投保人购买保险仅仅支付了较少的保费，当保险标的发生危险事故时，被保险人所能获得的赔偿或给付金额将是保费的数十倍甚至数百倍。因此，如果投保人不能按照诚信原则来进行保险活动，保险人可能将无法长久地进行保险经营，最终也给其他的投保人或被保险人的保险赔偿或给付造成困难，造成损失无法弥补、合同无法履行的局面。

三、最大诚信原则的基本内容

最大诚信原则是签订和履行保险合同所必须遵守的一项基本原则，坚持最大诚信原则是为了确保保险合同的公平，维护保险合同双方当事人的利益。最大诚信原则的具体内容主要包括告知、保证、弃权与禁止反言。

（一）告知

告知在保险中又称为如实告知。狭义的告知是指合同当事人在订立合同前或订立合同时，双方互相据实申报或陈述。在保险的最大诚信中，告知是指广义的告知，即在保险合同订立前、订立时及合同有效期内，投保人对已知或应知的危险和与标的有关的实质性重要事实向保险人做口头或书面的申报；保险人也应将对投保人利害相关的实质性重要事实据实通知投保人。告知强调的是最大诚信中的诚实，告知的目的在于使保险人能够正确估计其承担的危险损失是否可保，对投保人来说是能够确知未来危险损失是否能得到保障。保险人根据投保人的告知判断是否接受承保或以何条件承保；投保人根据保险人的告知，判断是否应向该保险人投保或以何条件投保。

（1）投保人的告知。作为投保人，应告知的内容包括以下五个方面。

①在保险合同订立时根据保险人的询问，对已知或应知的与保险标的及其危险有关的重要事实进行如实回答。在具体的操作中，通常情况下，保险公司会让投保人首先填写投保单，在投保单上列出投保人、被保险人及保险标的等详细情况让投保人填写；或由代理人按投保

单内容问讯，代为填写，由投保人确认。

②保险合同订立以后，在保险合同的有效期内，保险标的的危险程度增加时，应及时告知保险人。

③保险标的发生转移或保险合同有关事项有变动时，投保人或被保险人应及时通知保险人，经保险人确认后可变更合同并保证合同的效力。当其中的重要事项变动时，保险人对变动的确认是非常重要的，它表明保险公司接受变动并对由此产生的可能的保险损失承担赔付责任。

④保险事故发生后投保人应及时通知保险人。

⑤有重复保险的投保人应将有关情况通知保险人。

投保人告知的形式有客观告知和主观告知两种。

①客观告知又称为无限告知，即法律上或保险人对告知的内容无论有没有明确的规定，只要是事实上与保险标的的危险状况有关的任何事实，投保人都有义务告知保险人。客观告知的形式对投保人的要求比较高，目前，法国、比利时以及英美法系国家的保险立法采用该种形式。

②主观告知又称为询问回答告知。它是指投保人对保险人询问的问题必须如实告知，而对询问以外的问题投保人无须回答。大多数国家的保险立法采用该种形式，我国也是采用此种形式进行告知。投保人或被保险人对某些事实在未经询问时可以保持缄默，无须告知。

（2）保险人的告知。保险人作为保险关系中的当事人，也应遵循诚信原则中对如实告知义务的要求，保险人告知的内容主要包括以下几项。

①保险合同订立时，保险人应主动向投保人说明保险合同条款的内容，特别是免责条款的内容须明确说明。

②在保险事故发生时或保险合同约定的条件满足后，保险人应按合同约定如实履行赔偿或给付义务；若拒赔条件存在，应发送拒赔通知书。

保险人的告知形式有两种：明确列示和明确说明。

①明确列示是指保险人只需将保险的主要内容明确列明在保险合同之中，即视为已告知投保人。在国际保险市场上，一般只要求保险人如此告知。

②明确说明是指保险人不仅应将保险的主要内容明确列明在保险合同中，还必须向投保人进行正确的解释。我国要求保险人告知形式采用明确说明方式，要求保险人要对保险合同的主要条款，尤其是责任免除部分进行说明。

（二）保证

保证是最大诚信原则的重要内容。保证是指保险人要求投保人或被保险人在保险期间对某一事项的作为与不作为、某种事态的存在或不存在做出的许诺。保证是一项从属于主要合同的承诺，是保险合同成立的基本条件。对于保证，被保险人应严格遵守，违反保证时受害的一方有权要求赔偿，甚至可以据此解除合同。因此，保证强调守信，恪守合同承诺。保证的目的在于控制危险，确保保险标的及其周围环境处于良好的状态之中。保证对被保险人的要求更为严格，无论违反保证的事实对危险是否重要，一旦违反，保险人即可宣告保单无效。保证的内容为保险合同的重要条款之一。

保证按其形式可以分为明示保证和默示保证。

（1）明示保证是以文字或书面的形式在保险合同中载明，成为合同条款的保证。明示保证以文字的规定为依据，是保证的重要形式。明示保证又可分为认定事项保证和约定事项保证。认定事项保证又叫确认保证，该类保证事项涉及过去与现在，它是投保人对过去或现在某一特定事实存在或不存在的保证。例如，某人保证从未得过某种疾病是指过去及现在从未得过，但不能保证将来是否会患该种疾病。约定事项保证又称为承诺保证，是指投保人对未来某一特定事项的作为或不作为，其保证的事项涉及现在和将来。例如，某人承诺今后不从事高危险性的运动是指从现在开始不参加危险性高的运动，但在此前是否参加过并不重要，也无须告知。

（2）默示保证是指并未在保单中明确载明，但订约双方在订约时都清楚的保证。默示保证无须保险合同中文字的表述，一般是指国际惯例所通行的准则、习惯上或社会公认的在保险实践中遵守的规则。其内容通常是以往法庭判决的结果，也是某行业习惯的合法化，与明示保证一样对被保险人具有约束力。默示保证在海上保险中应用较多，如在海上保险合同中的默示保证有：保险的船舶必须有适航能力，即船主在投保时，保证船舶的构造、设备、驾驶管理员等都符合安全标准，适合航行；保险的船舶要按预定的或习惯的航线航行，除非因躲避暴风雨或救助他人才允许改变航道；保险的船舶保证不进行非法经营或运输违禁品等。

（三）弃权与禁止反言

弃权与禁止反言也是最大诚信原则的一项内容。

弃权是指保险合同的一方当事人放弃其在保险合同中可以主张的权利，通常是指保险人放弃合同解除权与抗辩权。禁止反言是指合同一方既已放弃其在合同中的某项权利，日后不得再向另一方主张这种权利，也称为禁止抗辩，在保险实践中主要约束保险人。

构成保险人弃权必具备两个要件：首先，保险人须有弃权的意思表示，无论是明示的还是默示的；其次，保险人必须知道有违背约定义务的情况及因此享有抗辩权或解约权。

对于默示的意思表示，可以从保险人的行为中推断，如果保险人知道被保险人有违背约定义务的情形，而做出下列行为的，一般被视为弃权或默示弃权。

（1）投保人有违背按期缴纳保险费或其他约定义务时，保险人原本应解除合同，但是，如果保险人已知此种情形却仍旧收受补缴的保险费时，则证明保险人有继续维持合同的意思表示，因此，其本应享有的合同解除权、终止权及其他抗辩权均视为弃权。

（2）在保险事故发生后，保险人明知有拒绝赔付的抗辩权，但仍要求投保人或被保险人提出损失证明，因而增加投保人在时间及金钱上的负担，视为保险人放弃抗辩权。

（3）保险人明知投保人的损失证明有纰漏和不实之处，但仍无条件予以接受，则可视为是对纰漏和不实之处抗辩权的放弃。

（4）保险事故发生后，保单持有人（投保人、被保险人或受益人）应于约定或法定时间期限内通知保险人，但如逾期通知，保险人仍表示接受的，则认为是对逾期通知抗辩权的放弃。

（5）保险人在得知投保人违背约定原则后仍保持沉默，即视为弃权。具体来说，如财产保险的投保人申请变更保险合同，保险人在接到申请后，经过一定时间不表示意见的，视为承诺；保险人于损失发生前，已知投保人有违背按期缴纳保险费以外约定原则的，应在一定期限内解除或终止合同，如在一定期限内未做任何表示，其沉默视为弃权。

弃权与禁止反言在人寿保险中有特殊的时间规定，保险人只能在合同订立之后一定期限内（通常为两年）以被保险人告知不实或隐瞒为由解除合同，超过规定期限没有解除合同的视为保险人已经放弃该权利，不得再以此为由解除合同。

弃权与禁止反言的限定可以约束保险人的行为，要求保险人为其行为及其代理人的行为负责，同时也维护了被保险人的权益，有利于保险人权利和义务关系的平衡。

四、违反最大诚信原则的法律后果

（一）违反告知的义务法律后果

由于保险合同当事人双方均有告知的责任和义务，所以双方违反告知都将承担法律后果。

1. 投保人违反告知义务的法律后果

投保人或被保险人违反告知义务有四种情形：一是漏报，由于疏忽、过失而未告知，或者对重要事实误认为不重要而未告知；二是误告，由于对重要事实认识的局限性，包括不知道、了解不全面或不准确而导致未告知，并非故意欺骗；三是隐瞒，即投保人对会影响保险人决定是否承保，或影响承保条件的已知或应知的事实没有如实告知或仅部分告知；四是欺诈，即投保人怀有不良企图，故意做不实告知，如在未发生保险事故时却谎称发生保险事故。以上不同的违反告知的情形，其处分也各不相同。

投保人或被保险人违反如实告知的行为，分为故意和过失两种情形，对此保险人有权宣布合同无效或不承担赔偿责任。

对于投保人故意不履行如实告知义务的，我国《保险法》第十六条规定："……投保人故意或者因重大过失未履行前款规定的如实告知义务，足以影响保险人决定是否同意承保或者提高保险费率的，保险人有权解除合同……投保人故意不履行如实告知义务的，保险人对于合同解除前发生的保险事故，不承担赔偿或者给付保险金的责任，并不退还保险费。投保人因重大过失未履行如实告知义务，对保险事故的发生有严重影响的，保险人对于合同解除前发生的保险事故，不承担赔偿或者给付保险金的责任，但应当退还保险费……"

对于投保人因过失或疏忽而未如实告知，但足以影响保险人决定是否同意承保或者提高保险费率的，保险人有权解除保险合同；对在合同解除前发生的保险事故，保险人不承担赔偿或者给付保险金的责任，但可以退还保险费。这些在《保险法》第十六条和第五十二条都有相应的规定。

投保人进行欺诈、伪造事实时，有两种后果：当投保人、被保险人在发生保险事故后，编造虚假证明、资料、事故原因，夸大损失时，保险人对弄虚作假部分不承担赔付义务；未发生保险事故，却故意制造保险事故者，保险人有权解除保险合同并不承担保险赔付责任。

2. 保险人违反告知义务的法律后果

如果保险人在订立保险合同时未尽告知义务，如对免责条款没有明确说明，根据我国《保险法》第十七条规定，该条款不产生效力。保险人如果在保险业务活动中隐瞒与保险合同有关的重要情况，欺骗投保人或者拒不履行保险赔付义务，如构成犯罪，将依法追究其刑事责任，如未构成犯罪的，由监管部门对保险人处以 1 万元以上 5 万元以下的罚款，对有关人员给予处分，并处以 1 万元以下的罚款。保险人若阻碍投保人履行告知义务，或诱导投保人不履行如实告知义务，或承诺给投保人以非法保险费回扣或其他利益，都将承担与上相同的法律后果。我国《保险法》第一百三十一条对此有规定。

（二）违反保证义务的法律后果

任何不遵守保证条款或保证约定、不信守合同约定的承诺或担保的行为，均属于破坏保证。保险合同约定保证的事项为重要事项，是订立保险合同的条件和基础，投保人或被保险人必须遵守。各国立法对投保人或被保险人遵守保证事项的要求也极为严格，凡是投保人或被保险人违反保证，无论其是否有过失，也无论是否对保险人造成损害，保险人均有权解除合同，不予以承担责任。对于保证的事项，无论故意或无意违反保证义务，对保险合同的影响是相同的，无意破坏，不能构成投保人抗辩的理由；即使违反保证的事实更有利于保险人，保险人仍可以违反保证为由使合同无效或解除合同。而且，对于破坏保证，除人寿保险外，一般不退还保险费。

与告知不同的是，保证是对某一特定事项的作为与不作为的承诺，而不是对整个保险合同的保证。因此，在某种情况下，违反保证条件只部分地损害了保险人的利益，保险人只应就违反保证部分拒绝承担保险赔偿责任，即被保险人何时、对何事项违反保证，保险人即从何时开始拒绝赔付并就此时此次的保证破坏额拒绝赔付，但并不一定完全解除保险合同。

在下列情况下，保险人不得以被保险人破坏保证为由使保险合同无效或解除保险合同：一是因环境变化使被保险人无法履行保证事项；二是因国家法律法规变更使被保险人不能履行保证事项；三是被保险人破坏保证是由保险人事先弃权所致，或保险人发现破坏保证仍保持沉默，也视为弃权。

第二节　保险利益原则

一、保险利益的含义

（一）保险利益的含义及其性质

保险利益是指投保人或被保险人对投保标的所具有的法律上承认的利益，它体现了投保人或被保险人与保险标的之间存在的利益关系。衡量投保人或被保险人对保险标的是否具有保险利益的标志，是看投保人或被保险人是否因保险标的的损害或丧失而遭受经济上的损失，即当保险标的安全时，投保人或被保险人可以从中获益；反之，当保险标的受损，投保人或被保险人必然会遭受经济损失，则投保人或被保险人对该标的具有保险利益。在这里，需要注意的是保险标的与保险利益之间的关系。保险利益是建立在保险标的之上的，而不是保险标的本身。保险标的是保险利益产生的前提，保险利益是保险标的与投保人或被保险人的经济利益关系。

保险利益具有以下几个性质。

（1）保险利益是保险合同的客体。保险标的是作为保险对象的财产及其有关利益，或者人的寿命和身体。保险标的是保险合同必须载明的内容，但保险并不能保证标的本身不会发生危险，投保的目的在于保险标的遭受损失后得到经济上的补偿。投保人和被保险人要求保险人予以保障的是其对保险标的的经济利益，保险合同保障的也是投保人对保险标的所具有的利益关系，即保险利益。

（2）保险利益是保险合同生效的依据。保险利益是保险合同关系成立的根本前提和依据。只有当投保人或被保险人对保险标的具有保险利益时，才能对该标的投保。如果不具有保险利益而确立保险经济关系，那么，投保人可以将与自己没有任何利益关系的财产或人的生命作为保险标的投保，这样将会引发不良的社会行为和后果。另外，在订立合同时，若投保人或被保险人对同一标的有多方面的保险利益，可就不同的保险利益签订不同的保险合同；若在多个保险标的上具有同一保险利益，投保人或被保险人可就不同的标的订立一个保险合同。

（3）保险利益并非保险合同的利益。保险利益体现了投保人或被保险人与保险标的之间存在的利益关系。该关系在保险合同签订前已经存在或已有存在的条件，投保人与保险人签订保险合同的目的在于保障这一利益的安全。保险合同的利益是指因保险合同生效后取得的利益，是保险权益，如受益人在保险事故发生后得到的保险金等。保险权益在一定条件下可以由权利人自由转让，如寿险合同的投保人和被保险人可经保险人批准认可，自由变更受益人。

（二）保险利益确定的条件

保险合同的成立必须以保险利益的存在为前提，因此，对保险利益的确定十分重要。投保人对保险标的的利益关系并非都可作为保险利益，某一利益若要成为保险利益必须符合以下几个条件。

（1）保险利益必须是合法的利益。

（2）保险利益必须是客观存在的、确定的利益。

（3）保险利益必须是经济利益。所谓经济利益是指投保人或被保险人对保险标的的利益必须是可以通过货币计量的。

（三）保险利益原则的含义

保险利益原则是保险的基本原则，它的本质内容是投保人以其所具有保险利益的标的投保，否则保险人可单方面宣布合同无效；当保险合同生效后，投保人或被保险人失去了对保险标的的保险利益，则保险合同随之失效；当发生保险责任事故后，被保险人不得因保险而获得保险利益额度以外的利益。

保险利益原则要求投保人在与保险人签订合同时，必须对保险标的具有保险利益；保险人在承保时，应认定投保人对投保标的所具有的保险利益；而且双方约定的保险金额不得超过该保险利益的额度。在处理赔付时，特别是在财产保险中，保险人应先认定索赔者对保险标的是否具有保险利益，再确定赔付的额度不得超过其保险利益的额度。

二、各类保险的保险利益

由于各类保险的保险责任不同，在保险合同的订立以及履行过程中对保险利益原则的应用也存在一定的差异。

(一) 财产保险的保险利益

财产保险的保险标的是财产及其有关利益，因此，投保人对其受到法律承认和保护的，拥有所有权、占有权和债权等权利的财产及其有关利益具有保险利益。该保险利益是由于投保人或被保险人对保险标的具有的某种经济上或法律上的利益关系而产生的，包括现有利益、预期利益、责任利益和合同利益。

(1) 现有利益。现有利益随物权的存在而产生。现有利益是投保人或被保险人对财产已享有且可继续享有的利益。

(2) 预期利益。预期利益是因财产的现有利益而存在确实可得的、依法律或合同产生的未来一定时期的利益。

(3) 责任利益。责任利益是被保险人因其对第三者的民事损害行为依法应承担的赔偿责任，因而因承担赔偿责任而支付赔偿金额和其他费用的人具有责任保险的保险利益。它是基于法律上的民事赔偿责任而产生的保险利益，如对第三者的责任、职业责任、产品责任、公众责任、雇主责任等。

(4) 合同利益。合同利益是基于有效合同而产生的保险利益。有效合同并非以物权为对象，而是以财产为其履约对象。例如，在国际贸易中，卖方对已经售出的货物持有保险利益，当卖方将货物卖给买方并已发运，但由于某种原因造成买方拒收货物，或者雇员对雇主不忠实等，这种债务人因种种原因不履行应尽义务，使权利人遭受损失的情况，权利人对义务人的信用就存在保险利益。

(二) 人身保险的保险利益

人身保险的保险利益在于投保人与被保险人之间的利益关系。人身保险以人的生命或身体为保险标的，只有当投保人对被保险人的生命或身体具有某种利益关系时，投保人才能对被保险人具有保险利益，即被保险人的生存或身体健康能保证其原有的经济利益，而当被保险人死亡或伤残时，将使投保人遭受经济损失。

人身保险的保险利益取决于投保人与被保险人之间的关系。

投保人对自己的生命或身体具有保险利益。任何人对其自身的生命或身体都具有保险利益。因此，当投保人为自己的生命或身体投保时，其保险利益不容置疑。

法律规定投保人与有亲属血缘关系的人具有保险利益。亲属血缘关系主要是指配偶、子女、父母、兄弟姐妹、祖父母、孙子女等家庭成员。有些国家规定，具有保险利益的仅为直系近亲，有些国家的范围较大。通常，只要在同一家庭中生活的近亲属，一般认为相互存在保险利益。

投保人对承担赡养、收养等法定义务的人也具有保险利益，不论是否存在血缘关系，如收养人与被收养人之间相互具有保险利益。

投保人和与其有经济利益关系的人具有保险利益。投保人与被保险人之间的关系是经济利益关系，如雇佣关系、债权债务关系等。另外，合伙人对其他合伙人、财产所有人对财产管理人等也都因其存在的经济利益关系，前者对后者具有保险利益。

当投保人以他人的生命或身体投保时,保险利益的确定各国有不同的规定。例如,英美法系(即海洋法系)国家基本上采取"利益主义"原则,即以投保人与被保险人之间是否存在经济上的利益关系为判断依据,如果有,则存在保险利益。而大陆法系国家通常采用"同意主义"原则,即无论投保人与被保险人之间有无利益关系,只要被保险人同意,就具有保险利益。另外,还有一些国家采取"利益和同意相结合"原则,即投保人与被保险人之间具有经济上的利益关系或其他的利益关系,或投保人与被保险人之间虽没有利益关系,但只要被保险人同意,也被视为具有保险利益。我国《保险法》第三十一条规定,投保人对下列人员具有保险利益:①本人;②配偶、子女、父母;③前项以外与投保人有抚养、赡养或者扶养关系的家庭其他成员、近亲属;④与投保人有劳动关系的劳动者。除前款规定外,被保险人同意投保人为其订立合同的,视为投保人对被保险人具有保险利益。在实务操作中,要求投保人与被保险人之间必须存在合法的经济利益关系,保险金额须在投保人对标的所具有的保险利益限度内,当投保包含死亡责任险种时,往往要征得被保险人的书面同意。因此,我国实行的是"利益和同意相结合"原则。

(三)责任保险的保险利益

责任保险是以被保险人的民事损害经济赔偿责任作为保险标的的一种保险。投保人与其所应负的损害经济赔偿责任之间的法律关系构成了责任保险的保险利益。凡是法律法规或行政命令所规定的,因承担民事损害经济赔偿责任而需支付损害赔偿金和其他费用的人对责任保险具有保险利益,都可以投保责任险。根据责任保险险种的不同,责任保险的保险利益也不同。

(1)公众责任险。各种固定场所(如饭店、旅馆、影剧院等)的所有人、管理人对因固定场所的缺陷或管理上的过失及其他意外事件导致顾客、观众等人身伤害或财产损失,依法应承担经济赔偿责任的具有保险利益。

(2)产品责任险。制造商、销售商、修理商因其制造、销售、修理的产品有缺陷而对用户或消费者造成人身伤害和财产损失,依法应承担经济赔偿责任的具有保险利益。

(3)职业责任险。各类专业人员因各种工作上的疏忽或过失使他人遭受损害,依法应承担经济赔偿责任的具有保险利益。

(4)雇主责任险。雇主对雇员在受雇期间因从事与职业有关的工作而患职业病或伤、残、死亡等,依法应承担医药费、工作补贴、家属抚恤责任的具有保险利益。

(四)信用与保证保险的保险利益

信用与保证保险是一种担保性质的保险,其保险标的是一种信用行为。权利人与被保险人之间必须建立合同关系,双方存在经济上的利益关系。当义务人因种种原因不能履行应尽义务,使权利人遭受损失时,权利人对义务人的信用存在保险利益;而当权利人担心义务人的履约与否、守信与否时,义务人与权利人对其信誉怀疑而存在保险利益。例如,债权人对债务人的信用具有保险利益,可投保信用保险。债务人对自身的信用也具有保险利益,可投保保证保险。其他如雇主对雇员的信用具有保险利益,制造厂商对销售商店信用具有保险利益,业主对承包商的合同的实现具有保险利益。

三、保险利益的变动、适用时限与坚持保险利益原则的意义

（一）保险利益的变动

保险利益的变动是指保险利益的转移、消灭。保险利益转移是指在保险合同有效期内，投保人将保险利益转移给受让人，而保险合同依然有效。所有权人对自己所有的财产有保险利益，在其投保后的保险合同有效期内，所有人如果将财产所有权转让他人，则其由于丧失了与保险标的的利益关系而失去了保险利益；新的财产所有权人在法律上被认为自动取代原投保人的地位，保险合同继续有效，无须重新投保，在此情况下，我们称为保险利益转移。保险利益的消失是指投保人或被保险人对保险标的的保险利益由于保险标的灭失而消失。

保险标的的保险利益会由于各种原因而发生转移和消失。但在财产保险和人身保险中，情况又各有不同。

在财产保险中，保险利益存在因继承、让与、破产等原因而发生转移，因保险标的的灭失而消失的情况。例如，保险利益在保险事故发生之前，可能会因为被保险人的死亡使保险标的被继承而转移，可能会因为保险标的被出售而随之被转让，可能会因为被保险人的资金运转不灵而被债权人抵债等。通常情况下，保险利益随保险标的的所有权的转移而转移，即该保险标的的继承人、受让人和债权人在被保险人死亡后，保险标的被卖出后，保险标的被用于偿还债务后，对该保险标的具有保险利益。同时，原被保险人对该保险标的具有的保险利益消失。保险利益的转移会影响到保险合同的效力，保险人依据合同对保险利益的转移进行否定或认可。例如，甲某的汽车转让给乙某时，甲某以该汽车进行投保的合同的转移就需要得到保险人的认可，否则该合同无效。

在人身保险中，也存在保险利益的变动情况，即保险利益的消失和转移。在人身保险中，被保险人因人身保险合同除外责任规定的原因死亡，如自杀等均为保险利益的消失。人身保险的保险利益的转移通常体现在因债权债务关系而订立的合同的继承和让与上。若被保险人死亡，则不存在保险利益的转移问题。在人身保险的死亡或两全保险中，如果被保险人死亡，则意味着保险事故的发生，该保险合同因保险金的给付而终止；如果被保险人在其他的人身保险合同中或因除外责任的原因死亡，保险合同因保险标的的消失而终止，不能被认为是转移。如果投保人死亡，而投保人与被保险人不是同一人，若人身保险合同为特定的人身关系而订立，如亲属关系、抚养关系等，保险利益不能转移；若保险合同因一般利益关系而订立，如债权债务关系，被保险人的利益由投保人专属（如债务人的利益由投保人的债权人专属），则由投保人的继承人继承（如债权人的继承人继承对债务人的利益）。在人身保险中，除因债权债务关系而订立的合同可随债权一同转让外，其他的人身保险的保险利益不得因让与而转让。

（二）保险利益的适用时限

保险利益原则是保险实践中必须坚持的，但在财产保险和人身保险中，保险利益的适用时限却有所不同。

在财产保险中，从保险合同订立到保险合同终止，始终都要求存在保险利益，投保时具

有的保险利益若在发生损失时丧失，则保险合同无效。对于投保时具有的期待利益部分通常还要求转化为现实利益，被保险人才能获得赔付。在海洋运输货物保险中，保险利益在适用时限上具有一定的灵活性，它规定在投保时可以不具有保险利益，但在索赔时被保险人对保险标的必须具有保险利益。这一规定起源于海上贸易的习惯，当货物在运输途中，其所有权是可以转移的。因此，尽管在签发保单时，货物的买方可能还不具有保险利益，但从货物转让时起，则具有合法的保险利益，在发生保险事故时，可要求保险人进行赔偿。

人身保险的保险利益强调在保险合同订立时必须具有，而当保险事故发生进行索赔时是否具有保险利益则不要求。这主要是因为人身保险的保险标的是人的生命和身体，人身保险合同生效后，被保险人的生命或身体受到伤害，获得保险金给付利益的是被保险人或受益人，投保人不会因被保险人发生保险事故而享有领取保险金的权利，因此，在发生保险事故时，投保人是否对被保险人具有保险利益没有意义。而且，对作为受益人的投保人也有约束：依据有关规定，受益人需经被保险人同意或指定，当被保险人因受益人的故意行为而受到伤害时，受益人将丧失获得保险金的权利，由此保障了被保险人的生命安全和利益。只要在投保时具有保险利益，即使后来投保人对被保险人因离异、雇佣合同解除或其他原因而丧失保险利益，也不会影响保险合同的效力，保险人仍负有保险金给付责任。

（三）坚持保险利益原则的意义

在保险活动中坚持保险利益原则主要是基于以下几方面的考虑。

（1）为了防止赌博行为的发生。保险利益原则要求投保人必须对保险标的具有保险利益是为了使保险与赌博相区别，实现保险补偿损失的目的。

（2）为了防止道德危险的发生。规定保险利益原则将投保人利益与保险标的的安全紧密相连，保险事故发生后，给投保人的保险赔偿仅为原有的保险利益，使投保人促使保险事故的发生变得无利可图，最大限度地控制了道德危险。另外，保险事故发生后的保险赔付额不得超出被保险人的保险利益的额度，使保险人对被保险人的赔偿是对被保险人的实际经济利益损失的全部或部分补偿，被保险人因保险所得不会超出其损失的数额，由此，可以防范道德危险的发生。

（3）保险利益原则规定了保险保障的最高限度，并限制了赔付的最高额度。保险的宗旨是补偿被保险人在保险标的发生保险事故时遭受的经济损失，但不允许有额外的利益获得。以保险利益作为保险保障的最高限度既能保证被保险人获得足够的、充分的补偿，又能满足被保险人不会因保险而获得额外利益的要求。投保人依据保险利益投保，保险人依据保险利益确定是否承保，并在其额度内支付保险赔付。因此，保险利益原则为投保人确定了保险保障的最高限度，同时为保险人进行保险赔付提供了科学依据。

四、国际货物运输保险中保险利益的转移

一般而言，在财产保险中，投保人和被保险人是同一个人。一份有效的保险合同要求投保人和被保险人自始至终对保险标的都具有保险利益，但是，在国际货物运输保险中，投保人或被保险人应于何时具有保险利益的问题则有一定的灵活性。国际货物运输保险允许投保

人在投保时可以不具有保险利益，但在发生事故和向保险人索赔时，被保险人对保险标的必须具有保险利益。这一原则起源于海上贸易的习惯，即当货物在运输途中，货主可以通过交付海运提单或其他具有物权性质的运输单据转移货物的所有权。因此，买方在与保险人订立保险合同时可能还不具有保险利益，但从货物所有权转移时起，即具有了保险利益，如发生保险事故造成损失，就有权要求保险人进行赔偿。

关于货物所有权应于何时由卖方转移至买方，各国法律的规定差异较大，因此，在国际运输货物保险中，确定保险利益的转移时间，均以货物风险转移的时间为依据，而货物风险转移的具体时间又随着买卖双方在买卖合同中约定使用的贸易术语（trade terms）的不同而有所差别。

总之，在国际货运保险中，货物自卖方仓库运至买方仓库的整个运输过程中，是卖方还是买方具有对货物的保险利益，如果发生保险事故造成损失，何方享有向保险人请求损害赔偿的权利，取决于发生损失时货物灭失或损坏的风险应由何方承担。也就是说，取决于买卖双方订立的买卖合同中所使用的贸易术语。因为不同的贸易术语对风险于何时由卖方转移至买方的规定是不同的，而风险转移的时间又决定着对货物保险利益转移的时间。下面就国际商会制定的《2020 年国际贸易术语解释通则》（INCOTERMS 2020）所解释的 11 种贸易术语对货物风险转移时间的规定以及由此决定的保险利益的转移时间简述如下。

（一）EXW

EXW 是英文 ex works 的缩写，中文译作工厂交货，术语后跟指定地点（…named place）。以此术语订立的买卖合同，卖方在其所在处所（工厂、工场、仓库等）将货物置于买方处置之下时，即履行了交货义务。货物的灭失或损坏的风险也于货物被置于买方处置之时起由卖方转移至买方，因此对货物的保险利益也于此时转移给买方。如果买方已经办理了投保手续，以后货物遇保险事故引起的损失，买方有权向保险人提出索赔。

（二）FAS

FAS 的英文全称为 free alongside ship，中文译作船边交货，术语后跟指定装运港名称（…named port of shipment）。在此术语下，卖方须将已办理出口清关的货物运至码头或在驳船上靠海轮的船边，即履行交货。货物灭失或损坏的风险于此时起由卖方转移至买方。如果买方指定的海轮未能按时抵港或虽已抵港但不适航或接载条件不符合要求无法装运，则由买方负担买卖合同规定的交货期届满后的风险。也就是说，在 FAS 条件下，当货物运至船边或从无法装运交货期届满时起货物的保险利益也转移至买方。至于在货物运到船边前的内陆运输以及因海轮不能停靠码头的驳运风险由于要由卖方负担，因而卖方应向保险人投保相应险别。从货物运到船边买方受领货物之时起，买方应自行办理保险。

（三）DAP、DPU 和 DDP 术语

根据 INCOTERMS 2020 解释，这三种术语均属到达术语。DAP（delivered at place）是指在指定目的地交货，其中 "place" 可以是港口，也可以是陆地的地名。在该术语下，卖方自担风险和费用订立运输合同，在指定的目的地交货，只需做好卸货准备，无须卸货，即完成了交货义务。此贸易术语旨在取代先前的 DAF、DES 和 DDU 三个术语。INCOTERMS 2020

的 DPU（delivered at place unloaded）术语是卸货后交货，由 INCOTERMS 2010 中的 DAT（delivered at terminal）术语名称改变而成。在 INCOTERMS 2010 的 DAT 术语下，卖方在便于买方处置的目的港或目的地将货物从运输工具上卸下，完成交货；其中"terminal"可以是目的地任何地点，如码头、仓库、集装箱堆场或者铁路、公路或航空货运站等。在该术语下，卖方自担风险和费用订立运输合同，在指定的目的地或目的港的集散站卸货后将货物交给买方处置，即完成了交货义务，同时，卖方需承担在目的地或目的港集散站把货物从运输工具上卸下的费用。此贸易术语旨在取代先前的 DEQ，且扩展至适用于一切运输方式。INCOTERMS 2020 考虑到使用"终端"一词会对没有仔细阅读指导说明的用户造成混淆，"终端"可以指代任何地方而非仅限于集装箱码头等，因此将 DAT 改为 DPU（delivered at place unloaded），只改名称，不对贸易术语进行其他实质性更改。DDP（delivered duty paid）为已完税交货。以上这几个术语达成的国际货物买卖合同，卖方应于合同规定的日期或期限内分别在指定的地点将货物交给买方并置于买方的处置之下即完成交货，货物灭失和损坏的风险也于此时转移至买方。在此之前的风险由卖方承担，所以应由卖方办理投保手续，支付保险费。例如，发生保险事故引起的货物损失也由卖方向保险人索赔，因为此时只有卖方对货物具有保险利益。在货物被交付给买方并置于买方处置之下后的有关货物的保险利益归买方所有，其存在的风险也只能由买方自理保险。

（四）FOB、CFR 与 FCA、CPT

FOB（装运港船上交货）与 CFR（成本加运费）两个术语只适用于海上运输与内河运输的交易。按照 INCOTERMS 2010 的解释：货物在装运港装上船为止的风险由卖方承担，装上船后的货物保险则由买方负责办理。可是，按照各国海上运输保险的习惯做法，承保货物运输险的保险人所承担的风险责任期限都是"仓至仓"（warehouse to warehouse），即货物从运离卖方仓库起直至运达买方仓库止。然而，由于货物在装运港装上船以前的风险由卖方承担，此时的保险利益归卖方而非买方，因此，如果由买方办理投保而在装运港装上船前发生货损买方无权向保险人索赔。总之，在 FOB、CFR 条件下，买方对货物的保险利益需待货物在装运港越过海轮的船舷后才具有，买方投保的海上运输货物险，即使保险单上载有"仓至仓"保险责任条款，保险人实际承担的货物保险责任期限仅始于货物在装运港装上船以后；而对于货物自运离发货人仓库至在装运港装上船以前的风险仍应由卖方自办保险。

FCA（free carrier，货交承运人）、CPT（carriage paid to，运费付至）与另一个 CIP（carriage insurance paid to，运费、保险费付至）是为了适应现代运输方式，尤其是多式联运，如用拖车或渡轮运送的集装箱，滚进滚出运输的需要，由国际商会在《1980 年国际贸易术语解释通则》（INCOTERMS 1980）中新增加和在原有术语基础上修改并对 INCOTERMS 1990 做进一步修订的三个术语。这三个术语分别采用了 FOB、CFR（1980 年及以前版本的通则中为 C&F）与 CIF 的基本原则，其主要区别只是把交货点，即风险划分点从装运港船舷移至货物装运前陆地上的某一地点。因此，使用 FCA、CPT 术语订立的买卖合同，卖方承担货物的风险直至将经过出口清关的货物按合同约定的时间和地点交给买方指定的(FCA 条件下)或自己选定的(CPT 条件下）承运人接管为止，此后的风险即由买方承担，对货物的保险利益也于承运人接管货物之时起转移给买方。如果买方已经办理保险，此时起，因保险事故造成的损失买方可以向保险人索赔。出于与 FOB、CFR 两个术语同样的理由，虽然保险单可能载明保险责任期限为"仓至仓"，但货物在交付承运人接管前的损失，买方因不具有保险利益而无权向保险人索赔。对于此段风险，卖方需另外办理内陆运输保险。

总之，采用 FOB、CFR、FCA、CPT 四种术语订立的货物买卖合同，由买方负责办理保险。在实践中，买方在投保时，通常还不具有保险利益。正如上文提到过的这是由国际货物运输的特殊情况所决定的灵活做法。但这种灵活做法的实质是，由于订立保险合同时，投保人对货物不具有保险利益，所以可以这样理解：凡由买方办理的按 FOB、CFR、FCA、CPT 条件达成的交易，其保险合同须随货物风险转移至买方，保险合同中的被保险人，即投保人对货物具有保险利益后，保险合同开始正式生效。因此，这种灵活做法与我国《保险法》"投保人对保险标的应当具有保险利益"的规定并不矛盾。

（五）CIF 与 CIP

CIF 的英文全称为 cost，insurance and freight，中文译作成本加保险费、运费，它与 CIP 两个贸易术语上关于货物的风险与保险利益的转移时间分别与 FOB、CFR 和 FCA、CPT 相同，CIF 是从货物在装运港装上船时转移，CIP 是从货物交给承运人接管时转移。其区别仅在于在 CIF 和 CIP 条件下，卖方以投保人的身份向保险人投保海上运输或其他运输方式货物保险，然后，卖方以背书的方式将保险单的权利转让给买方。因此，货物自运离发货人仓库至装上船或交付承运人接管以前这一段时间发生的损失，不仅卖方可向保险公司提出索赔，买方也可凭背书转让的保险单向保险人索赔。也就是说，在 CIF 与 CIP 条件下，买方享有按"仓至仓"保险责任条款就运输全程中的损失向保险人索赔的权利。需要注意的是，两类术语的最低保险险别的规定有所变化。INCOTERMS 2010 中，CIF 和 CIP 术语均要求卖方"自费购买至少符合协会货物条款 C 类保险或其他类似的最低保险"。C 类保险通常适用于散装货物（只承保重大意外事故）。然而，对于货物是制成品的买方来说，这类保险是不适合的。制成品的买方需要 A 类保险，从广义上讲，它涵盖了"所有风险"。

INCOTERMS 2020 中，CIF 术语关于保险的规定得以保留，C 类保险当事人可以自行协商更高的保险级别。而 CIP 术语中关于保险的规定则发生了变化，更改为协会货物条款 A 类保险。当然双方仍然可以选择较低级别的保险。

第三节 近 因 原 则

一、近因原则的含义

近因原则是判断保险事故与保险标的损失之间的因果关系，从而确定保险赔偿责任的一项基本原则。它是在保险经营实务中处理理赔案所必须遵循的重要原则之一。

在保险实践中，对保险标的的损害是否进行赔偿是由损害事故发生的原因是否属于保险责任来判断的。而保险标的的损害并不总是由单一原因造成，其表现形式经常是多种多样的：有的是多种原因同时引发，有的是多种原因不间断地连续引发，有的是多种原因时断时续地引发。近因原则就是要求从中找出哪些属于保险责任,哪些不属于保险责任,并据此确定是否进行赔偿。

(1)近因是什么?近因是指引起保险标的损失的直接的、最有效的、起决定作用的因素,它直接导致保险标的的损失,是促使损失结果发生的最有效的或起决定作用的原因。但在时间上和空间上,它不一定是最接近损失结果的原因。1907 年,英国法庭对近因所下的定义是:"近因是指引起一连串事件,并由此导致案件结果的能动的、起决定作用的原因。"在 1924 年又进一步说明:"近因是指处于支配地位或者起决定作用的原因,即使在时间上它并不是最近的。"

(2)近因原则的基本含义。近因原则的基本含义是:若引起保险事故发生,造成保险标的损失的近因属于保险责任,则保险人承担损失赔偿责任;若近因属于除外责任,则保险人不负赔偿责任;即只有当承保危险是损失发生的近因时,保险人才负赔偿责任。英国《1906 年海上保险法》规定,除保险单另有约定外,保险人对于由所承保的危险近因造成的损失负赔偿责任,但对于不是由所承保的危险近因造成的损失,概不负责。

二、近因原则的应用

近因原则在理论上讲简单明了,但在实际中的运用却存在相当大的困难,即如何从众多复杂的原因中判断出引起损失的近因。因此,对近因的分析和判断成为掌握和运用近因原则的关键。

(一)认定近因的基本方法

认定近因的关键是确定危险因素与损失之间的因果关系,对此,有以下两种基本方法。

(1)从原因推断结果,即从最初的事件出发,按逻辑推理直至最终损失的发生,最初事件就是最后事件的近因。例如,大树遭雷击而折断,并压坏了房屋,屋中的电器因房屋的倒塌而毁坏,那么,电器损失的近因是雷击,而不是房屋倒塌。

(2)从结果推断原因,即从损失开始,从后往前推,追溯到最初事件,没有中断,则最初事件就是近因。如上例中,电器毁坏是损失,它因房屋倒塌而被压坏,房屋倒塌是由于大树的重压,大树是因为雷击而折断,因此,在此系列事件中,因果相连,则雷击为近因。

(二)近因的认定和保险责任的确定

在保险理赔中,对于引起保险标的损失的原因,我们可以从以下几种情况来认定近因,确定保险责任。

(1)单一原因情况下的近因认定。如果事故发生所导致损失的原因只有一个,则该原因为损失近因。如果该近因属于承保危险,保险人应对损失负赔偿责任;如果该近因是除外责任,则保险人不予赔偿。例如,某人的车辆因其本身设备原因发生自燃而导致损失时,自燃为近因,若其只投保了机动车辆保险的基本险,则自燃不属于保险责任,保险人不承担赔偿责任;若其在投保了基本险的同时,附加了自燃损失险,则保险人应予以赔偿。

(2)多种原因存在时的近因认定。如果损失的产生源于多种原因,在不同的情形下应区别对待。

①多种原因同时并存的情形。如果导致损失发生的有同时存在的多种原因，首先看多种原因中是否存在除外原因，造成的结果是否可以分解。

如果同时存在导致损失的多种原因均为保险责任，则保险人应承担全部损失赔偿责任；反之，若同时发生的导致损失的多种原因均为除外责任，则保险人不承担任何损失赔偿。在同时发生导致损失的多种原因中，没有属于除外责任的，只要其中有一个为承保危险，则不论其他原因如何，保险人应负赔偿责任。在同时发生导致损失的多种原因中既有保险责任又有除外责任的，则应分析损失结果是否易于分解。

如果在多种原因中有除外危险和承保危险，而损失结果可以分解，则保险人只对承保危险所导致的损失承担赔偿责任。如果损失的结果不能分解，则除外危险为近因，保险人可不负赔偿责任。例如，汽车由于发动机故障导致自燃，同时遭遇冰雹袭击，后因及时救助，车辆未全损。该车辆若投保了机动车辆险，自燃为除外责任，若又未附加自燃损失险，则在自燃的损失与外界冰雹的砸伤易于分解时，保险人只承担冰雹造成的损失。

②多种原因连续发生的情形。如果多种原因连续发生导致损失，并且前因和后因之间存在未中断的因果关系，则最先发生并造成了一连串事故的原因就是近因。

在此情形下，保险人的责任依情况确定：若连续发生导致损失的多种原因均为保险责任，则保险人承担全部保险责任；如果连续发生导致损失的多种原因均属于除外责任，则保险人不承担赔偿责任；若连续发生导致损失的多种原因不全属于保险责任，最先发生的原因即近因，属于保险责任，而其后发生的原因中，既有除外责任又有不属于保险责任的，当后因是前因的必然结果时，保险人也负赔偿责任。例如，某汽车投保有机动车辆第三者责任险，汽车行驶过程中，轮胎压飞石子，石子击中路人眼睛，造成失明，一连串事故具有因果关系，则轮胎压飞石子为近因。汽车在正常行驶过程中，发生意外致使第三者遭受人身伤亡的，属于第三者责任保险的保险责任，保险人依合同应予以赔偿。若最先发生的原因，即近因属于除外责任或不属于保险责任，其后发生的具有因果关系的原因，即使属于保险责任，保险人也不承担赔偿责任。例如，战争导致火灾发生，而被保险人未投保战争险，受损财产并不能因火灾发生而得到保险人的赔偿，这是因为战争是财产损失的近因，而其又为除外责任的缘故。

③一连串原因间断发生的情形。当发生并导致损失的原因有多个，并且在一连串发生的原因中有间断情形，即有新的独立的原因介入，使原有的因果关系断裂，并导致损失，则新介入的独立原因是近因。此时，如果没有除外责任的规定，只需判断近因是否属于保险责任。若近因属于保险责任范围内的事故，则保险人应负赔偿责任；若近因不属于保险责任范围，则保险人不负赔偿责任。如果有除外责任的规定，若新原因为除外责任，在新原因发生之前发生的承保危险导致的损失，保险人应予以赔偿。例如，某人投保有人身意外伤害险，发生交通事故并使下肢伤残，但在康复过程中，突发心脏病，导致死亡。其中，心脏病突发为独立的新介入的原因，在人身意外伤害保险中，不属于保险责任范围，但其为死亡近因，因此，保险人对被保险人死亡不承担赔偿责任。但对其因交通事故造成的伤残，保险人应承担保险金的支付责任。

坚持近因原则的目的在于分清有关各方的责任，明确保险人的承保危险与保险标的的损失之间的因果关系。近因原则的规定是保险实践中的理论依据，但致损原因的发生与损失结果之间的因果关系往往错综复杂，因此，运用近因原则时，应根据实际案情，实事求是地分析，认真辨别，并遵循国际惯例，特别是注重对重要判例的援用。

第四节　损失补偿原则

一、损失补偿原则的含义

经济补偿是保险的基本职能，也是保险产生和发展的最初目的和最终目标，因而保险的损失补偿原则是保险的重要原则。但需要指出的是，损失补偿原则对于补偿性合同来说是理赔的首要原则，而对于给付性的保险合同在实务中并不适用。

（一）损失补偿原则的含义及坚持损失补偿原则的意义

1. 损失补偿原则的含义

损失补偿原则是指当保险标的发生保险责任范围内的损失时，被保险人有权按照合同的约定获得保险赔偿，用于弥补被保险人的损失，但被保险人不能因损失而获得额外的利益。其中，包含以下两重含义。

（1）损失补偿以保险责任范围内的损失发生为前提，即有损失发生则有损失补偿，无损失发生则无补偿。因此，在保险合同中强调：被保险人因保险事故所致的经济损失，依据合同有权获得赔偿。

（2）损失补偿以被保险人的实际损失为限，而不能使其获得额外的利益，即通过保险赔偿使被保险人的经济状态恢复到事故发生前。被保险人的实际损失既包括保险标的的实际损失，也包括被保险人为防止或减少保险标的损失所支付的必要的、合理的施救费用和诉讼费用。因此，在保险赔付中应包含此两部分金额。这样，保险赔偿才能使被保险人恢复到受损失前的经济状态，同时不获得额外利益。

2. 坚持损失补偿原则的意义

损失补偿原则是保险理赔的重要原则，坚持损失补偿原则具有以下几点意义。

（1）坚持损失补偿原则能维护保险双方的正当权益，真正发挥保险的经济补偿职能。保险的基本职能是损失补偿，按照合同约定的责任范围和投保价值额度内的实际损失数额给予等额赔付。损失补偿原则正是该职能的体现，其有损失赔偿而无损失不赔偿的规定和赔偿额的限定都是保险基本职能的具体反映。因此，坚持损失补偿原则维护了保险双方的正当权益：若被保险人发生保险事故所遭受的经济损失不能得到补偿，则违背了保险的职能，该原则保证了其正当权益的实现；对保险人而言，在合同约定条件下承担保险赔偿责任的同时，其权益也通过损失补偿的限额约定得到了保护——超过保险金额或实际损失的金额无须赔付。

（2）坚持损失补偿原则能防止被保险人通过保险赔偿而得到额外利益。损失补偿原则中关于有损失赔偿而无损失不赔偿的规定，还有被保险人因同一损失所获得的补偿总额不能超过其损失总额的规定，都使得被保险人不能因投保而得到超过损失的额外利益。因此，该原则有利于防止被保险人利用保险，通过保险赔偿而获得额外利益的可能。

(3) 坚持损失补偿原则能防止道德危险的发生。由于损失补偿原则不能使被保险人获得额外利益，因此可以防止被保险人以取得赔款为目的故意制造损失的不良企图和行为的发生，从而保持良好的社会秩序和风尚。因此，坚持损失补偿原则有利于防止道德危险的发生。

（二）损失补偿原则的补偿限制

损失补偿原则要求，被保险人获得的保险赔偿金的数量受到实际损失、合同和保险利益的限制。

(1) 损失补偿以被保险人的实际损失为限。在补偿性的合同中，保险标的遭受损失后，保险赔偿以被保险人所遭受的实际损失为限：全部损失时全部赔偿，部分损失时部分赔偿。该原则只在重置价值保险中存在例外。重置价值保险是指以被保险人重置或重建保险标的所需费用或成本来确定保险金额的保险，其目的在于满足被保险人对受损财产进行重置或重建的需要。在通货膨胀、物价上涨等因素影响下，保险人按重置或重建费用赔付时，可能出现保险赔款大于实际损失的情况。

(2) 损失补偿以投保人投保的保险金额为限。损失补偿还依据保险合同的约定，损失赔偿的最高限额以合同中约定的保险金额为限。赔偿金额只应低于或等于保险金额而不应高于保险金额。这是因为保险金额是以保险人已收取的保费为条件确定的保险最高限额，超过此限额，将使保险人处于不平等的地位。即使发生通货膨胀，仍以保险金额为限，其目的在于维护保险人的正当权益，使损失补偿同样遵循权利义务对等的约束。

(3) 损失补偿以投保人或被保险人所具有的保险利益为限。保险人对被保险人的赔偿以被保险人所具有的保险利益为前提条件和最高限额，即被保险人所得的赔偿以其对受损标的的保险利益为最高限额。例如，在财产保险中，保险标的受损时，被保险人的财产权益若不再拥有，则被保险人对该财产的损失不具有索赔权。债权人对抵押的财产投保，当债务人全部偿还债务后，债权人对该财产不再具有保险利益，即使发生标的损失，债权人也不再对此具有索赔权。

在具体的实务操作中，上述三个限额同时起作用，因此，其中金额最少的限额为保险赔偿的最高额。

二、损失补偿原则的派生原则

（一）重复保险的损失分摊原则及分摊方式

1. 重复保险的损失分摊原则

重复保险的损失分摊原则是损失补偿原则的一个派生原则。它是指在重复保险的情况下，当保险事故发生时，通过采取适当的分摊方法，在各保险人之间分配赔偿责任，使被保险人既能得到充分补偿，又不会超过其实际的损失而获得额外的利益。

2. 重复保险的损失分摊方式

重复保险的损失分摊主要有比例责任分摊、限额责任分摊和顺序责任分摊等方式。

(1) 比例责任分摊方式。比例责任分摊方式是由各保险人按其所承保的保险金额与所有保险人承保的保险金额的总和的比例来分摊保险赔偿责任的方式。其计算公式为

各保险人承担的赔偿金额=损失金额×承保比例

$$承保比例=\frac{该保险人承保的保险金额}{所有保险人承保的保险金额总和}$$

（2）限额责任分摊方式。限额责任分摊方式是以假设没有重复保险的情况下，各保险人按其承保的保险金额独立应付的赔偿限额与所有保险人应付的该赔偿限额的总和的比例承担损失补偿责任。其计算公式为

各保险人承担的赔偿金额=损失金额×赔偿比例

$$赔偿比例=\frac{该保险人的赔偿限额}{所有保险人的赔偿限额的总和}$$

（3）顺序责任分摊方式。顺序责任分摊方式规定，由先出单的保险人首先承担损失赔偿责任，后出单的保险人只有在承保的标的损失超过前一保险人承保的保险金额时，才顺次承担超出部分的损失赔偿。在该种方式下，被保险人的损失赔偿可能由一家保险人支付，也可能由多家保险人承担，这取决于被保险人的损失大小和顺次承保的保险金额的大小。当被保险人的损失额小于或等于第一顺序保险人承保的保险金额时，保险赔偿仅由其一家承担，否则由两家或两家以上的保险人承担。无论由几家承担赔偿责任，被保险人的损失既能获得充分的补偿，又避免了获得额外利益的可能。

（二）代位原则

1. 代位与代位原则的含义

代位原则也是损失补偿原则的派生原则，是为了防止被保险人获得额外利益而规定的。

代位在保险中是指保险人取代投保人获得追偿权或对保险标的的所有权。

代位原则是指保险人依照法律或保险合同约定，对被保险人所遭受的损失进行赔偿后，依法取得向对财产损失负有责任的第三者进行追偿的权利或取得被保险人对保险标的的所有权。代位原则包括两个部分：代位追偿和物上代位。

（1）代位追偿是指在保险标的遭受保险责任事故造成损失，依法应当由第三者承担赔偿责任时，保险人自支付保险赔偿金后，在赔偿金额的限度内，相应取得对第三者请求赔偿的权利。代位追偿是一种权利代位，是保险人拥有代替被保险人向责任人请求赔偿的权利。我国《保险法》第六十条规定："因第三者对保险标的的损害而造成保险事故的，保险人自向被保险人赔偿保险金之日起，在赔偿金额范围内代位行使被保险人对第三者请求赔偿的权利。"

（2）物上代位是指保险标的遭受保险责任事故，发生全损或推定全损，保险人在全额给付保险赔偿金之后，即拥有对保险标的物的所有权，即代位取得对受损保险标的的权利与义务。所谓推定全损是指保险标的遭受保险事故尚未达到完全损毁或完全灭失的状态，但实际全损已不可避免；或修复和施救费用将超过保险价值；或失踪达一定时间，保险人按照全损处理的一种推定性损失。保险人在按全损支付了保险赔偿金后，则取得了保险标的的所有权，否则，被保险人就可能通过获得保险标的的残值、保险标的的失而复得而得到额外利益。我国《保险法》第五十九条规定："保险事故发生后，保险人已支付了全部保险金额，并且保

险金额等于保险价值的，受损保险标的的全部权利归于保险人；保险金额低于保险价值的，保险人按照保险金额与保险价值的比例取得受损保险标的的部分权利。"物上代位的取得一般通过委付实现。

2．代位原则的意义

规定代位原则的意义首先在于防止被保险人因同一损失而获得超额赔偿，即避免被保险人获得双重利益。被保险标的发生损失的原因是由第三者的疏忽、过失或故意行为造成且该损失原因又属于保险责任事故，则被保险人既可以依据法律向第三者要求赔偿，也可以依据保险合同向保险人提出索赔。这样，被保险人因同一损失所获得的赔偿将超过保险标的的实际损失额，从而获得额外利益，违背损失补偿原则。同样，在被保险标的发生保险事故而致使实际全损或推定全损时，在保险人全额赔付下，被保险人将保险标的的剩余物资处理或保险标的被找回后，其所得的利益将超出实际损失的利益。

规定代位原则的意义还在于维护社会公共利益，保障公民、法人的合法权益不受侵害。社会公共利益要求肇事者对其因疏忽或过失所造成的损失负有责任。如果被保险人仅从保险人处获得赔偿而不追究责任人的经济赔偿责任，将有违公平，并且也易造成他人对被保险人的故意或过失伤害行为的发生，增加道德危险。通过代位，既使得责任人无论如何都应承担损害赔偿责任，也使得保险人可以通过代位追偿从责任人处追回支付的赔偿费用，维护保险人的利益。

另外，代位原则的实行，还有利于被保险人及时获得经济补偿。与向保险人索赔相比，由被保险人直接向责任人索赔通常需要更多的时间、物力和人力。尽快使被保险人的经济状况恢复到保险事故发生前的水平是保险的要求，也是代位原则实行的意义。

（三）代位追偿原则

1．代位追偿原则的含义

代位追偿是一种权利代位，即追偿权的代位。在财产保险中，致使保险标的发生损失的原因既属于保险责任，又属于第三者的责任原因时，被保险人有权向保险人请求赔偿，也可以向第三者请求赔偿。依据《保险法》规定，被保险人已从责任人处取得全部赔偿的，保险人可免去赔偿责任；如果被保险人从责任人处得到部分赔偿，保险人在支付赔偿金时，可以相应扣减被保险人从第三者处已取得的赔偿。如果被保险人首先向保险人提出索赔，保险人应当按照保险合同的规定支付赔偿，被保险人在取得赔偿后，应将向第三者追偿的权利转移给保险人，由保险人代位行使追偿的权利。被保险人不能同时取得保险人和第三者的赔偿而获得双重或多于保险标的的实际损失的补偿。

2．代位追偿实施的条件

保险人实施代位追偿权，需要具备以下几个前提条件。

（1）被保险人对保险人和第三者必须同时存在损失赔偿请求权。该条件首先要求损失产生的原因是属于保险责任内的，只有这样，保险人才能依据合同给被保险人以经济赔偿，即被保险人依据合同享有索赔权；其次要求损失产生的原因还应是由第三者的原因所致，第三者过失、疏忽或故意导致对被保险人的侵权行为、不履行合同行为、不当得利行为或其他依法应承担赔偿责任的行为,造成了保险标的的损失,依据法律第三者应负民事损害赔偿责任时,被保险人依法有权向第三者请求赔偿。

(2)被保险人要求第三者赔偿。保险人的追偿要求是在被保险人要求第三者赔偿时,才能行使。当被保险人放弃对第三者的请求赔偿权时,保险人不享有代位追偿权。因此,被保险人与第三者之间的债权关系如何,对保险人能否顺利履行和实现其代位追偿权是非常重要的。当被保险人不要求第三者赔偿时,保险人也无须对被保险人进行保险赔偿。我国《保险法》第六十一条规定:保险事故发生后,保险人未赔偿保险金之前,被保险人放弃对第三者请求赔偿的权利的,保险人不承担赔偿保险金的责任。该法同时规定:保险人向被保险人赔偿保险金后,被保险人未经保险人同意放弃对第三者请求赔偿的权利的,该行为无效,即被保险人的放弃须经保险人认可才是有效的。例如,房屋出租人同意承租人对房屋损坏不负责任的,在投保时得到了保险人的认可,若因承租人的过失而发生损失,保险人赔付房屋出租人的损失后,不得向承租人追偿损失。但由于被保险人的过失致使保险人不能行使代位请求赔偿的权利的,保险人可以相应扣减保险赔偿金,其目的在于使被保险人的弃权或过失不得侵害保险人的代位追偿权。

(3)保险人履行了赔偿责任。保险人按合同规定,对被保险人履行赔偿义务之后,才有权取得代位追偿权。代位追偿权是债权的转移,被保险人与第三者之间的特定的债权债务关系,在保险人赔付保险金之前与保险人没有直接的关系,只有当保险人赔付保险金之后,才依法取得向第三者请求赔偿的权利。

3. 代位追偿的金额限定

保险人在代位追偿中追偿的金额大小不是随意的,要受到一定的限制。保险人在代位追偿中享有的权益以其向被保险人赔付的金额为限,如果保险人从第三者处追偿的金额大于其对被保险人的赔偿,则超出部分应归被保险人所有。保险代位追偿原则规定的目的不仅在于防止被保险人取得双重赔付而获得额外的利益,从而保障保险人的利益,也同样在于防止保险人通过代位追偿权而获得额外的利益,损害被保险人的利益。因此,保险人的代位追偿的金额以其对被保险人赔付的金额为限。而被保险人获得的保险赔偿金额小于第三者造成的损失时,有权就未取得赔偿的部分继续对第三者请求赔偿。

4. 代位追偿原则的适用范围

代位追偿原则主要适用于财产保险合同,在人身保险中仅对涉及医疗费用的险种适用。这主要是因为当人身保险的标的是人的生命或身体时,标的的性质与财产的性质不同,其价值难以估计和衡量,因而不存在发生获得多重利益的问题。但在涉及医疗费用的险种中,医疗费用的支出是可确定的数额,存在多重获得的可能,该类合同具有补偿性。因此,被保险人因第三者行为而发生死亡、伤残或者疾病等保险事故的,由此产生的医疗费用的支出,在保险人向被保险人或者受益人给付保险金后,享有向第三者追偿的权利。

在财产保险中,根据《保险法》的规定:除被保险人的家庭成员或者其组成人员故意造成本法第六十条第一款规定的保险事故以外,保险人不得对被保险人的家庭成员或者其组成人员行使代位请求赔偿的权利。也就是说,保险人不能对被保险人行使代位追偿权,否则保险无意义。

(四)保险委付

1. 委付的含义

委付是被保险人在发生保险事故造成保险标的推定全损时,将保险标的的一切权益转移给保险人,而请求保险人按保险金额全数予以赔付的行为。委付是被保险人放弃物权的法律行为,在海上保险中经常采用。

2. 委付成立的条件

委付的成立需要具备以下几个条件。

(1)委付必须以保险标的推定全损为条件。委付包含全额赔偿和保险标的全部权益的转让两项内容,因此,必须在保险标的推定全损时才能适用。

(2)委付必须由被保险人向保险人提出。该条件要求被保险人进行委付,须提出委付申请。按照海上保险惯例,委付申请应向保险人或其授权的保险经纪人提出。申请委付时,通常采用书面形式,即以委付书提出。委付书是被保险人向保险人做推定全损索赔之前必须提交的文件,被保险人不向保险人提出委付,保险人对受损的保险标的只能按部分损失处理。另外,被保险人的委付申请要求在法定时间内提出。委付索赔权时限有的为3个月,如日本、英国。我国只规定了非人身保险合同的索赔权时限为2年,对委付未有明确规定,应当遵循2年期限。

(3)委付须就整体的保险标的提出要求。《中华人民共和国海商法》(以下简称《海商法》)规定:"保险标的发生推定全损,被保险人要求保险人按照全部损失赔偿的,应当向保险人委付保险标的。"保险标的在发生推定全损时,通常标的本身不可拆分,因此,委付应就整体的保险标的进行委付。若仅部分委付,极易产生纠纷。但如果保险单上的标的有多种,且仅有其中一部分标的独立、可以分离并发生有委付原因,则可以就该部分标的实行委付。

(4)委付须经保险人同意。委付是否成立和履行,还需要保险人的承诺,因为委付不仅将保险标的的一切权益进行了转移,同时也将被保险人对保险标的的一切义务进行了转移。因此,保险人在接受委付之前须慎重考虑。当保险人接受委付时,则委付成立;反之,委付不成立。我国《海商法》规定:"保险人可以接受委付,也可以不接受委付,但是应当在合理的时间内将接受委付或者不接受委付的决定通知被保险人。"

(5)委付不得附有附加条件。委付要求被保险人将保险标的的一切权利和义务转移给保险人,且不得附加任何条件。例如,被保险人对船舶的失踪申请委付,那就不能同时要求当船舶有着落时返还,否则将增加保险合同双方之间的纠纷,为法律所禁止。我国《海商法》规定:"委付不得附带任何条件。"

3. 委付成立后的效力

委付一经成立,便对保险人和被保险人产生法律约束力:一方面被保险人在委付成立时,有权要求保险人按照保险合同约定的保险金额全额赔偿;另一方面保险人将被保险人对该保险标的的所有权利和义务一并转移接收。我国《海商法》规定:"保险人接受委付的,被保险人对委付财产的全部权利和义务转移给保险人。"例如,船舶触礁沉没,经委付后沉船及其相关运费均为保险人所有,但同时保险人须履行打捞沉船和清理航道的义务。

4. 委付与代位追偿的区别

委付和代位追偿是有区别的,主要表现在以下两个方面。

(1)代位追偿只是一种纯粹的追偿权,取得这种权利的保险人无须承担其他义务;而保险人在接受委付时,则是将权利和义务全部接收,既获得了保险标的的所有权,又须承担该标的产生的义务。

(2)在代位追偿中,保险人只能获得保险赔偿金额内的追偿权;而在委付中,保险人则可享有该项标的的一切权利,包括被保险人放弃的保险标的所有权和对保险标的的处分权。在委付后,保险人对保险标的的处置而取得的额外利益也由保险人获得,而不必返还给被保险人。

案例 3-1

某技术进出口公司货物保险索赔案[①]

2000年9月27日,某技术进出口公司代理某通信公司与阿尔卡特网络(亚洲)有限公司签订了一份数字数据网络设备国际货物买卖合同,约定的总价款为851 108美元,以FOB加拿大渥太华离岸价为价格条件。合同签订后,技术进出口公司与某运输公司联系运输事宜,某运输公司委托海外运输商Secure公司负责海外运输。2000年11月15日,技术进出口公司与某保险公司签署了一份《国际运输预约保险起运通知书》,载明:被保险人是技术进出口公司,保险货物项目是一套数字数据网络设备,投保险种为一切险,保险金额为851 108美元,保费为3915美元。2000年11月15日,技术进出口公司向保险公司支付了保险费,并收到保险公司出具的收据。渥太华时间2000年11月15日19时,即北京时间2000年11月16日08时,被保险货物在渥太华Secure公司仓库被盗。2000年12月7日,技术进出口公司将出险情况告知了保险公司。同年12月21日,技术进出口公司向保险公司提出索赔,保险公司以技术进出口公司不具有保险利益而主张合同无效并拒赔,技术进出口公司遂向法院起诉。

法院经审理后认为,本案的焦点问题是保险利益的认定问题。本案中技术进出口公司是否具有保险利益取决于其对买卖合同项下货物承担的风险,而对货物承担的风险及其起始时间又取决于买卖合同约定的价格条件。本案买卖合同约定的价格条件是FOB加拿大渥太华,意为货物在渥太华越过船舷或装机后,货物的风险才发生转移。在此之前,货物的风险则仍由卖方承担。因此,本案中技术进出口公司购买的货物在海外运输商Secure公司仓库被盗时技术进出口公司不具有保险利益。同时,法院还认定,保险合同载明的工厂交货对确定投保人对保险标的物是否具有保险利益没有法律意义,技术进出口公司以保险合同为据主张以工厂交货并转移风险的观点不能成立。法院最终判定保险公司与技术进出口公司的保险合同因投保人对保险标的物不具有保险利益而无效。技术进出口公司无权要求保险公司承担赔偿责任,而保险公司亦应退还保险费。

[①] 顾寒梅,张华. 国际货物运输保险理论与实务[M]. 北京:中国物资出版社,2005:273-275.

分析

在国际货物运输保险中，投保人（保险人）投保货物是否具有保险利益，取决于货物风险是否转移，而货物风险的转移又与买卖双方采取的价格条件密切相关。在FOB价格条件下，货物风险自货物越过船舷之时由卖方转移给买方，因此，只有在货物越过船舷之后，买方（保人，被保险人）才能对货物享有保险利益。在本案中，法院对投保人（被保险人）是否具有保险利益做出了正确的认定，并依据原《保险法》第十二条关于"保人对保险标的不具有保险利益的，保险合同无效"的规定做出合同无效的判决。

案例3-2

某贸易公司花生仁/果保险索赔案

1996年12月3日，某保险公司与香港某贸易公司签署《保险协议》一份，约定贸易公司海上货物运输保险业务由该保险公司承办，运输的货物为花生仁/果，并规定贸易公司应在货物起运前申请对货物进行检验，确保货物水分含量在8%以下，并将取得有关货物的数据、资料告知保险人。

1996年12月29日，贸易公司将准备交予某远洋运输公司所属A轮由山东运往英国的8000余吨花生仁/果向保险公司投保，并提交了相关单据，保险公司出具了正式保单。

1997年3月6日，A轮抵达目的地，收货人发现其中部分货物有霉损。经现场联合检验，结果为部分货物发霉、短卸、短量。发生货损后，贸易公司向保险公司提出索赔，认为发生了保险合同约定的保险事故，保险公司应向贸易公司赔偿上述货物损失。

保险公司接到索赔通知后，经调查取证，获取了贸易公司向商检局出具的接受不符合保险协议和信用证要求的货物的保函。保险公司据此认为，保险标的物在起运前即存在水分过高、不符合要求等严重问题，贸易公司在投保时未将上述情况告知保险人，于是保险公司做出拒赔的决定。

贸易公司接到保险公司的拒赔通知后，向法院提起诉讼。法院经过审理，最终认为：贸易公司未履行如实告知义务，保险公司不承担赔偿责任。

分析

贸易公司是否履行了如实告知义务、该批货损是否属保险责任是双方争议的焦点。我国《保险法》第十六条规定："订立保险合同，保险人就保险标的或者被保险人的有关情况提出询问的，投保人应当如实告知。"我国《海商法》第二百二十二条规定："合同订立前，被保险人应当将其知道的或者在通常业务中应当知道的有关影响保险人据以确定保险费率或者确定是否同意承保的重要情况，如实告知保险人。"在本案中，贸易公司投保的是海上货物运输保险，应按《海商法》中有关海上保险的相关法律调整。因此，贸易公司严重违反海上保险之如实告知义务。

如实告知义务是投保人的应尽义务，尤其在投保海上保险时，投保人或被保险人都应切记按《海商法》的要求认真履行如实告知义务，否则有可能造成严重的后果。

复习思考题

1. 简述最大诚信和最大诚信原则。
2. 简述最大诚信原则规定的原因及违反最大诚信原则的法律后果。
3. 什么是保险利益和保险利益原则?
4. 为什么投保人必须具有保险利益?
5. 在货物运输保险中,允许投保人可在投保时不具有保险利益,但在遭受风险损失时,被保险人必须对保险标的具有保险利益,对此应如何理解?
6. 什么是近因和近因原则?
7. 在实践中,如果造成损失的原因有两个或两个以上,应如何判定近因?
8. 简述损失补偿原则的含义及坚持损失补偿原则的意义。
9. 损失补偿原则的派生原则有哪些?为什么说它们是损失补偿原则的派生原则?
10. 一批财产价值2000万元,其所有人分别向A、B、C三家保险公司投保定值保险,保额分别为300万元、500万元、1200万元。在保险期限内,标的发生保险事故,损失1100万元。试计算各家保险公司按比例分摊、限额分摊、顺序分摊以及平均分摊原则下的赔偿金额。
11. 简述代位追偿权产生所需具备的条件。
12. 简述委付及委付成立的条件。

第四章 保险合同

保险合同是联系保险人与投保人及被保险人之间权利义务关系的纽带。各国保险制度主要是依靠保险合同这一法律形式而运转起来的，这也是自愿保险所必须采取的一种形式。因此，保险合同在保险经济补偿制度中起着重要作用。通过本章的学习要掌握保险合同的基本概念和特征；了解保险合同的主体和客体；掌握保险合同的内容，保险合同的订立、生效和履行的过程；了解保险合同的变更与终止的条件及保险合同的解除与争议处理方式。

第一节 保险合同的概念、特征和分类

投保人与保险人建立保险关系是通过订立保险合同这一法律行为来实现的。保险合同不仅是双方当事人为建立、变更和终止保险关系而达成的协议，而且是保护当事人享受权利和约束当事人履行义务的法律依据。

一、保险合同的概念

根据《保险法》第十条，保险合同的定义表述为："保险合同是投保人与保险人约定保险权利义务关系的协议。"

保险合同是保险关系双方为实现经济保障目的，明确相互之间权利义务而订立的一种具有法律约束力的协议，一方承诺支付保险费，另一方承诺在约定保险事件发生时支付赔偿金或保险金。保险合同作为保险关系确立的正式文本和书面凭证，体现了合同双方的意愿和平等互利的关系。

二、保险合同的特征

保险合同是合同的一种形式，具有合同的一般法律特征，即保险合同必须合法，双方当事人必须具有平等的法律地位且意思表示一致。但保险合同又是一种特殊的民商合同，具有一些独有的法律特征。

（一）保险合同是对价有偿合同

保险合同的有偿性是指投保人为了获得保险合同中约定的经济保障，必须支付相应的保险费。但是保险合同的有偿性又不同于一般的经济合同，不是等价交换。因为投保人交付的保险费并非一定能换取保险人支付赔偿金或保险金，而且投保人交付的保险费与保险人支付的赔偿金或保险金也并非相等。因此，保险交换关系是一种对价交换关系，投保人以支付保

险费作为对价换取保险人承担其转移风险的承诺。保险合同的对价有偿性也说明了保险合同是双务合同,投保人有交付保险费的义务,保险人有承担保险风险的义务。另外,保险合同的对价有偿性还说明了保险合同是保障性合同,当约定的保险事件发生时,保险人向被保险人支付赔偿金或保险金,提供的是一种经济保障。

(二)保险合同是射幸合同

保险合同的射幸性是指保险人履行保险赔偿或给付义务是以约定的保险事件发生为前提条件的。很显然保险合同中约定的保险事件是具有不确定性的,保险事件是否发生、何时发生、发生的结果如何,都是不确定的,具有偶然性。事实上,投保人交付保险费的义务是确定的,而保险人履行保险赔偿或给付义务是不确定的,并且投保人有以小额的保险费博取大额保险金的机会。因此,对保险合同双方来说似乎是在碰运气。这种以偶然事件的发生作为合同当事人履约条件的合同是碰运气的合同,也称射幸合同。保险合同的射幸性就符合这一法律特征。

(三)保险合同是最大诚信合同

保险合同的最大诚信是指保险合同比其他经济合同要求更高程度的诚实和信用。保险合同的权利义务完全建立在诚实信用的基础上,任何一方的不诚实行为都会影响保险合同的效力。保险合同最大诚信的要求主要基于两方面的原因。一方面,保险人在对投保标的做出是否承保和以什么条件承保的决定时,很难全面掌握每一投保标的的具体情况,主要是依据投保人对保险标的的陈述和申报来决定。因此,投保人必须如实申报保险标的的危险状况,不能隐瞒重要事实,更不能以欺骗的手段诱使保险人签订合同,否则就会影响合同订立的公平性和有效性。特别是保险合同的射幸性,要求投保人应该谨慎妥善地管理保险标的,不能因为保了险而任由保险事故发生,更不能为获利而故意制造保险事故,这样会严重损害保险人的利益。另一方面,投保人支付保险费所换取的是保险人一张纸的承诺,这种对被保险人进行赔偿或给付的承诺不是即期的,有的保险期限长达几十年,完全依赖于保险人的信用。保险合同条款专业性很强,许多专业术语和保险条件不为投保人所了解,容易引起投保人的误解和歧义。因此,保险人的诚实和信用也相当重要,必须向投保人如实告知合同保障的范围和条件,不能有欺骗行为,并忠实地履行合同义务。

(四)保险合同是属人合同

保险合同的属人性体现在以财产及其利益为保险标的的合同中。虽然财产保险合同的标的是财产,从表面上来看保险人承保的是财产,但实际上保险人承保的是投保人对财产所具有的经济利益。如果保险财产发生损失,投保人遭受经济损失,保险人则应给予补偿。因此,财产保险合同是对人的合同,与投保人的保险利益有关,同时也与投保人的信誉、品德和行为密切相关,因为投保人的禀性和行为会影响保险标的发生损失的可能性和严重性。也正鉴于此,财产保险合同的投保人必须得到保险人的认可,必须符合有关品质、道德和信用的承保标准。如果财产所有人将财产转让给他人,保险单未经保险人同意是不能随财产转让给他人的,否则会影响保险人对风险的承担。在以人的寿命或身体为保险标的的合同中,由于保险标的就是被保险人，所以不具有这一特性。

（五）保险合同是附合合同

保险合同的附合性是指保险合同的内容通常是由保险人事先拟订的，投保人只能做接受或拒绝的选择，没有太大的协商余地去改变合同的条款内容。这一点与其他经济合同大为不同，因为大多数经济合同的内容都是可以协商的，允许双方商谈合同条件。保险合同的附合性是由保险合同的特点所决定的，只有使用格式化的条款，才能将同类风险集合起来，运用大数法则科学合理地厘定保险费率。当然保险合同的附合性并非排除对保险内容或条件的特别约定，保险人可以根据投保人某些特殊的要求，采用事先准备好的附加条款或特约条款对原保险合同内容或条件做补充和修改。但无论如何保险合同的基本内容是不会改变的，保险合同还是以附合为主，以特别约定为辅。因此，保险合同也称格式合同。

（六）保险合同是要式合同

保险合同的要式性是指保险合同的订立必须依据法律规定的特定形式进行。世界上大多数国家对保险合同的订立都明确规定必须采取书面形式才产生法律效力，这是因为保险合同的订立既依赖于投保人对保险标的的陈述，也依赖于保险人对各种保险责任的承诺，如果不采用固定的书面形式，就可能导致口说无凭的结果，引起保险合同双方的争议。我国《保险法》第十三条规定："投保人提出保险要求，经保险人同意承保，保险合同成立。保险人应当及时向投保人签发保险单或者其他保险凭证。保险单或者其他保险凭证应当载明当事人双方约定的合同内容。当事人也可以约定采用其他书面形式载明合同内容。"尽管目前保险市场上也有投保人通过电话或其他非书面形式投保，但大多数保险合同的订立要求投保人填写投保单，或采用信件、电报等其他书面形式投保，并经保险人签章承保后，出具正式保险单。

三、保险合同的分类

保险合同的种类很多，通常是根据合同的不同特征和不同作用来分类的。保险合同主要有以下几类。

（一）单一险合同、综合险合同和一切险合同

这是根据合同中所载明的对保险标的承担风险的多少来划分的。在合同中一般都会列明对哪些危险事故承担保险责任，这样既明确了保险人要对哪些危险事故造成的后果承担责任，也明确了被保险人因哪些危险事故导致的损失可以得到补偿，是危险事故发生后合同双方享受权利和履行义务的依据。

（1）单一险合同是指合同中载明仅对一种危险事故承担保险责任。例如，地震保险，合同只对地震引起的损失承担保险责任；盗窃保险，合同只对盗窃行为所致的损失承担保险责任。

（2）综合险合同是指合同中载明对多种不同危险事故承担保险责任，如火灾保险合同对火灾、爆炸、暴雨等多种灾害事故引起的损失承担保险责任。

（3）一切险合同是指合同中仅列明除外不保的风险，而不列明保险人承保的具体风险。

这意味着除了列明不保的风险，保险人承担其他一切普通风险责任。例如，海洋运输货物保险的一切险条款，就是对除外责任以外的危险事故造成的损失负保险责任。需要指出的是，一切险合同并非保险人承担一切风险，而是承担除列明的除外风险以外的其他普通风险，通常不包括道德风险和特殊风险。

（二）定值保险合同和不定值保险合同

这是根据合同中是否载明保险标的的保险价值来划分的。在合同中是否载明保险标的的保险价值，会影响被保险人的保障程度。如果在合同中载明了保险标的的保险价值，那么被保险人的保障程度就确定了，保障程度为保险金额与保险价值之比，不会改变，即使保险标的发生损失，保险标的的实际市场价值发生变化，也不影响被保险人受保障的程度。如果在合同中不载明保险标的的保险价值，那么被保险人的保障程度就不确定了，因为保险标的的实际市场价值会由于价格涨跌、通货膨胀等原因而发生变化，被保险人的保障程度是根据保险标的发生损失时保险金额与保险标的的完好市场价值之比而确定的，市场价值不同，保障程度也就不同。

（1）定值保险合同是指合同双方事先确定保险标的的保险价值，并载明在合同中。由于保险标的的保险价值已由双方约定，因此投保人投保的保险金额一般与保险价值一致。倘若保险标的发生损失，保险人在保险金额范围内按照保险金额和损失程度赔偿。损失程度是保险标的的实际损失额与保险标的的完好市场价值之比。保险价值的确定，使保险标的损失时的市价与保险价值不一致时，不能视为超额保险或不足额保险。定值合同一般适用于海洋运输货物保险、船舶保险以及难以确定价值的珍贵保险标的的财产保险。海洋运输货物的价格常常在起运港和目的港变化很大，因无法确定的实际价格会影响被保险人的保障程度，所以一般采用定值保险的方式，以避免补偿不足。古玩、名字画、邮票等珍贵保险标的的价格涨落更是无法预料的，需要定值保险。

（2）不定值保险合同是指在合同中不载明保险标的的保险价值，只载明保险金额作为赔偿的最高限额。倘若保险标的发生损失，保险人在保险金额范围内按照保险保障程度和实际损失金额予以赔偿。若保险金额低于保险标的发生时的完好市场价值，视为不足额保险；若保险金额高于保险标的发生损失时的完好市场价值，则视为超额保险，超额部分无效。

（三）足额保险合同、不足额保险合同和超额保险合同

这是根据保险合同中保险金额与保险价值的关系来划分的。由于保险金额与保险价值可能一致，也可能不一致，而不同的情况所支付的保险赔偿金额是不一样的。因此，为了维护保险赔偿的公平性，必须依据不同情况确定不同的保险赔偿标准。

（1）足额保险合同又称全额保险合同，是指保险金额与保险价值相等的合同。这里所指的保险价值，在定值保险单中指合同中载明的保险价值，在不定值保险单中指保险标的的发生损失时的完好市场价值。倘若足额保险合同中的保险标的发生损失，保险人在保险金额范围内按保险标的的实际损失赔偿。

（2）不足额保险合同又称低额保险合同，是指保险金额小于保险价值的合同。倘若不足额保险合同中的保险标的发生损失，保险人在保险金额范围内按保障程度进行赔偿。

(3) 超额保险合同是指保险金额大于保险价值的合同。倘若超额保险合同中的保险标的发生损失，保险人对超过保险价值部分的保险金额不予赔偿，只作足额保险来对待，除非合同双方另有特别约定。

（四）个别保险合同和集合保险合同、特定保险合同和总括保险合同

这是根据保险标的的不同情况来划分的。保险标的的情况不同，保险的承保方式和理赔方式也不同。

(1) 以一人或一物作为保险标的的合同称为个别保险合同，或称单独保险合同，如个人养老保险属于个别保险合同。

(2) 以多数人或多数物作为保险标的的合同称为集合保险合同，如团体人身保险、企业财产保险等都属集合保险合同。

(3) 以特定的物作为保险标的合同称为特定保险合同。保险人对同一地点、同一所有人所保的财产，均分项列明保险金额，发生损失时，保险人对每项财产在其保险金额限额内承担赔偿责任。例如，我国的家庭财产保险，保险人对保险财产按房屋及附属设备、存放于室内其他家庭财产、代保管或与他人共有财产等分别立项，分项后的保险标的为特定保险标的，并分别列明保险金额。无论是个别保险合同还是集合保险合同都可以有特定的保险标的。

(4) 以可变动的多数人或多数物的集体为保险标的的合同称为总括保险合同。保险人对同一地点、同一所有人的保险标的，不分类别、不分项目，只订出一个总的保险金额。如果发生损失，无论受损标的属于哪一类或哪一项，在总保险金额限额内，保险人承担保险责任。例如，上述家庭财产保险的投保人如果投保财产只有一项，即存放在室内的其他财产，而这些财产包括衣服、床上用品、家具、用具、家用电器、文化娱乐用品及其他生活资料，由于财产的流动性很大，投保时的财产状况与损失发生时的财产状况会发生很大变化，所以并不将它们一一列明保险金额，损失发生时，查明保险财产损失的实际情况，按实际损失予以赔偿，而不受特定保险标的的限制，保险标的只是一个总括的概念。

（五）单保险合同和复保险合同

这是根据订立合同的保险人的数量和订立合同的数量来划分的。投保人与单个保险人订立单个保险合同和投保人与多个保险人订立数个保险合同会产生不同的赔偿情况，甚至会产生道德风险。

(1) 单保险合同是指投保人就同一保险标的、同一保险利益、同一保险事故与同一保险人订立一个保险合同。大多数保险合同都是单保险合同。

(2) 复保险合同是指投保人就同一保险标的、同一保险利益、同一保险事故与数个保险人订立数个保险合同。由于数个保险合同同时存在，构成了重复保险，所以复保险合同也称为重复保险合同。对于复保险合同的法律效力，我国《保险法》是这样规定的：重复保险的投保人应当将重复保险的有关情况通知各保险人。重复保险的各保险人赔偿保险金的总和不得超过保险价值。除合同另有约定外，各保险人按照其保险金额与保险金额总和的比例承担赔偿保险的责任。重复保险的投保人可以就保险金额总和超过保险价值的部分，请求各保险人按比例返还保险费。

（六）补偿性保险合同和定额保险合同

这是根据保险人承担的责任来划分的。

（1）补偿性保险合同是指保险人的责任以补偿被保险人的实际损失为限，并且不超过保险金额。大多数财产保险合同属于补偿性保险合同，因为财产作为保险标的是有价的，遭受保险事故的损失是可以确定的，保险人对保险标的损失的赔偿责任是按价补偿，所以称为补偿性保险合同。

（2）定额保险合同是指保险人的责任以合同中约定的保险金额为准，不得增减。在保险事故或约定的事件出现时，保险人根据保险合同的规定，向被保险人或受益人支付保险金。大多数人寿保险合同属于定额保险合同，因为人的寿命或身体的价值难以确定，也无法确认全部损失或部分损失的标准，而只是通过给付定额保险金的形式，在保险事故或约定事件出现时，解决经济保障问题，所以称为定额保险合同。

（七）原保险合同和再保险合同

这是根据订立合同的主体来划分的。原保险合同与再保险合同不仅合同主体当事人不同，合同的保险标的也不同，因此合同的性质也不同。

（1）原保险合同是指投保人与保险人之间达成的保险协议。合同主体一方是社会公众，可以是法人，也可以是自然人，另一方是保险人。原保险合同的标的可以是人的寿命或身体，也可以是有形的财产或无形的利益和责任。因此，原保险合同既有补偿性质的合同，又有给付性质的合同。

（2）再保险合同是指保险人（分出公司）与保险人（分入公司）之间达成的分担原保险责任的协议。合同主体双方都是保险人。再保险合同的标的是原保险人承担的合同赔偿或给付责任，因此，再保险合同都是补偿性质的合同。

不同种类的保险合同有其不同的用途，投保人可以根据自己的需要选择合适的合同。当然，订立合同的类型不同，合同双方的权利义务也就不同。

第二节　保险合同的民事法律关系

保险关系是一种民事法律关系。《保险法》《海商法》等法律作为民法的特别法专门用于调整和规范保险关系。《中华人民共和国民法典》《中华人民共和国合同法》《中华人民共和国公司法》等法律的相关规定以及国务院、保监会等政府部门发布的调整保险关系的行政法规、行政规章等也是保险活动应遵守的法律法规。如果涉及国际保险关系，则还须遵循国际公法、国际私法、国际商法以及国际公约、国际惯例等法律法规中的相关规定。保险合同的民事法律关系由主体、客体和内容三要素组成。

一、保险合同的主体

保险合同的主体是指保险合同所确定的享有权利和承担义务的合同当事人和关系人。

(一)保险合同的当事人

1. 保险人

保险人是指与投保人订立保险合同,收取保险费,并按照保险合同承担赔偿或给付保险金责任的人。保险人又称承保人,通常是经营保险的各种组织。世界各国对保险人的资格都有明确的法律规定,除法律特准的自然人外,一般只允许法人经营,目前只有英国的劳合社允许承保人可以是自然人。

保险人是保险合同的一方当事人,具有以下法律特征。第一,保险人履行赔偿或给付保险金的义务是由保险合同的约定而产生的,而不是由侵权或者违约行为而产生的。第二,保险人通过收取保险费,建立保险基金,在保险事件发生时依据保险合同履行保险赔偿或给付责任。因此,保险人是保险基金的组织、管理和使用人。第三,保险人是依法成立并经许可经营保险业务的保险公司。由于保险公司的经营活动涉及社会公众的利益,因此法律还规定了经营保险的各种条件,只有符合法律规定的条件并经政府许可,才能经营保险业务。例如,我国《保险法》规定,设立保险公司的组织形式为股份有限公司或国有独资公司,最低注册资本限额为人民币2亿元,不得同时兼营财产保险业务和人身保险业务,保证金为注册资本总额的20%,并由中国保险监督管理委员会颁发经营保险业务许可证,在工商行政管理部门办理登记,领取营业执照。

2. 投保人

投保人是指与保险人订立保险合同,并按照保险合同承担支付保险费义务的人。投保人又称为要保人,可以是法人,也可以是自然人。

投保人是保险合同的另一方当事人,必须具备以下条件。第一,投保人必须具有相应的权利能力和行为能力。未取得法人资格的组织和无行为能力或无完全行为能力的自然人不能成为保险合同的投保人,否则所订立的保险合同是无效合同。第二,投保人必须对保险标的具有保险利益,否则所订立的保险合同也是无效合同。第三,投保人应当承担支付保险费的义务。很多人寿保险合同均以投保人交付保险费为合同生效的前提条件。

(二)保险合同的关系人

1. 被保险人

被保险人是指其财产或者人身受保险合同保障,享有保险金请求权的人。

在财产保险中,投保人可以与被保险人是同一人。如果投保人与被保险人不是同一人,则财产保险的被保险人必须是保险财产的所有人,或者是财产的经营管理人,或者是与财产有直接利害关系的人,否则不能成为财产保险的被保险人。

在人身保险中,被保险人可以是投保人本人,如果被保险人与投保人不是同一人,则投保人与被保险人存在行政隶属关系或雇佣关系,或者投保人与被保险人存在债权和债务关系,或者投保人与被保险人存在法律认可的继承、赡养、抚养或监护关系,或者投保人与被保险人存在赠与关系,或者投保人是被保险人的配偶、父母、子女或法律许可的其他人。

2. 受益人

受益人是指由被保险人或投保人指定的在被保险人死亡后享有保险金请求权的人。受益人一般见于人身保险合同中,但为了尊重被保险人对于保险标的处置权益的意愿,在一些财产保险合同中也有指定受益人。受益人只享受领取保险金的权利，不承担交付保险费的义务。

受益人通常是由被保险人或投保人指定，并在保险合同中列明。倘若保险合同中未指定受益人，则将被保险人的法定继承人视为受益人。我国《保险法》第三十九条规定："人身保险的受益人由被保险人或者投保人指定。投保人指定受益人时须经被保险人同意。投保人为与其有劳动关系的劳动者投保人身保险，不得指定被保险人及其近亲属以外的人为受益人。被保险人为无民事行为能力人或者限制民事行为能力人的，可以由其监护人指定受益人。"

指定受益人领取的保险金一般不得作为被保险人的遗产，不纳入遗产分配，无须缴纳遗产税，也无须用来清偿被保险人生前的债务。但如果受益人是非指定受益人，则受益人领取的保险金是作为被保险人的遗产，必须首先用来清偿被保险人生前的债务。我国《保险法》第四十二条规定："被保险人死亡后，有下列情形之一的，保险金作为被保险人的遗产，由保险人依照《中华人民共和国继承法》的规定履行给付保险金的义务：（一）没有指定受益人，或者受益人指定不明无法确定的；（二）受益人先于被保险人死亡，没有其他受益人的；（三）受益人依法丧失受益权或者放弃受益权，没有其他受益人的。"需要说明的是，在财产保险中，不论是指定受益人还是非指定受益人，受益人领取的保险金都可以作为被保险人的遗产，进行二次分配。

受益人可以是特定的受益人，即具体列明受益人的名称；也可以是成员受益人，如指定受益人为父母、子女、法定继承人等。我国《保险法》第四十条规定："被保险人或者投保人可以指定一人或者数人为受益人。受益人为数人的，被保险人或者投保人可以确定受益顺序和受益份额；未确定受益份额的，受益人按照相等份额享有受益权。"

被保险人对受益人的受益权拥有处分权，即可以指定、变更和撤销受益人。我国《保险法》第四十一条规定："被保险人或者投保人可以变更受益人并书面通知保险人。保险人收到变更受益人的书面通知后，应当在保险单或者其他保险凭证上批注或者附贴批单。投保人变更受益人时须经被保险人同意。"但如果保险合同中指定的受益人是不可撤销的受益人，则受益人是不可变更的。

受益权对受益人而言是一种期待权，一种不确定的权利。只有在被保险人因保险事故的发生而死亡后，受益人的期待权才能转化为债权。

3．保险代理人

保险代理人是指根据保险人的委托，向保险人收取手续费，并在保险人授权的范围内代为办理保险业务的单位和个人。我国《保险法》第一百二十六条规定："保险人委托保险代理人代为办理保险业务，应当与保险代理人签订委托代理协议，依法约定双方的权利和义务。"

保险代理人的法律特征主要表现为：第一，保险代理人以保险人的名义进行代理活动，代表保险人的利益；第二，保险代理人在保险人授权范围内做独立的意思表示；第三，保险代理人的保险代理行为视为保险人的民事法律行为，法律后果由保险人承担；第四，保险代理人的保险代理是基于保险人授权的委托代理。

我国《保险法》第一百二十七条规定："保险代理人根据保险人的授权代为办理保险业务的行为，由保险人承担责任。保险代理人没有代理权、超越代理权或者代理权终止后以保险人名义订立合同，使投保人有理由相信其有代理权的，该代理行为有效。保险人可以依法追究越权的保险代理人的责任。"

保险代理人的种类繁多，按照代理合同或授权书所授权代理的业务险种，保险代理人可分为产险代理人和寿险代理人；按照代理合同或授权书所授予的代理业务范围，保险代理人可分为承保代理人、理赔代理人、检验代理人和追偿代理人；按照代理人的归属关系，保险代理人可分为独立代理人和专属代理人；按照代理人的代理权限范围，保险代理人可分为普通代理人和总代理人；按照代理人的职业性质，保险代理人可分为专业代理人和兼业代理人。根据我国《保险法》的规定，中国保险代理人分为专业代理人、兼业代理人和个人代理人三种。

我国保险专业代理人（即保险代理机构）的组织形式为合伙企业、有限责任公司和股份有限公司，设立合伙企业的最低出资要求是人民币50万元的实收资金，设立有限责任公司的注册资本不得低于人民币50万元的实收资金，设立股份有限公司的注册资本不得低于人民币1000万元的实收资金。保险代理机构经中国保监会批准颁发《经营保险代理业务许可证》，并在工商行政管理部门注册登记领取营业执照后，方可营业。

我国保险兼业代理人的认定资格由被代理的保险公司报中国保监会核准，由保监会对经核准取得保险兼业代理资格的单位颁发《保险兼业代理许可证》。

我国保险个人代理人必须通过资格考试，获得由保监会颁发的《保险代理人从业人员资格证书》，并由保险代理机构核发《保险代理人从业人员执业证书》，方可从事保险代理业务。我国《保险法》第一百二十五条规定："个人保险代理人在代为办理人寿保险业务时，不得同时接受两个以上保险人的委托。"

4．保险经纪人

保险经纪人是基于投保人的利益，为投保人与保险人订立保险合同提供中介服务，并依法收取佣金的单位。目前我国保险经纪人的存在形式是保险经纪公司，分为有限责任公司和股份有限公司两种组织形式。

保险经纪人是投保人或被保险人的代理人，受投保人或被保险人的委托，代表投保人或被保险人的利益，代办投保、续保、交付保险费、索赔等手续。当保险人接受保险经纪人安排的业务以后，由保险人付给保险经纪人佣金，但是保险经纪人是独立于保险人的中介人，保险经纪人的行为对保险人不具法律约束力，其行为所产生的法律后果由自己承担。我国《保险法》第一百二十八条规定："保险经纪人因过错给投保人、被保险人造成损失的，依法承担赔偿责任。"

保险经纪人大致分为直接保险经纪人和再保险经纪人、寿险经纪人和非寿险经纪人、大型经纪公司和小型经纪公司，还有专门的劳合社经纪人。大多数国家都允许个人保险经纪人从事保险经纪活动，但必须获得执业资格，并缴纳保证金或者参加保险经纪人职业责任保险。根据我国《保险经纪公司管理规定》，设立保险经纪公司的最低实收货币资金为人民币1000万元，而且须按注册资本金的15%缴存营业保证金或者购买职业责任保险。保险经纪公司在获得中国保险监督管理委员会颁发的经纪业务许可证后，向工商行政管理部门办理登记，领取营业执照。从事保险经纪业务的人员必须参加保险经纪人员从业资格考试。资格考试合格者，由保监会颁发《保险经纪人从业人员资格证书》。获得资格证书的个人必须经保险经纪公司聘用，由其核发《保险经纪人执业证书》，才能从事保险经纪业务。

我国《保险法》第一百三十一条对保险代理人和保险经纪人的职业操守做了规定，保险代理人、保险经纪人及其从业人员在办理保险业务活动中不得有下列行为。

（1）欺骗保险人、投保人、被保险人或者受益人。

（2）隐瞒与保险合同有关的重要情况。

（3）阻碍投保人履行本法规定的如实告知义务，或者诱导其不履行本法规定的如实告知义务。

（4）给予或者承诺给予投保人、被保险人或者受益人保险合同约定以外的利益。

（5）利用行政权力、职务或者职业便利以及其他不正当手段强迫、引诱或者限制投保人订立保险合同。

（6）伪造、擅自变更保险合同，或者为保险合同当事人提供虚假证明材料。

（7）挪用、截留、侵占保险费或者保险金。

（8）利用业务便利为其他机构或者个人牟取不正当利益。

（9）串通投保人、被保险人或者受益人，骗取保险金。

（10）泄露在业务活动中知悉的保险人、投保人、被保险人的商业秘密。

5．保险公估人

保险公估人是指接受保险合同当事人的委托，专门从事保险标的的评估、勘察、鉴定、估损、理算等业务的单位。

保险公估人具有三种职能。第一，保险公估人具有评估职能。保险公估人通过对保险标的的估价、风险估评、查勘、检验、估损及理算等工作，做出保险标的市场价值、风险性质、风险程度、损失原因、损失程度等评估报告，以帮助保险人快速、科学地处理保险案件。第二，保险公估人具有公证职能。由于保险公估人具有丰富的专业知识和技能，且是保险合同当事人之外的第三方，所以对保险标的的公估结论具有权威性和公正性。第三，保险公估人具有中介职能。保险公估人是独立于保险合同当事人之外的第三方，既可以受保险人的委托，也可以受投保人或被保险人的委托，从事公估经营活动，为保险关系当事人提供中介服务。

保险公估人的酬金一般由委托人支付。但也有一些国家的法律规定，无论是由保险合同当事人哪一方委托公估，公估费用均由保险人承担。保险公估人因工作过错而给委托人造成损失的，由保险公估人承担赔偿责任。

保险公估人可分为不同的类型，主要有核保公估人和理赔公估人，保险性公估人、技术性公估人和综合性公估人，雇用公估人和独立公估人，受托于保险人的公估人和受托于被保险人的公估人，财产保险公估人、工程保险公估人、责任保险公估人、海上保险公估人和汽车保险公估人等。

根据我国《保险公估机构管理规定》，目前我国保险公估人的组织形式是合伙企业、有限责任公司或股份有限公司，设立合伙企业的出资不得低于人民币50万元的实收资金，设立有限责任公司的注册资本不得低于人民币50万元的实收资金，设立股份有限公司的注册资本不得少于人民币1000万元的实收资金。保险公估公司在获得保监会颁发的保险公估业务许可证后，向工商行政管理部门办理登记，领取营业执照。保险公估从业人员必须具有大学本科以上学历，并且通过保监会统一组织的保险公估从业人员资格考试，在获得保险公估从业人员资格证书以后，由所聘保险公估公司核发保险公估从业人员执业证书，方可从事保险公估业务。

二、保险合同的客体

保险合同的客体是指保险合同双方权利义务所共同指向的对象，即双方当事人要求保险保障和提供保险保障的目标，是明确保险人要在哪些客体上发生保险事故承担责任。因此，保险合同所真正保障的对象并不是保险标的本身，因为保险并不能保证保险标的投保后就不发生保险事故，而是保证被保险人因保险标的受损所遭受的经济损失可以得到补偿。因此，保险合同实际保障的是被保险人对保险标的所拥有的经济利益，即保险利益，保险利益才是保险合同的真正客体，而保险标的只是保险利益的载体。由此也可以得出，被保险人对保险标的具有合法的经济利益是成为合同客体的有效条件之一。

三、保险合同的内容

保险合同的内容是对保险合同当事人双方具体权利义务的规定，也就是保险人与投保人或被保险人之间达成的有关保险标的及其利益予以保障事项的条款。合同的内容是双方履行合同义务和承担法律责任的依据，也是决定合同合法性和有效性的依据。

（一）保险合同内容的构成

保险合同的内容主要由以下五个部分构成。

1. 声明事项

声明事项是保险合同的第一部分。声明事项是对保险标的基本情况的陈述和对保险标的保险事项的一般约定。在财产保险合同中，声明事项主要包括保险人的名称和住所，投保人、被保险人的名称和住所，保险财产的名称，保险财产的地址，保险的险种，以何种价值承保，保险金额、保险费率、保险费以及支付方法，保险期间和保险责任开始时间，保险单的编号和出单日期等。在人身保险合同中，声明事项主要包括被保险人的姓名和住所，被保险人的性别、年龄和职业，保险的种类，保险金额，保险费以及支付方法，受益人的姓名或指定方法，保险金给付办法，保险期间和保险责任的开始时间、保险单编号和出单日期等。声明事项中的内容是保险人进行承保选择和决定保险费率的依据。

2. 保险责任

保险责任是保险合同的核心部分。保险责任是保险人对被保险人予以赔偿或给付的承诺。有关保险人的承诺有两种形式。一种是列明保险责任范围，在保险单中指出哪些损失原因导致的哪些损失属于保险人赔偿或给付的范围。保险人通常将列明的保险责任范围分为基本保险责任范围和附加保险责任范围。例如，我国的家庭财产保险单将火灾、暴雨等自然灾害和意外事故列为保险人的基本保险责任范围，将盗窃风险列为附加保险责任范围。另一种是一切险保险责任范围，在一切险保险单中只列明除外的损失原因及损失，其他普通的损失原因及损失都属于保险责任范围。例如，人寿保险单通常是属于一切险保险责任范围的保险合同，除了自杀和战争这两种原因造成的死亡，所有其他原因造成的死亡都属于保险责任范围。

3. 除外责任

除外责任主要是规定哪些损失原因、哪些损失或哪些标的不属于保险责任范围。例如，大多数财产保险单将战争、核辐射等风险列为除外不可保的损失原因,将折旧、磨损等列为除外不可保的损失,将货币、有价证券等列为除外不可保的财产。除外责任通常是针对一些巨灾风险、道德风险和特殊风险,使保险人的责任得到限制。除外责任的表示方式有两种:一种是采用列举的方式,在除外条款中列明保险人不负赔偿或给付责任的范围;另一种是采用不列举的方式,凡是未列入保险责任范围的,都属于除外责任。

4. 条件事项

条件事项主要规定被保险人的义务,被保险人只有履行了规定的义务,保险人才承担合同规定的保险赔偿或给付责任,否则保险人可以拒绝承担保险责任或者有权解除和终止保险合同。被保险人的义务一般包括交清保险费、保险标的危险程度增加通知、防灾防损措施实施、保险事故通知和保险标的施救等。

5. 其他事项

其他事项是处理保险人和被保险人之间关系的一些事宜,如规定合同双方执行合同的程序、代位求偿权的行使、保险单的转让、保险费交付的宽限期、共同保险的比例、免赔额的大小和争议处理等问题。

(二)保险合同的基本条款和特约条款

保险合同的内容通常是以保险条款的形式来体现的。从条款的拟订角度来看,保险合同的内容由基本条款和特约条款构成。

1. 基本条款

基本条款是标准保险合同的基本内容,一般由保险人拟订。我国《保险法》用列举方式将基本条款直接规定为保险合同中不可缺少的法定条款。我国《保险法》规定的保险合同的基本条款包括以下事项。

(1) 保险人的名称和住所。保险人作为保险风险和责任的承担者,明确其名称和住所,就是为了明确责任人,并因其不同的住所产生不同的法律规范。保险人的名称必须与保险监管部门和工商行政管理机关批准和登记的名称一致。保险人的住所为保险公司或分支机构的主营业场所所在地。

(2) 投保人、被保险人、受益人的名称和住所。明确保险合同的当事人和关系人,就可以确定保险合同各方的权利义务。明确保险合同当事人和关系人的住所,则可以明确保险合同的履行地点和合同纠纷的诉讼管辖权。

(3) 保险标的。明确保险标的就是确定保险的对象,判断投保人是否具有保险利益,并为确定保险价值、保险金额及赔偿金额提供依据,同时也可以确定诉讼管辖权。

(4) 保险责任和责任免除。明确保险责任和责任免除就是确定保险人承担风险和责任的范围,以免保险人承担过度的责任,也为被保险人提出索赔提供了依据。

(5) 保险期间和保险责任开始时间。明确保险期间就是确定保险的有效期,这是保险人承担保险风险和责任的时间限制,可以按年、月、日计算,也可以按一个工程期、一个航程期或一个生长期计算。保险责任开始时间一般由保险合同双方在合同中约定。

(6) 保险金额。明确保险金额就是为了确定保险人承担赔偿或给付保险金的最高限额。保险金额可以由投保人根据保险标的的实际价值确定,也可以由投保人和保险人根据保险标的的实际价值协商确定。

（7）保险费以及支付办法。明确保险费及其支付方式，就是确定投保人的缴费义务。投保人不履行缴费义务往往会影响保险合同的效力。保险费的多少与保险费率、保险金额以及保险期限有关。保险费的支付办法可以由保险合同的当事人在保险合同中约定，可以一次支付，也可以分期支付。

（8）保险金赔偿或者给付办法。明确保险金赔偿或者给付办法，就是确定保险人的赔偿或给付义务。保险人承担保险赔偿或给付责任的具体办法可以由保险合同当事人在保险合同中依法约定。通常情况下，在财产保险合同中按实际损失计算赔偿金额，在人身保险合同中按约定的金额给付保险金。但特别约定的，也可用修复、置换和重置等方式予以赔偿。

（9）违约责任和争议处理。明确违约责任和争议处理，就是确定保险合同双方因违约必须承担的法律后果。违约一般要支付违约金或者赔偿金。明确争议处理的方法就是确定争议的解决途径。

（10）订立合同的年、月、日。保险合同的内容会因不同的保险标的、不同的保险险种而有所不同，但其基本构成部分差异不大。合同的内容是关系到双方利益的约定，而合同的基本保险责任和除外责任通常是保险人事先确定的，因此，我国《保险法》中规定，订立保险合同，保险人应当向投保人说明保险合同的条款内容。保险合同中规定有关于保险人责任免除条款的，保险人在订立保险合同时应当向投保人明确说明，未明确说明的，该条款不产生效力。

2. 特约条款

特约条款是保险合同双方根据特殊的需要所做的特殊的约定，一般包括附加条款和保证条款两种。

（1）附加条款。附加条款是保险合同当事人在基本条款的基础上另行约定的补充条款。附加条款通常是对基本条款的扩充、修改或变更。附加条款主要采用两种形式：一是在保险单的空白处做批注，批注的内容相对简单；二是在保险单上加贴批单或特约附加，批单或特约附加的内容相对复杂。批单或附加特约是保险合同的组成部分。

（2）保证条款。保证条款是投保人或被保险人履约的一种承诺。保证条款规定了投保人或被保险人的义务，倘如投保人或被保险人不能履行义务，保险人有权解除保险合同，或者不履行赔偿或给付保险金义务。保证条款通常由法律规定或保险同业协会制定，具有一定的规范性，以避免保险合同中过度地规定投保人或被保险人的义务，使合同显失公平。

第三节 保险合同的订立、变更和终止

一、保险合同的订立

保险合同的订立是保险人和投保人意思表示一致的法律行为。保险合同的订立过程是当事人双方就合同内容协商达成协议的过程。

我国《保险法》第十一条规定："订立保险合同，应当协商一致，遵循公平原则确定各方的权利和义务。除法律、行政法规规定必须保险的外，保险合同自愿订立。"

（一）保险合同订立的程序

为了体现公平互利、协商一致、自愿订立的原则，保险合同的订立必须经过要约和承诺两个过程。

1. 投保人的要约

投保人的要约表现为投保人向保险人提出保险的要求，即投保。通常来说，投保人填写由保险人事先拟订并印制好的投保单，并将投保单提交给保险人的行为被视为订立保险合同的要约行为，投保人是要约人，保险人是被要约人。投保是订立保险合同的前提条件。

2. 保险人的承诺

保险人的承诺表现为保险人向投保人表示愿意按照投保的内容与其订立合同，即承保。通常来说，保险人接受投保人填写的投保单，并在投保单上签章的行为被视为是订立保险合同的承诺行为。保险人的承诺行为还表现为：保险人出具保险费收据，保险人出具暂保单、保险凭证和保险单等凭证，保险人采用其他书面协议形式。保险人是承诺人，即承保人。

（二）保险合同的成立与生效

保险合同的成立是指投保人与保险人就保险合同条款达成协议。

保险合同的生效是指保险合同对当事人双方发生约束力，即保险合同条款产生法律效力。

一般来说，经过投保人的要约和保险人的承诺，保险合同即告成立，合同成立立即生效。保险合同成立的时间通常为保险人承诺的时间。在订立保险合同时，投保人提出的投保申请，有的要求保险人即时承诺，有的同意保险人限期承诺。即时承诺是指在要约中没有订明承诺的期限，保险人应及时表示承诺，一旦保险人承诺，合同即告成立。限期承诺是指在要约中订明一个承诺期限，在期限内表示承诺，合同就告成立，过期承诺，投保人可以拒绝。对于限期承诺的承诺时间标准各国规定不同，大陆法系的国家是以投保人收到保险人承诺时邮局签发的邮戳时间为合同成立的时间，英美法系的国家以保险人发出承诺时邮局签发的邮戳时间为合同成立的时间。

但是在保险实务中，保险合同多为附生效条件、附生效时间的合同，这意味着保险合同成立并非立即生效。保险合同生效的条件和时间一般由双方约定，只有符合了双方约定的条件和时间，保险合同才生效。例如，以航程作为保险期限的海上保险合同，必须在航程开始后，合同才生效。大多数人寿保险合同是以交付首期保险费为合同生效的条件，有的则需体检合格后，寿险合同才生效，还有的须正式签发保险单，寿险合同才生效。我国财产保险合同普遍推行"零时起保制"，即合同生效的时间为"起保日"的零时。因此，保险合同生效时间是根据双方约定的某些条件的实现来确定的。

（三）保险合同的有效和无效

1. 保险合同的有效

保险合同的有效是指保险合同是由双方当事人依法订立，并受国家法律保护。只有符合法律规定的条件，订立的保险合同才有效，否则，保险合同即使订立，也是无效合同。订立保险合同主要包括以下四个法律要求。

（1）订立保险合同的主体必须合意。保险合同订立的主体必须合意包含了两层意思：第一层意思是订立合同是当事人双方的意愿，第二层意思是合同的订立是当事人双方真实意思表示一致的结果。一方要约，投保人提出投保的申请；另一方承诺，保险人予以承保，合同才能成立。

根据我国《合同法》的有关规定，采取欺诈、胁迫等手段所签订的合同为无效合同。投保人或保险人故意告知对方虚假情况，或者故意隐瞒真实情况，以诱使对方当事人做出错误意思表示的行为属于欺诈行为。投保人或保险人以给对方的人身、名誉、财产或其他利益造成损害为要挟，迫使对方做出违背真实意愿的意思表示属于胁迫行为。另外，因重大误解订立的保险合同，当事人一方有权要求变更或撤销保险合同。因此，投保人与保险人订立保险合同，应当遵循公平互利、协商一致、自愿订立的原则，任何违背当事人意愿所订立的保险合同都是无效的。

（2）订立保险合同的客体必须合法。由于保险合同的客体是投保人对保险标的所拥有的法律上承认的经济利益，所以保险合同所保障的对象必须是合法的利益。如果保险合同所保障的利益是非法的，违反国家法律和政策，违反国家利益和公共利益，那么所订立的保险合同是无效合同，不具法律效力。举例来说，投保人是不能为其偷盗得来的汽车投保机动车辆保险的，即使签订了机动车辆保险合同，所签的保险单也是无效的。因为如果偷窃得来的汽车在行驶过程中遭遇保险事故而受损，偷车人可以从保险人那里获得赔偿，那么保险就保障了偷车人的非法利益。很明显，保险合同是不能保障这种非法利益的，它只能保障合法的利益。因此，保险合同的订立必须客体合法。

（3）订立保险合同的当事人必须具有法定资格。首先，作为订立保险合同当事人一方的保险人必须具有法定资格。这就是说保险人必须是取得国家有关法定资格的合法经营者。我国《保险法》规定，保险人必须符合《保险法》规定的条件，经保险监督管理部门批准，由批准部门颁发经营保险业务许可证，还须向工商行政管理机关办理登记，领取营业执照，才算是具有法定资格的保险人。不符合有关国家法律规定条件的，就不具有保险人的法定资格，不能成为保险合同的订立者，当然由其订立的保险合同也是无效的。

其次，作为订立保险合同当事人另一方的投保人也必须具有法定资格，投保人的法定资格通常是指投保人必须具有权利能力和行为能力，并对保险标的具有保险利益。未取得法人资格的组织、无行为能力和限制行为能力的个人、对保险标的不具有保险利益的单位和个人，都不能成为保险合同的订立者。

（4）订立保险合同的形式必须合法。虽然目前对保险合同是要式合同还是非要式合同存在争议，但是如果合同中有特别的约定将保险合同认定为要式合同，那么合同的订立必须采用法律规定的形式。根据我国《保险法》的有关规定，保险合同应当采用保险单、保险凭证和其他书面协议的形式。由于保险合同内容复杂，保险条款多种多样，保险合同的订立还是以法律规定的书面形式为妥，这样才能得到法律更好的保护。如果合同中没有明确认定保险合同为要式合同，则只要保险合同双方就保险条件达成协议，双方意思表示一致，合同即告成立。至于保险单的签发只是保险人应该履行的义务，而不是作为保险合同成立或生效的前提条件。

当然，保险合同的订立不仅要符合法律规定的有效条件，还要符合合同中双方约定的生效条件。毫无疑问，有效合同是保险合同生效的前提条件。

2. 保险合同的无效

保险合同的无效是指保险合同从订立时起，由于违反法定的或合同约定的事项，不具备合同成立的有效条件，因而合同自始就不发生法律效力，不受国家法律保护。

根据保险合同无效的原因，保险合同的无效可分为法定无效和约定无效。如果保险合同的订立不符合法律规定的要求，那么保险合同的无效属于法定无效。我国《保险法》规定，在以下情况下可以确认保险合同为无效合同：保险合同的当事人不具有行为能力；保险合同的内容不合法；保险合同当事人的意思表示不真实；保险合同违反国家利益和社会公共利益；未成年人父母以外的投保人，为无民事行为能力人订立的以死亡为保险金给付条件的保险合同；以死亡为给付保险金条件的保险合同，未经被保险人书面同意并认可保险金额者。如果保险合同的订立不符合双方约定的有效条件，那么保险合同的无效属于约定无效。例如，保险合同双方约定，倘若保险合同是由代理人订立而事先不做说明的，合同无效。

根据保险合同无效的性质，可分为绝对无效和相对无效。如果保险合同的订立不符合法律规定的要求，那么保险合同的无效属于绝对无效，自合同订立时起就不发生法律效力。相对无效是指因当事人双方产生重大误解和显失公平等引起的保险合同无效。如果要认定保险合同相对无效，首先必须由有关利害关系人提出认定要求，然后必须由人民法院或仲裁机构做出认定，经认定为相对无效的保险合同自始无效。

根据保险合同无效的程度，可分为全部无效和部分无效。全部无效是指保险合同违反国家法律规定被确认为无效合同后，不得继续履行，保险合同从订立时起就全部不发生效力。部分无效是指保险合同因无效的原因而涉及合同效力一部分无效，其余部分仍然有效。例如，我国《保险法》规定，恶意的超额保险从合同订立时起就全部不发生效力；善意的重复保险，其超额部分无效，即保险总金额超过保险标的实际价值的那部分无效，与保险标的实际价值相等的那部分继续有效。

无效保险合同的确认通常是由人民法院和仲裁机关根据我国有关法律、行政法规和司法解释来做出的。由于无效保险合同是自始不产生法律效力的，因此，合同双方没有承担合同责任的义务，即使投保人已经交付了保险费，或者保险人已经支付了赔款或保险金，投保人也有权要求保险人返还已交的保险费，保险人则有权要求被保险人返还已支付的赔款或保险金，如同保险合同从未订立过。如果当事人一方有过失造成另一方的损失，则要承担相应的赔偿责任。

无效保险合同的法律后果如下。①返还财产。保险合同被确认无效后，当事人双方应将合同恢复到订约时的状态，即保险人应将收取的保险费退还给投保人；发生保险金赔偿或给付的，被保险人应将保险金返还给保险人。②赔偿损失。无效合同的当事人因过错给对方造成损失的，应由责任方承担赔偿责任。③追缴财产。对于损害国家利益和社会公共利益的保险合同，应当追缴财产，收归国库。

（四）保险合同订立的凭证

虽然人们对保险合同是否为要式合同一直有不同的认识，我国《保险法》对保险合同的形式也未明确规定必须采用书面形式，或者禁止采用口头形式，但考虑到保险合同的复杂性和长期性，为避免日后发生纠纷，如无特殊情况，保险合同通常还是采用书面形式，以证实保险合同关系的确立，并以此作为履行保险合同的依据。保险合同订立的凭证主要有以下几种。

1. 投保单

投保单是投保人向保险人申请订立保险合同的书面要约。根据惯例，投保单是由保险人事先准备好的，投保人在申请保险时填写，保险人根据投保单签发保险单。投保单中列明了保险人需要了解的保险标的主要情况的项目以及保险的条件，投保人必须如实填写。由于保险人是通过投保单了解保险标的的风险状况，并决定是否承保和承保的条件，因此，投保人在投保单上所填写的内容的真实性很重要，如果投保人填写不实或故意隐瞒、欺骗，则会影响保险合同的效力。通常情况下，投保单只是投保人申请订立保险合同的书面凭证，而非合同的正式文本，不能作为保险合同订立的凭证。但是投保单一经保险人接受并签章，往往成为保险合同的组成部分之一，有时甚至起到了临时保险单的作用。假如在特殊情况下，投保单被视作临时保单，则投保单具有暂保单的法律效力。保险人在投保单上签章承保后要及时出具保险单。

2. 暂保单

暂保单又称为临时保单，是正式保险单签发之前由保险人或保险代理人出具的临时保险合同凭证。暂保单的内容比较简单，一般只载明保险合同的一些重要事项以及保险单以外的特别保险条件。有关保险合同当事人的权利和义务都以保险单的规定为准。暂保单一般在两种情况下使用：一种是保险公司的分支机构在接受投保时须请示总公司审批，或在某些保险条件尚未全部谈妥时而预先开立的同意保险的证明；另一种是保险代理人在争取到业务而尚未向保险人办妥保险单之前临时出具的保险凭证。暂保单的法律效力与正式保险单相同，但有效期较短，一般为30天。当保险单出立时，暂保单自动失效。保险合同的任何一方也可以在保险单出立前终止暂保单的效力，但应事先通知对方。

3. 保险单

保险单是保险合同成立以后，保险人签发给投保人或被保险人的正式书面凭证。保险单是投保人与保险人之间确立保险合同关系的证明。保险单明确、完整地记载了保险合同双方当事人的权利和义务，是合同双方履约的依据。在人寿保险中，由于有的保险单具有现金价值，因此，保险单有时还起到了有价证券的作用。很显然，保险单是具有法律效力的，保险合同双方当事人都要受其约束。

4. 保险凭证

保险凭证又称小保单，是保险人签发给投保人或被保险人证明保险合同已经订立的一种书面凭证。保险凭证与保险单具有同等的法律效力，它是一种简化了的保险单。保险凭证上只列明保险标的和保险条件的主要事项，不印保险条款，但是保险凭证上没有列明的保险内容，均以同险种的保险单的内容为准。在海洋运输货物保险中，流动保险、总括保险和预约保险通常都通过签发保险凭证来证明保险关系的确立。另外，在团体保险中也使用保险凭证，除投保单位有主保险单之外，对参加团体保险的个人再分别签发保险凭证。

保险合同订立的凭证还可以是合同双方认可的其他书面形式。

二、保险合同的变更

保险合同的变更是指在保险合同有效期内,基于一定的法律事实而改变保险合同主体或内容的法律行为。保险合同依法订立之后,具有法律上的约束力,合同当事人任何一方都不得擅自变更合同,否则要承担相应的法律后果。但是保险合同又是合同当事人双方的协议,只要是经过合同双方协商同意的,或者是根据法律规定的,在合同的主体或内容发生变化后,都可以采取一定的形式对合同的主体和内容进行变更。保险合同的变更有狭义和广义之分,狭义变更指保险合同的内容变更,即合同当事人双方权利和义务的变更。广义变更不仅包括保险合同的内容变更,还包括保险合同的主体变更。

(一)保险合同的主体变更

保险合同的主体变更是指保险合同的当事人或关系人的变更。

1. 保险人的变更

保险人的变更主要是指保险公司因分立、合并或者公司章程规定的解散事由出现而变更,或者保险公司因依法撤销、依法宣告破产而变更。前者属于保险公司的任意解散,后者属于保险公司的强制解散。

由于保险公司的解散会给被保险人带来许多不便,尤其是长期的人寿保险业务涉及大量的未了责任,所以各国的保险法一般都限制保险公司的自行解散。我国《保险法》第八十九条规定:"经营有人寿保险业务的保险公司,除因分立、合并或者被依法撤销外,不得解散。"这也就是规定经营有人寿保险业务的保险公司不得在其公司章程中规定任何自行解散的事由。相对人寿保险业务而言,财产保险业务一般期限较短,未了责任的比重相对较低,我国《保险法》中未明令禁止经营财产保险业务的保险公司任意解散,但在实际执行中仍有很多限制。我国《保险法》第八十九条规定:"保险公司因分立、合并需要解散,或者股东会、股东大会决议解散,或者公司章程规定的解散事由出现,经国务院保险监督管理机构批准后解散……保险公司解散,应当依法成立清算组进行清算。"很显然,不论何种原因,保险公司的任意解散都必须得到保险监督管理机构的批准,未经批准,保险公司不得以任何理由解散。保险公司因分立、合并而解散的,其债权债务由分立或合并后的公司承担,不进行《中华人民共和国公司法》意义上的清算。这意味着保险人发生了变更,由原保险公司变更为分立或合并后的保险公司。

保险公司在经营过程中发生严重违法、违规行为,危害被保险人和公众利益的,可以由保险监督管理部门吊销其经营保险业务的许可证,依法撤销。保险公司一旦出现资不抵债而破产时,公司自然解散。为此,我国《保险法》第九十条规定:"保险公司有《中华人民共和国企业破产法》第二条规定情形的,经国务院保险监督管理机构同意,保险公司或者其债权人可以依法向人民法院申请重整、和解或者破产清算;国务院保险监督管理机构也可以依法向人民法院申请对该保险公司进行重整或破产清算。"但不管保险公司是依法撤销,还是依法宣告破产,都会影响被保险人、受益人的利益。而人寿保险合同期限较长,带有储蓄性和投资性,必须对人寿保险合同的效力维持予以特别的规定,才能有效地保护被保险人或者受益人的利益,维护社会安定。因此,我国《保险法》第九十二条规定:"经营有人寿保险业务的保险公司被依法撤销或者被依法宣告破产的，其持有的人寿保险合同及责任准备金，必须转让给其他经营有人寿保险业务的保险公司；不能同其他保险公司达成转让协议的，由国务院保险监督管理机构指定经营有人寿保险业务的保险公司接受转让。转让或者由国务院保险监督管理机构指定接受转让前款规定的人寿保险合同及责任准备金的，应当维护被保险人、受益人的合法权益。"毫无疑问，经营有人寿保险业务的保险公司因依法撤销或者依法宣告破产后，一定会有其他保险公司来接受其持有的人寿保险合同及准备金，相关的被保险人、受益人的保险利益会得到维护，只是保险人的名称会由原保险公司变更为接受其债权债务的新保险公司。与经营人寿险业务的保险公司不同的是，经营财产保险业务的保险公司被依法撤销或者依法宣告破产后，其被保险人只能按照清偿顺序参与清算后财产的分配。

2. 投保人、被保险人或受益人的变更

在财产保险合同中，投保人或被保险人的变更通常是因以下几种情况出现而发生变更的。

（1）保险标的所有权、经营权发生转移。因买卖、让与、继承等民事法律行为所引起的保险标的所有权的转移；保险标的是国有财产的，其经营权或法人财产权的转移等，均可导致投保人或被保险人的变更。

（2）保险标的用益权的变动。保险标的的承包人、租赁人因承包、租赁合同的订立、变更、终止，致使保险标的使用权、用益权发生变更，从而导致投保人或被保险人的变更。

（3）债权债务关系发生变化。当保险标的是作为抵押物、质押物、留置物时，抵押权、质押权、留置权等会随着债权债务关系的消灭而消灭。抵押权人、质押权人和留置权人也因此失去对保险标的的保险利益，进而导致投保人或被保险人的变更。

当保险标的的所有权、经营权、用益权等发生变更时，保险合同不能自动随保险标的所有权、经营权、用益权的转移而转移，而必须经保险人同意，批注变更合同主体以后才能转让，保险合同才能继续有效。因为保险合同是属人合同，投保人或被保险人的信誉好坏、风险意识和驾驭风险的能力与保险人承担风险的大小有直接的关系，因此，保险合同不是其标的的附属物。例如，被保险人将保险房屋出售转让给新的房屋主，保险单只有在征得保险人同意，经批注更改被保险人以后，才能转让，新房屋主持有的保险单才有效，否则，新房屋主即使持有未批注的保险单，也得不到保险保障。又如在船舶保险合同中，一般都订有船舶出售或转让的通知条款，规定船舶在出售或转让前应及时书面通知保险人关于船舶产权转让的情况，如果船舶产权的受让人，即新的船舶所有人同意仍由原保险人承保，并经原保险人同意，办妥批改手续，那么原船舶保险合同继续有效，否则，船舶保险合同自船舶产权转让之时起失效。但也有例外情况，在货物运输保险合同中，允许保险单可以不经保险人同意而由被保险人背书后随货物所有权转让而转让。这样做的主要原因是在货物运输过程中，被保险人不能对货物加以控制和管理，被保险人的变更不影响保险标的的风险大小；同时也可为国际货物运输贸易提供便利条件，不致因烦琐的保险单批改手续而影响货物所有权的转让。

在人身保险合同中，投保人、受益人可以变更。投保人的变更通常是因为被保险人或受益人为了保证保险合同的价值，在不改变被保险人或受益人的基础上，希望通过变更投保人来继续履行交付保险费的义务。投保人的变更须征得被保险人的同意并通知保险人，经保险人核准批注后，方可变更。受益人的变更通常是因为被保险人重新指定受益人，或者被保险人撤销原有的受益人。受益人的变更须经被保险人的同意并通知保险人，保险人在保险单上做批注，变更的受益人才有效。在个人的人身保险合同中不存在被保险人的变更，因为变更被保险人意味着变更保险标的，而个人的风险状况是有区别的，如果投保人要变更被保险人，则需要订立新的个人人身保险合同；但团体的人身保险合同允许变更被保险人，因为团体中的被保险人会因各种情况而发生变化，这些随机的变化并不会影响保险人对整体风险的承担，所以，只要团体人身保险合同的投保人提出变更被保险人的要求，出具相关的证明，保险人批注即可。

（二）保险合同的内容变更

保险合同的内容变更是指合同的主体不变更，而保险合同主体的权利义务的变更。保险合同的内容变更分为两种情况：一种情况是投保人或被保险人根据自己的需要要求变更合同的内容；另一种情况是当某些法定或约定事实出现时，投保人或被保险人必须通知保险人，变更合同的内容，否则会产生相应的法律后果。

保险合同的内容变更表现为：保险标的的保险金额增减、保险标的的地域范围变化、保险标的的用途改变或风险程度变化、保险期限的变化、保险责任范围的变化、被保险人的职业变化、交费方法变化等。以海洋运输货物保险为例，合同的内容变更有货物标记、包装、数量、名称的变更，货物保险金额的变更，船舶名称、航期、航程、航线的变更，保险条件（即保险险别）的变更，保险期限的变更等。

如果保险合同的内容变更是出于投保人或被保险人的需要，则投保人或被保险人应向保险人申请办理批改手续，经保险人同意，必要时要增加保险费。变更后的合同内容具有法律效力，合同双方均须按变更后的内容承担责任。如果保险合同内容的变更是由于某些法定或约定事实的出现，且保险标的的危险程度增加，则投保人或被保险人应该按照合同的约定及时通知保险人，经保险人同意，加缴保险费，保险合同才继续有效。保险合同内容的变更一般采用批单或附加特约的形式，加贴在保险单上，也可以由保险人在保险单或其他保险凭证上批注，还可以由投保人和保险人订立变更的书面协议，作为合同内容变更的依据。但如果保险合同的内容发生变更，并且保险标的的危险程度增加，投保人或被保险人没有履行通知义务，则保险人可以根据法律或者合同约定不承担赔偿或给付保险金责任，并可以解除合同。

三、保险合同的终止

保险合同的终止是指保险合同在存续期间，因某些法定或约定的事由发生，使合同的效力自终止时起归于消灭。保险合同的效力终止意味着合同所确定的当事人双方权利义务关系的消灭。根据终止的原因不同，保险合同的终止可分为解除终止和自然终止两种。

（一）解除终止

保险合同的解除终止是指保险合同订立以后，在合同有效期内，因当事人一方行使法定或约定的解除权而使保险合同效力提前终止的法律行为。保险合同的解除有两种形式：一是法定解除，二是协议解除。

1. 法定解除

法定解除是指保险合同一方当事人行使法律赋予的解除权而使保险合同效力终止。

我国《保险法》对保险合同的解除权有如下的规定。

除本法另有规定或者保险合同另有约定外，保险合同成立后，投保人可以解除保险合同。

除本法另有规定或者保险合同另有约定外，保险合同成立后，保险人不得解除保险合同。

货物运输保险合同和运输工具航程保险合同，保险责任开始后，合同当事人不得解除合同。

投保人故意隐瞒事实，不履行如实告知义务的，或者因过失未履行如实告知义务，足以影响保险人决定是否同意承保或者提高保险费率的，保险人有权解除保险合同。对于故意不履行告知义务的，不退还保险费。

被保险人或者受益人在未发生保险事故的情况下，谎称发生了保险事故，向保险人提出赔偿或者给付保险金请求的，保险人有权解除保险合同，并不退还保险费。

投保人、被保险人故意制造保险事故的，保险人有权解除合同，不承担赔偿或者给付保险金的责任；除本法第四十三条规定外，不退还保险费。

投保人、被保险人未按照约定履行其保险标的安全应尽的责任的，保险人有权要求增加保险费或者解除合同。

在合同有效期内，保险标的危险程度增加的，被保险人按照合同约定应当及时通知保险人，保险人有权要求增加保险费或者解除合同。被保险人未履行规定的通知义务的，因保险标的危险程度增加而发生的保险事故，保险人不承担赔偿责任。

投保人申报的被保险人年龄不真实并且其真实年龄不符合合同约定的年龄限制的，保险人可以解除合同，并在扣除手续费后，向投保人退还保险费，但是自合同成立之日起逾两年的除外。

分期支付保险费的人身保险合同，投保人在支付了首期保险费后，未按约定或法定期限支付当期保险费的，合同效力中止，合同效力中止后两年内双方未就恢复保险合同效力达成协议的，保险人有权解除合同。但是，人身保险合同的投保人交足两年以上保险费的，保险人应当按照合同的约定向其他享有权利的受益人退还保险单的现金价值。

保险标的发生部分损失的，在保险人赔偿后三十日内，投保人可终止合同；除合同约定不得终止合同的以外，保险人也可终止合同。保险人终止合同的，应当提前十五日通知投保人，并将保险标的未受损部分的保险费，扣除自保险责任开始之日起至合同终止之日止期间的应收部分后，退还投保人。

2. 协议解除

协议解除是指保险合同当事人双方经协商同意解除合同的一种法律行为。协议解除又称约定解除。保险合同是当事人双方自愿订立的合同，如果合同双方协商同意，可以在合同自然终止之前协议解除终止。出于对合同双方利益的考虑，也为了便于合同的当事人一方行使约定的解除权，在保险合同中常常载明约定解除的事由和条件。另外，解除协议也应采取书面形式。

通常情况下，保险合同中一般都订有保证条款或者特约条款，当事人双方约定如果一方违反保证条款或者不履行合同义务，或者特约条款的事由出现，另一方可以行使解除权使合同效力提前终止。例如，某企业财产保险合同中规定，保险标的必须存放在有防火墙和防火门的建筑内。如果被保险人不能提供有防火墙和防火门的建筑存放保险标的，保险人可以解除合同。这一类情况也被称为违约终止。又如我国船舶战争险条款规定，对于船舶定期保险，

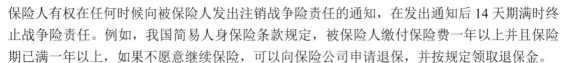

保险人有权在任何时候向被保险人发出注销战争险责任的通知,在发出通知后14天期满时终止战争险责任。例如,我国简易人身保险条款规定,被保险人缴付保险费一年以上并且保险期已满一年以上,如果不愿意继续保险,可以向保险公司申请退保,并按规定领取退保金。

对于解除权的行使,有的法律条款或合同条款中有解除权时效的规定,当事人只能在规定的时效内行使解除权,逾期则丧失解除权。例如,人身保险合同中的不可争议条款规定,从人寿保险合同订立起满两年后,除非投保人停缴续期保险费,否则保险人不得以投保人在投保时误告、漏报或隐瞒事实为理由主张合同无效或拒绝给付保险金。这意味着保险人行使解除权的时效为两年。

对于保险合同解除终止的法律后果,除了上述《保险法》明确规定的保险人可以解除保险合同的情形,我国《保险法》第五十四条规定:"保险责任开始前,投保人要求解除合同的,应当按照合同约定向保险人支付手续费,保险人应当退还保险费。保险责任开始后,投保人要求解除合同的,保险人应当将已收取的保险费,按照合同约定扣除自保险责任开始之日起至合同解除之日止应收的部分后,退还投保人。"

(二)自然终止

自然终止是指保险合同双方按照合同的规定履约完毕,合同效力归于消灭。自然终止有以下几种形式。

1. 期满终止

保险合同中规定的保险有效期限已届满,保险合同即告终止。这是保险合同终止最普遍的原因。假如某企业财产保险合同中规定的保险期限为一年,从2004年1月1日至2004年12月31日,那么保险合同到2004年12月31日24时终止,即使在保险合同有效期内,保险人未履行任何赔偿保险金的义务。

2. 履约终止

在保险合同有效期内,保险人履行了赔偿或给付全部保险金的责任,保险合同即告终止。即使保险有效期尚未届满,保险合同也因保险人已经履约完毕而终止。例如,某家庭财产保险合同的保险期限为一年,保险责任从2004年1月1日开始至2004年12月31日止,保险金额为20万元。2004年7月2日,被保险家庭不幸遭火灾,家庭财产损失达35万元。根据保险合同的规定,保险人赔偿被保险人财产损失20万元。当保险人将全部保险金赔付给被保险人,保险人的赔偿责任已经完全履行,尽管保险期限还未到,但保险合同自然终止。

3. 财产保险合同因保险标的的灭失而终止

在财产保险合同中,当保险标的因非保险事故原因而灭失或丧失时,保险合同即告终止。由于保险合同双方权利义务所共同指向的对象——保险标的已不存在,投保人就不再具有保险利益,保险合同的效力自然随即终止。从另一个角度来说,保险标的不存在了,投保人也失去了投保的意义。

4. 人身保险合同因被保险人的死亡而终止

如同财产保险合同一样,人身保险合同的保险标的——被保险人因非保险事故原因而死亡,保险合同即告终止。保险标的不存在了,保险合同的保障对象也就不存在了,保险合同因此失去了存在的基础,保险合同的效力自然终止。

5. 财产保险合同因保险公司的撤销、破产、解散而终止

当保险公司被撤销、被宣告破产或者解散，法人组织已经解体，经营的保险业务也被彻底停止，财产保险合同自然终止。当然如果有其他保险公司接受其未了责任，则可避免财产保险合同的终止。

综观保险合同的效力问题，其中有许多方面值得注意。例如，保险合同无效与保险合同解除有何区别，保险合同解除终止与保险合同自然终止之间又有什么不同。其实保险合同的无效与保险合同的解除之间有很大的区别，合同的解除是以有效合同为前提条件的，是当事人一方行使法定的或约定的解除权使合同终止的单方面行为；而合同无效的前提是因为合同的无效不需要任何一方行使解除权，也不受解除权时效的限制，无效合同自始无效。保险合同的解除终止与保险合同的自然终止也有很大的不同。首先，终止的原因不一样。解除终止是当事人一方行使法定的或约定的解除权而使合同的效力提前终止。自然终止是合同期限届满或履约完毕，或者保险标的已灭失或损毁，或者保险公司已解体、解散或被撤销，保险合同的效力自然终止。其次，终止的法律后果不一样。解除终止的法律后果由于解除的原因不同，有的具有溯及力，即要使合同恢复到订立时的原来状态，保险人退还投保人已缴的保险费，投保人或被保险人退还已获得的保险金；有的则不具有溯及力，解除前的合同关系仍然有效，解除后合同关系消灭，保险人要向投保人退还自合同解除之日起相应未到期保费；还有的则因为投保人、被保险人或者受益人严重的违法、违约行为，保险人不仅可以不履行赔偿或者给付保险金的义务，而且可以解除保险合同，并不退还保险费。自然终止的法律后果是既往不咎，从终止之日起保险合同的权利义务关系归于消灭。如果保险人已履约完毕或者合同期限届满，保险人不退还保险费，但因保险标的灭失、损毁或者保险人解体、解散、撤销，则保险人应退还相应的未到期保费。

四、保险合同的中止和复效

在人寿保险中，对于分期支付保险费的合同一般都规定有投保人缴费的宽限期，在宽限期内，投保人即使未交付保险费，保险人仍按合同规定承担保险责任。但超过宽限期，投保人还未交付保险费的，保险合同的效力中止。在保险合同效力中止期间，保险人不承担赔偿或者给付保险金的责任。保险合同的中止可以理解为保险合同因投保人违反如期交付保险费义务而引起的暂时失效。

保险合同的中止与保险合同的终止之间最大区别在于，效力中止的保险合同在约定的期限内，只要双方达成复效的条件，投保人可以要求重新恢复保险合同的效力，而效力终止的保险合同是不可能恢复效力的。人寿保险合同中加入复效条款的理由是，人寿保险合同大多为长期合同，在分期交付保险费的漫长过程中，难免会遇到缴费困难的时候，也可能因疏忽而未能按时缴费。如果一旦发生不如期缴费的情况，保险人就有权终止保险合同，对投保人来说无疑是太苛刻了，会造成投保人长期利益的损失。为了保护投保人的长期利益，人寿保险合同中就有了复效条款，专门规定了复效的条件和时间。投保人行使复效的权利，就可以获得比重新投保更多的好处。如果投保人重新投保，那么就会因投保年龄的提高而支付更多的保险费，另外，保险单还必须再经过两年后才产生现金价值。但如果投保人选择恢复保

合同效力，则只需按原来的保险条件补交保险费，再加上相应的利息就可以了，原保险合同的保障依然不变，这样对投保人来说是有利的。从保险人的角度来说，尽管是给了投保人恢复原保险合同效力的机会，但事实上对自己业务的保全也是有利的，否则投保人在不能如期交付保险费而导致保险合同效力"终止"后，或许会选择其他保险人重新投保。

我国《保险法》第三十六条规定："合同约定分期支付保险费，投保人支付首期保险费后，除合同另有约定外，投保人自保险人催告之日起超过三十日未支付当期保险费，或者超过约定的期限六十日未支付当期保险费的，合同效力中止，或者由保险人按照合同约定的条件减少保险金额。被保险人在前款规定期限内发生保险事故的，保险人应当按照合同约定给付保险金，但可以扣减欠交的保险费。"我国《保险法》第三十七条规定："合同效力依照本法第三十六条规定中止的，经保险人与投保人协商并达成协议，在投保人补交保险费后，合同效力恢复。但是，自合同效力中止之日起满二年双方未达成协议的，保险人有权解除合同。保险人依照前款规定解除合同的，应当按照合同约定退还保险单的现金价值。"

第四节 保险合同的履行

保险合同的履行是指保险合同当事人双方依法全面完成合同约定义务的行为。保险合同的履行分为两个方面：一是投保人义务的履行，二是保险人义务的履行。

一、投保人义务的履行

（一）如实告知

如实告知是指投保人在订立保险合同时必须将保险标的的重要事实，以口头或书面的形式向保险人做真实陈述。这是因为保险人在做承保选择以及保险价格选择时通常是根据投保人对保险标的的描述来决定的，投保人对保险标的重要事实告知与否以及告知是否如实会影响保险人对风险的判断。因此，如实告知是投保人必须履行的首要义务，这样可以保证保险合同的信息对称，维护保险合同订立的公平公正。如果投保人违反如实告知义务，保险人可以解除合同，甚至可以不履行赔偿或给付保险金义务。

（二）交付保险费

保险合同是双务合同，交付保险费是投保人最基本的义务。虽然《保险法》并未明确规定交付保险费是保险合同生效的要件，但作为保险人承保保险责任的对价，投保人有履行交付保险费的义务。保险合同成立后，如果投保人不能如期交付保险费，保险人可以按一般债的关系，以诉讼方式请求投保人交付保险费或者可以解除保险合同，但通常不影响保险合同的效力，除非保险合同中特别约定投保人交付保险费是保险合同生效的条件。我国《保险法》第十四条规定："保险合同成立后，投保人按照约定交付保险费，保险人按照约定的时间开始承担保险责任。"

（三）维护保险标的的安全

保险合同订立以后，投保人或被保险人应当遵守国家有关消防、安全、生产操作、劳动保护等方面的规定，维护保险标的的安全，不能因为有了保险而放松对保险标的安全的谨慎态度，这样会增加保险标的的危险程度，从而增加保险人的危险负担。因此，保险人有权对保险标的的安全工作进行检查，并可要求投保人采取安全措施。我国《保险法》第五十一条规定："被保险人应当遵守国家有关消防、安全、生产操作、劳动保护等方面的规定，维护保险标的的安全。保险人可以按照合同约定对保险标的的安全状况进行检查，及时向投保人、被保险人提出消除不安全因素和隐患的书面建议。投保人、被保险人未按照约定履行其对保险标的的安全应尽责任的，保险人有权要求增加保险费或者解除合同。保险人为维护保险标的的安全，经被保险人同意，可以采取安全预防措施。"

（四）危险增加通知

保险合同订立以后，由于主观或客观的原因会产生保险标的危险增加的现象，投保人应将危险增加的有关情况及时通知保险人，使保险人了解危险的真实状况，并根据危险的程度做加收保险费或者解除保险合同的选择。如果投保人或被保险人不履行危险增加通知义务，对保险人来说是不公平的，不仅使保险人在不知情的情况下承担了过度的风险，而且也破坏了保险的对价平衡，危险程度增加，投保人交付保险费的义务也应该增加。我国《保险法》第五十二条规定："在合同有效期内，保险标的的危险程度显著增加的，被保险人应当按照合同约定及时通知保险人，保险人可以按照合同约定增加保险费或者解除合同。保险人解除合同的，应当将已收取的保险费，按照合同约定扣除自保险责任开始之日起至合同解除之日止应收的部分后，退还投保人。被保险人未履行前款规定的通知义务的，因保险标的的危险程度显著增加而发生的保险事故，保险人不承担赔偿保险金的责任。"有专家认为，如果被保险人未履行客观危险程度增加通知义务，保险人可以不承担保险赔偿责任，但不能解除合同。如果被保险人未履行主观危险程度增加通知义务，保险人可以解除保险合同，不承担保险赔偿责任。

（五）保险事故发生的通知

我国《保险法》第二十一条规定："投保人、被保险人或者受益人知道保险事故发生后，应当及时通知保险人。故意或者因重大过失未及时通知，致使保险事故的性质、原因、损失程度等难以确定的，保险人对无法确定的部分，不承担赔偿或者给付保险金的责任，但保险人通过其他途径已经及时知道或者应当及时知道保险事故发生的除外。"投保人、被保险人或者受益人履行保险事故发生通知义务的目的是：第一，可以使保险人获得取证的时间，迅速调查事实真相，明确事故责任；第二，可以使保险人及时采取施救措施，避免损失的扩大；第三，可以使保险人有相对充裕的时间准备保险金。因此，保险事故发生后，投保人、被保险人或者受益人可以采用口头或书面的形式及时通知保险人，这也是被保险人或者受益人提出索赔的必要程序。虽然现行的《保险法》对投保人、被保险人或者受益人的逾期通知的法律后果没有明确的规定，但在一些保险条款中有涉及此类问题的约定。例如，有的重大疾病保险条款中规定，由于延误时间，导致必要证据丧失或事故性质、原因无法认定的，应由受益人承担相应的责任；又如有的人身保险条款规定，投保人、被保险人或者受益人应当承担由于通知延误致使保险公司增加的查勘费用；还如有的机动车辆保险条款中规定，投保人、被保险人逾期通知为违约行为，保险人有权拒赔或自书面通知之日解除合同，已赔偿的，保险人有权追回已付保险赔款。因此，在保险实务中，如果投保人、被保险人或者受益人不能及时履行保险事故发生的通知义务，很可能会因此丧失索赔的权利或者会因此增加费用支出。但大多情况下，逾期通知不构成根本违约，保险人不能以此为由拒绝承担保险责任。

（六）出险施救

我国《保险法》第五十七条第一款规定："保险事故发生时，被保险人应当尽力采取必要的措施，防止或者减少损失。"这意味着投保人或者被保险人不能因为有了保险，就放弃对保险标的施救，而是有义务尽量减少保险标的的损失。确实在许多情形下，投保人或者被保险人处于较有利的施救地位，如果及时采取有效的措施，就可以防止损失的扩大，这样不仅可以减少保险赔款支出，而且可以减少社会财富损失。为了鼓励投保人或被保险人积极履行施救义务，我国《保险法》第五十七条第二款规定："保险事故发生后，被保险人为防止或者减少保险标的的损失所支付的必要的、合理的费用，由保险人承担；保险人所承担的费用数额在保险标的损失赔偿金额以外另行计算，最高不超过保险金额的数额。"

（七）提供单证

我国《保险法》第二十二条规定："保险事故发生后，按照保险合同请求保险人赔偿或者给付保险金时，投保人、被保险人或者受益人应当向保险人提供其所能提供的与确认保险事故的性质、原因、损失程度等有关的证明和资料。保险人按照合同的约定，认为有关的证明和资料不完整的，应当及时一次性通知投保人、被保险人或者受益人补充提供。"作为提出索赔要求的一方，投保人、被保险人或者受益人向保险人提供有关的证明和资料是义不容辞的，正所谓谁主张谁举证。这些证明和资料包括：保险单或其他保险凭证、已交付保险费的凭证、保险标的的证明、被保险人的身份证明、必要的鉴定结论、损失评估书、索赔请求书等。倘若为确定保险人应当承担的保险责任，以及应当支付的赔偿金额，必须由技术专家或者保险公估机构对保险事故的原因、性质及保险标的的损失程度进行调查和认定，那么由此产生的合理费用由保险人承担。我国《保险法》第六十四条做了相应规定："保险人、被保险人为查明和确定保险事故的性质、原因和保险标的的损失程度所支付的必要的、合理的费用，由保险人承担。"如果投保人、被保险人或者受益人不能提供与确认保险事故有关的有效证明和资料，或者提供的证明和资料不真实、不准确、不完整，那么就会影响投保人、被保险人或者受益人的索赔权利，如果有过错，则要承担相应的过错责任。我国《保险法》第二十七条第三款规定："保险事故发生后，投保人、被保险人或者受益人以伪造、变造的有关证明、资料或者其他证据，编造虚假的事故原因或者夸大损失程度的，保险人对其虚报的部分不承担赔偿或者给付保险金的责任。"我国《保险法》第二十七条第四款规定："投保人、被保险人或者受益人有前三款规定行为之一，致使保险人支付保险金或者支出费用的，应当退回或者赔偿。"

（八）协助追偿

在财产保险中，如果保险事故的发生涉及第三者责任方，则保险人向被保险人支付赔偿金后，享有代位求偿权，即保险人有权以被保险人的名义向第三者责任方追偿。由于保险人向第三者责任方追偿是以被保险人的名义，所以被保险人在获得全部保险金的赔偿以后，有义务向保险人提供必要的文件和告知相关重要事实，如提供第三者的侵害事实、受损财产清单、权益转让书等，必要时需出庭作证，为保险人向第三者责任方追偿提供一切可能的便利条件。我国《保险法》第六十三条规定："保险人向第三者行使代位请求赔偿的权利时，被保险人应当向保险人提供必要的文件和所知道的有关情况。"我国《保险法》第六十一条第三款规定："被保险人故意或者因重大过失致使保险人不能行使代位请求赔偿的权利的，保险人可以扣减或者要求返还相应的保险金。"

二、保险人义务的履行

（一）承担保险责任

保险人按照法律规定或者合同约定的保险责任承担赔偿或给付保险金义务是保险人最基本的义务。保险人承担保险责任具体表现在以下几个方面。

1. 保险人承担保险责任的范围

保险人承担保险责任的范围包括赔偿或者给付保险金、支付合理的施救费用、争议处理费用和检验费用。

保险人除要支付保险责任范围内的赔偿金或者保险金外，对于为减少保险损失而支出的合理施救费用、为明确保险责任而支出的争议处理费用，以及为鉴定损失原因和损失程度而支出的检验费用也承担赔偿责任。我国《保险法》对保险人应该承担的保险责任范围做了相应的规定。

2. 保险人承担保险责任的时限

我国《保险法》第二十三条规定："保险人收到被保险人或者受益人的赔偿或者给付保险金的请求后，应当及时作出核定；情形复杂的，应当在三十日内作出核定，但合同另有约定的除外。保险人应当将核定结果通知被保险人或者受益人；对属于保险责任的，在与被保险人或者受益人达成赔偿或者给付保险金的协议后十日内，履行赔偿或者给付保险金义务。保险合同对赔偿或者给付保险金的期限有约定的，保险人应当按照约定履行赔偿或者给付保险金义务。保险人未及时履行前款规定义务的，除支付保险金外，应当赔偿被保险人或者受益人因此受到的损失。任何单位和个人不得非法干预保险人履行赔偿或者给付保险金的义务，也不得限制被保险人或者受益人取得保险金的权利。"我国《保险法》第二十四条规定："保险人依照本法第二十三条的规定作出核定后，对不属于保险责任的，应当自作出核定之日起三日内向被保险人或者受益人发出拒绝赔偿或者拒绝给付保险金通知书，并说明理由。"我国《保险法》第二十五条规定："保险人自收到赔偿或者给付保险金的请求和有关证明、资料之日起六十日内，对其赔偿或者给付保险金的数额不能确定的，应当根据已有证明和资料可以确定的数额先予支付；保险人最终确定赔偿或者给付保险金的数额后，应当支付相应的差额。"

很显然，根据我国《保险法》的规定，保险人承担保险责任的时限分为三种情况：一是保险合同双方达成赔偿或者给付保险金协议的，保险人在达成协议后的十天内履行赔偿或者给付保险金的义务；二是保险合同对赔偿或者给付保险金有时限约定的，保险人在约定时限内履行赔偿或者给付保险金的义务；三是保险人在收到保险索赔资料之日起六十天内对赔偿或者给付保险金的数额不能确定的，保险人应按可以确定的最低数额先予支付，然后再支付相应的差额。保险人若不能如期履行赔偿或者给付保险金的义务，则要赔偿被保险人或者受益人因此受到的损失。

3. 保险索赔时效

有关被保险人或者受益人对保险人请求赔偿或者给付保险金的权利是有时效规定的，即索赔时效。我国《保险法》第二十六条规定："人寿保险以外的其他保险的被保险人或者受益人，向保险人请求赔偿或者给付保险金的诉讼时效期间为二年，自其知道或者应当知道保险事故发生之日起计算。人寿保险的被保险人或者受益人向保险人请求给付保险金的诉讼时效期间为五年，自其知道或者应当知道保险事故发生之日起计算。"

从我国《保险法》的规定来看，保险索赔时效是一种权利消灭时效，即被保险人或者受益人在索赔时效内不行使请求赔偿或者给付保险金的权利，则超过索赔时效将丧失索赔的权利。在保险实务中，某些保险险种的保险条款对索赔时限或者保险事故发生通知时限有一些特别的规定，这些特别的规定一般被理解为是保险合同双方约定的一项合同义务。如果被保险人或者受益人违反此项义务，则应当根据合同约定的违约责任承担相应的后果，但并非必然导致保险金请求权的丧失或放弃。此类特别约定不得与保险法或者相关法律关于索赔时效的强制性规定相抵触，尤其不能违反公平原则。

（二）条款说明

保险合同是附合性合同，保险条款通常是由保险人事先拟订的，投保人只能做接受或不接受的选择。对于这样格式化的条款，由于专业性较强且技术复杂，投保人很难理解其中的奥妙。为了保证合同的公平和公正，保险人有义务将保险条款解释清楚，使投保人真正了解其购买的保险产品的保障范围，不至于因理解的偏差而得不到预期的保险保障，损害投保人的利益。

我国《保险法》第十六条规定："订立保险合同，保险人就保险标的或者被保险人的有关情况提出询问的，投保人应当如实告知。投保人故意或者因重大过失未履行前款规定的如实告知义务，足以影响保险人决定是否同意承保或者提高保险费率的，保险人有权解除合同。前款规定的合同解除权，自保险人知道有解除事由之日起，超过三十日不行使而消灭。自合同成立之日起超过二年的，保险人不得解除合同；发生保险事故的，保险人应当承担赔偿或者给付保险金的责任。投保人故意不履行如实告知义务的，保险人对于合同解除前发生的保险事故，不承担赔偿或者给付保险金的责任，并不退还保险费。投保人因重大过失未履行如实告知义务，对保险事故的发生有严重影响的，保险人对于合同解除前发生的保险事故，不承担赔偿或者给付保险金的责任，但应当退还保险费。保险人在合同订立时已经知道投保人未如实告知的情况的，保险人不得解除合同；发生保险事故的，保险人应当承担赔偿或者给付保险金的责任。保险事故是指保险合同约定的保险责任范围内的事故。"毫无疑问，如实告知是保险合同双方当事人都必须履行的义务，保险人也不例外。如果由于保险人没有履行保险条款的说明义务或者说明不实，而引起投保人或者被保险人对保险条款的重大误解或者使合同显失公平，则可能导致保险合同的相对无效，因为诚信是合同成立的基础。

关于保险人对保险合同免责条款的说明义务，我国《保险法》第十七条做了更进一步的规定："订立保险合同，采用保险人提供的格式条款的，保险人向投保人提供的投保单应当附格式条款，保险人应当向投保人说明合同的内容。对保险合同中免除保险人责任的条款，保险人在订立合同时应当在投保单、保险单或者其他保险凭证上作出足以引起投保人注意的提示，并对该条款的内容以书面或者口头形式向投保人作出明确说明；未作提示或者明确说明的，该条款不产生效力。"之所以特别强调保险人对免责条款明确说明的义务，主要是因为免责条款关系到投保人的切身利益，投保人应该清楚地知道什么样的风险和损失保险人是不承担责任的，投保人是得不到保障的。投保人什么样的行为是违约的，可能导致保险合同的失效，或者保险人不承担责任。如果在投保人没有搞清楚条款的真实内容的情况下，保险人以免责条款为理由不承担保险责任，很显然对投保人是不公平的。因此，保险人不仅要以书面形式将免责条款列明在保险合同中，而且要对投保人做详尽的说明，使投保人对此条款有足够的重视，并对条款有较为全面准确的认识。倘若保险人不能履行免责条款的明确说明义务，那么此条款是不发生效力的，保险人不能以此为理由不承担保险责任。

（三）及时签发保险单证

我国《保险法》第十三条规定："投保人提出保险要求，经保险人同意承保，保险合同成立。保险人应当及时向投保人签发保险单或者其他保险凭证。保险单或者其他保险凭证应当载明当事人双方约定的合同内容。当事人也可以约定采用其他书面形式载明合同内容。"保险合同成立后，及时签发保险单或者其他凭证是保险人的法定义务，因为保险单或者其他保险凭证是保险合同订立的证明，也是履行保险合同的依据，所以在有些保险条款中对保险人签发保险单证有时限规定，如果保险人不能在约定的时限内签发保险单证，保险人要承担相应的后果。

（四）为投保人、被保险人或再保险分出人保密

保险人或者再保险接受人在办理保险业务的过程中，对投保人、被保险人或者再保险分出人的业务和财务状况负有保密义务。保险人在处理保险业务时，不可避免地会了解到一些投保人、被保险人或者再保险分出人的业务和财务情况，保险人应该对此保密，不能向外透露，否则会损害投保人、被保险人或再保险分出人的利益。维护保险合同双方的利益是维持合同有效性、持续性的前提。

三、保险合同的解释原则和争议处理

在保险合同的履行过程中，保险合同双方会因各种不同的原因而产生争议，但大部分争议的主要根源还是在于保险合同双方对合同条款内容在理解和认识上有歧义。虽然保险合同

条款作为保险合同双方履约的依据会尽量追求内容完整、文字准确,但在保险实务操作中情况错综复杂,保险合同条款不可能包罗万象,难免有特殊情况或例外情况,需要对条款做特别的解释。因此,对保险合同条款真实意思的解释成为解决保险合同争议的关键,由此逐步形成了保险合同的解释原则。

(一)保险合同的解释原则

保险合同的解释应遵循以下几个原则。

1. 文义解释

文义解释是指在保险合同中使用的一般文字和词语应该按该文字和词语的通常含义并结合合同的整体内容来解释。在合同中出现的同一词语,对它的解释应该是统一的。双方有争议的,以权威性工具书或专家的解释为准。在合同中所用的保险专业术语、法律专业术语或者其他行业的专业术语,有立法解释的,以立法解释为准;没有立法解释的,以司法解释、行政解释为准;没有立法、司法或行政解释的,应该以所属行业公认的特定含义、技术标准或者行业习惯来解释。

2. 意图解释

意图解释是指当保险合同条款中出现文义不清、用词混乱和表意含糊时,对保险合同的解释应该尊重当事人双方订约时的真实意思,并根据订约的背景和客观实际情况来分析和推定。如果合同的书面约定和口头约定不一致,以书面约定为准;如果保险单及其他凭证与投保单或其他合同文件不一致,以保险单及其他凭证中载明的内容为准;如果特约条款与基本条款不一致,以特约条款为准;如果保险合同条款内容因记载方式和记载先后不一致,则按批单优于正文,后批注优于先批注,手写优于打印,加贴批注优于正文批注的规则解释。这些规则更能反映合同当事人的真实意图。

3. 解释应有利于非起草人

由于保险合同条款通常是由保险人事先拟订的,保险人对合同条款的内容和含义更了解、更清楚,因此,当保险合同双方对条款内容的合理解释或者合理推定有两种以上时,尤其是合同中的用词模棱两可,法院或仲裁机关应当做出有利于非起草人的解释。我国《保险法》第三十条规定:"采用保险人提供的格式条款订立的保险合同,保险人与投保人、被保险人或者受益人对合同条款有争议的,应当按照通常理解予以解释。对合同条款有两种以上解释的,人民法院或者仲裁机构应当作出有利于被保险人和受益人的解释。"

(二)保险合同的争议处理

当保险合同双方发生争议时,解决争议的方式主要有协商、仲裁和诉讼三种。

1. 协商

协商是争议双方首选的方式,因为协商解决争议建立在双方自愿诚信的基础上,充分交换意见、互作让步,达成共同接受的和解协议。这种自行解决争议的方式有很多好处,一是可以省时、省钱、省事,如果采用仲裁或诉讼方式,不仅费用高,而且耗时较长,会给争议双方带来很多麻烦事,消耗精力。而协商是在双方自愿的基础上自行解决争议,自然不会产生支付给第三方的费用,也不会经历漫长的时日。二是可以维持双方的友好关系,有利于合同的继续履行。三是处理争议的方式较为灵活,可以具体问题具体分析,实事求是地解决争议。但协商最大的缺点是和解协议不是终局性的,对合同双方没有约束力。如果协商不成,保险合同双方可以选择仲裁或者诉讼方式解决争议。

2. 仲裁

仲裁是保险合同双方当事人在争议发生前或者争议发生后,愿意把他们之间的争议交由共同认可的第三方进行裁决。仲裁以双方达成的仲裁协议为基础,仲裁机构可以是临时性的,也可以是常设的,仲裁人可以由双方自由指定,也可以由专业仲裁机构的仲裁人承担。仲裁方式不仅有协商和解省时省事、不伤和气的好处,而且费用也较诉讼方式低,最大的好处是裁决由专业人士做出,具有良好的信誉和公正性,并且注重商业习惯,灵活性较大,有利于维持合同关系的继续。同时,仲裁裁决是终局性的,对合同双方都有约束力。

3. 诉讼

诉讼是保险合同双方通过法院裁决解决争议的方式。诉讼由保险合同当事人一方提出,不需要得到另一方的同意。诉讼必须经过一定的法定程序,并支付相应的诉讼费用。诉讼的好处在于注重以法律为依据、以事实为准绳来处理争议,并且裁决结果对双方都有约束力。诉讼的缺点是费时、费力、费钱,不利于双方继续维持合同关系。

案例 4-1

"中国抽纱"货物损失保险索赔案

1997年7月4日,中国抽纱上海进出口公司(以下简称"中国抽纱")与中国太平洋保险公司上海分公司(以下简称"太平洋保险")订立海上运输货物保险合同,保险标的物为9127箱玩具,保险金额计550 508美元,承保险别为中国人民保险公司1981年海运一切险和战争险条款。根据太平洋保险的《主要险种条款汇编》的解释,一切险包括"偷窃、提货不着险"。责任起讫期间为仓至仓。涉案货物运抵圣彼得堡后,承运人银风公司未收回正本提单而将货放给了"中国抽纱"对外贸易合同的买方。"中国抽纱"与买方约定的付款方式为付款寄单,因买方迟迟没有支付货款,"中国抽纱"遂派人持正本提单至圣彼得堡提货未着。就该批货物,"中国抽纱"已向买方收取预付款100 076.5元。随后,"中国抽纱"依据保险合同向太平洋保险提出保险索赔被保险公司拒赔。"中国抽纱"就此向法院提起诉讼。此案经二审法院报请最高人民法院后,依法判决驳回了"中国抽纱"的诉讼请求。

分析

二审法院在审理本上诉案时,就无单放货是否属于保险责任范围存有较大争议。

一种意见认为,"中国抽纱"投保的是一切险和战争险,根据中国太平洋保险公司的业务规则,一切险包括"偷窃、提货不着"险在内的11种普通附加险。"中国抽纱"系投保人和提单持有人,承运人的无单放货,必然导致提单持有人的提货不着。无单放货行为对承运人而言是人为因素，但对投保人而言当属意志以外的原因，故符合一切险中"外来原因"的条件，保险人应予赔偿。

另一种意见认为，无单放货发生在货物安全运抵目的港后，不属于运输中的保险风险，且中国太平洋保险公司业务规则中明文规定适用提货不着险时，被保险人必须向责任方取得提货不着的证明，但"中国抽纱"并未提供承运人出具的提货不着的证明，保险人可不予赔偿。

最高人民法院的答复为：根据保险条款，保险条款一切险中的"提货不着"险并不是指所有的提货不着。无单放货是承运人违反凭单交货义务的行为，是其自愿承担的一种商业风险，而非货物在海运途中因外来原因所致的风险，不是保险合同约定由保险人应承保的风险，故无单放货不属于保险理赔的责任范围。

案例4-2

砖瓦厂大雨受损索赔案

某乡砖瓦厂投保了企业财产保险，保险合同的基本责任条款为"保险人对于下列自然灾害和以外事故造成保险财产的损失，承担保险责任：①火灾；②爆炸……⑥暴雨；⑦洪水……"在保险责任期间内，当地下了一场大雨，将一批砖胚泡损，被保险人提出索赔，但遭到保险公司拒赔，如何理解上述案例？

分析

观点一：

当事人对保险合同中的"自然灾害"一词是指一般的自然灾害还是指条款中列明的几种自然灾害有争议，属于保险合同中的"疑义条款"，应适用《保险法》第三十条的规定，作有利于被保险人的解释，大雨亦是自然灾害的一种。

观点二：

本案不应适用《保险法》第三十条的规定。因为第三十条适用的范围是在运用合同的一般解释方法不能得出确定的结论时才应作出有利于被保险人或受益人的解释。本案可以通过整体解释和专业解释得出大雨不是承保范围的结论。所以第三十条的规定不适用本案，保险公司不必赔偿被保险人的损失。

本案争执的产生在于双方对保险合同的解释原则有不同的认识。在解释时应正确适用疑义利益原则。只有在运用其他的解释方法无法确定当事人真实时，才应使用疑义利益原则。本案中存在滥用疑义利益原则的问题。

对于自然灾害应作整体解释，也就是说只有条款列明的"暴雨""火灾"等才是本保险合同条款中所指的"自然灾害"，而非通常意义上的"自然灾害"。保险合同中的"暴雨"有专业含义，是指每小时降水量为16毫米以上或每12小时降水量为30毫米以上，或24小时内降水量为50毫米以上的降水强度很大的雨。以此标准，本案中的"大雨"尚算不上"暴雨"，某砖瓦厂因此遭受的损失不在保险责任范围内，保险公司拒赔是合理的。

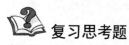 **复习思考题**

1. 什么是保险合同？简述保险合同的特点。
2. 投保人是不是就是被保险人？为什么？
3. 试比较保险代理人和保险经纪人。
4. 定值保险合同与不定值保险合同的区别是什么？
5. 保险合同订立、生效和保险责任开始时间是同时发生的吗？
6. 保险合同有效的条件是什么？
7. 试述各种保险合同订立凭证的用途和法律效力。
8. 哪些原因可以导致保险合同解除？
9. 保险合同自然终止的情况有哪几种？
10. 投保人或者保险人不履行保险合同义务会有哪些后果？

第五章 海洋运输货物保险保障的范围

保险合同是保险人与投保人约定的以交费为条件,保险人对保险标的因特定风险而造成的特定损失和特定费用提供赔偿的合同。因而,要正确掌握一项保险险种的承保范围,必须对其保障的风险、损失和费用的类型、概念有深入了解。因此,我们将从海洋运输货物保险保障的风险、损失及费用三方面来了解海洋运输货物保险的相关内容。

第一节 海洋运输货物保险保障的风险

海洋运输货物保险主要包括海上风险和外来风险两类,海上风险又可以分为自然灾害和意外事故两种,而外来风险包括一般外来原因造成的风险和特殊外来原因造成的风险,如表 5-1 所示。

表 5-1 海洋运输货物保险的分类

风 险 类 型	风 险 内 容
海上风险 (perils of the sea)	自然灾害:恶劣气候、雷电、海啸、地震、洪水、火山爆发、浪击落海等
	意外事故:船舶搁浅、触礁、沉没、互撞、失火、爆炸等
外来风险 (extraneous risk)	一般外来风险:偷窃、雨淋、短量、沾污、渗漏、破碎、串味、受潮、受热、锈损和钩损等
	特殊外来风险:战争、罢工、交货不到、拒收等

一、海上风险

海上风险(perils of the sea)是指保险人承保的在海上以及海与陆上、内河或与驳船相连接的地方所发生的风险。

(一) 自然灾害

自然灾害(natural calamity)一般是指不以人的意志为转移的自然力量所引起的灾害。但在海上保险中,它不是泛指一切由于自然力量所造成的灾害。例如,根据我国 1981 年 1 月 1 日修订的《海洋运输货物保险条款》规定:自然灾害仅指恶劣气候、雷电、海啸、地震、洪水以及其他人力不可抗拒的灾害等。而英国《伦敦协会货物保险条款》(1982 年 1 月 1 日开始实施)规定:属于自然灾害性质的风险有雷电、地震或火山爆发、浪击落海,以及海水、湖水、河水进入船舶、驳船、运输工具、集装箱、大型海运箱或储存处所等。

下面具体介绍上述各种自然灾害风险的含义。

1. 恶劣气候

这一般是指因海上暴风雨、飓风、台风、大浪等引起船舶颠簸、倾斜而造成的船体破裂、船上机器设备损坏，或使货物进水、散包、破碎、冲走，以及因关闭通风舱致使舱内湿度过大殃及货物等。在实务上，保险人对"恶劣气候"一词也没有明确的定义，往往根据风险的具体情况进行解释。我国对暴风的解释为风力在8级以上，风速在17.2米/秒以上。

2. 雷电

这里是指由雷电直接造成的，或者由雷电引起火灾造成的船舶或货物的直接损失。例如，因雷电击中船上桅杆造成倒塌而压坏船舱，致使海水浸入，货物受海水浸泡的损失，都属于雷电责任。

3. 海啸

这是指由于地震或风暴引起海水巨大涨落，导致航行于海上的船舶及其所载货物的损毁或灭失。

4. 地震或火山爆发

这是指直接或归因于地震或火山爆发所致船舶或货物的损失。陆地上发生的地震虽不影响海上的航运，但可能影响停泊在港口的船舶，而发生在船底的地震更会引起海啸而危及航运。

5. 洪水

这一般指山洪暴发、江河泛滥、潮水上岸及倒灌或暴雨积水成灾，造成航行或停泊于沿海水面的船舶或运输中的货物被淹没、冲散、冲毁、浸泡等损失。

6. 其他自然灾害

其他自然灾害通常包括浪击落海以及海水、湖水、河水进入船舶、驳船、运输工具、集装箱、大型海运箱或储存处所等。

浪击落海风险是指舱面货物受海浪冲击落水而造成的损失，不包括在恶劣气候下船身晃动而造成货物落水的损失。海水、湖水、河水进入船舶、驳船、运输工具、集装箱、大型海运箱或储存处所的危险，其中对储存处所可以理解为包括陆上一切永久性或临时性的、有顶篷或露天的储存处所。

（二）意外事故

海上意外事故（fortuitous accidents）是指在运输工具遭遇外来的、突然的、非意料中的事故，如船舶搁浅、触礁、沉没、互撞、与流冰或其他物体碰撞、船舶失踪以及火灾、爆炸等。海上保险所承保的意外事故并不是泛指所有海上意外事故，而是仅指保险合同规定的特定范围内的意外事故。

1. 搁浅

搁浅是指船舶与海底、沙滩、堤岸在出现无法预料的意外情况下发生接触，并搁置一段时间，使船舶无法继续航行以完成运输任务。规律性的涨落潮所造成的搁浅不属于保险搁浅的范畴。同样，船舶搁浅发生于特定地区，如发生在运河中，也不属于保险搁浅的范畴。

2. 触礁

触礁是指载货船舶触及水中岩礁或其他阻碍物（包括沉船）而仍然能继续行进的一种状

态。触礁后船舶虽然接触了水中障碍物但仍能继续移动,这是触礁与搁浅的区别。

3. 沉没

沉没是指船体全部或大部分已经没入水面以下,并已失去继续航行能力。若船体部分入水,但仍具航行能力,则不视作沉没。

4. 碰撞

碰撞原指船舶与船舶之间发生的猛烈接触。随着时间的推移,对该词的解释已经有所改变,现在通常将其定义为:碰撞是指船舶在水中与自身以外的其他固定或移动物体的撞击或猛烈接触,包括船舶、码头、防波堤、桥梁、灯标、浮筒、漂浮物以及浮冰等。换言之,碰撞是指船舶与船舶或与其他物体的碰撞。

需要注意的是,被承保的碰撞事故必须满足三个条件:第一,船舶要有实际接触,即要有碰撞事实;第二,碰撞和损失要有必然的因果关系;第三,碰撞必须以船舶在水上航行为前提。如果船舶在港内修理时发生碰撞事故,保险人不必承担赔偿责任。

5. 失踪

失踪是指船舶在海上航行中失去联络,并超过合理期限的一种情况。对于合理期限,各国规定不同,我国一般规定两个月为合理期限。

被保险船舶一旦宣告失踪,除非能够证明失踪是因战争风险导致的,均由保险人当作海上风险损失负责赔偿。如果在保险人赔偿后,船舶又重新出现,该船的所有权归保险人。

6. 倾覆

倾覆是指船舶受灾害事故,船身倾覆或倾斜,失去正常状态,处于非正常的、非经施救或救助而不能继续航行的状态。在海上保险中,保险人除了承保船舶倾覆所造成的损失,还承保了陆上工具的倾覆损失。也就是说,海上运输保险人不仅承保被保险货物因船舶发生倾覆导致的损失,也承保被保险货物在陆上运输时因陆运工具发生倾覆导致的损失。

7. 火灾

火灾是指船舶本身、船上设备以及载运的货物被烧毁、烧焦、烧裂、烟熏以及因救火时搬运货物、消防灌水等导致的水渍或其他损失。海上保险所承保的火灾,通常是指由下列原因引起的火灾。

(1) 雷击电闪起火。

(2) 爆炸引起的火灾,或因起火引起的爆炸。

(3) 船长或船员的过失所导致的火灾。

(4) 货物本身的特性因受外界气候、温度等影响而发生的自燃;但如果是由于货物固有瑕疵而发生的自燃,保险人仅对火灾造成的其他货物和承运船舶的损失负责赔偿,自燃货物本身的损失不在承保范围内。

(5) 其他原因不明的火灾。凡是由于上述原因所引起的火灾损失,保险人均负赔偿责任。但是,由于战争、罢工或民众暴乱行为所引起的火灾不在保险人承保范围内,除非通过加保战争险、罢工险获得了保障,本章后面将会介绍。

8. 爆炸

爆炸是指船上锅炉或其他机器设备发生爆炸和船上货物因气候条件(如温度)影响产生化学反应引起的爆炸。

9．暴力盗窃

暴力盗窃是指暴力掠夺货物或船舶的行为。这里所说的暴力并不要求一定使用过暴力，只要存在暴力威胁就足够了，而且不要求对人实施暴力，对物实施暴力或暴力威胁就足够了。例如，使用铁杆将船上库房的锁砸坏后行窃，就是暴力偷窃。

暴力偷窃不包括暗中偷窃行为，也不包括船上人员或旅客的偷窃。如果货物的被保险人希望为偷窃行为投保，需投保偷窃提货不着险。

10．抛弃

抛弃是指航行中的船舶在遭遇紧急情况时，船长为了保全船舶与货物的共同安全，人为地、合法地将船上部分货物或船上设备投入海中而造成的损失。例如，船舶搁浅有沉没的风险，将一部分货物扔入海中，以减轻船舶的重量使其重新浮起。

保险人对下列情况下发生的抛弃并造成的损失不承担赔偿责任。

（1）被抛弃的货物不是习惯上装载在舱面或甲板上，又未加保舱面险的，保险人不负赔偿责任。

（2）除非保单另有规定，货物因固有瑕疵被抛弃的，不能获得赔偿，如扔掉腐烂的水果、发臭的肉等。

（3）货物因装载不当被抛弃，保险人也不承担赔偿责任。

11．船长或船员的恶意行为

船长或船员的恶意行为是指船长或船员故意损害船东或租船人利益的一种非法行为。海上保险承保这种风险的条件如下：第一，船长或船员的恶意行为不是由于船东或租船人的纵容、共谋或授意所做出的；第二，他们的行为使船东、租船人或货主的利益受到了损害，船长若为船东，则不能说是船长的恶意行为而是船东的恶意行为，属于海上保险的除外责任。船长或船员的恶意行为的表现形式有以下几种。

（1）故意弃船、纵火烧船或凿沉船舶。

（2）故意违反航行规则，导致船舶遭受处罚。

（3）与敌人交易、走私或冲越封锁线，以致船舶货物被押或没收。

（4）欺诈出售或私自抵押船舶和货物等。

二、外来风险

外来风险（extraneous risk）一般是指海上风险以外的其他外来原因造成的风险。所谓外来原因，必须是意外的、事先难以预料的，而不是必然发生的外来因素。因此，类似货物的自然损耗和本质缺陷等属于必然发生的损失，都不应包括在外来风险引起的损失之列。外来风险可分为一般外来风险和特殊外来风险。

（一）一般外来风险

在运输货物保险中，一般外来风险是指在货物运输途中由于偷窃、淡水雨淋、短量、渗漏、破碎、受潮、受热、霉变、串味、沾污、钩损、锈损等原因所导致的风险；在船舶保险中，一般外来风险包括装卸或移动货物或燃料过程中的意外事故，锅炉破裂、尾轴断裂或机器船体的潜在缺陷，船长、高级船员以及被保险人以外的修船人或承租人的疏忽。

（二）特殊外来风险

特殊外来风险是指由于战争、罢工、拒绝交付货物等政治、军事、国家禁令及管制措施所造成的风险及损失，主要包括交货不到、拒收、战争和罢工。例如，因政治原因或战争因素，运送货物的船只被敌对国家扣留而造成交货不到；某些国家颁布的新政策或新的管制措施以及国际组织的某些禁令，都可能造成货物无法出口或进口而造成损失。

第二节　海洋运输货物保险保障的损失

船舶和货物在海上运输过程中由于海上自然灾害和意外事故等造成的损失和灭失，称为海上损失。根据国际保险市场的一般解释，凡是与海上运输有关联的海陆连接的运输过程中发生的损害与灭失，都属于海上损失范畴。海上损失可以从许多不同角度进行分类，最常见的是按其损失程度划分，可以分为全部损失和部分损失。

一、全部损失

全部损失（total loss）简称全损，是指保险标的因保险事故的发生而遭受的全部损失。它又可以具体分为实际全损、推定全损、协议全损和部分全损等情况。

（一）实际全损

实际全损（actual total loss）又称绝对全损，是指保险标的在运输途中实际完全灭失。我国《海商法》第二百四十五条规定："保险标的发生保险事故后灭失，或者受到严重损坏完全失去原有形体、效用，或者不能再归被保险人所拥有的，为实际全损。"从本条规定中可知，海上保险标的的实际全损的表现形式主要有以下几种。

（1）保险标的物全部灭失。这是指保险标的在其物质实体上发生了完全毁损和不复存在。例如，船舶因遭遇海难后沉入海底无法打捞；船载货物被大火全部焚毁；船舱进水，致使糖、盐等货物被海水溶解，都构成完全灭失。但是，如果沉没的船随后又被捞上来，不能列为实际全损。

（2）保险标的物已失去原有商业价值或用途。这是指保险标的受损后，虽然形体仍然存在，但不再具有投保时的属性，失去了原有的商业价值或使用价值。例如，水泥受海水浸泡后结块，食品被有毒物质沾污，都失去了其原有的使用价值。

（3）被保险人对保险标的失去所有权，且无法挽回。这是指保险标的实际仍存在，也未丧失原有属性和用途，但保险人已经丧失了对它的有效占有，而且无法挽回。例如，货物被敌国没收、船舶被海盗劫走等。

（4）船舶失踪达一定时间仍无音讯。船舶失踪达一定合理期限，损失按照实际全损处理。

（二）推定全损

推定全损（constructive total loss）是海上保险中特有的制度，是指保险标的物在遭遇保险事故后尚未达到全部灭失，但是完全灭失已不可避免，或者恢复、修复该标的物或运送货物到达原定目的地所耗费用，估计已达到或超过其实际价值或保险价值。构成被保险货物推定全损的情况有以下几种。

（1）保险标的物在海上运输中遭遇危险后，虽然尚未达到全部灭失、损毁或变质状态，但实际全损已经无法避免。例如，一艘载货船在一个偏僻的海域内搁浅，而且又碰上恶劣天气，不便于其他船舶前来救助。虽然搁浅时船货并没有完全灭失，但如不及时对其救助，船货的完全灭失将是无可避免的。

（2）被保险货物受损后，其修理和继续运往目的港的费用估计要超过货物到达目的港的完好价值。

（3）被保险货物遭受保险责任内的事故，使被保险人丧失对保险标的的所有权，而收回保险标的物的所有权所花费的费用估计要超过收回后的标的价值。

（4）被保险船舶受损后，其修理或救助费用分别或两项费用之和将要超过船舶的保险价值。

实际全损与推定全损有以下两个主要区别。

（1）实际全损强调的是保险标的在遭受保险事故后，确实已经完全毁损、灭失，或失去原有的性质和用途，并且不能再恢复原样或收回；推定全损则是指保险标的已经受损，但未完全灭失，可以修复或收回，不过因此而需支出的费用将超过该保险标的复原或收回后的价值。可见，实际全损是一种物质上的灭失，而推定全损是一种经济上的灭失。

（2）发生实际全损后，被保险人无须办理特别手续，即可向保险人要求赔偿全部损失。但在推定全损的情况下，被保险人可以按部分损失向保险人索赔，也可以按全部损失要求保险人赔偿。如果采取后一种方式，即要求按全损赔偿，被保险人还必须向保险人办理"委付"手续。

委付是根据保险的首要原则—损失赔偿原则派生出来的物权代位原则之一。它最初是海上保险合同的条款之一，被规定为"船舶航行方向不明而无任何消息时视同船舶的丧失"，而后，为了适应海上航运贸易的特殊性，逐步发展为被保险人让渡保险标的而取得保险赔偿的制度。自十五六世纪以来，委付已为海上保险所广泛采用，目前各国法律也普遍对委付做了相应的规定。

我国《海商法》第二百四十九条规定："保险标的发生推定全损，被保险人要求保险人按照全部损失赔偿的，应当向保险人委付保险标的。保险人可以接受委付，也可以不接受委付，但应当在合理的时间内将接受委付或不接收委付的决定通知被保险人。委付不得附带任何条件。委付一经保险人接受，不得撤回。"第二百五十条规定："保险人接受委付的，被保险人对委付财产的全部权利和义务转移给保险人。"从上述条文中可见，委付指保险事故发生后，被保险人将尚未实际全损的保险标的的一切权利和义务转移给保险人，而作为要求按推定全损赔付的前提条件。

委付是放弃物权的一种法律行为，即一方对另一方以明确方式表示放弃其财产、权利和利益。被保险人进行委付，必须在获得有关保险事故的可靠消息，并在适当合理的期限内向保险人提交委付通知。一般来说，被保险人考虑采用委付方式要求保险人按全部损失赔偿的决定是根据保险标的受损程度和经过核算后做出的。在此之前，要权衡按推定全损赔偿或按部分损失赔偿两种方式中哪一种对自己有利。

委付通知是被保险人向保险人做推定全损索赔之前必须提交的文件。被保险人不提交委付通知，保险人对受损保险标的只能做部分损失处理。委付通知常用于书面形式。书面的委付通知并无统一格式，但被保险人在委付通知中应以明确肯定的词语表明愿意将其所有保险标的的一切权利无条件转让给保险人。被保险人在提交委付通知时，还应将其有关保险标的的证明文件交给保险人，将有关保险标的的其他保险合同和有关应归其负担的各种债务告诉保险人。提交委付通知的时限从得知委付事由之日起的一定时间内。目前我国法律并未对委付通知做出具体规定。

委付是被保险人的一种单方面行为，不必征得保险人的同意，但委付行为必须经保险人的承诺才能成立。保险人在收到委付通知和有关文件、证明和材料后，经过研究，可以接受委付，也可以不接受委付。值得注意的是，保险人拒绝委付要求，并不影响被保险人索赔全损的权利。如果保险人认同保险标的是推定全损，它可以拒绝委付而仍按照全损赔偿；但如果保险人认为保险标的不是推定全损，它可以拒绝委付要求，并且只同意按部分损失赔偿。在实务上，保险人往往拒绝接受委付，这是保险人不愿意承担的责任。

（三）协议全损

协议全损（negotiated total loss）是指在某些情况下，保险标的物所遭受的损害既不是实际全损，又没有达到推定全损的要求，但基于维持保险人与被保险人之间良好的业务等因素的考虑，双方一致认为，如以全损为基础进行赔偿，更有利于对保险合同规定的理解，有利于保险业务的开展，因此，保险人应被保险人的要求按全部保险金额进行赔偿。严格地说，协议全损并非指保险标的物真正达到全部损失的程度，而是保险人处理某些损失通融赔偿的一种方式。

（四）部分全损

在海上保险中，凡是货物中可以分割的某一部分发生全部损失时，称为部分全损（total loss of appropriate part）。例如，在装卸货物或在存仓转运过程中，所有货物的一件或数件发生全部损失就属于部分全损，如果受损货物不能按单位划分时，这种损失只能是部分损失，而不是部分全损。

在海上保险中，部分全损主要是针对货物而言，因为船舶的全部损失，无论是实际全损还是推定全损，都是以整艘船为单位来衡量的。然而，对于货物，如果也规定被保险货物全部受损才构成全部损失，势必减少了被保险人获得全损赔偿的机会，对被保险人十分不利，同时也会影响保险人的业务经营。

应当注意的是，对于部分全损的范围，保险人应在保险单上做出明确的规定。目前，在国际市场上，海上保险人对下列几种情况可以按照部分全损负赔偿责任。

（1）同一张保险单上载有两项以上的保险金额，其中有一项或几项发生全部损失。

（2）同一张保险单承保两种以上不同货物，其中有一类或几类货物发生全部损失。

（3）在装载货物或转船时，整件货物发生全部损失。
（4）货物使用驳船驳运时，同一驳船上的全部货物发生损失。

二、部分损失

部分损失（partial loss）简称分损，是指保险标的没有达到全损程度的一种损失。任何一种损失，不是全损就是分损。部分损失按其性质可分为单独海损和共同海损。

（一）单独海损

单独海损（particular average）是指保险标的在海上遭受承保风险所引起的部分损失，是共同海损以外的损失。例如，载货船舶在海上航行，因恶劣气候致使部分货物受损，该受损货物即属货方的单独海损。单独海损这个术语在伦敦保险协会货物新条款中已不再使用，但在海上保险实务上，它仍用来表示共同海损以外的一切部分意外损害。

构成单独海损的条件主要有以下几个。

（1）必须是保险标的物本身的损失。
（2）必须是意外的、偶然的或其他承保风险所直接导致的损失。
（3）必须是船方、货方或其他利益方单方面所遭受的损失。

在海上保险中，保险人对单独海损损失的补偿，仅以承保风险为限。如果单独海损损失不是由承保风险事故造成的，则保险人不负赔偿责任。不仅如此，即使某种单独海损损失是承保的风险事故造成的，对此赔偿与否，仍需视保单条款的约定。假若保险合同双方约定单独海损不保（free from particular average, FPA），并载明在保单上，保险人仍不负赔偿责任。根据国际海上保险市场的惯例，保险人对单独海损的赔偿常采用下列几种方式处理。

（1）对单独海损绝对不予赔偿。这种规定常用于海上船舶保险合同，即船舶全损险条款。
（2）除某些特定危险造成的单独海损以外，对单独海损不赔偿。我国的中国人民保险公司海洋货物运输保险条款平安险条款及英国伦敦协会保险 C 条款对单独海损的赔偿规定就属于这种情况。
（3）对单独海损予以赔偿，但单独海损未达到约定的免赔率或免赔额时不予赔偿。有些国家的海上保险水渍险条款对单独海损的赔偿规定，属于这种情况。
（4）对单独海损予以赔偿，而不加任何特别限制，如 PICC 海洋货物运输保险条款的一切险条款。

（二）共同海损

共同海损（general average）是指在海上运输中，船舶和货物等遭遇自然灾害、意外事故或其他特殊情况，威胁到船、货等各方面的共同安全，为了解除共同的危险，采取合理的人为措施，导致船舶、货物和运费的特殊损失或因此而支出的额外的费用，这部分损失和费用称为共同海损牺牲，应由受益的船、货和运费三方面共同分摊。例如，载货船舶在航行途中搁浅，船长为了使船、货脱险，下令将部分货物抛弃，船舶浮起转危为安。被弃的货物就是共同海损的牺牲。再如，在船舶搁浅后，为谋求脱险起浮而不正常地使用船上机器，导致主机破坏后，船舶无法航行，被其他船拖至安全港，因此支付救助的报酬就是额外费用。

1．构成共同海损的条件

（1）船方在采取措施时，必须确有危及船、货共同安全的危险存在，风险必须实际存在或不可避免，而不能凭主观臆断。

（2）共同海损措施必须是自愿的、有意的。共同海损的牺牲必须是由于人为的故意行为，而不是遭遇海上风险造成的。

（3）共同海损牺牲和费用的支出必须合理。共同海损牺牲和费用的支出以解除危难局面为限，船长不能滥用职权，任意扩大物资牺牲和费用支出。合理与不合理并无绝对标准，应结合具体情况而定。例如，抛货虽然是合理的措施，但抛货时不先抛重货、廉价货，而是先抛价值高而分量轻的货物，就是不合理。

（4）共同海损牺牲和费用支出的目的仅限于为保船、货等各方面的共同安全。

（5）损失必须是共同海损行为的直接结果。例如，由于共同海损措施，使航程延长而发生的损失不是共同海损措施导致的直接结果，不可列入共同海损。再如，在载货船舶遇到危难，开始往海中抛货，在抛货时海水溅入或冲入船舱，造成其他货物损失，此项损失属于共同海损。

（6）所采取的共同海损措施必须是有效果的，即经过采取某种措施后，船舶和货物的全部或部分最后安全抵达航程的目的港，避免了船货的同归于尽。

共同海损牺牲和费用的支出都是为使船、货和运费免于损失，因而应该由船方、货方或运费等方面按最后获救的价值共同按比例分摊，通常称为共同海损分摊（G.A. contribution）。由于共同海损分摊只能是在船、货等最终获救的前提下才发生，故共同海损必然是部分损失的范畴。

2．共同海损的理算

共同海损事故发生后，采取合理措施所引起的共同海损牺牲和支付的共同海损费用，由全体受益方共同分摊。为此，需要确定作为共同海损受到补偿的牺牲和费用的项目及金额，应参加分摊的受益方及其分摊价值，各受益方的分摊额以及最后应付的金额和结算办法，编制理算书等。这一系列调查研究和审计核算工作，称为共同海损理算。

（1）理算的依据。共同海损理算的依据即共同海损理算据以进行的有关规则。我国《海商法》第二百零三条规定，共同海损理算，适用合同约定的理算规则；合同未约定的，适用该法第十章的规定。第二百七十四条规定，共同海损理算，适用理算地法律。在实务中，当事人一般是通过约定选择某国家或地区相关组织制定的，或者由相关国际组织制定的共同海损理算规则来进行共同海损理算。

目前，在国际上适用最普遍的共同海损规则为《约克—安特卫普规则》。1860 年，欧洲主要海运国家在英国的格拉斯哥召开会议，综合各国关于共同海损立法和习惯的相同之处，制定了格拉斯哥决议。该决议经过 1864 年在英国约克城召开的会议和 1877 年在比利时安特卫普召开的会议做了两次重大的修改和补充，于 1877 年正式定名为《约克—安特卫普规则》。该规则又分别于 1890 年、1924 年、1950 年、1974 年、1990 年和 1994 年进行过多次修改。由于规则不是法律，其适用与否取决于当事人的约定，所以不存在失效的问题。也就是说，几个版本的规则都可以因当事人的选择而适用。目前，在实务中 1994 年规则与 1974 年规则都有较多适用。中国国际贸易促进委员会也制定了《中国国际贸易促进委员会共同海损理算暂行规则》，简称为《北京理算规则》。1994年《北京理算规则》规定的内容与《约克—安特卫普规则》基本相同，只不过较后者简要。

这些由民间组织制定的共同海损理算规则，从严格意义上讲并不具有法律的性质。它们的适用是以当事人的约定选择为前提的。如果当事人没有选择某一规则作为共同海损的理算依据，该规则只有因其符合相关条件而被视为国际惯例时，才能根据《海商法》第二百六十八条予以适用。

（2）共同海损理算人。共同海损理算工作由专门从事海损理算的机构或理算师进行，统称为海损理算人。海运比较发达的国家均有专门的海损理算机构或海损理算人。我国国际贸易促进委员会设有海损理算处，凡在提单或租船合同中约定共同海损在中国理算的，均由该海损理算处进行理算。

（3）共同海损理算的步骤。

①共同海损的宣告与担保。发生共同海损事故后，船长或船东应在船舶发生共同海损之后到达的第一个港口后的一段合理时间内宣布共同海损。《北京理算规则》规定：如果船舶在海上发生事故，各有关方应在船舶到达第一港口后的48小时内宣布；如果船舶在港内发生事故，应在事故发生后的48小时内宣布。只有在宣告共同海损后，才开始共同海损的理算。根据《海商法》第一百九十六条的规定，提出共同海损分摊请求的一方应当负举证责任，证明其损失应当列入共同海损。

为了确保共同海损分摊的顺利进行，经利益关系人请求，有关受益方应当提供共同海损担保，即做出负担分摊的保证。我国《海商法》第二百零二条第二、第三款规定："以提供保证金方式进行共同海损担保的，保证金应当交由海损理算师以保管人名义存入银行。保证金的提供、使用或者退还，不影响各方最终的分摊责任。"

②共同海损的理算。船方在宣告共同海损后，应向海损理算人提出委托申请，再由理算人具体进行理算工作。共同海损理算的目的是要最终确定共同海损事件中各方当事人所应分摊的数额。

（4）共同海损损失金额的确定。共同海损损失包括共同海损牺牲和费用，其中，共同海损牺牲的金额分别按以下规定计算。

①船舶的共同海损牺牲。船舶的牺牲分部分损失和全损两种。部分损失时，按照实际支付的修理费减除合理的以新换旧的扣减额计算。船舶尚未修理的，按照牺牲造成的合理贬值计算，但是不得超过估计的修理费。全损时，按照船舶在完好状态下的估计价值，减除不属于共同海损损坏的估计的修理费和该船舶受损后的价值的余额计算。

②货物的共同海损牺牲。货物的牺牲分灭失和损坏两种情况。货物灭失的，按照货物在装船时的价值保险费加运费，减除由于牺牲无须支付运费计算。货物损坏的，在就损坏程度达成协议前售出的，按照货物在装船时的价值加保险费加运费，与出售货物净得的差额计算。

③运费的共同海损牺牲。按照货物遭受牺牲造成的运费的损失金额减除为取得这笔运费本应支付，但是由于牺牲无须支付的营运费用计算。

（5）共同海损分摊价值的确定。

①船舶共同海损分摊价值。按照船舶在航程终止时的完好价值，减除不属于共同海损的

损失金额计算，或者按照船舶在航程终止时的实际价值，加上共同海损牺牲的金额计算。

②货物共同海损分摊价值。按照货物在装船时的价值加保险费加运费，减除不属于共同海损的损失金额和承运人承担风险的运费计算。货物在抵达目的港以前售出的，按照出售净得金额，加上共同海损牺牲的金额计算。

③运费分摊价值。按照承运人承担风险并于航程终止时有权收取的运费，减除为取得该项运费而在共同海损事故发生后，为完成本航程所支付的营运费用，加上共同海损牺牲的金额计算。

以上每一项分摊价值都要加上共同海损牺牲的金额，是因为共同海损牺牲中的一部分将要从其他各受益方那里得到补偿，因此也有部分价值因为共同海损行为而得到保全，从而也应计算在共同海损分摊价值之内。

（6）共同海损分摊金额的计算。共同海损应当由受益方按照各自的分摊价值的比例分摊。

各受益方的分摊金额计算分两步。首先计算出一个共同海损损失率，这应该以共同海损损失总金额除以共同海损分摊价值总额得出；然后以各受益方的分摊价值金额分别乘以共同海损损失率，得出各受益方应分摊的共同海损金额，计算公式为

受益人的共同海损分摊金额=受益人的共同海损分摊价值×共同海损分摊率

$$共同海损分摊率 = \frac{共同海损损失总额}{共同海损分摊价值总额} \times 100\%$$

（7）分摊请求权的时效。根据我国《海商法》有关共同海损分摊的请求权，时效期间为1年，自理算结束之日起计算。

在实践中，引起共同海损牺牲或费用的共同危险有时是由于承运人的过失造成的，这种过失有两种：一种是承运人可以免责的过失，承运人对这类过失所致损失不负责任，由此而产生的共同海损损失应由各受益方分摊；另一种是承运人不可免责的过失，承运人应当承担该过失所造成的损失。通常认为，承运人是否存在过失，不影响共同海损的成立和要求进行共同海损分摊的权利。但是，如果能够证明承运人确实存在不可免责的过失，非过失方可以拒绝参加共同海损分摊，或者在参加共同海损分摊后向过失方追偿。

（三）单独海损与共同海损的区别

从损失程度上看，共同海损和单独海损都属于部分损失，但是两者在损失发生的原因和损失承担方式上存在着差异。

1. 造成损失的原因不同

单独海损是因意外的、偶然的事故所直接造成的损失。例如，船舶因火灾或碰撞等意外事故造成货物的损失。而共同海损是因采取人为的、故意的措施而导致的损失，它是海上危险危及船货的共同安全时，采取某些人为措施，牺牲一部分货物或船舶的设备，达到保证全部财产安全的目的。在现实中，单独海损的发生往往引起共同海损的发生。

2. 承担损失的方式不同

对于单独海损，一般是由受损方自行承担，如果涉及第三者责任方的过失，则由过失方负责赔偿。在单独海损情况下，如果受损方投保了海上保险，其损失由保险公司根据保险条

款规定承担损失赔偿责任。而共同海损损失是为了船货的共同安全做出的，所以应由各受益方按比例分摊。如果受益方投保了运输货物保险或船舶险，保险公司对于被保险人应承担的分摊金额予以赔偿。

第三节　海洋运输货物保险保障的费用

海上风险的发生除了会使保险标的本身遭受损失，还会带来费用上的损失。保险人承担的费用是指保险标的发生保险事故后，为减少保险标的的实际损失或确定赔款而支出的合理费用，包括施救费用、救助费用、共同海损分摊费用和其他费用等。

一、施救费用

施救费用（sue and labour expenses）是指保险标的在遭遇保险责任范围内的灾害事故时，被保险人或其代理人、雇用人员等为了避免或减少保险标的物的损失，采取各种抢救或防护措施而产生的费用。

在海上保险中，作为被保险人的船东或货主及其雇员和代理人有义务采取合理的措施，即履行施救义务来避免或减轻保险标的的承保损失，因此而产生的费用将由保险人给予赔偿。当保险标的处于推定全损状态，被保险人向保险人发出了委付通知的情况下，被保险人仍有义务对处于危险之中的保险标的尽力施救，保险人也可以采取任何措施去拯救、保护或恢复保险标的，但是被保险人或保险人的此种措施都不得被视为放弃或接受委付，从而有损于任何一方的利益。

（一）施救费用的赔偿条件

1．施救费用必须是合理的、必要的

对于不合理的部分，保险人可以不予赔偿。例如，在运费保险中，船舶发生搁浅事故后，船方将货物卸下，不用重新起浮脱浅的船载运货物至目的地而改用火车运送货物，由此而产生额外的运费。假若这笔运费比用原船运送货物低廉，可视为合理；反之，保险只负责赔偿原来运输方式转运所需费用，超出部分被视为不合理。

2．施救费用必须是为防止或减少承保风险造成的损失而采取的措施所支出的费用

如果所采取的行动是为了避免或减少非由本保险承保的损失，其费用不得作为施救费用向保险人索赔。因此，在施救费用的赔偿上需要注意的是，承保危险必须已经发生，或者说保险标的已处于危险之中，而非仅仅是担心很可能发生危险。另外，该危险所造成的损失必须是本保险承保的损失。

3．由被保险人及其代理人、雇用人采取措施而支出了费用

施救费用限于由被保险人及其代理人、雇用人所支出的费用。在实务中，尤其是发生推定全损，被保险人委付了保险标的时，双方可能就拯救保险标的采取一些措施达成协议，被保险人所支出的费用可视为为执行保险人的通知而发生的费用，应该属于施救费用的一种。

4．施救费用的赔偿并不考虑措施是否成功

即便保险标的发生全损，保险人仍然可以对于施救费用给予赔偿。也就是说，只要措施得当，费用支出合理，即使施救措施不成功，没有达到目的，保险人对施救费用也应负责。这个规定调动了被保险人对保险标的进行拯救的积极性，从而也保护了保险人自己的利益。

（二）施救费用的赔偿限度

1．施救费用条款是保险合同的补充性契约

施救费用条款相对于主合同而言是一项附加性协议或补充性协议，这是英国在《1906年海上保险法》确定的一项原则，即施救费用的赔偿可以在另一个保险金额内进行。例如，标的全损，保额为1000万元，另发生了施救费用100万元，保险人赔付1100万元。我国《海商法》第二百四十条也做了同样的规定。这就意味着只要措施得当，费用合理，即使全损发生，保险人仍旧负责施救费用。保险人对保险标的的赔偿是以保险金额为限，而保险人对施救费用的赔偿责任也是以保险金额为限，故而保险人对一次保险事故的责任可能达到两个保险金额。

2．施救费用赔偿中免赔额的适用

合同中规定的相对免赔额并不适用于施救费用的赔偿，但是如果保险单中规定了绝对免赔额，那么免赔额适用于所有部分损失的索赔，包括单独海损、救助、共同海损和施救费用的赔偿。同一事故引起的上述各项索赔加在一起，扣除一个免赔额后，由保险人赔偿。但是，与全损有关的施救费用的赔偿并不适用于该免赔额。

3．不足额保险下施救费用的赔偿

如果保单是不足额保险单，所有部分损失赔偿都按照保险金额占保险价值的比例来赔偿，施救费用也不例外。例如，货物的保险价值是100万元，保险金额是50万元，保险人就只赔偿施救费用的1/2。

二、救助费用

救助费用（salvage charges）是指船舶和货物在海上遇到灾害事故时，对自愿救助的第三者因救助或保全危险中船舶及货物所支付的报酬。按照国际惯例，船舶和货物在海上遭遇海难后，其他船舶有义务采取救助措施，被救财产则应支付相应的报酬，该费用支出由海上保险人予以承保。

（一）救助的分类

救助主要分为一般救助和雇佣救助，海上保险人对于被保险人发生的向救助方支付的无论是一般救助还是雇佣救助报酬，都作为被保险人发生的救助费用损失项目予以补偿。

1．一般救助

一般救助分为合同救助和非合同救助。

（1）合同救助。它是由双方当事人在救助前或救助过程中按其选定的"无效果、无报酬"的标准合同格式签订的合同。

（2）非合同救助。救助双方对救助事项事先并无约定，而是救助人途经遇险船舶时自愿前往救助，一旦救助取得效果，救助人即可按照"无效果、无报酬"的原则向被保险人请求报酬。

注意，所谓"无效果、无报酬"原则是指只有在取得效果的情况下，救助人才有获得救助报酬的权利。所谓救助取得效果，是指遇难船舶或货物全部或部分获救，但并非一定要求救助必须完全成功。

2．雇佣救助

救助人或被救助人在救助前或救助过程中，按照实际支出计算救助报酬的一种救助，也叫实际费用救助。雇佣救助在实际中应用较少，一般只适用于遇险船舶距离港口不远，只需一般拖带作业的场合。而且这种救助不被认为是海上保险中所称的"救助"，雇佣救助报酬根据情况或被认作是施救费用，或被作为共同海损。

（二）海上救助行为成立的必要条件

1．救助行为的客体必须符合法律规定

我国《海商法》规定，有效的海上救助行为的客体只能是遇难船舶和其他财产。其中，船舶不包括用于军事或政府公务的船舶；其他财产是指包括有风险的运费在内的任何货物、船舶属具等财产。

2．船舶或货物及其他财产必须遭遇了某种不能自救的海上危险

这个危险必须是实际存在的、紧迫的。如果遇险船舶没有发出求救信号而他船前来救助的，不构成海上救助。

3．救助人必须是实际履行义务的第三者

所谓自愿是指救助人救助遇难者并不是因为对后者负有法律义务或合同规定的义务。如果救助人实施的救助行为是履行其义务的当然内容，则不能构成海上救助行为。例如，根据雇佣合同或海上货物运输合同的约定，船长或船员有保证船货安全的义务；船货一旦遇险，他们必须全力抢救，这就不能构成救助行为。但是救助合同是在危险发生时才签订的合同，产生的费用属于救助费用。不过属于同一船东所有的船舶，即姐妹船之间相互救助，其中实施救助行为的一方可以视为自愿救助的第三者，可以请求救助报酬。

4．救助行为必须有实际效果

长期以来，国际上都采取"无效果、无报酬"的原则给付救助报酬，若无救助效果，即使救助方付出相当大的代价，也不给报酬。自1980年以来，这一原则有些变化，即对全部或部分装载石油的油轮进行救助，即使救助不成功，也可索取合理费用。

凡符合以上条件，海上救助行为就成立，救助人就有权请求救助报酬。救助报酬的确定，要考虑到获救财产的价值、救助的危险程度、救助人的技术水平以及所花费的时间和费用等因素。救助人在被救助人没有给付救助报酬的情况下，对获救财产有留置权。不过，保险人对救助费用的赔偿限度是以获救财产的保险金额为限的，并且救助费用与保险标的本身损失的赔偿相加，不得超过保险金额。如果保险标的发生全损，保险人对于救助费用不再赔偿。

三、共同海损分摊费用

共同海损分摊是由基于共同海损牺牲而保全下来的财产的所有者对共同海损牺牲按照一定的分摊比例向牺牲者进行的补偿。该项补偿通常作为海上保险人的一项承保内容,即如果被保险人发生了参加共同海损分摊的事实,被保险人可以将这项费用支出转嫁给海上保险人。

在实务中,施救费用容易与救助费用、共同海损发生混淆。施救费用与共同海损的区别是,共同海损费用的支出是为了使保险财产避免遭受共同危险而自愿且合理地支出的费用,而施救费用的支出往往只危及被保险人一方的利益。施救费用与救助费用的主要区别在于以下几项。

(1) 行为主体不同。施救行为是由被保险人做出的,而救助行为是第三者行为。

(2) 给付报酬的原则不同。施救不论有无效果,保险人都负责;而救助报酬的给付遵循"无效果、无报酬"原则。

(3) 保险人的赔偿责任不同。施救费用由单独保额负责,而救助费用与保险标的的损失合并一个保额负责。也就是说,施救费用可以在保险标的本身保额之外的一个保额限度内赔偿,而保险人对救助费用的赔偿责任是保险标的本身损失和救助费用一并计算,不得超过保险标的的保额,而且按投保金额与获救财产的价值比例承担责任。

(4) 救助费用往往是共同海损。

下面举个例子说明施救费用与救助费用、共同海损的区别。例如,某船在海上航行时因搁浅处于危险状态,船长雇用了一条拖轮使船舶起浮,并且承诺每日按照一定标准支付给拖轮一定的报酬。如果船舶空载,并且没有出租,这笔费用就是施救费用;如果船舶有载货,这笔费用就是共同海损分摊费用;如果拖轮是在危机时按"无效果、无报酬"合同自愿救助的,这笔费用就是救助费用。

四、其他费用

(一) 特别费用

特别费用是指运输工具在海上遭遇海难后,在中途港或避难港卸货、存包、重装及续运货物所产生的费用。按照国际惯例,这种费用也都列入海上保险承保责任范围内。保险人对特别费用补偿可以单独负责。

(二) 额外费用

额外费用是指为了证明损失索赔成立而支付的费用。例如,检验费用、拍卖受损货物的销售费用、公证费用、查勘费用、海损理算师费用等与索赔有关的费用。额外费用一般只有在索赔成立时,保险人才负赔偿责任。但是,如果保险合同双方对某些额外费用事先另有规定,如船舶搁浅后检查船底的费用,不论有无损失发生,保险人都要负责赔偿。又如公正、查勘等是由保险人授权进行的,也不论索赔是否成立,保险人也需要承担该项额外费用的赔偿。只要索赔成立，额外费用就应该获得赔偿，但额外费用不能加在保险标的的损失金额内以达到或超过规定的免赔额，从而要求赔偿。

案例 5-1

"蒙斯特尔"轮委付案

英国籍"蒙斯特尔"轮满载货物从上海港开往卡拉奇，于1997年1月2日途经西沙群岛，因偏离航线在浪花礁处搁浅。中国广州救助打捞公司派出救助船，救出了海上全部船员，并与船方签订了劳氏"无效果、无报酬"的救助合同。由于受到强风袭击，轮船大部分双层底破裂，机舱和四、五号货舱破裂进水，救助工作极其困难。经过救助方的多次努力，终于在1997年2月18日将难船拖绞出滩，船上所载货物完好，但船舱受损十分严重。船东向救助人支付了救助报酬1 239 250美元后，遂向其投保的保险公司提出索赔，包括船舱损失及救助费用，共计1 973 200美元，并宣布船舶推定全损，将"蒙斯特尔"轮委付给保险公司。

> **分析**
>
> 本案例的焦点在于保险公司是否对于"蒙斯特尔"轮负赔偿责任，保险公司是否对救助费用承担赔偿责任。"蒙斯特尔"轮因偏离航线而发生搁浅，属于海上灾害，在海上保险的承保范围内，并且船东已向保险公司投保了该种风险，所以船东有权向保险公司就船舶搁浅造成的船舶损失请求赔偿。在"蒙斯特尔"轮搁浅后，处于危急状态，并且救助工作相当困难。救助人投入大量人力和船舶进行救助才使难船脱浅。船东根据救助所消耗和损耗的情况，向救助人支付了费用，然后向保险公司索赔救助费用。这部分救助费用也是由于船舶搁浅引起的正常损失，船东有权对此损失提出索赔。保险公司应对上述损失进行赔偿。
>
> 船舶被宣布全损，因此，在获得了保险公司的赔偿后，须将该轮委付给保险公司，保险公司取得该轮船的所有权。

案例 5-2

关于全部损失和部分损失

货轮在海上航行时，某舱发生火灾，船长命令灌水施救，扑灭大火后，发现纸张已烧毁一部分，未烧毁的部分，因灌水后无法使用，只能作为纸浆处理，损失原价值的80%。另有印花棉布没有烧毁但水渍损失，其水渍损失使该布降价出售，损失该货价值的20%。请问纸张损失80%，棉布损失20%，都是部分损失吗？为什么？

> **分析**
>
> 从数字上看，一个是80%，另一个是20%，好像都是部分损失，其实不然。根据保险公司的规定，第一种情况，即纸张的损失80%，应属于全部损失；第二种情况，即印花棉布的损失20%，则属于部分损失。这是因为保险业务中的全部损失分为实际全损和推定全损，在实际全损中有三种情况：一是全部灭失；二是失去使用价值（如水泥变成硬块）；三是虽有使用价

值，但已丧失原来的使用价值。从第一种情况看，纸张原来应该作为印刷书报或加工成其他成品，现在只能作为纸浆造纸，因此属于实际全损第三种情况。而印花棉布虽遭水渍，处理之后仍作棉布出售，原来的用途未改变，因此，只能作为部分损失。

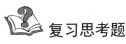

复习思考题

1. 什么是实际全损？构成实际全损的情况有哪些？
2. 怎样界定推定全损？何为委付？具体实务中的委付如何操作？
3. 什么是共同海损？构成共同海损有哪些条件？
4. 试比较共同海损和单独海损。
5. 比较救助费用与施救费用的区别。
6. 试计算下例中共同海损分摊。一艘由船东充当船长的船舶，运载三位商人押运的三批货物，自上海运至东京，在航程中发生海难，船长为了船货双方的共同安全，采取抛弃行为，将货物 B 全部抛弃，使船货摆脱了危险境地。假定发生海难时，处于危难中的财产的价值如下：

船舶	2000 万元
货物 A	1000 万元
货物 B	2000 万元
货物 C	3000 万元
合计	8000 万元

那么，各方应怎样分担损失？

7. 某货舱从新港驶往新加坡，在航行途中船舶货舱起火，大火蔓延到机舱，船长为了船货的共同安全，决定采取紧急措施，往舱中灌水灭火。火虽被扑灭，但由于主机受损，无法继续航行。于是船长决定雇用拖轮将货物拖回新港修理，检修后重新驶往新加坡。事后调查，这次事件造成的损失包括：①有 1500 箱货物被火烧毁；②有 800 箱货物由于灌水灭火受损；③主机和部分甲板被烧坏；④拖船费用；⑤额外增加的燃料和船长、船员工资。

以上损失哪些属于共同海损？哪些属于单独海损？为什么？

8. 某一载货船舶在航行途中不慎搁浅，事后船长下令反复开倒船，强行起浮，但船上主机受损并且船底划破，致使海水渗进货舱，造成船货部分受损。该船驶至附近的一港口修理并暂卸大部分货物，共花一周时间，增加了各种费用开支，包括船员工资。船修复后装上原货重新起航后不久，A 舱失火，船长下令灌水灭火。A 舱原载有儿童玩具、茶叶等，灭火后发现儿童玩具一部分被焚毁，另一部分儿童玩具和茶叶被水浸湿。

简述上例各项损失的性质，并说明在何种险别的情况下，保险公司负责赔偿。

第六章　海洋运输货物保险条款

在国际海上保险市场上，各国保险组织都制定了自己的保险条款。为适应国际货物海运保险的需要，中国人民保险公司根据我国保险实际情况并参照国际保险市场的习惯做法，分别制定了各种保险条款，总称为"中国保险条款"（China Insurance Clause, CIC）。在这些条款中，货物运输条款是它的重要组成部分，主要包括海洋、陆上、航空及邮包四种不同运输方式的货物保险条款。在我国进出口实务中，一般采用中国保险条款。但在实际业务中，也通常会应外商的要求而采用国外的保险条款，其中采用最为普遍的是英国伦敦保险协会制定的《协会货物条款》（Institute Cargo Clause, ICC）。本章着重介绍我国海洋运输货物保险条款，以及伦敦协会海洋货物运输保险条款，并对二者进行比较。

第一节　我国海洋运输货物保险条款

我国现行的《海洋运输货物保险条款》是中国人民保险公司于1981年1月修订后，1994年经中国保险监督管理委员会核准备案，2009年进行再次修订而成，其条款可分为基本险、附加险和专门险三大类，每一险别均包括责任范围、除外责任、责任起讫、被保险人义务和索赔期限五部分内容。

一、基本险条款

所谓基本险，是指可以独立承保，而不必附加于其他某一险别下的险别，又称主险。

根据我国的《海洋运输货物保险条款》规定，我国海上货物运输保险的基本险别有平安险、水渍险和一切险三种。

被保险人可以根据自己的保障需要选择其中任何一种险别投保，当被保险货物遭受损失时，保险人便按照保险单载明的投保险别所规定的责任范围负责赔偿。

（一）责任范围

1. 平安险

平安险（free from particular average, FPA），不能从字面上把它理解为保险人对投保了这一险别的货物负责平安运抵目的地，如果货物在运输途中不平安，并不意味着因遭遇承保的海上风险事故而发生损失，被保险人就能得到保险人的赔偿。平安险按其英文原意应是"不负责单独海损"，中文译名显然不贴切，但在我国保险行业内习惯沿用至今。平安险对单独海损不承担赔偿责任，而单独海损属于部分损失，因此早先也有人就此把该险别的责任范围局限于对全部损失的赔偿，部分损失不赔。经过长期实践的不断修订和补充，平安险的承保责任已经超出仅对全损赔偿的范围，保险人对某些原因造成的部分损失也负责赔偿。

按照我国的条款，平安险的责任范围共有八项，负责赔偿下列损失和费用。

（1）自然灾害造成的全损。这里指"被保险货物在运输途中由于恶劣气候、雷电、海啸、地震、洪水自然灾害造成整批货物的全部损失或推定全损"。

本项列出保险人在该基本险别项下承保的自然灾害共有五种，对这五种自然灾害造成整批货物的全部损失或推定全损，保险人是负责赔偿的。除此以外的其他自然灾害则被排除在保险责任以外。

需要说明一下"整批货物"的概念。所谓整批货物，是指被保险货物的全部损失，也就是整批被保险货物因所列出的自然灾害发生而全部毁损或永远失去有效的占有或无法恢复原状或丧失原有性质。如果整批被保险货物只是一部分遭灾受损，而并不是全部发生损失，保险人就不承担责任。但是，需要注意的是，整批货物全损在海上货运险的理赔实践中，并不仅仅是以一张保险单上所载运货物的全部灭失为标准来确定的，只要一张保险单所承保的货物中可以分割的某一部分发生全部灭失，便可视为全损。有人把这种全损称为部分全损（partial total loss）。因此，除了一张保险单载明的货物全部损失或推定全损，整批货物全损还包括以下几种情况。

①一张保险单所承保一部分货物的全损。
②一张保险单所承保分类保额的货物全损。
③一张保险单所承保数张提单中的一张提单货物的全损。
④一张保险单所承保货物用驳船驳运过程中的一条驳船货物的全损。

（2）意外事故造成的全损或部分损失。这里指"由于运输工具遭受搁浅、触礁、沉没、互撞、与流冰或其他物体碰撞，以及失火、爆炸意外事故造成货物的全部或部分损失"。

本项列出保险人在该基本险别项下承保的意外事故共有七种，对运载被保险货物的船舶在运输途中因遭受这些意外事故而造成被保险货物的全部损失，保险人负责赔偿；对因此造成的部分损失，保险人同样负责赔偿。

（3）在意外事故发生前后，自然灾害造成的部分损失。这里指"在运输工具已经发生搁浅、触礁、沉没、焚毁意外事故的情况下，货物在此前后又在海上遭受恶劣气候、雷电、海啸等自然灾害所造成的部分损失"。

本项的保险责任涉及运载被保险货物的船舶在发生搁浅、触礁、沉没、焚毁这四种意外事故之际，即发生之前或之后，被保险货物遭受了恶劣气候、雷电、海啸这三种自然灾害而造成的部分损失，保险人是予以负责的。须注意本项的保险责任不包括以下两种情况：一种情况是，在这些意外事故发生之前，运载被保险货物的船舶在正常的运输过程中因遭受自然灾害而已经造成被保险货物部分损失，保险人是不负责赔偿的；另一种情况是，在这些意外事故发生之后，载运货物的船舶已经完全脱险，在以后正常的运输过程中，被保险货物因遭受自然灾害而造成的部分损失，保险人同样不予负责。

（4）落海损失。这里指"在装卸或转运时由于一件或数件整件货物落海造成的全部或部分损失"。

本项责任中所提及的整件货物落海造成的全损不难理解，比较费解的是部分损失。这主要是指整件货物落海以后，经过被保险人努力抢救，打捞了一部分，损失了一部分，虽未达到全损，但为了鼓励被保险人积极打捞抢救以减少货损，因而规定保险人对一件或数件货物全部落海后经施救仍遭受的部分损失也负责赔偿，这显然是具有积极意义的。但是，如果由于一件或数件整件货物的一部分散落在海里所造成的部分损失，保险人不负责赔偿。

(5) 施救费用。这里指"被保险人对遭受承保责任范围内危险的货物采取抢救、防止或减少货损的措施而支付的合理费用，但以不超过该批获救货物的保险金额为限"。

在理解本项的内容时要注意，保险人负责的施救费用是被保险人（包括他的雇用人或代理人）为了避免或减少保险人所承保风险引起被保险货物损失所采取必要措施而合理支出的费用。如果被保险人是为了自己的方便或为了自己的本身利益，或者是为了避免或减少并非由保险人承保的风险所造成的货物损失，保险人就对被保险人采取施救措施而支出的费用是不予负责的。

保险人承担对施救费用赔偿的最高限额以被保险货物的保额为限，但在被保险货物赔偿的那个保额以外计算。如果保额低于保险价值，也就是在不足额保险的情况下，除海上货运险合同另有规定的以外，保险人所承担的施救费用应按保额与保险价值的比例计算。

(6) 避难港损失和费用。这里指"运输工具遭遇海难后，在避难港由于卸货所引起的损失以及在中途港、避难港由于卸货、存仓以及运送货物所产生的特别费用"。

本项规定中所说的海难是指海上固有的风险，而且仅指海上意外事故，如沉没、碰撞、触礁、飓风及其他偶发的灾难，不能把火灾、爆炸、战争、海盗、抢劫、盗窃、抛弃，以及船长船员的不法行为等也列为海难。保险人负责赔偿在避难港因卸货所造成的被保险货物的损失，对此不难理解，但我们有必要解释一下避难港的特别费用。这里的特别费用主要是指在中途港、避难港卸货和卸货后存仓及转运而产生的卸货费用、存仓费用和转运费用，以及与卸货、存仓、转运有直接关系的其他费用，如雇用工人装卸所支付的费用，保险人均予赔偿。

(7) 共同海损牺牲、分摊或救助费用。本项规定中，保险人只负责赔偿被保险货物因共同海损行为所做出的牺牲和被保险人所分摊到的那部分共同海损金额，而不是全部。在共同海损成立的前提下，被保险货物本身因共同海损行为所造成的损失，保险人可先行赔付而无须由被保险人向其他共同海损受益方索取分摊。保险人赔偿了共同海损内的损失后，有权从其他受益方摊回共同海损理算金额，但仅以已经赔付的金额为限。

保险人对共同海损的赔偿以保险单载明的保额作为根据，在不足额保险的情况下，被保险人同样应就其差额部分与各有关受益方之间进行分摊。如果保险人对被保险人应分摊的部分不负赔偿责任的话，就不能引用上述规定先行赔付。

对救助费用，保险人也仅仅是负责赔偿共同海损项下的应由被保险人分摊的按部分救助费用。如果是不足额保险的话，保险人同样按比例赔偿被保险人应分摊的救助费用。

(8) 货方根据运输合同条款偿还船方的损失。这里指"运输契约订有'船舶互撞责任条款'，根据该条款规定应由货方偿还船方的损失"。

与上面七项规定的内容相比，本项的内容显然不那么好理解，因此有必要对其进行解释说明。首先要说明的是，船舶互撞责任条款（both-to-blame collision clause）是在英国《协会货物条款》中订有的一条有关货物运输责任的条款。该条款（即 ICC[A] 第 3 条）规定："本保险负责赔偿被保险人根据运输合同订有'船舶互撞责任条款'规定，由被保险人应负的比例责任，视作本保险单项下应予以补偿的损失。如果船东根据上述条款提出任何索赔要求，被保险人同意通知保险人，保险人有权自负费用为保险人就此项索赔进行辩护。"

现在让我们来解释，在货物运输合同中所订立的"船舶互撞责任条款"究竟是怎么一回事？作为承运人的船方与作为托运人的货方为什么要订立这项条款？订立这项条款的目的是为了保护哪一方的利益？

从条款的名称来看，"船舶互撞责任条款"涉及的是船舶在航行中因与其他船舶发生碰撞而引起的责任承担问题。两艘载货船舶在航行中发生碰撞事故，以致造成两船及两船所载货物损失，根据《关于统一船舶碰撞若干法律规定的国际公约》（简称《1910年船舶碰撞公约》）的规定，如果碰撞是由于两船互有过失所引起的，损害赔偿责任应由每艘船舶按各自的过失程度比例分摊。因碰撞事故引起的损害赔偿责任既有对两船碰撞损失的赔偿责任，也有对两船上所载货物损失的赔偿责任，因为我们在这里讨论的是货物运输，所以只谈有关货物损失的赔偿责任。既然两船所载货物的损失由两船各自分摊，这就意味着两船对各自所载货物的损失也应承担一部分赔偿责任。然而，根据《海牙规则》的规定，由于船长、船员、引水员在航行或管理船舶中疏忽或过失造成本船所载货物的损失，船方即承运人对其所承运货物的损失不负责赔偿。这样一来，每艘船舶所载货物的货主只能向对方船舶索赔该方按其过失比例应承担的那部分赔款。那部分得不到赔偿的损失，货主可以以被保险人的身份向承保其货物的保险人索赔。一般来说，国际上对因船舶互撞引起的货物损失赔偿，即以上述方式处理解决。

2．水渍险

水渍险（with particular average, WA 或 WPA）也是我国保险界长期使用的称谓，我们同样不能简单地从字面上去理解它的含义，不能认为凡是由该基本险别承保的货物在运输途中发生水渍损失，保险人都得负责赔偿。水渍险按其原意应当是"负责赔偿单独海损"，也就是平安险不负责赔偿的部分损失，它予以赔偿。

根据我国的条款，水渍险的责任范围共有九项：①平安险所承保的八项责任；②自然灾害造成的部分损失。这里的自然灾害是指"被保险货物由于恶劣气候、雷电、海啸、地震、洪水自然灾害所造成的部分损失"。

在平安险的责任范围中，被保险货物因以上列出的五种自然灾害所造成的部分损失是被排除在外的，而在水渍险项下，却可以从保险人那里获得赔偿。

因此，我们也可以用另一种表述方式来说明水渍险的责任范围，那就是在平安险的全部责任范围的基础上，加上被保险货物由于海上自然灾害所造成的部分损失。可见，水渍险的责任范围要大于平安险的责任范围。

需要注意的是，虽然水渍险承担赔偿部分损失的责任，然而对被保险货物因某些外部因素所导致的部分损失，如碰损、锈损、破碎等是不负责的。一般来说，水渍险适用于不太可能发生碰损、锈损、破碎，或者容易生锈但不影响使用的货物，如铁钉、铁丝、螺丝等小五金类产品，以及旧汽车、旧机床、旧设备等二手货。

3．一切险

一切险（all risks）的含义基本上如其字面原意，但不能解释为所有一切风险造成被保险货物的损失，保险人均负责赔偿。该基本险别的承保责任范围共有十项：①水渍险所承保的九项责任；②外来风险所造成的全部或部分损失，这是指"被保险货物在运输途中由于外来原因所致的全部或部分损失"。

按照我国条款规定，一切险的责任范围除包括上述平安险和水渍险承保的各项责任以外，还负责被保险货物在运输途中由于外来原因所造成的损失，不论损失程度如何，均负责赔偿。但是，我们不能因此便得出一切险承保被保险货物在运输途中遭受一切外来风险所造成的损失这样的结论，因为该基本险别承保的外来风险不是必然发生的，而是导致被保险货物意外地发生损失的外部因素。例如，被保险货物因自然属性、内在缺陷引起的自然损耗，就不是外来原因造成的损失，而属于内在的必然损失，对此保险人并不负责。即使是在外因的影响下，被保险货物的内因发生变化所造成的损失，如鱼粉、煤炭的自燃是它们本身的特性受到外界气候、温度等的影响后才发生的，同样属于非意外性质的必然损失，也不能列入一切险的承保责任范围。一切险承保的外来原因必须是意外的，事先难以预料的，不是必然出现的。

需要指出的是，一切险承保的是包括偷窃、提货不着、淡水雨淋、短量、沾污、渗漏、碰损、破碎、串味、受潮受热、锈损和钩损等在内的一般外来风险，因此，我国海上货运险的十一种一般附加险所承保的责任均在它的责任范围之内。换句话说，被保险人如果投保了一切险，就无须再加保任何一种一般附加险。但是，如交货不到、拒收或战争、罢工等特别或特殊外来风险，是不为该基本险别承保的，被保险人如果需要获得这些外来风险的保障，仍要通过加保相应的特别或特殊附加险。

我们同样可以把一切险的责任范围概述为是在水渍险的全部责任范围的基础上，加上十一种一般附加险所承保的责任。由此可见，一切险是海上货运险的三个基本险别中责任范围最大的一个。正因为一切险能够向货主提供较为充分的风险保障，一些可能遭受损失因素较多的货物适宜于投保该险，特别是一些粮油食品、纺织纤维类商品，以及新的机械设备投保一切险更有必要。

最后，将我国海上货物运输保险三种基本险别承保的责任范围列出（见图6-1），以方便读者进行比较。

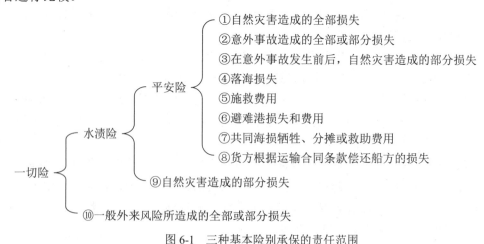

图6-1 三种基本险别承保的责任范围

（二）除外责任

我国海上货运险条款将保险人除外不保的风险损失一一列出，它们都是一些非偶然、非意外的，或者是比较特殊的风险，包括人为的道德风险、未按贸易合同履行的风险、被保险货物本身特性所产生的风险以及市价跌落或运输延迟等。明确规定这些原因所造成被保险货物的损失或费用不负责任，旨在划清保险人与被保险人、承运人、发货人、托运人等在货物发生损失时各自应该承担的责任范围，使保险人对被保险货物确是因遭遇承保风险而发生的损失按保险合同规定履行赔偿义务，也促使货物运输合同的当事人和有关诸方各尽其职。因此，海上货运险除外责任的列明与其他险种相比，其作用更加明显。

我国海上货运险的三种基本险别，不论是平安险、水渍险还是一切险，都规定保险人对下列原因所造成的货物损失不负责赔偿。

（1）被保险人的故意行为或过失行为所造成的损失。在法律上，故意行为是指明知自己的行为会发生损害的结果，还放任或希望这种结果发生的各种行为；过失行为则是指应当预见自己的行为可能发生损害结果，却因为疏忽大意而没有预见，或者已经预见但轻信能够避免，以致发生这种损害结果。

在海上货运险实践中，被保险人的故意行为或过失行为具体体现为：被保险人未能及时提货而造成被保险货物损坏或损失扩大，被保险人租用不适航船舶或是租用资信不良的承运人的船舶导致被保险货物损坏或是在货损后无法向承运人追偿，被保险人没有及时申请检验而致使货损扩大，被保险人参与海运欺诈或者对海运欺诈知情却未及时采取措施以避免或减少损失等。

（2）发货人责任所引起的损失。发货人的责任，即发货人的故意行为或过失行为，具体表现为：发货人租用不适航船舶或是租用资信不良的承运人的船舶导致被保险货物损坏，或是在货损后无法向承运人追偿；发货人提供的货物品质不良，申报不实，包装不善，标志不清，货物原装短少、短量，以及发货人未履行售货合同的有关规定而引起的货损；在采用集装箱运输的条件下，整箱发运的集装箱按 CY/CY 运输方式，由发货人装箱引起的短装、积载不当、错装及所选用的集装箱不适货所造成的损失；发货人凭保函向承运人换取清洁提单；发货人参与海运欺诈或者对海运欺诈知情却未及时采取措施以避免或减少损失等。

（3）货物原已存在品质不良的除外。这里指保险责任开始前，被保险货物已存在品质不良或数量短差所造成的损失。品质不良，是指货物的质量原来就不佳；数量短差，则是指货物的数量原来就短少或短量。

（4）货物的自然损耗或本质缺陷的除外规定。这里指被保险货物的自然损耗、本质缺陷、无货特性以及市价跌落、运输延迟所引起的损失或费用。

自然损耗是指由于货物自身特性而非灾害事故造成的必然的、正常的减少或损毁，如粮谷、豆类含水量蒸发而导致的自然短重，油脂类货物在油舱、油管周壁沾留而造成的短量损失等。本质缺陷是指货物本身固有的缺陷，如玻璃、陶瓷制品原来就有的裂痕，也指货物发运前已经存在的质量上的瑕疵，如有些粮谷类货物在装船前就已有虫卵，遇到适当温度而孵化，导致货物被虫蛀受损。无货特性是指在没有外来原因或意外事故的情况下，在运输过程中，货物自身性能变化引起的损坏，如水果腐烂，面粉发热、发霉，砂糖发潮结块，煤炭自燃、氧化发白等。对于以上这些必然发生的损失和货物本身的固有瑕疵，保险人不承担赔偿责任。

对于市价跌落与运输延迟所造成的损失，保险人不负责赔偿，即使它们发生的原因是由于承保风险所引起的。

（5）战争险和罢工险条款规定的责任范围和除外责任。由于海上货运保险中有专门的战争险条款承保战争风险，并有专门的罢工条款承保罢工险，因此这一项责任是基本险的除外责任。

（三）责任起讫

责任起讫，即保险期间，亦称保险期限，在海上货运险中，就是指保险人对被保险标的承担保险责任的起讫时间。我国《海洋运输货物保险条款》对海上货运险在正常运输和非正常运输两种情况下的责任起讫分别做出了以下规定。

1．正常运输情况下的责任起讫

正常运输是指按照正常的航程、航线行驶并停靠港口，包括途中的正常延迟和正常转船，其过程自货物运离保险单所载明的起讫地发货人仓库或储存处所开始，直至货物到达保险单所载明的目的地收货人仓库或储存处所为止。

"仓至仓条款"（warehouse to warehouse clause）的含义。在正常运输情况下，海上货运险的责任起讫时点以"仓至仓条款"为依据，即保险人对货物所承担的保险责任，从货物运离保险单所载明的起运地发货人的仓库或储存处所开始运输时生效，一直到运抵保险单所载明的目的地收货人的最后仓库或储存处所时为止。一旦货物进入收货人的最后仓库，保险责任即行终止。

"仓至仓条款"的内容。从字面上看，仓至仓条款已经把保险责任起讫阐述得很清楚了，但在实践中，情况却并非如此简单。因为该条款未具体说明发货人仓库的含义，它是指发货人在港区码头自设的专用仓库，还是发货人临时租用的港区码头仓库？同样，对于收货人仓库的含义也没有明确的解释，它是指收货人在卸货港设有的仓库，抑或收货人租用的港口、码头、海关等临时性运输仓库？如果保险单上载明的目的地是卸货港或内陆某地，那么对收货人最后仓库的理解又是怎样呢？毫无疑问，明确这些概念具体的含义是极其必要的。

（1）保险责任的开始。

①保险责任"起"的时点。按照"仓至仓条款"的规定，保险责任"起"的时点应该是被保险货物运离保险单所载明起运地发货人仓库之时，或者说，是货物离开起运地发货人仓库开始运输之时。这表明，货物在开始运输之前，包括货物在仓库内，以及从仓库内搬出装上运输工具的过程中受损，保险人是不负责的，因为尚未到保险责任"起"的时点。

②发货人仓库的含义。发货人仓库有两个含义：一是指发货人在起运地自己的仓库，二是指发货人临时租用的承运人仓库或港区码头仓库。

在第一种情况下，发货人在起运地自己的仓库当然属于"仓至仓条款"中所指的发货人仓库，不过有一个前提条件，它必须是发货人将起运的被保险货物装上运输工具并直接运往港口码头装船之前的那个仓库。但在下列几种情况下，保险人仍对被保险货物的损失承担责任：一是货物在运离发货人在起运地的仓库以后，先存放在承运人的仓库里待运；二是货物在运离发货人在起运地的仓库以后，存放在港区码头的仓库里待运；三是货物在运离发货人在起运地的仓库以后，运入发货人在港区码头自设的专用仓库待运。

在第二种情况下，有些发货人在港区码头没有固定的仓库，为使自己的货物能集中装船出运,往往临时租用承运人仓库或港区码头仓库,把从自己在起运地仓库一批批运来的货物储运在那里集中,等候装船。在上述情况下,这些临时租用的仓库便应被视为发货人仓库,因为正常的运输过程只能是从货物运离这些仓库后才算是真正开始。而被保险货物在储存于临时租用仓库期间发生的损失,保险人是不负责的。

(2) 保险责任的终止。

①保险责任"讫"时点。按照"仓至仓条款"的规定,保险责任"讫"的时点应该是被保险货物运抵保险单载明的目的地收货人仓库之时。

保险责任"讫"的时点事实上有三种情况:一是货物运抵保险单载明的目的地收货人仓库之时;二是发生战争、罢工或灾害事故时,从货物卸离船舶完毕时起算的第60天;三是被保险货物在卸载港从船上卸下后,由于某种原因被转运到不是保险单所载明的目的地,因目的地改变而保险责任终止。

②收货人最后仓库的含义。在海运实务中,被保险货物所运往的目的地有的就在卸载港,也有的是在内陆某地。正因为保险单上所载明的目的地不同,收货人最后仓库的含义也有所不同。

如果保险单载明的目的地为卸载港,收货人的最后仓库可以有以下几种情况:一是收货人自己设在卸载港的仓库;二是收货人的代理人或受托人设在卸载港的仓库;三是收货人在卸载港没有仓库,为储存货物而租用的港口、码头、海关的临时性运输仓库。

上述前两种情况都应被视为收货人的最后仓库,被保险货物一经运入,保险责任即告终止。而对于临时性仓库,则要根据货物以后的"去向"来确定:若以后是从这里进入收货人的代理人、委托人在卸载港的仓库,那么这里就不是最后仓库;若以后是从这里运往内陆目的地,那么这里就是最后仓库;若运入后在仓库内进行整理、分配,那么这里也是最后仓库。

如果保险单载明的目的地为内陆某地,收货人的最后仓库就是指收货人自己在内陆目的地的仓库,保险人对被保险货物一直负责到运抵该仓库为止。然而,在货物运抵内陆目的地之前,收货人在途中某个仓库内对货物进行分配、分散转运,则途中仓库也就被视为最后仓库,保险责任即刻终止。

2. 非正常运输情况下的责任起讫

非正常情况下的责任起讫是指在运输过程中由于遇到被保险人无法控制的一些情况,致使货物无法运往原定卸货港而在途中被迫卸货、重装或转运,以及由此而发生的运输延迟、绕航或运输合同终止等情况。

(1) 航程终止后的保险责任终止。被保险货物在运输途中不再运往原卸货港,而是在中途的某个港口将货物卸下后不再向保险单载明的目的地发运,这就是说原来的航程已经终止。一旦出现航程终止,保险责任的终止取决于以下两种情况中的先发生者:一是货物卸离完毕后满60天,二是下列两种情况中的任何一种发生。

①货物在中途港卸下后进入仓库,即被保险货物因航程终止而在中途港从载运船舶上全部卸离以后,进入任何用于储存该批货物的仓库或是其他储存处所。只要货物一进入仓库,保险责任即行终止。

②货物在非载明的目的地卸下后进入仓库,即被保险货物在运输途中由于被保险人无法控制的原因,发生了运输延迟、绕航、被迫卸货、重装、转运或承运人运用货物运输合同赋

予他的权限所做的任何航线上的变更或终止货运合同等情况，致使被保险货物运到非保险单所载明的目的地。

（2）扩展责任的保险责任终止。这是指被保险人在获知因其无法控制的原因致使被保险货物发生了运输延迟、绕航等情况后，及时通知了保险人并根据情况加交了适当的保险费，原保险单继续有效。在扩展责任情况下，保险责任按以下规定终止。

①在非载明目的地出售。被保险货物如果在非保险单所载明的目的地出售，保险责任至交货时为止，但不论在何种情况下，均是以货物在卸载港全部卸离载运船舶后的60天为限。

②卸离后继续运往目的地。被保险货物如果在中途卸载港全部卸离载运船舶后的60天期限内，仍旧继续运往保险单所载明的目的地或其他目的地，保险责任仍按照正常运输情况下所规定的"仓至仓条款"内容处理。

（四）被保险人义务

海上货运险作为海上保险的一个主要险种，承保的风险要比其他财产损失保险大得多。保险人为了控制自己的责任，在保险条款中具体规定了被保险人对已投保的货物应该履行的义务和应该办理的事项。如果由于被保险人未能履行这些规定的义务而使保险人的利益受到损害，保险人有权对有关损失拒绝赔偿。

我国的《海洋运输货物保险条款》要求被保险人履行的义务具体为以下五项。

（1）及时提货，尽快报损，保留向责任方追偿权。被保险货物运抵目的地后，被保险人应及时提货；若发现被保险货物遭受任何损失，应立即向保险单上所载明的检验、理赔代理人申请检验，并向有关当局（如海关、港务局）索取货损货差证明；如涉及第三者责任，被保险人应以书面形式向他们提出索赔，必要时还须取得延长索赔时效的凭证。

（2）合理施救，减少损失，但不作为放弃委付表示。对遭受承保责任范围内危险的货物，被保险人应迅速采取合理的抢救措施，防止或减少货物的损失。被保险人采取此项措施，不应视为放弃委付的表示，而保险公司采取施救措施，也不视为接受委付的表示。

（3）内容变更，通知加费，以使保险单继续有效。如遇航程变更或发现保险单所载明的货物、船名或航程有遗漏或错误，被保险人应在获悉后立即通知保险人并在必要时加缴保费，保险才能继续有效。

（4）备全单证，办妥手续，以供保险人定损结案。被保险人在索赔时需要提供的单证包括保险单正本、提单、发票、装箱单、磅码单、货损货差证明、检验报告及索赔清单。如涉及第三者责任，还须提供向责任方追偿的有关函电及其他必要单证或文件。

（5）船舶互撞，通报责任，相助保险人抗辩船方。被保险人在获悉有关运输契约中"船舶互撞责任"条款的实际责任后，应及时通知保险人。

（五）索赔期限

被保险人提出保险索赔的时效为两年，从货物在最后卸载港全部卸离海轮之日起算。

需要注意的是：索赔期限不同于诉讼时效，前者是债权人向债务人提出赔偿要求的最长时限，后者是债权人请求法院或仲裁庭保护其债权的最长时限；前者灭失的是实体权利，后者灭失的则是诉讼权利。

二、附加险条款

附加险别是指不能单独投保,必须在投保基本险别的基础上方被允许根据实际需要加保的险别,也就是依附于基本险别项下的险别。海洋运输货物在运输途中除遭遇海上自然灾害或意外事故所造成的损失以外,还可能遭受由于各种外来原因所引起的损失。为了取得更多更充分的保障,货主有必要为运输货物加保有关的附加险别。

海上货物运输保险的附加险别很多,我国的海上货物运输条款将所承保的附加险分为一般附加险、特别附加险和特殊附加险三类,但是在国际上对后两种附加险未加细分,而是将其统称为特殊附加险。为使阐述方便,也有利于了解这些附加险别之间事实上存在的差异,我们采取了将附加险三分的分法。

(一)一般附加险

一般附加险(general additional risks)承保一般外来原因所引起的货物损失,亦可称为普通附加险。我国海上货物运输保险目前承保的一般附加险共有以下十一种。

1. 偷窃、提货不着险(theft, pilferage and non-delivery, TPND)

承保被保险货物在保险有效期内遭受的三项损失:一是因偷窃行为所致的损失;二是货物抵达目的地后,整件未被收货人提到所致的损失;三是根据运输合同规定船东和其他责任方免除赔偿的部分,保险人对这些损失按保险价值负责赔偿。

在此有必要对该附加险中的一些概念进行说明。首先,应区分偷窃行为与抢劫行为:偷窃多指暗中进行的小偷小摸,而抢劫则是指公开的、使用暴力手段的劫夺。对货物因被抢劫所致的损失,该附加险是不负责赔偿的。其次,要了解保险条款中的"偷"与"窃"两种行为在含义上的区别:所谓偷,一般是指整件货物被偷走;窃则是指包装完整的整件货物中仅一部分被窃走。最后,整件提货不着不是因为海关没收等原因,必须是没有原因、没有踪迹的提货不着。

根据我国海洋运输货物保险条款的规定,作为货主的被保险人有义务及时提货。如果发现被保险货物遭受偷窃损失,如包装被挖破、箱板经重钉、内装货物短少而且包装内部的空间有间隙等,被保险人必须在提货之日起10日内向保险人或保险单载明的检验理赔代理人申请检验;如果被保险货物遭受整件提货不着的损失,被保险人必须向责任方取得整件提货不着的证明,否则保险人不负责赔偿。此外,保险人有权收回被保险人向船东和其他责任方追偿到的任何货损赔款,但其金额以不超过保险人支付的赔款为限。

2. 淡水雨淋险(fresh water &/or rain damage)

承保被保险货物在运输途中直接由于淡水、雨淋、冰雪融化所造成的损失。雨淋所致损失包括雨水、河水溅湿,还有冰雪融化给货物造成的损失;淡水所致损失则包括因船舱内水汽凝聚而成的舱汗、船上淡水舱或淡水管漏水给货物造成的损失。

区分淡水损失(fresh water damage)与海水损失(sea-water damage)很重要,因为平安险和水渍险只承担对海水损失的赔偿,不负责淡水损失。当货物上或其包装外部出现水渍斑损时,就要弄清楚这是遭雨淋的结果还是海水泡湿的结果。如果是前者,而货物仅投保了水渍险，不加保雨淋险，保险人就不必负责。

须指出的是，保险人对货物的淡水、雨淋损失承担赔偿责任是有前提条件的：一是货物的包装外部应当有淡水或雨水痕迹或者有其他适当证明；二是被保险人必须及时提货，并在提货后10日内向保险人或保险单载明的检验理赔代理人申请检验。不具备这两个条件的话，保险人不负责赔偿。

3．短量险（risk of shortage）

承保被保险货物在运输过程中发生的数量短少及重量短缺的损失。造成短少、短量损失的原因很多，主要有自然途耗、包装破裂、扫舱不净、装卸散失、衡器不准和被偷等。

4．混杂、沾污险（risk of intermixture of contamination）

承保被保险货物在运输过程中因混进杂质或因与其他物质接触而被沾污所造成的损失。某些货物，特别是散装的粮谷、矿砂和粉粒状化工产品，容易混进泥土、草屑、碎石等，致使质量受到影响；而纸张、布匹、服装以及食品等货物却较可能被油类或带色物质污染而引起损失。加保此附加险后，保险人对混杂、沾污损失予以赔偿。

5．渗漏险（risk of leakage）

承保液体、流质类货物在运输过程中由于容器损坏的渗漏损失，装运原油等油类的管道破裂造成渗漏损失，以及用液体储装的货物因储液渗漏而发生的腐烂、变质的损失。所谓用液体储装的货物，如用盐渍盛装在木桶内的肠衣，湿牛羊皮和坛装的酱菜、腐乳一类腌制食品，一旦发生储液渗漏，则盐渍肠衣、兽皮容易变质腐败，腌制食品亦不能食用。

6．碰损、破碎险（risk of clash & breakage）

承保被保险货物在运输途中因震动、碰撞、受压或搬运不慎造成货物本身的破碎、折裂、裂损和发生弯曲、凹瘪、脱瓷、脱漆等损失。易发生碰损的主要是一些金属制品、漆木制品，如机器、仪表、仪器、搪瓷器皿、漆木器用具和家具等；而破碎损失多集中在那些易碎品上，如玻璃制品、陶瓷制品、大理石板，以及玉、石、牙、木、竹器雕刻和贝壳制品等观赏性工艺品。由于这类货物在保险期内因海上自然灾害或运输工具发生的意外事故所造成的碰损、破碎损失，已被平安险和水渍险这两种基本险别列入其承保范围，所以碰损、破碎险作为一种一般附加险，主要是对一切外来因素，如卸货不当、装卸操作粗鲁或未按操作规程进行作业等所致的破损、破碎的损失承担赔偿责任。

7．串味险（risk of odour）

串味险又称变味险，承保被保险货物在运输过程中因受其他物品气味的影响而引起的串味、变味损失。易发生串味、变味的多为食品、饮料、茶叶、中药材、香料等货物，它们在运输途中若与皮革、樟脑和有腥味或异味物品存放在同一货仓内，就极有可能被串味而使本身品质受损；此外，这些货物如果装载在未洗干净的货舱内，同样会受到货舱内遗留的异味的影响而使品质受到损失。

8．受潮受热险（damage caused by sweating &/or heating）

承保被保险货物在运输途中因在货舱中受潮受热而导致的损失必须是在运输过程中发生的，直接损失的原因是船舱内水汽凝结、发潮、发热，而这种船舱内水汽凝结、发潮、发热必须是在运输过程中因气温突然变化，或是由于船上通风设备失灵导致的。

9. 钩损险（risk of hook damage）

承保被保险货物在运输、装卸过程中，因使用手钩、吊钩等钩类工具而本身直接被钩破的损失，或外包装被钩坏造成货物外漏的损失。捆装棉布、袋装粮食发生钩损的情况较多。保险人不但要负责赔偿货物被钩坏的损失，对因包装被钩破而进行调换、修补所支付的合理费用也予以承担。

10. 包装破裂险（loss &/or damage caused by breakage of packing）

承保被保险货物在运输过程中因搬运或装卸不慎，导致包装破裂所造成的短少、沾污、受潮等损失。一般用袋装、箱装、桶装、篓装的块、粒、粉状货物容易发生这类损失。如果包装破裂是由于包装不良等其他原因所引起的，进而造成被保险货物损失，保险人不负责赔偿。

11. 锈损险（risk of rusting）

承保被保险货物在运输过程中因生锈而造成的损失。容易生锈的货物当然指金属或金属制品。但这种生锈必须是在原装时未存在，而在保险期内发生的。对于极易生锈的铁丝、钢丝绳、水管零件等，以及不可避免生锈的裸装金属条、板、块、管等，往往保险人都拒绝承保。此外对于那些由于体积大，习惯装载于舱面的大五金，也往往将锈损责任除外。

当被保险人投保的基本险别为平安险或水渍险时，他们可以根据自己的需要，选择加保上述十一种一般附加险中的一种或数种。然后，在投保的基本险别为一切险的情况下，被保险人无须再加保一般附加险，因为一切险的承保责任范围已经包括了这十一种一般附加险所承保的风险。

（二）特别附加险

特别附加险（special additional risk）承保一些涉及政治、国家政策法令和行政措施等的特殊外来风险所造成的货物损失。这些特别附加险不包括在基本险别的承保责任范围内，必须另行加保才能获得保障。我国海上货物运输保险目前承保的特别附加险主要有以下六种。

1. 舱面险（on deck risk）

舱面险又叫甲板险，对装载在舱面的被保险货物，除按基本险别的保险条款负责以外，还承保它们因被抛弃或被风浪冲击落水所造成的损失。

海上运输的货物，无论是在干货船上还是在散装船上，一般都装载在舱内。按照国际惯例，装载在舱面上的货物以及活牲畜、活家禽不能视作货物，保险人对它们在运输过程中的损失是不负责的。但在实际业务中，有些货物或是因为体积庞大，或是因为含有毒性或酸性、有污染性，乃至是易燃易爆的危险品，根据航运习惯必须装载于舱面上，它们因此被称为"舱面货"。为了满足这些货物保险保障的需要，就产生了舱面险。至于装载在舱面上的活牲畜、活家禽，则由活牲畜、活家禽保险（livestock trans insurance）来解决它们在运输途中死亡的损失补偿问题。

由于装载在舱面上的货物暴露于外，极易遭受海水浸湿、雨淋和生锈损失，因此保险人通常只愿意在平安险的基础上加保舱面险，而不愿意在一切险的基础上加保，主要是为了防止责任过大。

随着集装箱运输进入海运，装于舱面的集装箱货物提单已经为国际贸易界普遍接受，银行也把装载在舱面上的集装箱货物以及舱面上的集装箱视为舱内货物承保。

2．进口关税险（import duty risk）

承保被保险货物由于遭受保险事故损失，但被保险人仍需按完好货物价值缴纳进口关税所造成的损失。

各国政府对运输途中受到损失的进口货物在征收进口税时的政策并不相同。有的国家规定受损货物可按货物受损后的实际价值减免关税；有的国家规定要区别对待发生在进口前还是进口后的货损，前者可以减免税而后者则不能；还有规定不论货物抵达目的港时是否完好，都一律按发票上载明的货物价值或者海关估价征收关税。

需要注意的是，首先，货物的损失必须是保险责任事故所引起的；其次，还要注意保险金额应为被保险货物需缴纳的关税，而非货物本身的保险金额。此外，当被保险人索赔关税损失时，必须提交关税证明。

3．拒收险（rejection risk）

承保被保险货物在进口港被进口国政府或有关当局拒绝进口或没收所造成的损失。

如果货物起运前进口国已经宣布禁运或禁止，保险人对拒收不负责；如果货物在起运后尚未抵达进口港期间进口国宣布禁运或禁止，保险人只负责赔偿将货物运回出口国或转口到其他目的地而增加的运费，但所赔金额不超过保险金额。

加保拒收险的货物主要是与人体健康有关的食品、药品等，由于大多数国家对这类货物的进口基本上都有卫生检验标准，而且有些标准往往隐蔽、多变，一旦违反了进口国规定的标准，就会被拒绝进口甚至是被没收或销毁。由于这种风险较大，保险人一般不愿意承保，即使同意承保，其加保费率也很高。也有些保险人采取先收取高额保费，若不发生事故，再按一定比例退还部分保费的做法。

加保时，保险人必须提供两项证明：一是被保险货物的生产、质量、包装和商品检验符合产地国和进口国的有关规定，二是一切必需的有效进口特许证或许可证。

应注意该附加险对于被保险货物因市价跌落、记载错误、商标或标记错误、贸易合同或其他文件发生错误、遗漏，以及违反产地国政府或有关当局出口货物的有关规定而被拒绝进口或没收所造成的损失，不予以赔偿。

4．黄曲霉素险（aflatoxin risk）

承保某些含有黄曲霉素的食物因超过进口国对该毒素的限制标准而被拒绝进口、没收或强制改变用途的损失。

黄曲霉素是一种致癌毒素，发霉的花生、油菜籽、大米等往往含有这种毒素，很多国家对这种毒素的含量都有严格的限制标准，一旦超标，就会被拒绝进口、没收或强制改变用途。因此，黄曲霉素险是一种专门的拒收险。

5．交货不到险（failure to deliver）

承保不论由于什么原因，已装上船的被保险货物不能在预定抵达目的地的日期起 6 个月内交货的损失。

引起交货不到损失的原因，既有运输上的原因，也有政治上的原因，而且往往政治上的原因居多，如禁运或在中途港被强行卸载等。

6. 出口货物到香港（包括九龙在内）或澳门存仓火险责任扩展条款

出口货物到香港（包括九龙在内）或澳门存仓火险责任扩展条款（fire risk extension clause for storage of cargo at destination HongKong, including Kowloon, or Macao），承保我国出口到港澳地区并在我驻港银行办理押汇的货物，在卸离运输工具后直接存放于保险单载明的过户银行所指定的仓库期间因火灾而遭受的损失。

这一条款专门适用于我国出口到港澳地区，而且在我驻港澳银行办理押汇的出口货物运输保险。在上述两个条件中，如果缺少其中任何一个，也就是说，或者货物到达目的地是在港澳地区，但未在我驻港澳银行办理押汇的，或者虽由我港澳银行开证但货物并不以港澳地区为运抵地的，均不能附加该保险条款。

（三）特殊附加险

特殊附加险（special additional risk）与特别附加险一样，也不包括在任何基本险别中，需另行加保才能获得保障。我国海上运输保险承保的特殊附加险主要有以下两种。

1. 战争险（war risk）

承保被保险货物由于战争、类似战争行为和敌对行为、武装冲突或海盗行为，以及由此而引起的捕获、拘留、扣留、禁制、扣押所造成的损失；各种常规武器（包括水雷、鱼雷、炸弹）所致的损失。

战争险只承保战争风险造成的直接物质损失，对由于战争风险所致的附加费用并不予以承保。例如，因战争而导致航程中断，或引起卸货、存仓或转运等额外支出的费用，并不属于战争险的承保责任。如果被保险人希望保险人对这些附加费用也予以负责，可再加保战争险的附加费用险（additional expenses ocean marine cargo war risks），它实际上是对战争险责任范围的扩展。

2. 罢工险（strikes risk）

承保被保险货物因罢工者、被迫停工的工人或参加工潮、暴动、民众斗争的人员采取行动而造成的直接损失。

罢工险只承保罢工行为所致的被保险货物的直接损失。如果因罢工造成劳动力不足或无法使用劳动力，而使货物无法正常运输、装卸以致损失，属于间接损失，保险人不予以负责。

（四）其他附加条款

除上述三类附加险别以外，海上货运险还有一些其他附加条款，主要是易腐货物条款、海关检验条款、码头检验条款、卖方利益保险条款、进口集装箱货物运输保险特别条款、海运进口货物国内转运期间保险责任扩展条款等。这些附加条款基本上都是对被保险人投保或加保相关的基本或附加险别规定承保条件，旨在限制保险责任。

1. 易腐货物条款

该附加条款规定，对被保险货物因市场变动引起的损失或由于不论什么原因（包括承保风险）而造成延迟所引起的损失或腐败，保险人概不负责。

2. 海关检验条款

该附加条款规定,保险人在被保险人加保了相关的附加险别的前提下对被保险货物发生的偷窃或短少损失,以货物到达约定地点的海关内为止,并要求被保险人在约定地点发现损失后必须向保险单所指定的检验理赔代理人申请检验,确定损失。被保险货物在此之后所遭受的偷窃或短少损失,保险人不予负责。

3. 卖方利益保险条款

该附加条款规定,保险人对卖方因被保险货物遭受承保险别的责任范围内的损失而受到的利益损失负责赔偿,但前提是买方不向卖方支付该项受损货物部分的损失,而且要求被保险人在获得保险赔偿以后应将其向买方或第三者赔偿的权利转让给保险人。

4. 进口集装箱货物运输保险特别条款

该特别条款规定,在被保险人加保了本条款后,保险人按原海上货运险保险单的责任范围承保进口集装箱货物,但保险责任至原保险单载明的目的港收货人仓库终止。如果集装箱货物运抵目的港,原箱未经启封而转运内地的,保险责任至转运目的地收货人仓库终止。如果集装箱货物运抵目的港或目的港集装箱转运站,一经启封开箱,全部或部分箱内货物仍需继续转运内地的,被保险人或其代理人必须征得目的港保险人同意,按原保险条件和保额办理加批费手续后,保险责任可至转运单上标明的目的地收货人仓库终止。

5. 海运进口货物国内转运期间保险责任扩展条款

该特别条款是扩展海上货运险责任限的条款,对被保险货物在卸货港转运期间、等待转运期间的保险责任具体做了以下规定。

(1) 对转运期间保险责任延长的规定。当海上货运险承保的货物运至海运提单载明的我国卸货港后,如果需要转运至国内其他地区,保险人按海上货运险的险别(战争险除外)继续承担转运期间的保险责任,直至被保险货物运至卸货港货物转运单据上载明的国内最后目的地,以下面两种情况中先发生的为准:一是经收货单位提货后运抵其仓库时终止,二是从货物进入承运人仓库或堆场当日零时起算满30天终止。

(2) 对等待转运期间保险责任延长的规定。海运进口货物在卸货港等待转运期间的保险责任,以货物全部卸离船舶当日零时起算满60天终止。如货物不能在60天内转运,收货或接货单位可在60天满期前开列不能转运的货物清单,申请展延保险期限。保险人可根据具体情况决定是否展延和确定展延的日期。如同意展延,展延期限最长不能超过60天。在期限届满120天以后,若仍要求继续展延,经保险人同意后,每30天为一期按规定加费。

如果转运货物在卸货港存放满60天或经展延期限届满而未继续办理保险责任展延申请的,收货或接货单位应立即在港口进行检验。若发现货物有短损,应在保险责任终止之日起10天内通知保险人进行联合检验。保险人只对在港口检验确定的货物损失负保险责任。

三、专门险条款

海运货物专门险又称特种货物保险,是根据海运货物的特性而设立的专门险种,可以单独投保。目前我国海运货物险的专门险主要有海洋运输冷藏货物保险和海洋运输散装桐油保险两种。

(一)海洋运输冷藏货物保险(ocean marine insurance frozen products)

一些新鲜的货物,如蔬菜、水果,以及已经冷冻处理的鱼、虾、肉等货物,为保持新鲜程度,运输时须置于专门的冷藏容器或冷藏舱内,并根据其特性保持一定的冷藏温度。这些冷藏货物在运输途中,除和一般货物一样,可能遭受各种海上灾害事故而受损,还可能因冷藏设备失灵而导致货物腐烂变质,海运货物冷藏险就是为此而设立的。

1. 险别及其责任范围

我国海运货物冷藏险分为冷藏险和冷藏一切险两种险别。

(1)冷藏险(risks for frozen products)。冷藏险的承保范围和水渍险的基本相同,只增加承保货物"由于冷藏机器停止工作连续达24小时以上所造成的腐烂或损失"。这里所说的冷藏机器包括载运货物的冷藏车、冷藏集装箱以及冷藏船上的制冷设备。

(2)冷藏一切险(all risks for frozen products)。冷藏一切险的责任范围是在冷藏险的基础上,增加承保冷藏货物在运输途中"由于外来原因所致的腐烂或损失"。

冷藏险要求冷藏机器停止工作连续24小时以上,而且被保险人负有举证责任,这对被保险人索赔十分不利。因此,对低温要求苛刻的货物宜投保冷藏一切险。

2. 除外责任

海运货物冷藏险针对冷藏货物的特点,在海运货物基本险的除外责任基础上,增加了以下两点规定。

(1)被保险货物在运输过程中的任何阶段,因未存放在有冷藏设备的仓库或运输工具中,或辅助工具没有隔温设备所造成的货物腐烂或损失,保险人不予赔偿。

(2)被保险人在保险责任开始时,因未保持良好状态,包括整理加工和包扎不妥,冷冻上的不合规定及骨头变质所引起的货物腐烂或损失,保险人不予赔偿。

3. 责任起讫

海运货物冷藏险的责任起讫与海运货物基本险的基本相同,但又根据冷藏货物的特点做了一定的调整,具体如下所示。

(1) 保险责任自被保险货物运离保险单所载明的起运地冷藏仓库装入运输工具开始运输时起(包括正常运输过程中的海上、陆上、内河和驳船运输),直至到达保险单所载明的目的港30天内全部卸离船舶,并将货物存入岸上的冷藏仓库后,从货物卸离船舶时起算满10天终止。

此处有以下几点需要注意。

①在上述的10天期限内,货物一经移出冷藏仓库,保险责任即告终止。

②货物卸离载货船舶后不存入冷藏仓库,保险责任至卸离船舶时立即终止。

③保险责任终止地点是在最后卸货港,不延伸到内地。

(2)由于被保险人无法控制的运输延迟、绕航、被迫卸货、重装、转运或承运人行使货物运输合同赋予的权限所做出的任何航海上的变更或终止运输契约,致使被保险货物运到非保险单所载明的目的地时,只要被保险人及时通知保险人,并在必要时加缴保险费的情况下,保险责任继续有效。

同样有以下几点需要注意。

①在货物抵达卸载港30天内全部卸离载货船舶,并将货物存入岸上冷藏仓库后继续有效,但仍以货物全部卸离船舶后算满10天终止。

②在上述10天期限内,被保险货物在该地出售,保险责任至交货时终止。

③在上述10天期限内,被保险货物继续运往保险单所载明的目的地或其他目的地时,保险责任仍按照正常运输情况下的规定终止。

(二)海洋运输散装桐油保险(ocean marine insurance wood oil bulk)

桐油是我国的特产,作为油漆的重要原料,是我国大宗出口商品之一。桐油因其自身特性,在运输过程中容易遭受污染、短量、渗漏和变质等损失,为此,它需要不同于一般货物保险的特殊保障,海运散装桐油险就是为了满足这种货物的特殊保障而设立的。

1. 责任范围

海运散装桐油险只有一个险别,除承保海上货运险所承担的保险责任外,还针对散装桐油的特点,增加承保以下两项。

(1)不论何种原因所致被保险桐油的短量、渗漏超过免赔率部分的损失。

(2)不论何种原因所致被保险桐油的沾污和变质损失。

2. 除外责任

海运散装桐油保险的除外责任与海上货运险的完全相同。

3. 责任起讫

与基本险中关于责任起讫的规定一样,海运散装桐油险也采取"仓至仓"原则,具体规定如下。

(1)保险责任自被保险桐油运离保险单所载明的起运港的岸上油库或盛装容器开始运输时生效,在整个运输过程中继续有效,直至安全交至保险单所载明的目的港的岸上油库为止。但如果桐油不能及时卸离船舶或未交至岸上油库,则保险责任以船舶到达目的港后15天为限。

(2)由于被保险人无法控制的运输延迟、绕航、被迫卸货、重装、转运或承运人行使货物运输合同所赋予的权限所做的任何航海上的变更或终止货运合同等情况,致使被保险货物运到非保险单所载明的目的地时,只要被保险人及时通知保险人,并在必要时加缴保险费,保险责任继续有效。被保险桐油应在到达该港口15天内卸离船舶,保险责任从桐油卸离船舶之日起算满15天终止。此处有以下两点需要注意。

①在上述15天期限内,被保险桐油在该地出售,则保险责任至交货时终止。

②在上述15天期限内,被保险桐油继续运往保险单所载明的目的地或其他目的地时,保险责任仍按照正常运输情况下的规定终止。

4. 特别约定

海运散装桐油保险针对其承保标的的特性,还向被保险人提出了以下一些特别约定。

（1）在起运港必须取得的检验证书。散装桐油在装运港装船前须经过抽样化验，被保险人必须取得下列检验证书。

①由商品检验局代表上船对船上油舱在装油前的清洁工作进行检验并出具合格证书。

②由商品检验局代表对桐油装船后的容量或重量及温度进行详细检验并出具的证书，证书上的装船重量即作为保险人负责的装运量。

③由商品检验局代表对装船桐油的品质进行抽样化验，证明在装船时确无沾污、变质或"培他"（Beta，桐油损失专有名词）等现象后出具的合格证书。

（2）因非正常运输而在非目的港卸货时必须取得的检验证书。被保险人因遭遇非正常运输的情况下，而必须在非目的港卸货时，应取得以下检验证书。

①由当地合格的检验人对卸船前的桐油进行品质鉴定并出具的合格证书。

②由当地合格的检验人对接受所卸桐油的油驳、岸上的油库或其他盛装容器，以及重新装载桐油的船舶进行检验并出具的合格证书。

（3）在目的港必须取得的检验证书。被保险人在桐油运抵保险单所载明的目的港后，应取得以下检验证书。

①由保险单所指定的检验、理赔代理人员上船对卸船前的油舱中的温度、容量、重量和量尺等进行检验，并由检验、理赔代理人指定的合格化验师进行一次或数次抽样化验，最后出具的确定当时桐油品质状况的证书。

②在桐油运抵目的港后是安排油驳驳运的情况下，检验人必须在装油前对油驳进行检验并出具合格证书。

5．赔偿处理

针对桐油的特性，海运散装桐油保险对赔偿处理做了如下规定。

（1）如被保险桐油经检验和化验，证明已发生短少或损失时，必须同装船时的检验和化验报告相比较，估计损失数额。如发生全损，则以装船后由商品检验局出具的装船重量报告中的装运量作为计算标准。

（2）如根据化验报告中的鉴定，确认被保险桐油品质有变异时，按照实际所需的提炼费用（包括提炼后的短量、贬值、运输、工人、存仓和保险灯各项费用）减去通常所需的提炼费用后的差额赔付。

（3）一切检验和化验费用均由被保险人负担，但为了决定赔款数额而支付的必要检验和化验费用，可由保险人负担。

本节内容可概括为表 6-1。

表 6-1 我国海洋运输货物保险条款

基本险	承保责任	平安险	对于由自然灾害引起的单独海损不赔
		水渍险	平安险+自然灾害引起的部分损失
		一切险	水渍险+由外来原因引起的损失
	除外责任		（1）被保险人的故意行为或过失行为所造成的损失
			（2）发货人责任所引起的损失
			（3）货物原已存在品质不良的除外
			（4）货物的自然损耗或本质缺陷的除外规定

续表

基本险	责任起讫	正常运输
		非正常运输
	被保险人义务	（1）及时提货，尽快报损，保留向责任方追偿权
		（2）合理施救，减少损失，不作为放弃委付表示
		（3）内容变更，通知加费，以使保险单继续有效
		（4）备全单证，办妥手续，以供保险人定损结案
		（5）船舶互撞，通报责任，相助保险人抗辩船方
	索赔期限	两年
附加险	一般附加险	共十一种：偷窃提货不着险、淡水雨淋险、短量险、混杂沾污险、渗漏险、碰损破碎险、串味险、受潮受热险、钩损险、包装破裂险、锈损险
	特别附加险	共有六种：舱面险、进口关税险、拒收险、黄曲霉素险、交货不到险、出口货物到香港（包括九龙在内）或澳门存仓火险责任扩展条款
	特殊附加险	共有两种：战争险、罢工险
专门险		海洋运输冷藏货物保险条款
		海洋运输散装桐油保险条款

第二节 伦敦协会海洋运输货物保险条款

英国自17世纪以来就一直是海上保险的中心，在国际海上贸易、航运和保险业中都占有重要的地位。许多国家的海上保险业经营都与英国海上保险市场保持着密切的联系。曾被英国《1906年海上保险法》列为附件的劳合社S.G.保险单，在相当长的时期内一直是国际海上保险单的范本，而作为S.G.保险单附加条款的《协会货物条款》（Institute Cargo Clause, ICC）也长期为世界各国奉为经典。我国现行的《海洋运输货物保险条款》就是在参照包括FPA、WA、AR三套条款在内的1963年ICC的基础上修订的。

伦敦保险协会在1982年对1963年ICC进行了修改，并开始使用1982年ICC。随着替代S.G.保险单的英国新的海上保险单在1983年4月1日的推出，与该保险单同时启用的1982年ICC也正式出现在国际海上保险市场上，而且很快被世界各国和地区在业务经营中直接采用。最近一次的修改是在1982年版本的《协会货物运输保险条款》的基础上做出的，于2009年1月1日生效。新条款主要修订内容包括：澄清条款所载的不承保事项；条款改用现代化文字，对条款中容易产生争议的用词做出更为明确的规定，条款中的文字结构也更为简洁、严密；更重要的是扩展了保险责任起讫期；对保险公司引用免责条款做出了一些条件限制。

伦敦保险协会的海运货物保险条款主要有以下六种。

（1）协会货物条款（A）（Institute Cargo Clause A）。

（2）协会货物条款（B）（Institute Cargo Clause B）。

（3）协会货物条款（C）（Institute Cargo Clause C）。

（4）协会战争险条款（货物）（Institute War Clause-Cargo）。

（5）协会罢工险条款（货物）（Institute Strike Clause-Cargo）。

（6）恶意损害险条款（Malicious Damage Clause）。

以上六种保险条款中，前三种为主险，可以单独投保。战争险条款、罢工险条款和恶意损害险条款为附加险，但战争险和罢工险也可以单独投保，只有恶意损害险不能单独投保，只能在基本险的基础上加保。

一、协会货物（A）险

（一）承保范围

该条款的承保范围较广，采用了"一切风险减去除外责任"的规定方式。其承保风险包括以下几种。

（1）承保除外责任4、5、6、7条款规定以外的一切风险所造成被保险标的物损失。

（2）承保共同海损和救助费用。

（3）根据运输契约上船舶互撞责任条款的规定，对被保险人就承保风险应承担的责任进行赔偿。在上述条款下由承运人向被保险人提起的索赔中，被保险人同意通知保险人，保险人有权自负费用为被保险人就此项索赔进行辩护。

（二）除外责任

1. 除外条款4

（1）归因于被保险人蓄意恶性的行为所造成的损失、损害或费用。

（2）归因于保险标的物的自然渗漏、正常的重量或者体积的损失、自然磨损所造成的损失或费用。

（3）保险标的物的包装不牢固或包装不当或配装不当造成的无法抵抗运输途中发生的平常事故而产生的损失或费用，此情况仅适用于：该种包装或配载是由被保险人或其雇员完成或该种包装或配载是在本保单责任生效前完成（本条所称的"包装"，包括集装箱；本条所称的"雇员"，不包括独立合同商）。

（4）归因于保险标的物的内在缺陷或特性所造成的损失或费用。

（5）由于延迟所造成的损失或费用，即使该延迟是由承保风险所引起的[上述第（2）条共同海损条款可予赔付的费用除外]。

（6）由于船舶所有人、经理人、承租人或经营人破产或经济困难造成的损失或费用，此情况适用于：在保险标的装上船舶之时，被保险人知道，或者被保险人在正常业务经营中应当知道，此种破产或者经济困难会导致该航程取消。本条除外条款不适用于：当保险合同已经转让给另一方，即另一方已经受保险合同的约束购买或同意购买保险标的且善意受让该保险合同。

（7）使用任何原子或核子裂变和（或）聚变或其他类似反应或放射性物质的武器或设备直接或间接所造成的损失或费用。

2. 除外条款5

（1）本保险绝不承保的损失、损害或费用，如其起因于以下方面。

①被保险人在货物装船时已经知道船舶或驳船的不适航，以及船舶或驳船不适合安全运

输保险标的所引起的损失或费用。

②集装箱或运输工具不适合安全运输保险标的,适用于:在本保险合同生效前装货已经开始,或被保险人或其雇员在货物装船时已经知道上述情况。

(2) 上述①除外条款不适用于:当保险合同已经善意转让给另一方,另一方已经受保险合同的约束购买或同意购买保险标的。

(3) 保险人放弃船舶适航或船舶适合运输保险标的运往目的地的默示保证。

3. 除外条款6

本保险不承保下列危险事故所造成的损失、损害或费用。

(1) 因战争、内战、革命、叛乱、颠覆,或由此引起的内战或交战方之间的敌对行为。

(2) 因捕获、扣押、拘留、拘禁或羁押(海盗行为除外),以及此种行为引起的后果或企图进行此种行为的结果。

(3) 遗弃的水雷、鱼雷、炸弹或其他遗弃战争武器。

4. 除外条款7

(1) 罢工者、被迫停工工人,或参加工潮、暴动或民变的人员所造成的损失或费用。

(2) 罢工、停工、工潮、暴动或民变所造成的损失或费用。

(3) 恐怖主义行为,或与恐怖主义行为相联系的任何组织通过武力或暴力直接实施的旨在推翻或影响法律上承认的或非法律上承认的政府的行为。

(4) 任何人出于政治、信仰或宗教目的实施的行为。

(三) 保险期间

协会海运货物(A)、(B)、(C)险条款有关保险期间的规定是在运输条款(transit clause)、运输契约终止条款(termination of contract of carriage clause)和航程变更条款(change of voyage clause)三个条款中规定的。

运输条款是关于保险期间运输条款的规定,从保险责任起点来看,该条款使得保险责任自保险标的开始进入仓库或储存处所时就生效,包括正常运输过程,直至运到下述地点时终止。

(1) 合同载明的目的地最后仓库或储存处所,从运输车辆或其他运输工具完成卸货。

(2) 合同载明的目的地任何其他仓库或储存处所,或在中途任何其他仓库或储存处所,从运输车辆或其他运输工具完成卸货,上述任何其他仓库或储存处所是由被保险人或者其雇员选择用作在正常运送过程之外的储存货物或分配货物,或分派货物。

(3) 被保险人或其雇员在正常运输过程之外选择任何运输车辆或其他运输工具或集装箱储存货物。

(4) 自保险标的在最后卸货港卸离海轮满60天为止。

如果保险标的在最后卸货港卸离海轮后,但本保险责任终止前,需被转运至非保单载明的其他目的地时,则该项保险标的开始转运之时保险责任即告截止。

投保人在无法控制的情况下发生船舶绕航、运输迟延、被迫卸货、重新装载、转运以及承运人行使运输契约所赋予的自由处置权而发生变更航程等情况,投保人无须告知保险人及付保险费。

运输契约终止条款是规定由于投保人无法控制的原因,保险标的在运达保险单所载明的目的地以前,运输契约即在其他港口或处所终止,则在投保人立即通知保险人并在必要时加缴一定保险费的条件下,保险继续有效,直至货物在这个卸货港口或处所卖出和送交之时为止。但最长时间以不超过货物到达该港口或处所60天为止。

航程变更条款主要规定,当本保险责任开始后,被保险人变更目的,应立即通知保险人,并另行商定保险费率和条件。在此费率和条件达成一致前,出现保险事故,只有在保险费率和保险条件符合合理的市场行情情况下,本保险才会仍然有效;当保险标的按照本保险合同的航程规定开始航行时,被保险人或其雇员对该船舶驶向另一目的地不知情,那么本保险合同仍然被视作是在本保险合同规定的航程开始时生效。

二、协会货物(B)险

(一)承保范围

(1)承保除外责任条款规定以外的风险所造成被保险标的物损失,条款(B)的承保风险是采用"列明风险"的方式,其承保风险包括以下几种。

①归因于火灾、爆炸所造成的灭失或损害。
②归因于船舶或驳船触礁、搁浅、沉没或倾覆所造成的灭失或损害。
③归因于运输工具倾覆或出轨所造成的灭失或损害。
④归因于船舶、驳船或运输工具同任何外界物体相撞所造成的灭失或损害。
⑤归因于在避难港卸货所造成的灭失或损害。
⑥归因于地震、火山爆发或雷电所造成的灭失或损害。
⑦共同海损的牺牲引起保险标的物损失。
⑧由于抛货或浪击入海引起保险标的物损失。
⑨由于海水、湖水或河水进入船舶、驳船、运输工具、集装箱、大型海运箱或储存处所引起保险标的物损失。
⑩货物在装卸时落海或跌落造成整件的全损。

(2)承保共同海损和救助费用。

(3)根据运输契约上船舶互撞责任条款的规定,对被保险人就承保风险应承担的责任进行赔偿。在上述条款下由承运人向被保险人提起的索赔中,被保险人同意通知保险人,保险人有权自负费用为被保险人就此项索赔进行辩护。

(二)除外责任

条款(B)的除外责任是条款(A)的除外责任再加上条款(A)承保的"海盗行为"与"恶意损害险"。

(三)保险期间

ICC(B)的保险期间规定与ICC(A)的完全相同。

三、协会货物（C）险

（一）承保范围

（1）承保除外责任条款规定以外的风险所造成被保险标的物损失，条款（C）承保的风险比条款（B）少，它只承保"重大意外事故"的风险，而不承保条款（B）中的自然灾害（如地震、火山爆发、雷电等）和非重大意外事故（如装卸过程的整件灭失等）所致的损失。条款（C）的承保风险也是采用"列明风险"的方式，其承保风险包括以下几种。

①归因于火灾、爆炸所造成的灭失或损害。
②归因于船舶或驳船触礁、搁浅、沉没或倾覆所造成的灭失或损害。
③归因于运输工具倾覆或出轨所造成的灭失或损害。
④归因于船舶、驳船或运输工具同任何外界物体相撞所造成的灭失或损害。
⑤归因于在避难港卸货所造成的灭失或损害。
⑥归因于共同海损引起的保险标的物的损失。
⑦由于抛货或浪击入海引起的保险标的物的损失。

（2）承保共同海损和救助费用。

（3）根据运输契约上船舶互撞责任条款的规定，对被保险人就承保风险应承担的责任进行赔偿。在上述条款下由承运人向被保险人提起的索赔中，被保险人同意通知保险人，保险人有权自负费用为被保险人就此项索赔进行辩护。

（二）除外责任

ICC（C）的除外责任与ICC（B）完全相同。

（三）保险期间

ICC（C）的保险期间规定与ICC（A）的完全相同。

协会货物（A）、（B）、（C）险条款承保风险的比较如表6-2所示。

表6-2 协会货物（A）、（B）、（C）险条款承保风险的比较

承 保 风 险	(A)	(B)	(C)
（1）火灾、爆炸	√	√	√
（2）船舶、驳船的触礁、搁浅、沉没或倾覆	√	√	√
（3）陆上运输工具倾覆或出轨	√	√	√
（4）船舶、驳船或运输工具与除水以外的任何外界物体碰撞	√	√	√
（5）在避难港卸货	√	√	√
（6）共同海损牺牲	√	√	√
（7）抛货	√	√	√
（8）共同海损分摊和救助费用	√	√	√
（9）运输合同订有"双方有责碰撞条款"，根据该条款的规定，应由货方偿还船方的损失	√	√	√
（10）续运费用	√	√	√

续表

承保风险	(A)	(B)	(C)
（11）合理的施救费用	√	√	√
（12）地震、火山爆发或雷电	√	√	×
（13）浪击落海	√	√	×
（14）海水、湖水或河水进入船舶、驳船、运输工具、集装箱、大型海运箱或储存处所	√	√	×
（15）货物在装卸时落海或跌落造成整件的全损	√	√	×
（16）由于被保险人以外的其他人（如船长、船员等）的故意不法行为所造成的损失或费用	√	×	×
（17）海盗行为	√	×	×
（18）由于一般外来原因所造成的损失或费用	√	×	×

四、协会战争险、协会罢工险和恶意损害险

（一）协会战争险

1. 承保范围

协会货物战争险承保范围部分包括"风险条款"和"共同海损条款"。具体来说，战争险承保以下原因所造成的损失或损害。

（1）战争、革命、叛乱、暴动或由此引起的内乱，或由交战力量引起的敌对行为。

（2）由于上述承保风险所引起的捕获、扣押、扣留、拘禁或羁押以及此种行为的后果或任何进行此种行为的企图。

（3）被遗弃的水雷、鱼雷、炸弹或其他被遗弃的战争武器。

（4）上述承保风险所致的共同海损和救助费用。

这里有以下几点值得注意。

（1）没有把海盗行为列为承保风险，这与我国海运险的战争险承保海盗行为是个很大的区别。但海盗行为属于（A）险的承保范围。

（2）在提到"水雷、鱼雷、炸弹或其他的战争武器"所造成的损失时，强调是"被遗弃的"，而并非像我国海运货物战争险中使用"常规的"一词。

（3）保险人仅对战争行为及武器导致保险标的的直接损失负责赔偿，但并不负责因此而导致的费用损失。

2. 除外责任

这部分包括"一般除外责任条款"和"不适航、不适货除外责任条款"，其与（A）险的同名条款的规定基本相同，仅存在以下两点区别。

（1）在一般除外责任中，增加了"航程挫折"一项，规定由于战争原因所造成的航程受阻而产生的间接费用，保险人不予赔偿。

（2）规定由于敌对行为使用原子、热核武器所造成的保险标的的灭失或损坏，保险人不予赔偿。

3．承保期间

协会货物战争险对于保险期间的规定非常详细，包括以下几点。

（1）采用"水上风险"原则，即保险责任自货物装上起运港的海轮开始，直至卸离目的港海轮，或者自海轮到达目的港当日午夜开始起算满 15 天为止，两者以先发生者为准。

（2）若货物在中途港卸下，则保险人在必要时加缴保费的情况下，本保险自货物装上续运海轮时继续生效。

（3）若货物通过驳船在载货海轮和装货港之间往来驳运，或者在载货海轮与卸货港之间往来驳运，则此保险扩展到承保驳运期间遭遇水雷和被遗弃的鱼雷的风险。但除非另有约定，保险责任最长不超过从载货海轮卸货到驳船后起算的 60 天。

（二）协会罢工险

1．承保范围

（1）罢工工人、被迫停工工人或参与工潮、暴动或民变骚乱人员造成的损失。

（2）任何恐怖分子或任何人出于政治动机而采取行动所造成的损失。

（3）由于上述风险所致的共同海损牺牲、分摊和救助费用。

2．除外责任

协会货物罢工险的除外责任，在（A）险除外责任基础上增加了以下三点。

（1）由于罢工、停工、工潮、暴动或民变骚乱造成的工人缺勤、缺员或怠工引起的损失或费用。

（2）由于罢工原因造成航程终止，致使货物未能运到保险单所载明的目的地而引起的间接费用。

（3）由于战争、内战、革命、叛乱或由此引起的内战，或由交战力量引起的敌对行为所引起的损失或费用。

3．承保期间

采用"仓至仓"原则，即保险人承担货物自发货人仓库开始至收货人仓库为止的整个运输期间的风险。

（三）恶意损害险

恶意损害险是（B）险或（C）险的附加险别，作为补充性的协会条款，它没有完整的结构，不能单独投保。

恶意损害险承保被保险人以外的其他人（如船长、船员等）的故意损坏、故意破坏保险标的或其任何部分所造成的损失或费用。但恶意行为若出于政治动机，则不属于本险别的承保范围，而属于罢工险的承保范围。

恶意损害险的内容已包括在（A）险的承保范围内，被保险人无须再投保此险别，而在（B）险和（C）险中都是除外责任。因此，在投保（B）险或（C）险时，若被保险人需要得到这方面的保障，就可加保恶意损害险。

五、协会货物险别的其余部分

（一）索赔

这一部分包括四个条款，即保险利益条款、续运费条款、推定全损条款、增值条款。

1．保险利益条款（insurable interest clause）

保险利益条款是根据《1906年海上保险法》的第六条规定而制定的，主要内容有以下两点。

（1）在保险标的发生损失时，被保险人必须对保险标的具有保险利益，才能获得保险人的赔偿。

（2）即使保险标的在保险合同订立之前已经发生损失，但被保险人并不知情，被保险人仍有权要求保险人对发生的损失予以赔偿。

2．续运费条款（forwarding charge clause）

续运费条款主要规定：由于承保风险发生造成运输航程在非保险单所载明的港口或处所终止，被保险人为卸货、存仓和转运至保险单所载明的目的地所支出的运费及其他费用，均由保险人负责赔偿。

但被保险人获得续运费赔偿的前提条件有以下三个。

（1）航程终止的原因必须属于承保风险。

（2）发生的费用必须正当合理。

（3）必须不是由于被保险人或其雇员的过失、疏忽、破产或经济困境而引起的。

3．推定全损条款（constructive total loss clause）

推定全损条款规定：保险人不负责推定全损，除非保险标的实际全损已不可避免，或者为恢复、整理及运送保险标的到目的地的费用超过其本身的价值，并在保险标的被合理委付的情况下，保险人才按全损赔偿。

4．增值条款（increased）

增值条款是在货物投保增值保险的情况下对有关赔偿问题的规定。所谓增值保险，是指货物的买方估计到所购买的货物在到达目的地时，其完好价值将比卖方原投保的保险金额要高，因而将两者之间的差额（即增值部分）按原保险条件另行投保的保险。

本条规定，若货物投保增值保险，则货物的保险价值应为原始保险的保险金额和所有增值保险的保险金额的总和，发生损失时，原始保险人和增值保险人按照各自保险金额占总保险金额的比例来支付损失赔偿，同时按照此原则享受向第三方追偿所得。

（二）保险权益

这部分只有不得受益条款（not to inure clause）一个条款。

该条款规定：承运人或其他受托人不得享受本保险的权益。订立此条款的目的是为了避免承运人或其他受托人因有本保险存在而享有权益，并因此来摆脱对货损、货差或延迟交货的责任，从而使保险人丧失代位求偿权。

（三）减少损失

这一部分包括两个条款，即被保险人义务条款和放弃条款。

1．被保险人义务条款（duty of assured clause）

被保险人义务条款规定：被保险人及其雇员和代理人对于保险项下的索赔应承担下列义务。

（1）采取合理措施，以避免或减少保险标的的损失。

（2）保证保留和行使对承运人、保管人或其他第三方追偿的所有权利，即保护保险人的代位求偿权。

保险人除赔偿保险项下的各项损失外，还补偿被保险人为履行上述义务而支出的适当及合理费用，并且保险人对施救费用的赔偿独立于保险标的的赔偿。

该条款把应承担减少损失义务的人的范围从被保险人扩大为被保险人、其雇用人员和代理人，目的是鼓励他们对货损积极施救和确保保险人对造成货损的有关责任方的追偿权利。

2．放弃条款（waive clause）

放弃条款规定：当保险标的发生损失时，被保险人或保险人为施救、保护或恢复保险标的所采取的措施，不应视为放弃或接受委付，或影响任何一方的利益。

（四）避免延迟

这部分只有合理处置条款（reasonable despatch clause）。

该条款规定：在保险标的发生事故后，被保险人在其力所能及的情况下，必须采取合理的方式迅速处理。

做出这样规定的目的在于提醒被保险人不能因为投了保而故意延迟处置事故。

（五）法律与惯例

本条款规定本保险适用于英国法律和惯例。明确此条款的意义在于，当保险双方协议采用协会保险条款并事后发生诉讼，而英国以外的其他国家对该诉讼具有管辖权时，法庭应当采用英国法律和惯例作为判案依据。

（六）附注

此附注意在提示被保险人"续保"（held covered）的先决条件是知情后迅速通知保险人，防止被保险人为少交或不交加保费而在损失发生后才要求续保。

最后，将协会条款概括如表 6-3 所示。

表 6-3　伦敦协会海洋运输货物保险条款

序　号	条　款　名　称	条　款　类　别
1	风险条款	第一款　承保风险条款
2	共同海损条款	
3	船舶互撞责任条款	

续表

序　号	条　款　名　称	条　款　类　别
4	一般除外责任条款	第二款　除外责任条款
5	不适航、不适货除外责任条款	
6	战争除外责任条款	
7	罢工除外责任条款	
8	运输条款	第三款　保险期间条款
9	运输合同终止条款	
10	航程变更条款	
11	保险利益条款	第四款　索赔
12	续运费条款	
13	推定全损条款	
14	增值条款	
15	不得受益条款	第五款　保险权益
16	被保险人义务条款	第六款　减少损失
17	放弃条款	
18	合理处置条款	第七款　避免延迟
19	英国法律和惯例条款	第八款　适用法律和惯例
20	附注	第九款　附注

第三节　中、英两国海运货物保险条款比较

我国现行海运货物保险条款是在参照伦敦保险人协会1963年货物保险条款的基础上，于1981年修订后，2009年进行再次修订而成。英国海运货物险条款最早制定于1912年，为了适应不同时期法律、判例、商业、航运等方面的变化和发展，进行了多次补充和修订，最近一次的修改是在1982年版本的《协会货物运输保险条款》的基础上做出的，于2009年1月1日生效。以下将我国海运货物险条款和英国伦敦保险人协会货物保险条款进行比较。

一、两国海运货物保险条款的共同点

我国海运货物保险条款的一切险、水渍险和平安险与协会货物（A）险、（B）险和（C）险一一对应。从总体上看，它们具有如下共同点。

（一）承保责任范围相当

一切险和（A）险的承保责任虽然在文字表达上有所区别，但都是对海上自然灾害、意外事故和一般外来风险承担保险责任，内容比较接近；水渍险和（B）险的承保责任主要是对海上自然灾害和意外事故的保障，内容也基本相当；平安险和（C）险所承保的风险虽然有所区别，但从保障的范围来看，两者也较为接近。

（二）除外责任基本相同

我国海运货物保险条款只有五条除外责任，协会货物保险条款的除外责任则包括四条共十五款，但从具体内容来看，基本上都是把非意外的、间接的以及特殊原因和认为故意行为所导致的损失作为除外责任。

（三）保险期间基本一致

我国海运险的保险期限采取"仓至仓"的责任起讫，协会条款则包括运输条款、运输合同终止条款和航程变更条款，共同组成保险人的责任期限，实际上也是以"仓至仓"为责任起讫。

（四）被保险人义务大致相同

两国条款均规定，货物遭受承保责任范围内的危险时，被保险人应迅速采取合理措施，防止或减少货物的损失；航程发生变更时，被保险人应立即通知保险人；货物发生损失时，被保险人应保护保险人向第三方索偿的权利等。

二、两国海运货物保险条款的区别

（一）保险条款的名称不同

我国海运货物保险条款的基本险别命名为一切险、水渍险、平安险，但实际承保的责任和名称并不符合，如望文生义，容易让人误解。

协会货物保险条款的主险分别命名为（A）险、（B）险、（C）险，可避免因名称而产生的误解，同时又非常简单，称呼方便。

（二）保险条款的结构不同

我国海运货物保险条款只有一套总的条款，共分为五条，其中包括三个基本险别，文字比较简明扼要。但由于各个主险没有完整、独立的结构，不利于被保险人区分各险别的内容差异。

协会货物保险条款中，A、B、C 三条款均自成体系，包括结构完整的十九条内容。各主险结构独立，便于被保险人确定各险别的具体内容，区分它们之间的差异。

（三）承保责任和除外责任有所不同

1. 一切险与 ICC（A）的比较

ICC（A）险对应于 CIC 的一切险，其承保范围采用"承保除规定的除外责任以外的一切风险所造成保险标的的损失"。看起来承保范围很广，但通过仔细分析其所列的除外责任后，便会发现其实 ICC（A）的承保范围与一切险几乎等同。但对 ICC（A）险的有些规定还是值得注意的。

（1）CIC 条款第二条第一、第二款的规定与 ICC（A）条款第四条第一款的规定极其类似，但不同的是 ICC（A）条款只规定被保险人的故意行为属于除外责任，而 CIC 中规定被保险人的故意和过失行为都属于除外责任，且增加规定了属于发货人责任所引起的损失也属于除外责任条款。这就扩大了保险人的除外责任范围，缩小了其承保范围。

（2）在ICC（A）险的战争除外责任的规定中，将"海盗行为"排除在除外责任之外，说明ICC（A）险对"海盗行为"的损失是负赔偿责任的，这一点比我国一切险的范围大，因为在我国海洋运输货物保险中只有加保战争险时才对"海盗行为"的损失予以负责，如未加保战争险是不负责的。

（3）在ICC（A）条款中第四条第三款规定的除外责任——包装不足或不当引起的损失、损害或费用，在CIC条款中没有提到。这一规定有助于对实践中发生的争议予以明确，可以使保险争议得到更好的解决。

（4）在ICC（A）条款中第四条的第六款所规定的除外责任——因船舶的所有人、经理人、承租人或经营人的破产或经济困境所产生的损失、损害或费用，在CIC条款中亦没有被提到。在实践中，托运人为了节省运费，经常会委托资信很差的租船人，这样货物常常会因船舶所有人、经理人、承租人或经营人的破产或经济困境而遭受损失。此时，货主就会想方设法在保险条款中寻求救济——钻保险条款的漏洞，这对保险人是很不公平的。而ICC（A）条款中这一规定给保险人的利益提供了很大的保障。但在CIC一切险条款中，对这一问题的解决还是空白。

（5）在ICC（A）条款中第五条规定的是船舶和运输工具不适航和不适运条款，这一条款与英国《1906年海上保险法》中的默示适航保证义务紧密相连，体现了法律的一致性。但中国的CIC一切险条款中没有此规定。因此，在我国对于除外责任的规定应采取列明式和意定式，首先应该明确规定基本的除外责任，无论是条款还是词语都应明确具体化，这些除外责任是当事人双方必须遵守的；其次应允许当事人自由约定除外责任，即以意定的方式加以规定，这样会使当事人的合意在法律范围内得到最大的保护。

（6）ICC（A）险承保陆上运输工具的倾覆或出轨，而CIC一切险没有此规定。

（7）ICC（A）险将抛弃分为"共同海损"的抛弃和"非共同海损"的抛弃，而CIC一切险仅包括共同海损的抛弃。

2．水渍险与ICC（B）的比较

ICC（B）险对应于CIC的水渍险，其承保范围采用"列明风险"的方式。从总体上来看，ICC（B）险承保的风险与水渍险并无实质性差别，但就其列出的承保风险责任来说，有以下几点是必须注意的。

（1）在ICC（B）险承保范围中规定："货物在船舶或驳船装卸时落海或跌落造成任何整件的全损"，说明它对装卸时落海或跌落造成的整件全损负责赔偿，对部分损失是不予负责的。我国水渍险责任范围规定："在装卸或转运时由于一件或数件整件货物落海造成的全部或部分损失"，说明水渍险对这种全损和部分损失都负赔偿责任，但对货物跌落岸上造成的损失不予负责。

（2）在ICC（B）险的除外责任中规定，对"由任何个人或数人非法行动故意损坏或故意破坏保险标的或其他任何部分"不负赔偿责任，对"任何人"可理解为包括被保险人及其他一切人的故意行为所造成的损失都是不负赔偿责任的。被保险人如要获得此保障，需加保新附加险"恶意损害条款"。而我国CIC的除外责任中规定对"被保险人的故意行为或过失所造成的损失"是不负赔偿责任的,说明我国条款仅限于被保险人(包括被保险人的代理人)的故意行为或过失造成的损失不予负责,而对其他人的故意行为造成的损失是负责赔偿的。

(3) 在自然灾害和意外事故的认定上两者不尽一致。在自然灾害的认定上,水渍险仅承保恶劣气候、雷电、海啸、地震和洪水造成的损失;而 ICC(B)险除了承保地震、闪电所造成的各种损失外,还对火山爆发、浪击落水和江、河、湖、海水浸染货物等造成的损失负责赔偿,但又不包括类似于海啸、恶劣气候和洪水等范畴。

在意外事故上,ICC(B)险除了包含 CIC 水渍险范围,还新规定了一项内容,即陆上运输工具倾覆或出轨。

3. 平安险与 ICC(C)的比较

ICC(C)险对应于 CIC 的平安险,其承保范围也采用"列明风险"的方式,就两者承保的责任范围来看差别也不大,但 ICC(C)险的实际保障范围明显小于平安险。这可从以下三方面加以说明。

(1) 平安险承保自然灾害所导致的货物的全部损失,虽已明确指出自然灾害造成的部分损失不赔,但对在运输工具已经发生意外事故的情况下,货物在此前后又在海上遭受自然灾害所造成的部分损失则赔。

在 ICC(C)险中对自然灾害和一般性的意外事故均未列入责任范围,如"地震、火山爆发、雷电"以及"海水、湖水或河水进入船舶、驳船、运输工具、集装箱、大型海运箱或储存处所"所致的损失都是不予赔偿的。

(2) 在 ICC(C)险中对装卸或转运时由于一件或数件整件货物落海造成的损失没有列入责任范围,是不负赔偿责任的。但平安险负责承保装卸时所造成的一件或数件或整件货物落海而致的全部或部分损失。

(3) 在 ICC(C)险的除外责任中,与 ICC(B)险规定相同,"由任何个人或数人非法行为故意损坏或故意破坏保险标的其他任何部分"不负责赔偿。如要获得这些保障,同样需加保新附加险"恶意损害条款"。而 CIC 的除外责任中规定对"被保险人的故意行为或过失所造成的损失"是不负赔偿责任的,说明我国条款仅限于被保险人(包括被保险人的代理人)的故意行为或过失造成的损失不予负责,而对其他人的故意行为造成的损失是负责赔偿的。

4. 附加险的比较

ICC 附加险只有三种,即协会战争险、协会罢工险和恶意损害险;而我国 CIC 的附加险则分为一般附加险(十一种)、特别附加险(六种)和特殊附加险(三种)。就承保责任范围来看,两者无实质性差别,但需注意以下几种情况。

(1) 协会战争险在除外责任中对敌对行为使用原子武器造成货物的损失有些变化。ICC 仅规定由于敌对行为使用原子武器等所致灭失或损害不负赔偿负责,但对由于非敌对行为使用原子武器等造成的灭失或损失必须负责。所谓"非敌对行为",主要指敌对双方以外的海轮遭受他们使用原子武器所造成的灭失或损害,保险人负赔偿责任。

(2) 协会罢工险只是在除外责任中增加了一条"航程挫折"条款。该条款规定,由于战争或罢工原因而使航程受挫折导致货物未能运达保险单所载明的目的地而引起的间接损失,保险人不负赔偿责任。我国的附加险主要对由于罢工而使航程受挫折所造成的额外费用不予负责。

（3）协会恶意损害险是 ICC 新增加的附加险，其承保范围主要是对被保险人以外的其他人（如船长、船员等人）的故意行为所致保险标的灭失或损害负赔偿责任。但如果恶意损害是出于有政治动机的人的行为所致保险标的的损失，不属本险别的保险责任，该项损失应属于罢工险的承保范围，协会恶意损害险的承保范围在 ICC（A）的责任中已经包括，只适用于在 ICC（B）和 ICC（C）的基础上加保。

（四）其他内容的不同

与我国海运货物保险条款相比，协会货物保险条款新增加了"保险利益条款""续运费条款""推定全损条款"以及"增值条款"等内容，有利于避免保险合同双方之间发生不必要的纠纷，也有利于指导保险纠纷的解决。我国海洋运输货物保险条款虽然文字简练，但有些内容没有包括在内，在具体实践中一般参照以往的习惯做法和国际惯例，容易引发保险合同双方的纠纷。

某纺织进出口公司保险索赔案

1994 年 2 月，中国某纺织进出口公司与大连某海运公司签订了运输 1000 件丝绸衬衫到马赛的协议。合同签订后，进出口公司又向保险公司就该批货物的运输投保了平安险。2 月 20 日，该批货物装船完毕后启航；2 月 25 日，装载该批货物的轮船在海上突遇罕见大风暴，船体严重受损，于 2 月 26 日沉没；3 月 20 日，纺织品进出口公司向保险公司就该批货物索赔，保险公司以该批货物由自然灾害造成损失为由拒绝赔偿，于是，进出口公司向法院起诉，要求保险公司偿付保险金。

问题：本案中保险公司是否应负赔偿责任？

分析

保险公司应负赔偿责任。根据中国人民保险公司海洋运输货物保险条款的规定，海运货物保险的险别分为基本险和附加险两大类，基本险是可以单独投保的险种，主要承保海上风险造成的货物损失，包括平安险、水渍险与一般险。

平安险对由于自然灾害造成的部分损失一般不予负责，除非运输途中曾发生搁浅、触礁、沉没及焚毁等意外事故。平安险虽然对自然灾害造成的部分损失不负赔偿责任，但对自然灾害造成的全部损失应负赔偿责任。本案中，进出口公司投保的是平安险，而所保的货物在船因风暴沉没时全部灭失，发生了实际全损，故保险公司应负赔偿责任，其提出的理由是不能成立的。

A 公司进口货物损失保险索赔案

我国 A 公司与某国 B 公司于 2001 年 10 月 20 日签订购买 52 500 吨化肥的 CFR 合同。A

公司开出信用证规定，装船期限为2002年1月1日至1月10日，由于B公司租来运货的"顺风号"轮在开往某外国港口途中遇到飓风，结果装至2002年1月20日才完成。承运人在取得B公司出具的保函的情况下签发了与信用证条款一致的提单。"顺风号"轮于1月21日驶离装运港。A公司为这批货物投保了水渍险。2002年1月30日"顺风号"轮途经巴拿马运河时起火，造成部分化肥烧毁。船长在命令救火过程中又造成部分化肥湿毁。由于船在装货港口的延迟，使该船到达目的地时正遇上了化肥价格下跌，A公司在出售余下的化肥时价格不得不大幅度下降，给A公司造成很大损失。请根据上述事例，回答以下问题。

（1）途中烧毁的化肥损失属什么损失？应由谁承担？为什么？

（2）途中湿毁的化肥损失属什么损失？应由谁承担？为什么？

（3）A公司可否向承运人追偿由于化肥价格下跌造成的损失？为什么？

分析

（1）属单独海损，应由保险公司承担损失。途中烧毁的化肥属于单独海损，依CFR术语，风险由A公司即买方承担；而A公司购买了水渍险，赔偿范围包含单独海损，因此由保险公司承担。

（2）属共同海损，应由A公司与船公司分别承担。因船舶和货物遭到了共同危险，船长为了共同安全，有意又合理地造成了化肥的湿毁。

（3）可以。因为承运人迟延装船，又倒签提单，须对迟延交付负责。

复习思考题

1. 平安险中所指的"整批货物全损"在海上货运险的理赔实践中，是以一张保险单上所载运货物的全部灭失为标准而确定的吗？其所包含的情况有哪些？

2. 理解平安险条款第三项责任"在意外事故发生前后，自然灾害造成的部分损失"的具体含义。在实践中需要注意哪些事项？

3. 为避免"淡水损失"，可以投保哪些险别？需要注意哪些事项？

4. 什么是"船舶互撞责任条款"？作为承运人的船方与作为托运人的货方为什么要订立这项条款？订立这项条款的目的是为了保护哪一方的利益？

5. 简述"仓至仓条款"的含义。

6. 易锈损的货物适合投保"水渍险"吗？你认为可以投保哪些险别？

7. 什么是恶意损害险？在什么情况下需要投保恶意损害险？

8. 中、英两国海运货物保险条款在结构上有哪些不同？

9. 试比较一下CIC与ICC有关基本险的不同之处。

10. 比较CIC与ICC对于"海盗风险"承保方式的不同。

第七章　陆上、航空、邮包运输货物保险

在国际贸易中，货物运输除了主要采用海上运输方式，还采用陆上运输、航空运输、邮包运输方式。随着科学技术的发展，国际经济联系日益密切和频繁，通过后三种运输方式进行运输的货物数量在整个国际贸易货运量中的比重也呈明显上升趋势，因此，陆上、航空、邮包等的保险业务也随之发展，在整个保险业务中的重要性日益明显。由于陆上、航空、邮包等的保险业务都是从海上运输保险发展而来，但又有各自的特点，因而本章要求掌握在陆上、航空、邮包运输方式下，保险人在承保风险、险别、责任范围和保险期限等方面与海运货物保险的不同之处。

第一节　陆上运输货物保险

陆上运输货物保险始于19世纪末期，第一次世界大战爆发后得到较快发展。在欧洲、非洲及拉丁美洲的内陆国家，经由陆上运输的国际贸易货物比重相当大。陆上运输货物保险主要承保以火车、汽车等陆上运输工具进行货物运输的保险。目前，我国与周边毗邻国家的进出口货物，以及通过"大陆桥"运输的货物大都采用陆运方式进行，其业务量正在不断增加，与之相适应的陆运保险业务也有明显增长。

与海洋货物运输可能遭受的风险不同，陆上货物运输的风险有其自身的特点。常见的陆上货物运输的风险主要有：运输工具碰撞、倾覆、出轨；公路、铁路坍塌，桥梁折断、道路损坏及失火、爆炸等意外事故；暴风、雷电、洪水、地震、泥石流、山体滑坡等自然灾害。此外，在海洋运输中由于外来原因可能造成的风险，陆上运输也同样存在。按照保险业的习惯，在陆上运输货物保险业务中，只要因发生承保责任范围内的风险所导致的损失，保险人一般都予赔偿，因此陆运货物保险不再区分全部损失和部分损失，这就决定了陆上运输货物保险的基本险别与海洋运输货物的险别有所区别。

陆上运输主要包括铁路和公路运输两种，运输工具主要是火车和汽车。国际上保险公司对于采用人力车和牲口驮运等落后工具运输货物的风险一般不予承保。中国人民保险公司现行的陆上运输货物险条款也明确规定以火车、汽车为限，在基本险方面，火车、汽车均采用相同险别和责任范围。而在国际保险市场上，保险公司对于火车和汽车运输往往分别列有不同的条款。根据中国人民保险公司2009年修订的《陆上运输货物保险条款》的规定，陆上运输货物保险的基本险别分为陆运险与陆运一切险两种。适用于陆运冷藏货物的专门保险，即陆上运输冷藏货物险，其性质也属于基本险。此外，在附加险中，除仅适用于火车运输的陆上运输货物战争险（火车）条款外，海运货物保险中的附加险、陆运货物保险也同样适用。

一、陆运险与陆运一切险

（一）承保责任范围

陆运险的承保责任范围与海洋运输货物保险条款中的"水渍险"相似。保险公司负责赔偿被保险货物在运输途中遭受暴风、雷电、洪水、地震等自然灾害或由于运输工具遭受碰撞、倾覆、出轨或在驳运过程中因驳运工具遭受搁浅、触礁、沉没、碰撞，或由于遭受隧道坍塌、崖崩或失火、爆炸等意外事故所造成的全部或部分损失。此外，被保险人对遭受承保责任内危险的货物采取抢救、防止或减少货损的措施而支付的合理费用，保险公司也负责赔偿，但不超过该批被救货物的保险金额。

陆运一切险的承保责任范围与海上运输货物保险条款中的"一切险"相似。保险公司除承担上述陆运险的赔偿责任外，还负责被保险货物在运输途中由于一般外来风险所造成的全部或部分损失。

以上责任范围均适用于火车和汽车运输，并以此为限。

陆运险与陆运一切险的除外责任与海洋运输货物险的除外责任基本相同。

（二）责任起讫

陆上运输货物险的责任起讫也采用"仓至仓"责任条款。保险人负责自被保险货物运离保险单所载明的起运地仓库或储存处所开始运输时生效，包括正常运输过程中的陆上和与其有关的水上驳运在内，直至该项货物运达保险单所载目的地收货人的最后仓库或储存处所或被保险人用作分配、分派的其他储存处所为止。如未运抵上述仓库或储存处所，则以被保险货物运抵最后卸载的车站满60天为止。

陆上运输货物险的索赔时效为：从被保险货物在最后目的地车站全部卸离车辆后起算，最多不超过两年。

二、陆上运输冷藏货物险

陆上运输冷藏货物险是陆上运输货物险中的一种专门保险，其主要责任范围除负责陆运险所列举的自然灾害和意外事故所造成的全部或部分损失外，还负责赔偿由于冷藏机器或隔温设备在运输途中损坏所造成的被保险货物解冻融化以致腐败的损失。但对于因战争、罢工或运输延迟而造成的被保险冷藏货物的腐败或损失，以及被保险冷藏货物在保险责任开始时未能保持良好状况，包括整理、包扎不妥，或冷冻上的不合规定及骨头变质造成的损失则除外。一般的除外责任条款也适用本险别。

陆上运输冷藏货物险的责任自被保险货物运离保险单所载起运地点的冷藏仓库装入运送工具开始运输时生效，包括正常的陆运及其有关的水上驳运在内，直至货物到达保险单所载明的目的地收货人仓库为止。但是最长保险责任的有效期限以被保险货物到达目的地车站后10天为限（中国人民保险公司的该项保险条款还规定：装货的任何运输工具，必须有相应的冷藏设备或隔温设备；或供应和储存足够的冰块使车厢内始终保持适当的温度，保证被保险冷藏货物不致因冰块融化而腐败，直至目的地收货人仓库为止）。

陆上运输冷藏货物险的索赔时效为：从被保险货物在最后目的地全部卸离车辆后起计算，最多不超过两年。

三、陆上运输货物战争险

陆上运输货物战争险是陆上运输货物保险的一种特殊附加险，只有在投保了陆运险或陆运一切险的基础上方可加保。这种陆运战争险，国外私营保险公司大都不予承保，但为适应外贸业务需要，我国保险公司接受加保，但目前仅限于火车运输，若使用汽车运输则不能加保。

加保陆上运输货物战争险后，保险公司负责赔偿在火车运输途中由于战争、类似战争行为和敌对行为、武装冲突所致的损失，以及各种常规武器（包括地雷、炸弹）所致的损失。

但是，由于敌对行为使用原子或热核武器所致的损失和费用，以及根据执政者、当权者或其他武装集团的扣押、拘留引起的承保运程的丧失和挫折而造成的损失除外。

陆上运输货物战争险的责任起讫与海运战争险相似，以货物置于运输工具时为限，即自被保险货物装上保险单所载起运地的火车时开始，到卸离保险单所载目的地火车时为止。如果被保险货物不卸离火车，则以火车到达目的地的当日午夜起计算，满 48 小时为止；如在运输中途转车，则不论货物在当地卸载与否，保险责任以火车到达该中途站的当日午夜起计算满 10 天为止。如货物在此期限内重新装车续运，仍恢复有效。但需指出，如运输契约在保险单所载目的地以外的地点终止时，该地即视作本保险单所载目的地，在货物卸离该地火车时为止，如不卸离火车，则保险责任以火车到达该地当日午夜起计算满 48 小时为止。

陆上运输货物保险的特殊附加险，除战争险外，还可加保罢工险；与海洋运输货物保险相同，在投保战争险前提下，加保罢工险不另收费。如仅要求加保罢工险，则按战争险费率收费。陆上运输罢工险的承保责任范围与海洋运输货物罢工险的责任范围相同。

第二节　航空运输货物保险

航空运输货物保险是以飞机为运输工具的货物运输保险。利用飞机进行国际货物运输始于 20 世纪初，第一次世界大战前一两年。伦敦签发第一份航空保单，承保机体坠落险及第三人责任险。近年来，随着航空技术的迅速发展和对航空运输的需求猛增，航空运输在国际贸易货物运输中的重要性日益显著，航空运输货物保险也随着蓬勃发展起来。

由于航空运输与其他运输方式相比较为复杂，加上航空运输货物保险起步较晚，致使航空运输货物保险迄今未能发展成为一个完整、独立的体系。为适应航空货物运输及保险业务的顺利开展，伦敦保险协会直至 1965 年才对实际业务中最常见的航空运输货物一切险制定了一份比较完整的《协会航空运输货物一切险条款》。该条款于 1982 年重新修订，现为《协会货物险条款（航空）（邮包除外）》。此外，伦敦保险协会还制定了《协会战争险条款（航空货物）（邮包除外）》和《协会罢工险条款（航空货物）》两种协会空运货物保险条款。目前，国际保险市场较多采用上述条款进行航空运输货物保险。

为了满足我国外贸业务发展的需要，中国人民保险公司也接受办理航空运输货物保险业务,并制定"航空运输险"和"航空运输一切险"两种基本险条款以及"航空运输货物战争险"的附加险条款。此外,海洋运输货物保险中的附加险别也可在航空运输货物保险中有选择地使用。现将中国人民保险公司的航空运输货物保险条款和伦敦协会航空条款分述如下。

一、我国航空运输货物保险险别和条款

根据中国人民保险公司 2009 年修订的《航空运输货物保险条款》规定,航空运输货物保险的基本险别分为航空运输险和航空运输一切险两种。此外,还有航空运输货物战争险。

(一) 航空运输险和航空运输一切险

1. 航空运输险与航空运输一切险的承保责任范围

航空运输险的承保责任范围与海洋运输货物保险条款中的"水渍险"大致相同。保险公司负责赔偿被保险货物在运输途中遭受雷电、火灾、爆炸或由于飞机遭受恶劣气候或其他危难事故而被抛弃,或由于飞机遭受碰撞、倾覆、坠落或失踪等自然灾害和意外事故所造成的全部或部分损失。

航空运输一切险的承保责任范围除包括上述航空运输险的全部责任外,保险公司还负责赔偿被保险货物由于被偷窃、短少等一般外来原因所造成的全部或部分损失。

航空运输险和航空运输一切险的除外责任与海洋运输货物的除外责任基本相同。

2. 航空运输险与航空运输一切险的责任起讫

航空运输货物险的两种基本险的保险责任也采用"仓至仓"条款,但与海洋运输险的"仓至仓"责任条款不同,具体如下。

(1) 如货物运达保险单所载明目的地而未运抵保险单所载明的收货人仓库或储存处所,则以被保险货物在最后卸载地卸离飞机后满 30 天为止。如在上述 30 天内被保险货物需转送到非保险单所载明的目的地时,则以该项货物开始转运时终止。

(2) 由于被保险人无法控制的运输延迟、绕道、被迫卸货、重新装载、转运或承运人运用运输契约赋予的权限所做的任何航行上的变更或终止运输契约,致使被保险货物运到非保险单所载目的地时,在被保险人及时将获知的情况通知保险人并在必要时加缴保险费的情况下,本保险单继续有效,保险责任按下述规定终止。①被保险货物如在非保险单所载目的地出售,保险责任至交货时为止。但不论任何情况,均以被保险货物在卸载地卸离飞机后满 30 天为止。②被保险货物在上述 30 天期限内继续运往保险单所载原目的地或其他目的地时,保险责任仍按上述 (1) 的规定,即在保险单所载目的地或其他目的地卸离飞机后满 30 天终止。

(二) 航空运输货物战争险

航空运输货物战争险是航空运输货物险的一种特殊附加险,只有在投保了航空运输险或航空运输一切险的基础上方可加保。

加保航空运输货物战争险后,保险公司承担赔偿在航空运输途中由于战争、类似战争行为、敌对行为或武装冲突以及各种常规武器和炸弹所造成的货物的损失,但不包括因使用原子或热核武器所造成的损失。

航空运输货物战争险的保险责任起讫是自被保险货物装上保险单所载明的启运地的飞机时开始，直到卸离保险单所载明的目的地的飞机时为止。如果被保险货物不卸离飞机，则以飞机到达目的地当日午夜起计算满15天为止；如果被保险货物需在中途转运时，则保险责任以飞机到达转运地的当日午夜起计算满15天为止。待装上续运的飞机，保险责任再恢复有效。

航空运输货物保险的特殊附加险除战争险外，还可加保罢工险。与海运、陆运险相同，在投保战争险前提下，加保罢工险不另收费。如仅要求加保罢工险，则按战争险费率收费。航空运输罢工险的责任范围与海洋运输罢工险的责任范围相同。

二、协会航空运输货物保险险别和条款

在过去，由于缺乏针对航空运输规定的保险条款，凡航空运输货物需要保险时保险人在接受承保时只能临时借用海运货物保险条款的平安险、水渍险等条款。为适应航空运输保险的特定需要，伦敦保险协会于1965年首次制定与航空运输有关的保险条款《协会航空运输货物一切险条款》，在1982年加以修订成为现行的《协会货物险条款（航空）》。该条款与新的适用于海运的协会货物 ICC 条款的规定方法颇为相似。此外，伦敦保险协会还于1982年颁布了新的《协会战争险条款（航空货物）》和《协会罢工险条款（航空货物）》。上述三种险别条款均按条文的性质分为八个部分：承保风险、除外责任、保险期限、索赔、保险利益、减少损失、防止延迟和法律惯例。这些条款结构统一、体系完整，具备了独立性及自身的完整性，所以均可单独投保。现将三种险别分别介绍如下。

（一）协会货物险条款（航空）（邮包除外）

1. 承保责任范围

该条款的承保责任范围较广，对承保风险的规定与 ICC（A）条款一样，是采用一切风险减除外责任的方法。在本保险条款中被特别规定的除外责任是一般除外责任、战争除外责任和罢工除外责任。与 ICC（A）条款不同之处是缺少不适航、不适货除外责任。这是考虑到飞机运输的特殊性而采取的一种措施。即使没有规定，承担货物运输的飞机起飞时均应具备适航性，用于航空运输的特殊集装箱也必须适合于货物的安全运输。这些都是应当具备的前提条件。

此外，在"承保风险"的标题下，该条款与 ICC（A）条款相比，没有共同海损条款和船舶互有过失碰撞责任条款，而只有风险条款。这是因为航空运输有其特殊性，一旦发生事故，其发生全损的可能性最大。

2. 保险期限

协会货物保险条款（航空）的保险期限亦采用"仓至仓"条款。与我国的航空运输险和航空运输一切险的规定相同，卸货后的保险期限是在最终卸货地，货物从飞机上卸下以后30天。如在上述30天内被保险货物运到非保险单所载明的目的地时，则以该货物开始转运时保险责任终止。该条款的其他内容均与海运 ICC（A）条款的各有关内容相同。

（二）协会战争险条款（航空货物）（邮包除外）

投保协会战争险（航空货物），保险公司承担赔偿在航空货物运输途中因战争、内乱、

革命、叛乱、动乱及由此而发生的国内斗争或由交战国采取的或对交战国采取的一切敌对行为引起的捕获、扣留、禁制、拘留而造成的保险标的的损失,其中也包括废弃水雷、鱼雷、炸弹以及其他废弃武器造成的损失。可见,该条款不包括因使用原子武器所造成的损失。此外,在一般除外责任中还包括专门针对航空运输的飞机与集装箱等不合格的除外责任。

协会战争险(航空货物)的保险期限是自保险标的或其一部分因开始运输而被装上飞机时开始,直到在最终卸货地卸离飞机时为止。如保险标的不卸离飞机,则以飞机到达最终卸货地当天午夜12时起满15天为止。若保险标的在中途转运,在转运地的承保期限是15天,装上续运飞机,保险责任再恢复有效。由此可见,如同海上运输的战争险适用"水上危险"一样,航空运输战争险适用的是所谓的空中危险。

该条款中的其他内容,如索赔、保险利益、减少损失等条款均与海运货物保险 ICC(A)条款相同。这些条款的存在,使该险别具有独立性和完整性,因而也可以单独投保。

(三)协会罢工险条款(航空货物)

投保协会罢工险(航空货物),保险公司负责赔偿在航空货物运输途中因罢工、关厂、劳资纠纷、暴动、骚乱或出于恐怖主义与政治动机而采取的行动所导致的保险标的的损失。

该险别的保险期限与协会货物条款(航空)的原则一致,采用的是"仓至仓"责任原则,货物卸离飞机后的承保期限是30天。该险别的其他条款与协会战争险(航空货物)条款一样,具有独立性和完整性,可单独投保。

第三节 邮包运输货物保险

邮包运输是一种比较简便的运输方式。近年来,国际上采用邮包递送货样或少量质轻价高的货品逐渐增多。但由于邮包运输一般须经由海、陆、空辗转运送,在运送过程中遭受自然灾害和意外事故而导致损失的可能性较大。邮政包裹保险是保险公司承保邮包在运送途中因自然灾害、意外事故或外来风险所造成包裹内物件的损失。由于邮包运送可能同时涉及海、陆、空三种运输方式,因此,保险公司在确定承保责任范围时必须同时考虑这三种运输方式可能出险的因素。各国保险公司针对邮包运输而使用的险别和条款不尽相同,比较常见的是沿袭海洋运输货物险的"平安险""水渍险""一切险"的险别名称,但具体条款与海洋运输货物险的同名险别不完全相同。英国伦敦保险协会迄今只对邮包战争险制定了《协会战争险条款(邮包)》,而未制定邮递货物保险的标准条款。

在我国,中国人民保险公司参照国际上的通行做法,结合我国邮政包裹业务的实际情况,于1981年1月1日修订并公布了一套较为完备的邮包运输保险条款,具体包括"邮包险""邮包一切险"及"邮包战争险"三种。现将有关条款及协会战争险(邮包)条款介绍如下。

一、我国邮政包裹运输保险险别与条款

(一)邮包险和邮包一切险

邮包险的承保责任范围是负责赔偿被保险邮包在运输途中由于恶劣气候、雷电、海啸、

地震、洪水、自然灾害，或由于运输工具搁浅、触礁、沉没、碰撞、出轨、倾覆、坠落、失踪，或由于失火和爆炸意外事故造成的全部或部分损失；另外，还负责被保险人对遭受承保责任范围内风险的货物采取抢救、防止或减少货损的措施而支付的合理费用，但不超过该批被救货物的保险金额。

邮包一切险的承保责任范围除包括上述邮包险的全部责任外，还负责被保险邮包在运输途中由于一般外来原因所致的全部或部分损失。

但是，这两种险别，保险公司对因战争、敌对行为、类似战争行为、武装冲突、海盗行为、工人罢工所造成的损失，直接由于运输延迟或被保险物品本质上的缺陷或自然损耗所造成的损失，以及属于寄件人责任和被保险邮包在保险责任开始前已存在的品质不良或数量短差所造成的损失，被保险人的故意行为或过失所造成的损失，不负赔偿责任。

邮包险和邮包一切险的保险责任是自被保险邮包离开保险单所载起运地点寄件人的处所运往邮局时开始生效，直至被保险邮包运达保险单所载明的目的地邮局发出通知书给收件人当日午夜起算满 15 天为止，但在此期限内邮包一经递交至收件人的处所时，保险责任即行终止。

（二）邮包战争险

邮包战争险是邮政包裹保险的一种特殊附加险，只有在投保了邮包险或邮包一切险的基础上，经投保人与保险公司协商方可加保。

加保邮包战争险后，保险公司负责赔偿在邮包运输过程中由于战争、类似战争行为、敌对行为、武装冲突、海盗行为以及各种常规武器（包括水雷、鱼雷、炸弹）所造成的损失。此外，保险公司还负责被保险人对遭受以上承保责任内危险的物品采取抢救、防止或减少损失的措施而支付的合理费用。但保险公司不承担因使用原子或热核制造的武器所造成的损失的赔偿。

邮包战争险的保险责任是自被保险邮包经邮政机构收讫后自储存处所开始运送时生效，直至该项邮包运达保险单所载明的目的地，邮政机构送交收货人为止。

邮包运输保险的特殊附加险除战争险外，还有罢工险。在投保战争险前提下，加保罢工险不另收费，如仅要求加保罢工险，按战争险费率收费。邮包罢工险的责任范围与海洋运输罢工险的责任范围相同。

二、协会战争险条款（邮包）

协会战争险（邮包）的承保责任范围与协会战争险条款的风险条款相同，只是在一般除外责任中，从邮件的特殊性出发，没有特别规定飞机、运输工具、集装箱等不合格的除外责任条款及海上承运人、航空承运人等破产的风险除外责任条款，而增加了受理国际邮件时由于地址姓名不清楚及不正确所引起的损害的除外责任。

协会战争险（邮包）的保险责任自保险标的运离保险单所载明的发件人住所时开始，至保险标的在邮包上所标明的收件人住所交货后终止。这一规定考虑了邮包运输方式的特殊性，为邮包规定了"仓至仓"责任原则。

该险别的其他条款与协会战争险条款类似，因而本条款具备了独立性及自身完整性，故也可单独投保。

案例 7-1

A公司货损保险索赔案

1994年8月2日，新加坡A公司与卖方某医药保健品进出口公司（以下简称B公司）签订了成交确认书。根据合同规定，由卖方按照CIF新加坡的价格条款向A公司销售虫草300千克，货物由中国口岸空运到新加坡，并由卖方负责投保，合同总额为24.6万美元。卖方于1994年8月12日在广州将300千克虫草交付D公司承运，并由D公司出具了广州至新加坡的全程空运单。同时，卖方向保险公司办理了货物的投保手续，保险公司出具了货物航空运输保险单，保险金额为26.84万美元，运输方式为空运，投保险种为航空运输一切险，起运地为广州，目的地为新加坡，赔付地为新加坡。卖方把背书后的保险单连同其他单据送交A公司，A公司成为上述保险单的合法受益人。8月23日，A公司在新加坡机场仓库提货时，发现上述300千克虫草全部被盗，A公司通知了保险公司在新加坡的保险代理人到场查验，证实货物在运输途中被盗。货损发生后，A公司凭保险单和其他单据向保险公司提出索赔。保险公司经过调查发现，保险单上约定的由广州空运至新加坡的运输方式和路线被改为由广州陆运至香港，再由香港空运至新加坡，而且交付陆运和空运时毛重不同，说明货物是在广州出关后在陆运途中被盗的。故保险公司以本案涉及的损失是由于发货人在事先未通知保险人的情况下擅自改变运输方式所引起的，属于保险除外责任为由，拒绝赔付。

分析

保险人出具的保险单上已明确约定，货物装载工具是飞机，起止地是广州至新加坡。保险单上没有约定可以陆空联运，也没有约定可以从广州以外的港口起始空运。发货人在事先没有通知保险人的情况下擅自改变运输方式和路线，已经严重违反了保险人在保险单上的约定。这种改变增加了运输环节，导致货物在运输途中的风险大大增加。依据《航空运输货物保险条款》的规定，发货人责任引起的损失属于保险的除外责任，保险人不负责赔偿。

《保险法》第五十二条规定："在合同有效期内，保险标的的危险程度显著增加的，被保险人应当按照合同约定及时通知保险人，保险人可以按照合同约定增加保险费或解除合同。保险人解除合同的，应当将已收取的保险费，按照合同约定扣除自保险责任开始之日起至合同解除之日止应收的部分后，退还投保人。被保险人未履行前款规定的通知义务的，因保险标的的危险程度显著增加而发生的保险事故，保险人不承担赔偿保险金的责任。"应该说，这项法律规定正是对类似本案的大量司法实践的总结。

复习思考题

1. 我国陆运货物保险有哪些基本险别？这些险别的保险责任范围有什么不同？
2. 伦敦协会航空运输货物保险有哪些险别？它们与我国航空运输货物保险的有关险别有何区别？
3. 简述我国邮包险和邮包一切险的责任范围和责任起讫。

第八章 国际货物运输保险实务

随着全球经济一体化程度的加快以及中国加入 WTO 后国内市场与国际市场的进一步接轨，国际贸易的发展突飞猛进。国际货物运输保险是国际贸易必不可少的必要组成部分，不论进口货物还是出口货物，都要办理货物运输保险。没有国际货物运输保险提供的充分保险保障，贸易双方实际上是不可能顺利完成货物的交易过程的。

通过前面第五章和第六章的学习，我们了解了一些关于海洋运输保险的知识，本章将继续介绍国际贸易运输中保险实务操作的知识，将保险的理论应用到实际业务中。国际货物运输保险实务包括投保、承保、索赔和理赔几个重要的环节。通过本章的学习，要求读者掌握国际货物运输保险的投保环节，学会怎样选择投保险别并投保，计算保险费；了解国际货物运输保险的承保环节；理解国际货物运输保险的索赔和理赔的过程和手续，以及在各个阶段应注意的事项。

第一节 国际货物运输保险投保实务

国际货物运输保险的投保，是指投保人向保险人表达订立合同的意愿，提出投保申请，并将自己所面临的风险和投资的要求告知保险人。投保是订立合同的开始，是整个承保工作的基础，做好这项基础工作，对保证承保的质量很重要。一般来说，投保工作分两方面：一是投保人的要约或询价；二是保险人的承诺或对此询价提出包括保险条件和费率的要约，也就是申请投保和接受投保。因此，投保需要保险人和被保险人双方的共同合作。

一、贸易的价格条件

在国际贸易中，货价由货物本身的成本、运费和保险费三部分组成。运输和保险是由卖方还是买方办理，由不同的价格条件决定。价格不同，投保的方面也不同，与保险的关系也有差别。因而在实际操作中，进出口货物从卖方仓库到装运港，从装运港到目的港，从目的港到收货人仓库的全程运输中，所面临的运输风险应由卖方还是买方向保险人购买货物运输保险，是由买卖双方在买卖合同中选用的贸易术语决定的。下面根据《2020 年国际贸易术语解释通则》，将一些常用的价格术语以及有关买卖何方办理货运保险的责任规定进行介绍。

（一）FOB 价格术语及投保责任

FOB 价格，即船上交货价格，又称离岸价。买卖双方以 FOB 价格术语订立合同，则卖方应按照合同规定的货物品质、数量、包装备妥货物，在规定的时间内将货物装上买方指派的海轮。货物一经装上海轮，卖方就履行了合同，之后有关货物的一切责任、费用、风险一概由买方承担。采用 FOB 价格条件,当货物在指定的装运港越过船舷之前损坏或灭失的一切风险由卖方承担,因此,货物的海上运输保险应由买方办理。

该术语仅适用于海运和内河运输。

(二)CFR 价格术语及投保责任

CFR 价格,即成本加运费,意思是货价中包括运费在内,但不包括保险费。买卖双方以 CFR 价格术语签订贸易合同,则卖方应按照合同规定的货物品质、数量、包装备妥货物,并负责租船、订舱,在规定的时间内,将货物装上船舶。货物在装运港越过船舷之前损失或灭失的风险由卖方承担,货物在装运港越过船舷之后的损失或灭失的风险,以及由于各种事件造成的任何额外费用,由买方承担。

由于该术语是由卖方负责运输,包括托运、租船、订舱等,但保险是由买方自己办理,就产生了装船通知问题。按《2020 年国际贸易术语解释通则》的阐述,卖方在货物装船后,必须无延迟地通知买方。因此,采用 CFR 价格条件,货物的海上运输保险应由买方办理,卖方必须注意及时发出转运通知,以避免不必要的损失。

该术语仅适用于海运和内河运输。

(三)CIF 价格术语及投保责任

CIF 价格,即成本加保险费加运费价,又称到岸价。买卖双方以 CIF 价格术语订立贸易合同,卖方应按照合同规定的货物品质、数量、包装备妥货物,并负责租船、订舱,在规定的时间内,将货物装上船舶,并由卖方负责在转运港越过船舷以前的货物损失或灭失的一切风险,货物越过船舷后的损失和灭失的风险及由于各种事件造成的任何额外费用即由卖方转移到买方。可见,这种价格对货物风险的转移与前面的 FOB 价格和 CFR 价格都是一样的,但保险是由卖方办理并由其承担保险费用。

采用 CIF 价格条件,货物在装运港装船前的保险及货物在装运港装船后的保险,均由卖方办理。货物在装运港越过船舷后的保险,是由卖方代买方办理的。但是,CIF 术语只要求卖方投保最低限度的保险险别,如买方需要更高的保险险别,则需要与卖方明确地达成协议,或者自行做出额外的保险安排。这是由于保险的范围很广,险别很多,故不同的商品,根据不同的目的港所需投保的险别不同,在保险费率上的差别也很大,某些易损商品(如窗玻璃)到达非洲港口保一切险与一般商品到达新加坡保平安险相比较,其费率相差达数十倍。因此,到岸价格中的保险不能包括一切要求,只能提供基本的保险保障,否则会大大提高货物的单价,或者大大降低卖方的利润,甚至可能造成卖方无利可图。按照《2020 年国际贸易术语解释通则》的规定,对卖方代办保险有如下要求。

(1)根据 CIF 价格条件有关卖方责任的规定,卖方必须向信誉良好的保险人投保,并取得可以转让的保险单。在无相反明确协议时,应按照协会货物保险条款或其他类似条款中的最低保险险别投保。

(2)除非经买卖双方约定,保险范围不包括特定行业或买方所需要的特种险,对偷窃、渗漏、破碎、破裂、汗湿、沾污以及特定行业的特种险,由买卖双方考虑并约定是否需要投保。

（3）卖方不负责投保战争、罢工、暴乱和民变险，如买方需要投保这一险别可以代为投保，该保险费由买方承担。

（4）最低保险金额应包括合同规定价款另加10%（即110%），并应采用合同货币。

该术语仅适用于海运和内河运输。

（四）FCA价格术语及投保责任

FCA即"货交承运人（……指定地点）"，是指卖方只要将货物在指定的地点交给由买方指定的承运人，并办理了出口清关手续，即完成交货。在交货以前，卖方承担货物灭失或损坏的一切风险，交货后风险由买方承担。

交货在以下情况发生时完成。

（1）若指定地点是卖方所在地，则当货物被装上买方指定的承运人或其他人提供的运输工具。

（2）若指定地点是其他任何地点，则当货物在卖方的运输工具上，已经抵达指定的地点，交由买方指定的承运人并做好卸货准备时。

该术语可用于各种运输方式，包括多式联运。

（五）CPT价格术语及投保责任

CPT即"运费付至（……指定目的地）"，是指卖方向指定的承运人发货，但卖方还必须支付将货物运至目的地的运费。其风险转移与FCA不同，即由买方承担交货之后的一切风险和其他费用，由买方支付的除外。

该术语可适用于各种运输方式，包括多式联运。

（六）CIP价格术语及投保责任

CIP即"运费和保险费付至（……指定目的地）"，是指卖方向指定的承运人交货，但卖方还必须支付将货物运至目的地的运费，亦即买方承担卖方交货后的一切风险和额外费用。但是按照CIP价格术语，卖方还必须办理买方货物在运输途中灭失或损坏风险的保险。因此，由卖方订立保险合同并支付保险费。

买方应注意，卖方需要投保符合《伦敦保险协会货物保险条款》（A）款或其他类似条款下的范围广泛的险别，而不是符合《伦敦保险协会货物保险条款》（C）款下的范围较为有限的险别。但是，双方仍然可以自行约定更低的险别。

该术语可适用于各种运输方式，包括多式联运。

以上介绍的六种价格条件，以前面的三种使用较为普遍。

二、投保险别的选择

在国际货物运输保险中，选择何种投保险别，需综合考虑多种因素。保险人承担的保险责任是以险别为依据的，不同的险别所承保的责任范围不同，其保险费率也不同。在中国海运货物保险条款三种基本险中，平安险的责任范围最小，水渍险次之，一切险最大。与此相对应，平安险的费率最低，水渍险次之，一切险最高。因此被保险人在选择保险险别时，应该根据货物运输的实际情况予以全面衡量，既要考虑使货物得到充分保障，又要尽量节约保险费的支出，降低贸易成本，提高经济效益。

在国际贸易中，被保险人或投保人应依据以下几种因素选择适当的险别。

（一）货物的性质和特点

不同性质和特点的货物，在运输途中可能遭遇的风险和发生的损失往往有很大的差别。因此，在投保时必须充分考虑货物的性质和特点，据以确定适当的险别。例如，粮谷类商品（如粮食、花生、豆类、饲料等）的特点是含有水分，经过长途运输水分蒸发，可能造成短量；在运输途中如果通风设备不良，还易发汗、发热而致发霉。对于此类商品，一般可以在投保水渍险的基础上加保短量险和受热受潮险，或者投保一切险或ICC（A）。又如，油脂类商品（食用动植物油等）在运输途中常因容器破裂而致渗漏，或沾污杂质而致沾污损失；如果是散装会因油脂本身沾在舱壁或在装卸过程中消耗而致短量。因此，对此类商品，可以在水渍险的基础上加保短量险和沾污险。再如，麻类商品（黄麻、芝麻等）受潮发热会引起变质、自燃，一般可在水渍险或平安险的基础上加保受热受潮险。对于家用电器等商品，由于在运输途中易受碰损或被盗，一般应在水渍险或平安险的基础上加保碰损险或偷窃、提货不着险。服装等纺织品容易受到水湿及沾污损失，所以海运需投保一切险，或在水渍险的基础上加保淡水雨淋险和混杂沾污险，陆运同样应投保与海运相当责任的险别。玻璃器皿、家具、大理石、水磨石的特点是比较容易碰损、破碎，因而可在投保平安险的基础上加保碰损破碎险。此外，对某些大宗货物（如散装桐油、原煤、天然橡胶）以及某些特殊的货物（如冷藏货物），需按不同货物的特点选择保险人提供的特定的或专门的保险条款进行投保，以求能得到充分保障。

（二）货物的包装

货物的包装方式会直接影响到货物的完好情况。散装货物，如大宗的矿石、矿砂，在装卸时容易发生短量损失，散装的豆类等还可能因混入杂质而受损；裸装货物，如卡车等，一般装载于甲板上并采取固定、防滑措施后进行运输，容易因碰撞或挤擦而出现表面凹瘪、油漆掉落等损失；包装货物可能会因包装材料的不同而可能产生不同的损失，如袋装大米可能因在装卸时使用吊钩而使外包装破裂，大米漏出而致损。因此，投保人应根据不同包装方式的特点选择适当的险别。如果采用集装箱运输，货物在运输途中遭遇各类风险而致损失的可能性相对较小。但也可能因集装箱本身未清理干净而使货物沾污受损，或是箱内货物堆放不妥而致运输途中出现碰损、混杂等损失，往往需要在平安险或水渍险的基础上加保碰损、破碎险或混杂、沾污险。但应注意，若因货物包装不足或不当，以致不能适应国际货物运输的一般要求而使货物遭受损失，则属于发货人责任，保险人一般不予负责。

（三）货物的用途与价值

货物的用途与货物投保的险别也有关系。一般而言，食品、化妆品及药品等与人的身体、生命息息相关的商品，由于其用途的特殊性，一旦发生污染或变质损失，就会全部丧失使用价值。因此，在投保时应尽量考虑能得到充分全面的保障。例如，茶叶在运输途中一旦被海水浸湿或吸收异味即无法饮用，失去使用价值，故应当投保一切险。

价值的高低对投保险别的选择也有影响。对于古玩、古画、金银、珠宝及贵重工艺品之类的商品，由于其价格昂贵，而且一旦损坏对其价值影响很大，所以应投保一切险，以获得全面保障。而对于矿石、矿砂及建材类商品，因其价格低廉，也不易受损，故海运一般仅需在平安险的基础上加保短量险即可，陆运则可投保陆运一切险加保短量险。

（四）运输路线及船舶停靠港口（车站）

就运输路线而言，一般地，运输路线越长，所需的运输时间越长，货物在运输途中可能遭遇的风险就越多；反之，运输路线越短，货物可能遭受的风险就越少。另外，运输途中经过的区域的地理位置、气候状况及政治形势等也会对货物的安全运输产生影响。

运输路线和停靠港口不同，对货物可能遭受的风险和损失也有很大的不同。某些航线途经气候炎热的地区，如果载货船舶通风不良，就会增大货损；而在政局动荡不定，或在已经发生战争的海域内航行，货物遭受意外损失的可能性自然增大。同时，由于不同停靠港口在设备、装卸能力以及安全等方面有很大差异，进出口货物在港口装卸时发生货损货差的情况也就不同。因此，投保前要进行适当的调查，考虑到可能发生什么样的损失，以便选择适当的险别予以保障。

（五）运输方式与运输工具

货物通过不同的运输方式、采用不同的运输工具进行运输，途中可能遭遇的风险并不相同，可供选择的险别也因运输方式而各异。根据中国运输货物保险条款，货物采用的运输方式不同，其适用的保险险别也不同。例如，海运货物保险的基本险包括一切险、水渍险和平安险，陆运保险的基本险则包括陆运一切险和陆运险，此外还有航空和邮包保险的险别。因此，投保人或被保险人应根据不同的运输方式和运输工具选择适合的保险险别。

随着运输技术的发展，多式联运方式越来越多地被采用，由于它利用现代化的组织手段，将海运、陆运、空运等单一的运输方式有机地结合起来，因此货主在投保时应全面考虑整个运输过程中分别采用的运输工具的具体特点，分段选择相应的保险险别。

（六）运输季节

货物运输季节不同，也会对运输货物带来不同风险和损失。例如，载货船舶冬季在北纬60°以北航行，极易发生与流动冰山碰撞的风险；冬季运送橡胶制品，货物可能出现冻裂损坏；而夏季装运粮食、果品，极易出现发霉腐烂或生虫的现象。因此，货主在投保时可适当加保一定量的各种附加险。

（七）目的地市场的变化趋势

运输货物保险的保险金额，一般虽然是在货价的基础上另加一定成数的预期费用和预期利润计算而成，但在国际市场上，有些商品的价格波动剧烈。当货物尚在运输途中，目的地的市场价格可能已经上升。因此，为了保证货物在运输途中遭受损失后，仍能按上涨后的市价从保险赔款中获得赔偿，就须根据目的地市场价格上涨的趋势，向保险公司另行加保增值保险。因此，目的地市场价格的变化趋势也是选择保险险别时应考虑的一项因素。

（八）各国贸易习惯

如果货物按 CIF 条件出口，卖方应负责投保何种险别，须在贸易合同中加以明确规定。如果贸易合同对此没有规定，则须按照国际贸易惯例及有关国家的法律规定办理。例如，按照国际商会《INCOTERMS 2020》的规定，CIF 下的卖方应负责投保 ICC 条款（C）或任何类似条款中的最低限度的保险险别；按美国《对外贸易定义》和《统一商法典》的规定，CIF 下卖方有义务代买方投保战争险，费用由买方负担；在比利时，CIF 下卖方常负责投保水渍险；在澳大利亚，按许多行业习惯，CIF 下卖方须负责投保水渍险和战争险；在德国，CIF 下卖方应根据货物的种类、贸易习惯和买方的愿望确定投保的险别，仅投保平安险是不够的。

以上几点是投保人在选择保险险别时应考虑的基本因素。由于运输货物保险承保的基本风险是在运输途中，因自然灾害和运输工具遭受意外事故所造成的货物损失，因此选择投保险别，应首先在基本险别中选择平安险或水渍险，或 ICC1982（B）和 ICC1982（C），然后再根据需要加保必要的附加险别。如果根据商品特点和运输情况，货物遭受外来原因风险的范围较广，遭受损失的可能性较大，则可选择基本险别中的一切险，或 ICC1982（A），而不需加保附加险。在特定情况下，还可按需要投保特别附加险和特殊附加险。

三、选择合适的保险人

投保人无论是通过保险经纪人、保险代理人间接购买保险，还是直接从保险公司购买保险，选择保险人都是十分重要的，因为购买保险不同于购买一般的商品，投保人一旦缴纳了保费，购买了保险，保险人就承诺对在保险有效期内发生的保险货物的损失承担赔偿责任。因而对保险人的选择直接影响到发生损失时被保险人所能获得的补偿。

对投保人而言，选择保险人时要注意以下因素。

（一）保险公司的经济实力和经营的稳定性

保险公司履行对投保人的承诺，是以其经济实力和经营的稳定性为基础的。一般而言，经济实力雄厚的保险公司，经营比较稳健，其履行承诺的保证也比较大，而经济实力比较薄弱的保险公司，相对来说履约保证就要略逊一筹。

（二）保险商品的价格是否合理

保险商品的价格就是费率，费率的高低决定了保费的多少。价格虽然不是选择保险的唯一因素，但却是重要因素。因为投保人在投保时，也要考虑到经济效益，以节省不必要的保费支出，因而投保人会选择费率合理的保险公司。

（三）保险公司的理赔情况

保险公司处理索赔是否公平、及时，也是选择保险人的一个重要条件。有的保险公司展业时的承诺与理赔时的处理存在很大差异，这就需要投保人在投保时做好市场调研，对各个保险公司的理赔情况进行比较和了解，在此基础上，才能在真正发生损失时及时、公正地获得经济补偿。

（四）保险公司提供的服务

投保前，投保人需要很多有关保单的咨询，保险人或其代理人是否能够给予全面的、客观的回答；投保后，投保人或被保险人的一些合理需要能否得到满足；保险标的发生损失后，保险理赔是否迅速、合理等，这些都是保险公司服务水平、态度的表现。保险公司的服务直接关系到保险的质量，因而也是投保人选择保险人应考虑的因素。

四、保险金额的确定

保险金额是被保险人对保险标的的实际投保金额，是保险人承担保险责任的标准和计收保险费的基础。在被保险货物发生保险责任范围内的损失时，保险金额就是保险人赔偿的最高限额。因此，投保人投保运输货物保险时，一般应按保险价值向保险人申报保险金额。

（一）保险金额的构成

国际货物运输保险的保险金额，一般是按 CIF 或 CIP 发票金额加一成（即加成率为 10%）计算的。之所以要按 CIF 或 CIP 计算，主要是为了使被保险人在货物发生损失时，不仅货价的损失可获补偿，对已经支出的运费和保险费也能获得补偿，之所以要加一成投保，主要为了在货物发生损失时，使被保险人所支出的费用（开证费、电报费、借款利息、税款等）及预期利润能获得补偿。

对于加成投保的问题，在《跟单信用证统一惯例》（2007 年修订本，国际商会 600 号出版物）及《2020 年国际贸易术语解释通则》中均有规定。前者的规定是：最低保险金额为"货物的 CIF 或 CIP 金额加 10%"；后者的规定是：最低保险金额为"合同规定的价格另加 10%"。当然，保险加成率的多少是可以改变的，保险人同投保人可以根据不同的货物、不同地区进口价格与当地市价之间的差价、不同的经营费用和预期利润水平，约定不同的加成率。在我国出口业务中，保险金额一般按货物的 CIF 或 CIP 加 10%计算。如果国外商人要求将保险加成率提高到 20%或 30%，则保费的差额部分应由国外买方负担；同时，国外买方要求的加成率如超过 30%时，在签订贸易合同时不能贸然接受，应事先征得保险公司的同意。因为对保险公司而言，当加成率过高、保险金额过大时，会造成下列不良情况的发生：当市场价格下跌时，信誉不好的商人故意造成货物损失，骗取保险赔款；由于保险金额高，赔偿金额高，当被保险货物遭遇风险时，有的商人也可能不积极采取措施防止或减少损失。这样保险公司经营风险加大，故其不一定接受太高的加成率。

（二）保险金额的计算

1. 已知 CIF 价格和加成率，计算保险金额

计算公式为

$$保险金额 = CIF 价格 \times (1 + 加成率)$$

例如，CIF 货价为 105 美元，加成率为 10%，则保险金额为

$$保险金额 = 105 \times (1 + 10\%) = 115.5（美元）$$

2. 已知 CFR 价格、保险费率和加成率,计算保险金额

保险金额是以 CIF 价格为基础计算的,如果对外报价为 CFR 价格,而国外买方要求改报 CIF 价格,或者在 CFR 合同项下,由卖方代买方办理投保,保险金额不能直接用 CFR 价格为基础直接加上保险费来计算,而应先把 CFR 价格换算为 CIF 价格,再加成计算保险金额。从 CFR 价格换算为 CIF 价格时,其计算公式为

$$CIF 价格 = CFR / [1 - 保险费率 \times (1 + 保险加成率)]$$

$$保险金额 = CIF(或 CIP) 价格 \times (1 + 保险加成率)$$

例如,某公司出口一批商品到欧洲某港口,原报 CFR 欧洲某港口,总金额为 40 000 美元,投保一切险(保险费率为 0.8%)及战争险(保险费率为 0.05%),保险加成率为 10%,则改报 CIF 价格是

$$CIF = 40\ 000 / [1 - (1 + 10\%) \times (0.8\% + 0.05\%)] = 40\ 377.52(美元)$$

$$保险金额 = 40\ 377.52 \times (1 + 10\%) = 44\ 415.272(美元)$$

五、投保手续

选择了保险险别及保险人之后,投保人应办理具体的投保手续。在我国,无论在进口还是出口业务中,投保货物运输保险时,投保人通常以书面方式做出投保要约,即填写货物运输保险投保单,经保险人在投保单上签章承诺,或是出立保险单,保险双方即确立了合同关系。

(一)出口货物的投保

按 FOB 或 CFR 条件成交的出口货物,由买方承担运输途中的风险,并由买方自行办理保险,一般情况下,卖方无须办理投保。但卖方在履行交货之前(即货物在装运港装船之前)一段时间内,仍承担货物可能遭受意外损失的风险,需要自行安排这段时间内的保险事宜,投保相应险别。

按 CIF 条件成交的出口货物,虽然仍由买方承担运输途中的风险,但卖方负有办理保险的责任。因为国际贸易运输货物保险是按"仓至仓"条款承保,所以卖方一般应在出口货物从装运地仓库运往码头之前办妥投保手续。投保人向保险公司办理投保,需逐笔书面提出申请,这种书面申请称为要保书或投保单(application for insurance)。各国保险公司投保单格式虽有不同,但内容基本一致,一般都包括被保险人名称、货物名称、包装及数量、标志、保险金额、船名或装运工具、开航日期、航程或路程、投保险别、赔款地点等。

保险单是确定保险费的依据,因此,投保单的填写必须准确、真实。中国人民保险公司的进出口货物运输保险投保单的具体内容主要有以下几项。

1. 被保险人

被保险人是享受保险单权益的人。当货物以 CIF 或 CIP 条件出口时,应由出口商以投保人的身份办理保险,为能使自身承担的货物运输途中的风险得到保障,出口商应以本人作为被保险人。当货物在起运港越过船舷或交付承运人之前发生损失时,风险由出口商承担,出口商可以向保险人索赔。一旦货物越过船舷,或交承运人后,出口商根据信用证或贸易合同

的要求在保险单上签章背书，即可将保险单转让给进口商或指定的第三方（如银行）。

当货物以 FOB、FCA 或 CFR、CPT 等条件出口时，则由进口商自行办理运输货物保险，投保人与被保险人一般均为进口商。出口商承担的货物在起运港越过船舷或货交承运人之前的风险，可通过投保国内运输货物险予以保障。

2．发票号码和合同号码

为了便于在发生索赔时进行核对，投保人应在投保单上填写出口货物的发票号码和贸易合同号码。

3．包装及数量

此栏需写明包装方式，如捆（bundles）、箱（cases）、袋（bags）、桶（drums）等，以及包装的数量。如果一次投保有数种不同包装时，可以件（packages）为单位。散装货应填写散装重量（M/T in bulk）。如果采用集装箱运输，应予注明（in container）。

4．保险货物名称

货物的名称必须具体明确，填写保险货物的具体类别、名称。例如，小麦、茶叶、服装等，一般不应填写货物统称。这样便于保险人确定适用的保险费率。

5．保险金额

保险金额应按照贸易合同或信用证规定的加成比例计算得出的保险金额数值填写，且其末位进位成相对整数。一般不要辅币，即小数点后的尾数一律向前进位为整数。保险金额的货币名称要与信用证、发票一致。

6．装载运输工具

海运时应写明具体的船名，如果中途需转船，已知第二程船时应填写船名，如果第二程船名未知，则只需填写"转船"字样（with transshipment）。如采用联运时，应注明联运方式。如果采用火车或航空运输，最好注明火车班次和班机航次。

如果是大宗货物，发货人租船时为减少运输费用而可能租用老龄船。由于保险公司对船龄超过 15 年的船舶所载货物的运输保险要加收保险费，所以投保人应事先在投保时做出说明。

7．航次、航班

若采用班轮时，应注明船舶航行的航班、航次。

8．开航日期

一般应注明"按照提单"（as per B/L），或注明船舶的大致开航日期。

9．运输路线

填写起始地和目的地名称。中途如需转运，则应注明转运地。若到卸货港后，需转运内陆，应注明内陆地名称。如果到达目的地的路线不只一条，要填写经过的中途港（站）的名称。

10．承保险别

填写投保何种保险险别（包括基本险和附加险），还应注明采用何种条款，如 ICC。投保人如果对保险条款有特殊要求，应予注明，以便保险人考虑接受与否。

11．赔款地

通常在目的地支付赔款。如果被保险人要求在目的地以外的地方赔款，应予注明。

12. 投保人签章及企业名称、电话、地址

填写投保人的名称、地址等具体信息。

13. 投保日期

出口商投保时，投保日期应在船舶开航日期或货物起运日期之前。根据《UCP600》的规定，银行有权拒收保险单日期迟于货物装船或发运日期的保险单。

（二）进口货物的投保

中国进口货物，除 CIF 合同应由国外卖方办理保险外，FOB 和 CFR 等合同项下的进口货物均须由国内买方办理投保手续，其方式有以下两种。

1. 订立预约保险合同

中国各经营进口业务的公司为了简化手续，并防止进口货物在国外装运后因信息传递不及时而发生漏保或来不及办理投保等情况，对进口货物的保险采取了订立预约保险合同的办法。

各经营进口业务的公司同中国人民保险公司签订的进口运输货物预约保险合同有海运、航运、邮运、陆运等不同运输方式的进口预约保险合同。

海运进口运输货物预约保险合同规定：各进出口公司成交的从国外海运进口至国内的全部贸易货物，凡贸易合同规定是由中国进口公司办理保险的，都属预约保险合同范围之内，保险公司对合同范围内的货物负有自动承保的责任。在合同范围内进口货物如有需要在国外保险者，各有关公司应事先将贸易合同内容通知保险公司，以免重复保险。关于投保险别，根据保险合同附件"海运进口货物保险险别和特约费率表"，按各公司经营商品分类列明投保险别。例如，纺织品和轻工产品投保一切险和战争险，金属原料投保水渍险和战争险，危险品装舱面加保舱面险等。如需加保保险合同规定之外的特殊险别或更改附表中约定的险别，需逐笔通知保险公司并加付保险费。

按照预约保险合同的规定，各公司对每批进口货物无须逐笔办理投保，也无须填制投保单，而以国外卖方装船通知副本或进口货物结算凭单副本代替投保单，每 10 天向保险公司汇交一次办理投保。装船通知或结算凭单均需包括船名、开航日期及航线、货物名称及数量、货价及价格条件，以及订货合同号。每批货物的保险金额均以 CIF 进口价为准，不另加成。但预约保险合同规定有最高限额条款，超过限额时，各进口公司应于货物在国外装船前通知保险公司，以便保险公司及时办理分保。

海运进口运输货物预约保险合同除上述内容外，还对保险金额及保险费计算、保险公司的保险责任、被保险人索赔手续和期限以及保险公司赔款支付等做了相应的规定。

空运、邮运进口货物预约保险合同的基本内容与海运相同。凡是按 CFR 或 FOB 条件成交从国外以空运、邮运至国内任何一地的进口货物，均属预约保险合同范围之内，保险公司负自动承保责任。按照合同规定，各进口公司需于每批货物在国外发运后以启运通知书形式逐笔办理投保，这同海运每 10 日汇交一次装船通知书副本是不同的。另外，空运、邮运进口货物预约保险也规定有最高保险金额的限制。超过限额部分，保险公司在收到投保人通知后才承担保险责任。至于陆运进口货物预约保险合同，主要适用于中国从东欧国家进口的保险货物，其基本规定与其他预约保险合同一致。

2. 逐笔办理投保

这种投保方式适用于不经常有货物进口的单位。在采用这种方式投保时，货主必须在接到国外的发货通知后，立即向保险公司索取并填写《进口货物国际运输预约起运通知书》送交保险公司。此项通知书经保险公司签章即算作完成了投保手续。

根据中国《海商法》的规定，被保险人应当在合同订立之后立即支付保险费，在被保险人支付保险费前，保险人可以拒绝签发保险单。因此，投保人办理了投保手续后，应及时向保险公司缴纳保险费。

进口商投保时，由于买卖双方处于不同的国家，距离遥远，如果出现信息传递失误，买方投保的日期可能在货物装船以后或货交承运人以后，甚至可能出现投保时货物已经在运输途中发生损失的情形。按照国际货运保险的惯例，如果投保时货物已经发生损失，只要进口商的投保是善意的，事先并不知情，保险合同仍然有效，保险人仍需按保险合同的规定予以赔偿；反之，如果进口商在投保时已经知道货损事件，则该投保行为属于保险欺诈，保险合同无效。

（三）填写投保单应注意的事项

1. 投保时所申报的情况必须属实

保险是建立在最大诚信原则基础之上的合同关系，保险人对投保人的投保是否接受或按什么费率承保，主要是以投保人所申报的情况为依据来确定的。因此，投保人在办理投保时，应当将有关被保险货物的重要事项（包括货物的名称、装载收纳工具以及包装的性质等）向保险人做真实的申报和正确的陈述。根据最大诚信原则，如所报情节不真实或隐瞒真实情况，保险人有权解除合同或不负赔偿责任，且不必退还保险费。如果投保人因过失而未如实申报重要事实，保险人也可以酌情做出解除保险合同或加收保费的决定。

2. 投保单的内容必须同买卖合同及信用证上的有关规定相一致

由于保险单是以投保单为依据签发的，如果投保人不按贸易合同的规定填写投保单，保险人据此出具的保险单就会与贸易合同的规定不符，收货人也就可以拒绝接受这种保险单。在信用证支付方式下，投保单的内容还应符合信用证的有关规定，否则保险人所签发的保险单也会因"单证不符"而遭到银行的拒收。信用证是国际贸易中的一种主要支付方式，它以银行的信用保证来代替商人之间的信用保证。信用证是银行应买方的请求开给卖方的一种银行保证付款的凭证，开证银行在符合信用证规定的条件下凭单据付款。对买卖双方来说，信用证上所列各项内容必须符合贸易合同的规定，但对银行来说，信用证并不依附于合同，银行只对信用证负责，不过问合同的内容。因此，保险单证上所列的内容必须符合信用证上保险条件栏内的规定，否则会影响安全收款。

在实际业务中，如果出现买方开来的信用证中有关保险的规定与贸易合同中的保险条款不一致时，卖方应根据实际情况妥善处理，以保证贸易合同的正常履行和及时收汇。下面是几种常见的信用证和贸易合同的保险条款不一致的情形和投保时处理的方法。

（1）来证投保险别责任不明确的，应酌情或要求修改信用证，或按以往惯例办理保险。例如，信用证要求承保不论任何原因的损失（loss whatsoever clause），这显然超越了保险所能保障的范围，因为保险只对意外的、外来原因所致的货物损失负责，故保险人无法接受，此时卖方应该及时通知买方按照买卖合同的规定修改信用证。

（2）来证投保险别明确，但保险责任小于贸易合同规定的，可以按信用证所列的险别出单议付，另外再出批单补保贸易合同所规定的保险责任，将批单寄给客户，以表明重信用。例如，贸易合同规定投保协会 A 险和战争险，信用证却只要求投保协会 A 险，此时卖方应先按信用证所列险别投保协会 A 险出单议付，另外再补保战争险，将战争险保单另行寄给客户。

（3）来证投保险别明确，但保险责任大于贸易合同所规定的，应酌情处理或要求国外修改信用证，或要客户承担保费差额后同意承保，但以保险公司接受承保的险别为限。例如，贸易合同订明险别为一切险，而来证却要求投保一切险加保战争险。在这种情况下，卖方可通过和买方协商，按一切险加战争险投保，两者之间的保费差额可由保险公司出立保费收据，由卖方另行向买方收取。又如贸易合同规定货物运达目的地仓库保险责任即终止，而来证要求货物到目的地仓库后再负责 30 天。出现这种情况，通过和买方协商，在买方支付额外保险费的前提下卖方可按来证要求投保。

（4）来证所列保险条款和贸易合同的保险条款虽然保险责任相同，但在用词、编排上有所不同，或者是对责任进一步的阐明，并不涉及责任大小的，可以在采用信用证原词的基础上加以整理后写进保险条件栏内。例如，贸易合同中规定投保一切险，来证却在写明一切险的基础上专门列出要保 "TPND，breakage"（偷窃、提货不着险，包装破裂险）等，由于这些一般附加险已经包括在一切险责任范围内，故可按信用证的文字在投保单及保险单上加列，以达到符合"单证一致"的要求。

（5）信用证要求采用国外条款。如果贸易合同规定按我国海运保险条款投保，而信用证却要求按伦敦保险协会条款投保。此时，卖方原则上可接受。例如，我国的出口贸易中根据合同规定按我国海运保险条款投保，而信用证却要求按伦敦协会条款投保，此时卖方可酌情处理，如果合同规定投保一切险的，相应改为协会（A）条款承保，合同规定投保水渍险的，可改为协会（B）条款，合同规定投保平安险的，可改为协会（C）条款，但应注意提交保险单所载险别名称必须与信用证的规定相一致。

3. 要注意尽可能投保到内陆目的地

国际贸易中，收货人的收货地点往往是在内陆，而海上运输中常用的贸易术语规定，只将货物运送到目的港。按照海上货运保险的国际惯例，除保单上特别注明加保内陆转运责任，货物运输保险的目的地均为货物最后卸离海轮的目的港，而非保单上注明的收货人的内陆目的地仓库。如果投保人只将货运保险保到目的港，则货物从目的港运输到内陆的收货人仓库这一段所发生的损失就得不到保险赔偿。在实际业务中，有很多损失在港口是无法发现的，只有在货物运达收货人的内陆目的地仓库经检验后才能确定，如只保到目的港，就会对损失责任的确定造成困难。因此，为解决收货人的实际需要并避免纠纷，以保到内陆目的地为宜，当然有些内陆城市出于运输条件过差，保险公司明确不保，这就须按照保险公司的规定办理。目前在保险实务中，我国保险公司对于国内的投保人一般都同意将货运保险保到国外内陆目的地，根据情况酌情加收一定费用。

国际贸易货物如果采用多式联运方式运输，贸易术语一般应采用 CIP。在这一贸易术语下，卖方须负责办理运输全程的各种运输方式的保险（包括海洋运输），并支付运输全程的保险费，因而保险人的责任期限可在指定的内陆目的地终止。

另外，在出口业务中，如果进口方对保险有特殊要求，如加保某些特殊险，或要求保险加成率过高等，出口方应事先征得保险公司同意，方可接受进口方的要求。

六、投保的方式

（一）进口货物的投保方式

按 FOB、FCA 或 CFR、CFP 价格成交的进口货物，由国内买方办理投保，投保的方式有以下两种。

1. 订立预约保险合同

在我国的实际保险业务中，为了简化保险手续，并防止进口货物在国外装运后因信息传送不及时而发生漏保或来不及办理投保等情况，专营进口业务的公司可同保险公司签订海运进口货物运输预约保险合同，并由保险公司签发预约保险单证，明确规定：凡属该公司海运进口的货物，保险人负有自动承保的责任。同保险公司签有预约保险协议的各进口公司，对每批进口货物无须填制投保单，只需在获悉所投保的货物在国外某港口装运时，将装运情况通知保险人，通知的内容包括装运货物的船名、货物名称和数量、货物价值和保险金额等。

目前，国内保险业务的通常做法是：投保人填写《国际运输预约保险起运通知书》，保险公司依据此通知书签发保险单；由于是预约保险，国内保险公司往往也不再出具保险单，仅以上述货运通知书作为投保人投保的依据，代替保险单。在具体操作中，又可以分为两种方式：一种是比较严格的逐笔申报，投保人对于每一笔起运的货物都要填写通知书；另一种是定期申报，按照固定的时间间隔定期填写清单，如一个月汇总一次。

2. 逐笔办理投保

这种投保的方式适用于不经常有货物进口的单位。采用这种投保方式时，货主必须在接到国外的发货通知后，立即向保险公司申请办理海运货物保险的手续，即填写投保单，并缴纳保险费。保险人根据投保单签发保险单。

（二）出口货物的投保方式

按 CIF、CIP 价格成交的出口货物，货运保险由卖方办理投保。按我国保险公司的有关规定，出口货物的投保一般需逐笔填写投保单，向保险公司提出书面投保申请，投保单经保险公司接受后，由保险公司签发保险单。

在理论上，出口货物的投保方式也可采用订立预约保险合同的方式，但在实际操作中并不经常采用，因为国际贸易中常采用信用证付款方式，银行在付款时要求卖方提供保险单，因而在实际业务中出口货物的投保大多是逐笔出单。

如果时间急促，也可采用口头或电话向保险公司申请投保，如获允许，保险也可生效，但随后一定要补填投保单。

为了简化单证，在实际业务中，对于长期的客户，保险公司还可以同意投保人不单独填写投保单，而利用出口公司现成的发票副本代替投保单，但发票副本上必须将投保单上所规定的内容补填齐全。

第二节　国际货物运输保险承保实务

在国际货物运输保险实务中，保险的承保是保险人同被保险人签订保险合同的过程。保险人在接受投保人的投保申请后，根据投保人的投保意向对投保申请按照规定的风险标准和操作程序进行严格的筛选，并提出相应的保险条件，经过核保人的筛选，对符合条件的投保单，保险公司才签发保险单，即保险双方协商取得一致意见后，签订保险合同。

一、保险单的缮制、批改和转让

（一）保险单的缮制

保险单是保险公司根据投保人提供的投保单的内容而制作的，因此，保险人在接受投保后所缮制的保险单内容应与投保单一致，以满足投保人对保险的要求。

保险单一般均应包括下列事项。

1. 保险公司名称

保险单最上方均事先印有保险公司的名称，如"中国人民保险公司（The People's Insurance Company of China）"。

2. 保险单名称

如海运货物保险单的名称为"海洋货物运输保险单（marine cargo insurance policy）"。

3. 保险单号次（policy No.）

这是保险公司按出单顺序对每张保险单进行的编号。

4. 被保险人的名称（the insured）

被保险人俗称"抬头"。按投保单中的内容填写，如信用证规定被保险人为某银行或某公司，保险单抬头应直接打上该银行或公司的名称。保险单可由被保险人背书转让。

5. 发票号与唛头（invoice No.&marks）

填写发票号码，一般还应将发票上所标的唛头打上。如果唛头较复杂，可只填写发票号码。这是因为保险索赔时必须提供发票，保险单和发票可以互相参照。

6. 包装及数量（quantity）

按投保单打制。包装货物应打明包装方式，如"袋（bags）""箱（cases）"等。有两种或两种以上包装方式时，应打上"包装件（packages）"。有时需打明重量，散装货也要注明。

7. 保险货物项目（description of goods）

一般按投保单打制，应与发票相符。

8. 保险金额（amount insured）

根据投保单中金额填写，小数点后的尾数一律进为整数，大小写金额必须一致，如加保进口关税险，需另行打明关税险的保险金额。

9. 保费（premium）

一般只打"按照约定（as arranged）"，但若信用证要求标明保费及费率，则应打上具体保费金额和保险费率。

10. 装载运输工具（per conveyance S.S.）

如在海洋运输中按投保单上记载打上船名和航次，若船名未知，打"to be declared"。

11. 开航日期（sailing on or ABT.）

一般打上"按所附提单（as per B/L）"，表明以提单为准，或打上具体时间。

12. 运输起讫地（from…to…）

按投保单填写。如果中途转船，则须打明转船字样。

13. 承保险别（conditions）

此栏具体载明保险公司承担的保险责任，要求全面、详细而准确，根据投保单上的要求而制定。

14. 保险公司在目的地的检验、理赔代理人名称及详细地址、电话号码等内容

检验代理人和理赔代理人可能是同一人，也可能不是同一人，应在保险单中注明。如果最后目的地没有保险公司检验代理人，应规定可由当地合格的代理人检验。

15. 赔款偿付地点（claim payment AT/IN）

一般以目的地为赔款偿付地，不能把国家名称作为赔付地点。若投保人要求在目的地以外的某一具体地点付款，如属于贸易需要或商人的正当要求，一般应予接受。

16. 保单签发日期（date）

应不迟于运输单据日期，因为银行不接受迟于运输单据日期的保单。在实务中，一般以投保单上的日期为保单签发日期。

17. 保险公司代表签名（general manager）

（二）保险单的批改

保险单在签发后，在保险单有效期内，其内容一般不宜更改。但在实际业务中，由于种种原因，投保人在向保险公司申报时陈述错误或遗漏难以完全避免。在此情况下，如不及时变更或修改，被保险人的利益就可能受到影响，甚至导致保险合同失效。此外，保险货物在运输途中也可能遇到某些意外情况，如承运人根据运输合同赋予的权力改变航行路线、变更目的地、临时挂靠非预定港口或转船等，这些新变化也要求对原保险单内容及时进行变更或修改，以便保险标的获得与新的情况相符合的保险保障。

保险单内容的变更或修改，往往会影响到保险人的承保责任范围及其承担的风险。投保人或被保险人如果需要对保险单内容进行变更和修改，应以书面形式向保险人申请批改。通常只要不超过保险条款规定允许的内容，保险人都会接受。如果涉及扩大承保责任或增加保险金额，一般也是可以的，但必须在被保险人不知有损失事故发生的情况下，在抵达目的地之前申请办理，并需加缴一定的保费。

保险人批改保险单一般采用签发批单（endorsement）的方式进行。此项工作可以由保险人自己办理，也可以由保险人授权设在国外港口的代理人办理。保险人或其代理人所签发的批单，一般应贴在原保险单上，构成原保险单的一个组成部分，对双方当事人均有约束力。批改的内容如与保险合同有抵触的，应以批单为准。

（三）保险单的转让

保险单的转让是指保单持有人将保险单所赋予的要求损失赔偿的权利以及相应的诉讼权转让给受让人。因而，保险单的转让即保险单权利的转让。这种权利的转让同保险货物本身所有权的转让是两种不同的法律行为。买卖双方交接货物，转移货物所有权，并不能自动转移保险单的权利。

根据各国海上保险法律，关于保险单的转让一般规定如下。

（1）海运货物保险单的转让可以不经保险人的同意而自由转让，船舶保险单则必须征得保险人的同意才能转让。

（2）海上保险单的转让，必须在保险标的所有权转移之前或转移的同时进行，如果所有权已经转移，事后再办理保险单的转让，则转让是无效的。

（3）在海上保险单办理转让时，无论损失是否发生，只要被保险人对保险标的仍然具有可保利益，保险单均可有效转让。

（4）保险单的受让人享有与原被保险人在保险单下享有的相同权利和义务。

（5）保险单转让后，受让人有权以自己的名义向被保险人进行诉讼，保险人也有权如同对待被保险人一样，对保险合同项下引起的责任进行辩护。

（6）保险单的转让，可以采取由被保险人在保险单上背书或其他习惯方式进行。按照习惯做法，采取空白背书方式转让的保险单，可以自由转让；采取记名的背书方式转让的保险单，则只有被背书人才能成为保险单权利的受让人。

二、保险费的结算

（一）保险费的计算公式

投保人向保险人交付保险费，是保险合同生效的前提条件。保险人只有在被保险人承诺或实际支付保险费的条件下，才承担相应的保险责任。保险费是保险公司经营业务的基本收入，也是保险公司用作支付保险赔款的保险基金的主要来源。

货物运输险的保险费是以货物的保险金额和保险费率为基础计算的，其计算公式为

$$保险费=保险金额×保险费率$$

如前所述，保险金额是根据保险价值确定的，保险价值一般包括货价、运费、保险费、经营管理费和预期利润等。按照各国法律，保险金额在不超过保险价值的前提下，可由保险人和投保人约定，在实践中，通常是由投保人根据货物的合同价经加成后经保险人同意确定的。

如按 CIF、CIP 加成投保，保险费的计算公式为

$$保险费=CIF 价格×(1+保险加成率)×保险费率$$

在已知 CFR、CPT 价格的条件下，保险费的计算公式还可以为

$$保险费=CIF 或 CIP 价格-CFR 或 CPT 价格$$

（二）保险费率的确定

保险费率是保险人以保险标的的风险大小、损失率高低、经费费用的多少等为依据，根据商品性质和包装、目的地、运输方式、航程远近、航行路线以及不同的投保险别所制定的

保险价格。货物保险的保险费率通常是由保险人根据损失赔付概率,运用大数原则,综合营运成本而制定的。保险费率的制定不能偏高,也不能偏低。费率定得太高,会使保险人在市场上缺乏竞争力,定得太低又会影响到保险人对灾害事故的偿付能力,影响业务的正常运行。此外,由于国际货物运输保险承保的是国际贸易的货物,所以还应考虑国际因素,使保险费率水平适应国际市场的行情,以增强自身在国际市场上的竞争能力,而且还应使保险费率的水平能为国际再保险人接受,以便保险人在需要时通过国际范围内的再保险使承保风险得以分散和转移。

我国的进出口货物保险费率是根据我国货物运输的实际货损情况,并参照国际保险市场的费率水平制定的。中国人民财产保险股份有限公司的出口货物保险费率包括以下几项。

1. 一般货物费率

一般货物费率是按照保险货物运输目的地和投保的基本险,分别列出平安险、水渍险和一切险的费率标准,所有出口货物均需按该表所列费率标准计收保险费,这是被保险人必须支付的基本保险费率标准。例如,海运运往英国的出口货物,其保险费率为平安险0.10%、水渍险0.18%、一切险0.4%。海运保险的一般货物费率表的结构如表8-1所示。

表8-1 一般货物费率表

每百元

目 的 地	险 别		
	平 安 险	水 渍 险	一 切 险
中国香港	0.05	0.08	0.15
日本	0.05	0.08	0.15
新加坡	0.08	0.12	0.30

2. 指明货物加费费率

指明货物加费费率是针对某些易损货物加收的一种附加费率。这些货物在运输途中由于容易遭受短少、破碎和腐烂等损失,并且损失率较高,不宜同其他非易损货物采用相同的费率。保险人把这些货物专门列出来,并称此类货物为"指明货物"。当投保人就这些货物投保一切险时,无论采用何种运输方式,保险公司均在一般货物费率的基础上按规定的加费费率加收保险费。这个费率被称为"指明货物加费费率"。

指明货物加费费率是按专业进出口公司经营的商品进行分类的,例如,海运运往英国的日用陶瓷投保一切险,一般货物一切险费率为0.6%,指明织物加费费率为3%,则应按3.6%计收保险费。指明货物加费费率表的结构如表8-2所示。

表8-2 指明货物加费费率表(粮油食品类)

每百元

商品名称	加费费率	备 注
散装、袋装粮食、籽仁、豆类	0.30	扣短量免赔率0.50%
袋装食糖、袋装食盐	0.50	扣短量免赔率0.50%
散装、桶装油脂	0.30	散装扣短量免赔率0.30%

续表

商品名称		加费费率	备注
花生仁、果		2.00	扣短量免赔率0.50%
冷冻品	机械冷藏储运	0.40	按照冷藏险条款
	车装干冰储运	1.00	

在指明货物加费费率表中，备注栏主要是对一些货物有免赔率的规定。免赔率是指保险人对保险货物在运输途中发生的规定比率之内的货损、货差不负赔偿责任。这是因为有些货物由于本身的特点在装卸作业过程中或在运输途中必然会出现一些损耗，这是正常现象，而非偶然事件，所以保险公司对这种损失不予赔偿。免赔率有绝对免赔率和相对免赔率两种。绝对免赔率是指保险人只赔偿超过免赔率规定的损失部分，对免赔率以内的损失绝对不赔；相对免赔率是指保险人对免赔率以内的损失不赔，如果损失超过免赔率的规定，则全部损失都赔，即免赔率以内的损失也给予赔偿。

中国人民保险公司在指明货物加费费率表中对某些易损货物规定了绝对免赔率。如投保人要求降低免赔率或不计免赔率，可按费率表规定的标准，加费承保。

3. 货物运输战争险、罢工险费率

战争险或罢工险的费率同基本险费率相比是很特殊的，它实际上仅规定了战争险费率，而且不管采用何种运输方式，不管何类货物，费率均相等。战争险的费率是波动型费率。在没有战争爆发的情况下，战争险费率较低，但保险人对其承保的战争风险，可以根据不同时间、不同地区的战争风险和罢工风险的实际情况，以及国际形势的变化随时调整战争险的费率。

战争险、罢工险一起投保时，只按战争险费率计收费。如只投保罢工险，则按战争险费率计收。

4. 其他规定

这一部分内容主要是对上述三项没有包括的某些特殊情况的规定，如投保一般附加险、特别附加险、内陆运输扩展责任保险等规定的收费标准，以及某些情况下减费的规定等，具体包括以下几项。

（1）一般附加险费率。如果货物投保了平安险或水渍险，又另外加保了一项或几项一般附加险，如果加保的附加险是该货物在运输过程中可能遭受的最主要的外来风险，则加保的一般附加险按指明货物加费费率计收。

（2）特别附加险费率。这是指对除一切险之外的附加特殊险别的加费规定。特别附加险费率根据加保的附加险的险别而定，如进口关税险按投保的基本险费率的70%收费，交货不到险的费率一般为2%左右。

（3）舱面险加费。舱面货一般只在平安险或水渍险的基础上加保舱面险，费率按主险的50%计收。如果在一切险基础上加保舱面险，按一切险费率100%加收舱面险费率。

（4）内陆运输加费。当保险起运地或目的地在海运港口以外的内地时，投保一切险视具体情况加收一定的费率。如果投保平安险或水渍险，则并不加费。

（5）延长保险期限加费。当货运保险期限终止后还要求延长保险期限的，根据延长的时间加收一定费率。

（6）转运加费。运输途中发生转船、转车或转机时，按具体风险损失情况决定是否加费。

（7）免赔率增减计算。凡指明货物表内规定有免赔率的，如果投保人要求降低或增加免赔率，应按一定标准加收或减收保险费。

（8）贵重商品保险计算。保险货物已向承运人声明价值并支付从价运费的，视为贵重物品，按费率表的规定给予折扣优待，但战争险、罢工险不享受这种优待。

目前，中国人民保险公司的进口货物费率表有特约费率表、进口货物费率表和特价费率表。

（1）特约费率表。特约费率表适用于同保险公司签订有预约保险合同的各专业进出口公司的进口货物的保险费的计算。国际货物运输预约保险合同是一种长期有效的保险合同，保险人对在合同约定范围内的运输货物全部予以承保，也要求被保险人如实地向保险人申报所有的运输货物，而不必就每次货物运输分别洽谈保险条件。

特约费率表是按照预约保险合同所确定的保险费率的标准。被保险人如果订有预约保险合同，保险人无须对每批货物逐一确定保险费率，而是在合同订立时就确定一个适合所有合同货物的统一的优惠保险费率。因而特约费率表规定的费率是一种优惠的平均费率，保险人根据每次运输货物的金额及预定保险费率每月一次结算应缴保险费。

（2）进口货物费率表。进口货物费率表适用于专业进出口公司以外的其他单位的进口货物的保险费的计算。这种费率是按照进口地区不同，按投保险别不同制定的不同的费率。费率标准较前者要高一些。

（3）特价费率表。特价费率表是对一些指定的商品投保一切险时采用的费率。特价费率表类似于出口货物的"指明货物加费费率表"。

第三节　国际货物运输保险索赔实务

保险索赔是指被保险货物遭受损失后，被保险人应按规定办理索赔手续，向保险人要求赔偿。

在国际货运保险实务中，保险索赔时，被保险人对保险标的必须具有保险利益，以海运为例，若以 CIF 条件成交，货物的损失若是发生在起运港装上海轮之前的运输途中，应由卖方向保险公司索赔，如果货物的损失发生在装上海轮之后，根据保险利益原则的规定，应由买方向保险公司索赔。

一、索赔的程序

（一）损失的通知

在国际贸易中，被保险人一经获悉或发现保险标的遭受损失，应立即通知保险公司。被保险人获知货损一般有以下两种情况。

（1）货物在运输途中因运输工具遭遇到意外事故，如卡车倾覆、船舶触礁等而受损。由于在这种情况下货损往往比较严重，被保险人通常在事发后很快就能知悉。

(2) 货物在起运前后虽然因各种原因而受损，但往往由于损失程度较轻或从外表无法察觉，直到货物运抵目的港，被保险人在提货时，甚至进入收货人的最后仓库时才能发现。

不管属于何种情况，一旦获悉保险货物受损，被保险人应立即向保险人或其指定的代理人发出损失通知。保险人或指定的代理人接到损失通知后，一方面对货物提出施救意见并及时对货物进行施救，避免损失扩大；另一方面会尽快对货物的损失进行检验，核定损失原因，确定损失是发货人还是承运人的责任等，以免因时间过长而导致货物损失原因难以查清，责任无法确定。因此，被保险人若没有及时进行损失通知，保险人有权拒绝赔偿。如果有特殊原因致使被保险人无法在规定的期限内发出损失通知时，被保险人应及时向保险人申请延期通知。

（二）申请检验

被保险人在向保险人或其代理人发出损失通知的同时，还应向其申请货物检验。货物的检验对查清损失原因、审定责任归属是极其重要的，因而被保险人应及时申请检验，如果延误检验，不仅会使保险人难以确定货损是否发生在保险有效期内，而且可能导致损失原因无法查明，影响责任的确定。特别是当货物运抵目的地最后仓库才发现货损时，被保险人更应尽快地向保险人申请检验，以便确定损失是否在运抵目的地最后仓库前，即在保险期限内发生的。保险人对货物的损失通知和申请检验均有严格的时间限制，中国的保险公司一般要求申请检验的时间最迟不能超过保险责任终止后 10 天。当然，如果是因为被保险人无法控制的原因导致申请检验时间超过了规定的期限，保险人还是应根据实际情况予以受理。

被保险人在申请检验时，应明确以下两点。

1. 申请检验的机构

在出口运输货物保险单中，一般都指明了保险公司在目的地的检验代理人的名称和地址。发生货损后，被保险人必须采取就近原则，向保险单指定的代理人申请检验，而不能自行请他人进行检验，否则保险人有权拒绝接受检验报告而要求由指定的代理人重新检验。保险中指定的检验代理人有两种：一种是只有检验权的代理人；还有一种是具有核赔权，即检验、理赔合一的代理人。对于后者，保险人开具一定金额的循环信用证，在一定额度内的损失，代理人可自行核赔。

对于进口运输货物保险，当货物在运抵目的地发现有损失时，一般由保险人或其代理人和被保险人进行联合检验，共同查明损失的原因，确定损失金额以及责任归属。如果货损情况非常复杂，一般应申请由检验检疫部门或保险公证机构进行检验，并出具检验报告。

2. 免于申请检验的前提

对整件短少的货物，如果短少是在目的港将货物卸下海轮时发现的，被保险人应向承运人索取短卸证明；如果短少是货物在卸离海轮以后，提货以前发现的，被保险人应向港口当局或装卸公司索取短卸证明。在此情况下，短卸证明即可作为损失依据，不需申请检验。此外，如果损失轻微，损失金额小，若申请检验，检验费用可能超过保险货物损失的金额，从经济上考虑，保险人往往不要求被保险人申请检验。对此，一般由代理人出具不检验损失报告，保险人直接按实际损失予以赔偿。

检验完成后，应由进行检验的代理人、检验检疫机构或保险人会同被保险人对损失的原因和损失程度等做出判断。检验报告是被保险人据以向保险人索赔的重要证据。但检验报告只是检验人对货损情况做出客观鉴定的证明,并不能最后决定货损是否属于保险责任,以及保险人是否应对货损予以赔偿。因此,检验报告上一般注明"本检验报告不影响保险人的权利",这意味着货物损失是否属于保险责任范围最终要由保险人根据保险合同条款决定。

(三)提交索赔单证

被保险人在向保险人或其代理人索赔时,应提交索赔所必需的各种单证,按照中国货物运输保险条款的规定,被保险人在索赔时应提供以下单证。如果涉及第三者责任,还须提供向责任方追偿的有关函电及其他必要单证或文件。

1. 正本保险单(original policy)

保险单是保险合同的书面证明,是被保险人向保险人索赔的最基本的凭证,保险单中规定的保险人的责任范围及保险金额等内容是确定保险人赔偿与否及赔偿金额的直接依据。

2. 运输单据(transportation document)

运输单据是证明被保险货物交付承运人进行运输时状况的依据。由于运输单据是承运人在接收货物后出立的,其中关于货物的数量及交货时外表状况是否完好等内容的记载,对保险人确定货物损失是否发生在保险期内,以及承运人是否应承担货损责任有很重要的参考作用。

3. 发票(invoice)

发票是保险人计算保险赔款的依据之一。保险人通过核对发票与保险单及提单的内容是否相符,以确定赔偿金额。

4. 装箱单(packing list)和重量单(weight memo)

装箱单和重量单是被保险货物在装运时的数量和重量的证明物,用来证明被保险物在数量上及重量上的损失。

5. 货损证明(certificate of loss or damage)

货损证明是指货物运抵目的港或目的地卸下船舶或其他运输工具的过程中出现残损或短少时,由承运人、港口、车站、码头或装卸公司等出具的理货单据,如货物残损单、货物溢短单和货运记录等,这类单据须由承运人或其他责任方签字认可。它既是被保险人向保险人索赔的证据,当货损、货差是由于承运人等责任方所致时,它又是被保险人和保险人据以向责任方追偿的重要依据。

6. 检验报告(survey report)

检验报告是检验机构出具的货物质量和数量检验单据,是保险人据以核定保险责任及确定保险赔款的重要文件。检验报告的内容包括对受损货物的损失原因、损失程度、损失金额、损失价值判断或鉴定及处理损失经过等的记录。

7. 索赔清单(statement of claim)

索赔清单是被保险人提交的要求保险人赔偿的详细清单,主要列明索赔的金额和计算依据,以及有关费用的项目等。

8. 海事报告(master's report or marine accident report)

这是载货船舶在航行途中遭遇恶劣天气、意外事故或其他海难,可能对保险货物造成损害或灭失时所应提供的一项重要证件，是船长据实记录的报告，其内容主要证明航程中遭遇海难，船舶或货物可能遭受损失，并声明船长及船员已经采取一切必要措施，是人力不可抗拒的损失，船方应予免责。海事报告对于海上遭受风险的情况、货损原因以及采取的措施都有记载，对于确定损失原因和保险责任具有重要参考作用。

此外，保险人还可根据损失情况和理赔的需要，要求被保险人提供与确认保险事故性质和损失程度有关的证明和资料。所有这些证明和资料是被保险人索赔的依据，保险人是否承担赔偿责任，除根据现场调查搜集的资料外，主要是依据这些证明和资料进行判断。

（四）等候结案

被保险人在有关索赔手续办妥后，即可等待保险公司最后审定责任、领取赔款。在等待过程中，有时保险公司发现情况不清需要被保险人补充提供的，应及时办理，以免延迟办理的时间。如果向保险公司提供的证件已经齐全，而未及时得到答复，应该催赔。保险公司不能无故拖延赔案的处理。

二、被保险人在索赔时应履行的其他义务

在保险索赔过程中，被保险人除了应及时向保险人发出损失通知，申请检验以及提交有关单证，还应履行下列两项义务。

（一）采取施救措施，防止或减少损失

对于已发生损失的货物，如果损失可能进一步扩大，被保险人应立即采取必要措施防止损失扩大，不能因为货物已经投保而任其损失扩大。依据我国《海商法》《保险法》及保险条款的有关规定，一旦保险事故发生，被保险人应采取必要的合理措施，防止或减少损失。被保险人收到保险人发出的有关采取防止或减少损失的合理措施的特别通知后，应当按照保险人通知的要求处理，如果被保险人违反了上述规定而造成货物损失的扩大，保险人可以就该扩大的损失部分不负赔偿责任。

（二）向有关责任方索赔，维护保险人的代位追偿权

被保险人或其代理人在提货时若发现货物受损，一方面应立即向保险人申请损失检验；另一方面应立即将损失情况通知有关责任方，并向其追偿损失。

如果被保险人未能在规定期限内及时向有关责任方索取损失证明或进行损失通知，可能会导致诉讼时效过期，最终会影响被保险人向保险人的索赔权。为此，被保险人向责任方通知损失后，还应及时以书面形式向责任方提出索赔，并保留追偿权利，必要时还应申请延长索赔时效。根据中国海运货物保险条款的规定，被保险人向保险人索赔的时效为货物卸离海轮之日起两年，而其向有关责任方索赔的时效往往少于两年，如我国《海商法》规定，向承运人索赔的时效为货物卸离海轮之日起一年，交通部规定向港务部门索赔的时效为其编制货运记录次日起 180 天。因此，被保险人应在规定的索赔期限内向责任方提出索赔，既保护自己的索赔权，又维护保险人的代位追偿权，否则，保险人可以相应扣减保险赔款甚至拒赔。

三、索赔工作应注意的问题

被保险人向保险人提出索赔，应注意以下几个问题。

（1）提出索赔的人必须是在保险标的发生损失时，对保险标的具有保险利益的人。根据保险利益原则，损失发生时，只有对保险标的具有保险利益的人，才能向保险公司提出索赔请求。因此，损失发生时对保险标的不具有保险利益的人提出的索赔无效。

（2）保险标的的损失必须是保险单承保的风险造成的保险责任确定的。这一规定是根据近因原则确定的，因此，若保险标的的损失是以保险承担风险为近因造成的才履行损失赔偿责任；若保险标的的损失不是以保险承保风险为近因造成的，保险公司无须赔偿。

（3）对受损货物应积极采取措施进行施救和整理。被保险货物受损后，作为货方的被保险人，除了应立即向保险人或其指定的代理人发出损失通知申请检验，还应对货物提出施救意见并及时对货物进行施救，避免损失扩大。在我国，无论是进口货物还是国内运输的货物受损后，原则上施救、整理都应由货方自行处理。我国《海商法》第二百三十六条规定：一旦保险事故发生，被保险人收到保险人发出的有关采取防止或减少损失的合理措施的特别通知的，应当按照保险人通知要求处理，被保险人为此而支付的合理费用可以从保险人的赔款中获得补偿。如果被保险人没有采取必要的措施防止损失扩大，则这部分继续扩大的损失，保险人不负赔偿责任。

（4）对受损货物的转售、修理、改变用途等，由被保险人负责处理。在我国，无论是进口货物还是国内运输的货物受损后原则上都是由被保险人自行处理。被保险人在对受损货物进行转售、修理、改变用途等工作之前，必须通知保险人，或征得保险人的同意。

（5）如果涉及第三者的责任，虽然赔偿一般先由保险人赔付，但被保险人应首先向责任方提出索赔，以保留追偿权利。如果损失涉及承运人、港口或车站等第三者责任，被保险人还应提交向承运人等第三者责任方请求赔偿的函电等文件的留底或复印件，以证明被保险人确已履行了其应该办理的追偿手续，即维护保险人的代位追偿权。有时还要申请延长索赔时效。

此外，在保险索赔中，被保险人还必须根据保险合同的规定履行应尽的合同义务，才能获得保险赔偿。

四、索赔时效

被保险人向保险人就保单项下的损失提出索赔时，必须在保险单规定的索赔时效内提出索赔要求。

索赔时效，即索赔的有效期。它是保险法确认的索赔权利得以行使的时间限制，索赔权利超过法定期限不行使，即归于消灭。

在国际货物运输保险中，保险索赔时效值得充分重视基于以下几点原因。

（1）运输货物的流动性强，事故发生的原因复杂多变，索赔申请提出得越迟，保险人分析损失原因、确定赔偿责任就越困难。

（2）由于运输过程长，如果被保险人等到在目的地提货时才发现货物损失，这样在事实上被保险人就已经推迟了提出索赔的时间，如果主观上再不重视索赔时效问题，那么被保险人进一步延迟索赔是很自然的。

以海运货物保险为例，我国《海商法》第二百六十四条规定：根据海上保险合同向保险人要求保险赔偿的请求权，时效期为两年，自保险事故发生之日起计算。第二百六十六条规定：在时效期间的最后六个月内，因不可抗力或者其他障碍不能行使请求权的，时效中止。自中止时效的原因消除之日起，时效期间继续计算。第二百六十七条规定：时效因请求人提起诉讼、提交仲裁或者被保险人同意履行义务而中断。但是请求人撤回起诉、撤回仲裁或者起诉被裁定驳回的，时效不中断。

第四节　国际货物运输保险理赔实务

保险理赔是指保险人在接到被保险人的损失通知后，通过对损失的检验和调查研究，确定损失的近因和程度，并对责任归属进行确定，最后计算保险赔款金额并支付赔款。

一、国际货物运输保险的理赔手续

一般而言，国际货物运输保险的理赔主要有立案、审核相关情况、核算损失和给付赔款等环节。

（一）立案

立案是指保险公司在接到被保险人的索赔请求后，把相应的保险单和其他资料进行整理，按照一定的顺序登记在索赔案的记录里，登记的内容应是这笔保单的具体情况，包括保单的号码、被保险货物的名称和数量、保险金额、运输方式、运输工具的名称和损失的细节等，等理赔结束后，还要将具体的处理或理赔结果都一并记录进去，便于日后的参考和查询。

（二）审核相关情况

保险公司在处理索赔案时，首先要对各种情况进行审核，包括对保险单据进行审核，查看相关单据是否齐全无遗漏；审核被保险人对被保险货物是否具有保险利益；审核在投保时投保人是否遵守了最大诚信原则，有无谎报或隐瞒重要事实；审核被保险人是否及时申请检验；审核损失的性质和造成损失的原因是否在承保范围内，审核发生损失的时间是否在保险期限之内等。

（三）核算损失

如果经过审核证实属于保险责任之内的损失，保险公司还要对保险人要求赔付的各项损失和费用进行具体核算，以确定各个款项的金额是否合理。对于货物本身损失的赔付金额，保险人要核算金额的计算是否是按相关规定得出的，残余价值是否扣除，作价是否合理等；其他的施救、检验等费用，保险人要具体核查这些费用是否必要、合理。

（四）给付赔款

在赔款金额已经确定后，保险公司就要缮制赔款计算书，在其中列明被保险货物本身的损失和费用的金额,并填写确切的受损原因。在将赔款支付给被保险人的同时出具赔款收据,赔款收据除被保险人和保险人各自的留底外,还需要寄送给有关责任方,表示保险公司有权追偿。

二、确定损失原因

对货物进行检验时,很重要的一项任务就是确定损失的原因。根据保险近因原则,保险人只对近因导致的损失予以负责。由于在实际事故中,货物损失的情况多种多样,而造成损失的原因也复杂不一,因此,保险人首先从若干致损原因中找出损失的近因,然后确定损失是否属于保险责任。在国际贸易中,导致运输货物损失的近因主要包括以下几种情况。

(一)货物的本质缺陷

所谓本质缺陷,是指货物因本身缺陷造成的损失,包括货物在生产、制造、加工、装配、包装以及在起运前存放、转运过程中造成的损失,或货物品质、包装、数量等不符合买卖合同规定、不适合长途运输所造成的损失。由于属于发货人责任所致,是保险除外责任,保险人不予负责,此时买方应及时向有关机构申请检验,凭检验机构的检验报告及其他索赔单证向卖方直接索赔。

(二)货物在途损失

货物在运输途中遭受的损失主要有以下两种。

1. 水渍

采用海运方式时,造成货物水渍损失的原因有海水、淡水和舱汗等水渍。如果因恶劣气候或意外事故而被海水浸湿,包装货物的外包装有明显的水渍痕迹,货物则应含有盐分,而且发生这种事故,船长在航海日志中均有记录,必要时可向船方索取有关资料据以证明;如果货物外包装没有明显的水湿痕迹,而在检验时发现有盐分,往往是受海面空气的作用所致,不属保险风险;如果属淡水损失,可能是因装卸驳运时受雨淋或河水溅湿所致,还可能因船上淡水管破裂,淡水溢出所致,均应有水湿痕迹;如果属舱汗所致,往往是因途中遭遇恶劣气候,关闭通风筒致使舱内水汽凝结而成,因而货物外包装一般会有汗潮迹象。采用陆运或空运方式时,水渍损失主要是因雨水淋湿等所致。

2. 短量、短少

包装货物整件短少的近因可能是:途中发生共同海损而被抛弃,被人整件窃走,在装卸时整件坠落引起。包装货物出现包装内数量短少,如果外包装有打开过的迹象,一般是偷窃所致,还可能由于运输途中外包装破裂导致货物散失短缺。

散装货重量或数量短少,可能是自然损耗,也可能是被偷走,或是由于装卸时散落所致。如果同一船舱或车厢中有多个货主的同一种散装货,也可能因先卸货的货主多卸或未扣除途耗导致最后卸货时货物短量。

(三)碰损、破碎

货物碰损、破碎的近因可能是运输工具遭遇事故剧烈颠簸震动,或是装卸时未按规定操作或野蛮装卸,还可能是承运人配载不当或是包装不当。

此外,货物在运输途中还可能遭受火灾损失、串味损失、沾污损失等,均须根据实际情况确定损失的近因。

三、责任的审定

在确定损失近因之后,保险人应根据保险条款中的保险险别以及保险期限等规定,确定损失是否属于承保责任范围。

(一)险别责任的审定

保险单都明确规定了所承保的险别及适用的保险条款,保险人将以保险条款为依据,确定损失是否属承保责任。例如,按照中国海洋运输货物保险条款投保平安险,如果根据检验结果及被保险人提交的海事报告,可确定因船舶在运输途中遭遇台风导致货物部分被水浸湿,据保险条款规定可知,货物因恶劣气候而致的部分损失不属平安险的承保责任,故保险人应予拒赔。

(二)保险期限的审定

当确定了险别责任之后,保险人将审查保险事故是否发生在保险合同的期限内。为此,保险人应审查以下内容。①审查保险单中被保险人的名称。卖方作为被保险人时,保险责任自货物运离发货人仓库起即开始;买方作为被保险人时,根据可保利益原则,保险责任自买方承担运输风险后才开始。②审查货物的损失是否发生在正常运输过程中。如果运输途中出现绕道、中途被迫卸货、转运等非正常运输现象,可能会增加保险人承担的风险。由于这些情况并不是被保险人所能控制的,所以保险人一般应予负责,但一般在保险条款中规定,若发生非正常运输情况,被保险人应及时通知保险人,并在必要时加交保险费。③审查保险单中的责任起讫地点。例如,采用海洋运输时,有时货物在目的港卸下后,还需转运至内陆目的地。如果保险单中载明的目的地为港口所在地,则在内陆运输发生的损失不在保险期限内,保险人无须负责。④保险单中如果没有特别约定,海运时货物在目的港卸离海轮满60天,陆运时货物运抵最后卸载的车站满60天,空运时货物在最后卸离地卸离飞机满30天,保险责任即终止。但如果被保险人要求延长保险期限,保险人已在保险单中予以确认的,则应按保险单的规定办理。

(三)被保险人义务的审定

被保险人应履行保险合同中规定的告知、保证和通知等义务,否则保险人可以拒赔其至解除保险合同。被保险人的义务包括以下三点。①被保险人对保险标的及相关重要事实的告知必须是真实的,如果被保险人为少付保险费或为让保险人接受其投保申请等原因而故意隐瞒重要事实,保险人一旦获悉实情,即可解除保险合同,而且对发生的损失均不负责。②被保险人应遵守其所做出的承诺,一旦违反合同中的保证条款,保险人即有权解除保险合同,但对被保险人在违反保证之前发生的保险事故损失,保险人应予负责。③如果在合同有效期间,保险货物危险程度增加,被保险人应及时通知保险人。

另外,保险人还将审查被保险人在事故发生后是否采取积极措施,防止损失扩大,否则,保险人对扩大的损失部分有权拒赔；如果货损涉及第三者责任，保险人还将审查被保险人是否及时向责任方进行追偿，获取有关证明，有效地维护保险人代位求偿权的行使。如果被保险人放弃向第三者要求赔偿的权利，或因被保险人的过错而使保险人丧失代位求偿权，保险人可以扣减保险赔款甚至拒付赔款。

四、赔偿金额的计算

保险人在完成上述程序后，如果确定损失属于承保责任范围，保险人应当及时向被保险人进行补偿。我国《保险法》第二十五条规定："保险人自收到赔偿或者给付保险金的请求和有关证明、资料之日起六十日内，对其赔偿或者给付保险金的数额不能确定的，应当根据已有证明和资料可以确定的数额先予支付；保险人最终确定赔偿或者给付保险金的数额后，应当支付相应的差额。"

国际贸易货物保险赔偿的范围通常包括以下两个方面。

（一）货物损失的赔付

国际货物运输保险一般采用定值保险方式，一旦发生损失，保险人以保险金额为限计算保险赔款。

1. 全部损失

如果货物发生实际全损，或发生推定全损时被保险人进行委付，保险人也接受委付，只要保险金额不超过约定的保险价值，保险人按保险金额给予全额赔偿，而不管损失当时货物的完好市价如何。如果货物尚有残值，则归保险人所有。

2. 部分损失

如果货物因保险事故遭受部分损失，则须按损失的程度或数量确定损失比例，然后计算保险赔款。

（1）数量（重量）短少。保险货物中部分货物灭失或数量（重量）短少，以灭失或损失的数量（重量）占保险货物总价之比，按保险金额计算赔款。计算公式为

$$保险赔款 = 保险金额 \times 损失数量（重量）/ 保险货物总数量（重量）$$

例如，出口大米共 1000 袋，每袋重 50 千克，已按中国《海运货物保险条款》投保海运一切险，保险金额为 2.5 万美元，运至目的地卸货时发现部分外包装破裂，还有数袋短少，共计短缺 1000 千克，则

$$赔款额 = 25\,000 \times 1000/(1000 \times 50) = 500（美元）$$

（2）质量损失的赔偿。保险货物遭受质量损失时，应先确定货物完好的价值和受损的价值，计算出贬值率，以此乘以保险金额，即可计算出赔款金额。

完好价值和受损价值，一般以货物运抵目的地检验时的市场价格为准。如受损货物在中途处理不再运往目的地，则可按处理地的市价为准。处理地或目的地市价，一般是指当地的批发价格。计算公式为

$$赔款额 = 保险金额 \times (货物完好价值 - 货物受损后价值) / 货物完好价值$$

例如，有一批货物为 500 箱，保险金额为 50 000 美元，货物受损后只能按 8 折出售，当

地完好价值为 60 000 美元，保险人应赔款为

$$50\ 000\times(60\ 000-48\ 000)/60\ 000=10\ 000（美元）$$

再如，保险金额为 20 000 美元，500 箱货物中只有 200 箱受损，按当地完好价值每箱 120 美元 8 折出售，保险人应赔款为

$$20\ 000\times[(120\times200)-(96\times200)]/(120\times200)=4000（美元）$$

需要注意的是，货物完好价值和货物受损后价值必须是同一地点的市场价，否则因为货物在世界各地的市场价格并不一定相同，会导致两者之间缺乏可比性。

在实际业务中，如果难以确定当地市价。经协议也可按发票价值计算，计算公式为

$$赔款额=保险金额\times按发票价值计算的损失额/发票金额$$

（3）规定有免赔率时的货物损失。对易碎、易损、易耗的货物的保险，保险公司往往规定有免赔率。免赔率的高低由各公司根据商品种类的不同而定，我国各保险公司采用的是绝对免赔率，即无论货物损失程度如何，对于免赔额度内的损失，保险公司均不予负责。

例如，出口散装花生仁一批，共 500 公吨，从上海运往香港，按中国《海洋运输货物保险条款》投保海运一切险，保险金额为 100 万美元，保险合同规定扣短量免赔率 2%，到目的地经检验发现花生仁短卸 12 公吨。保险公司应如何赔付？

计算如下：

$$受损率：(12/500)\times100\%=2.4\%$$

$$保险赔款：1\ 000\ 000\times(2.4\%-2\%)=4000（美元）$$

（4）修复时的赔偿。如果货物遭遇损失后，需要进行修复以维持原状，此时对合理的修理费用，保险人一般在保险金额内予以赔偿。

例如，进口一台机床，按中国《海洋运输货物保险条款》投保海运一切险，保险金额为 20 万美元，运至目的地发现机床有一主轴损坏，须从国外进口，加上运费、修理费，共支付 32 000 美元，保险人经审查，认为合理，即应赔付 32 000 美元。

3．共同海损

如果发生共同海损，无论投保何种险别，保险人对共同海损的牺牲和费用都负责赔偿。

对保险货物的共同海损的牺牲，由保险人核实实际损失予以赔付，然后参与共同海损的分摊，摊回部分归保险人所有。被保险人可以提前得到保险赔偿，而且不受共同海损分摊价值的影响。

如果保险货物本身没有发生共同海损牺牲，但需要承担共同海损费用或其他方的共同海损分摊，一般是由保险人出具共同海损担保函，待分摊完毕后，保险人对分摊金额予以赔付。由于共同海损分摊价值和保险金额不一定相等，故保险人的赔偿金额有所调整。按我国《海商法》第二百四十一条规定，保险金额低于共同海损分摊价值的，保险人按照保险金额和共同海损分摊价值的比例赔偿共同海损分摊。

4．连续损失

连续损失是指货物在保险期限内发生几次保险事故造成的损失。我国《海商法》第二百三十九条规定，保险标的在保险期限内发生几次保险事故所造成的损失，即使损失金额的总和超过保险金额，保险人也应当赔偿。但是对发生部分损失后未经修复又发生全部损失的，

保险人按照全部损失赔偿。

(二) 有关货物损失的赔偿

一旦发生保险事故，除了货物的损失，往往还导致费用的支付，以避免损失扩大，或用来处理损余物，或继续完成航程，或用来对货物进行检验。这些费用包括施救费用、救助费用、续运费用、检验费用、出售费用以及理算费用等。

对于上述费用的支出，保险人赔付的原则是，如果货物损失属于保险责任，则对费用的支出予以赔付。根据中国《海商法》第二百四十条规定：被保险人为防止或减少根据合同可以得到赔偿的损失而支出的必要的合理费用，为确定保险事故的性质、程度而支出的检验、估价的合理费用，以及为执行保险人的特别通知而支出的费用，应当由保险人在保险标的的损失之外另行支付。保险人对上述费用的支付，以相当于保险金额的数额为限。对救助费用的赔偿，当救助费用可作为共同海损费用向保险人索赔时，应适用中国《海商法》第二百四十一条的规定，由保险人赔偿其分摊额，当保险金额低于共同海损分摊价值的，保险人按照保险金额同分摊价值的比例赔偿共同海损分摊。在其他情况下，根据货物运输保险条款的规定，保险人应对救助费用予以赔偿，但救助费用的赔偿和保险货物本身的损失赔偿之和不能超过保险金额。续运费用是指船舶遭遇海难后，在中途港、避难港由于卸货、存仓以及运送货物产生的费用，这部分费用在各国货运条款中均将其列入承保责任，由保险人负责赔偿。出售费用则应作为货物损失的一部分，保险货物本身的损失赔偿之和不能超过保险金额。

 案例 8-1

S 机械设备进出口公司货物保险索赔案

2000 年 3 月 20 日，我国 S 机械设备进出口公司代理某设备公司与美国 sonyy 有限公司签订了机械设备国际货物买卖合同，约定的总价款为 1 006 805 美元，以 FOB 美国纽约离岸价为价格条件。合同签订后，S 进出口公司与 W 运输公司联系运输事宜，W 运输公司委托海外运输商 M 公司负责海外运输。2000 年 6 月 28 日，S 机械设备进出口公司与 Q 保险公司签署了一份《国际运输预约保险起运通知书》，通知书中写明：被保险人是 S 机械设备进出口公司，保险标的为一套标号为 L 的机械设备，投保险种为一切险，保险金额为 1 006 805 美元，保费为 407 890 美元。2000 年 6 月 28 日，S 机械设备进出口公司向 Q 保险公司支付了保险费，并收到保险公司出具的收据。在北京时间 2000 年 6 月 29 日 08 时，被保险货物在纽约 See 公司仓库被盗。2000 年 7 月 7 日，S 机械设备进出口公司将出险情况告知了保险公司。同年 10 月 11 日，S 机械设备进出口公司向 Q 保险公司提出索赔，Q 保险公司以 S 机械设备进出口公司不具有保险利益而主张合同无效拒赔，双方对此案存在争议，S 机械设备进出口公司遂向法院起诉。

分析

法院经审理后认为，本案的焦点问题是保险利益的认定问题。

本案中 S 机械设备进出口公司是否具有保险利益取决于其对买卖合同项下货物承担的风险，而对货物承担的风险及其起始时间又取决于买卖合同约定的价格条件。本案中买卖合同约定的价格条件是 FOB 美国纽约，意为货物在纽约越过船舷或装船后，货物的风险才发生转移。在此之前，货物的风险则仍由卖方承担。

因此法院裁决，本案 S 机械设备进出口公司购买的货物在海外运输公司 See 公司仓库被盗时 S 机械设备进出口公司不具有保险利益。而且，保险合同载明的工厂交货对确定投保人对保险标的物是否具有保险利益没有法律意义，S 机械设备进出口公司以保险合同为由主张以工厂交货并转移风险的观点无法成立。最终判定保险公司与 S 机械设备进出口公司的保险合同因投保人对保险标的物不具有保险利益而无效，S 机械设备进出口公司无权要求 Q 保险公司承担赔偿责任，而保险公司也应退还其保险费。依据《保险法》第十九条的规定做出合同无效的判决。

总之，在国际货物运输保险中，货物风险的转移与买卖双方采取的价格条件密切相关，投保人对投保货物是否具有保险利益，取决于货物风险是否转移。FOB 价格条件下，货物的风险转移以自货物越过船舷之时由卖方转移给买方，因此，本案中只有在货物越过船舷之后，买方才有对货物的保险利益。

复习思考题

1. 投保人或被保险人选择险别时应考虑哪些因素？
2. 如何计算 CIF 条件下的保险费？
3. 投保人或被保险人在投保时应注意哪些事项？
4. 如何处理投保单的内容？
5. 保险单的转让有哪些规定？
6. 承保应如何履行？
7. 货物受损后，被保险人应如何进行索赔？索赔时应注意哪些事项？
8. 在保险理赔中，国际货物运输保险的理赔手续是什么？

第九章　出口信用保险

出口信用保险是国家为了推动本国的出口贸易，分担出口企业从事对外贸易的风险，让出口企业开拓国际市场并在出口贸易领域中更具竞争力，保障出口企业的收汇安全而制定的一项由国家财政提供保险准备金的非营利性的政策性保险业务。出口信用保险承保国家风险和商业风险，其中商业风险包括买方信用风险（拖欠货款、拒付货款及破产等）和买方银行风险（开证行或保兑行风险）。出口信用保险按出口合同对进口方的信用放账期长短的不同分为短期出口信用保险和中长期出口信用保险。本章要求了解出口信用保险的基础知识，并掌握具体的操作过程。

第一节　出口信用保险概况

一、出口信用保险的定义

出口信用保险（export credit insurance）也称出口信贷保险，是各国政府为提高本国产品的国际竞争力，推动本国的出口贸易，保障出口商的收汇安全和银行的信贷安全，促进经济发展，以国家财政为后盾，为企业在出口贸易、对外投资和对外工程承包等经济活动中提供风险保障的一项政策性支持措施，属于非营利性的保险业务，是政府对市场经济的一种间接调控手段和补充，是世界贸易组织（WTO）补贴和反补贴协议原则上允许的支持出口的政策手段。

国际贸易中，买方不能按时付款的风险体现在既有买方失信不肯按时付款或资金周转不灵无力付款，又有出于非商业性或政治原因买方无法付款，如战争、政治动乱、政府法令变更等。对此，如果卖方投保了出口信用保险，承保机构可对在保险责任范围内的损失赔偿货款的80%~95%，不但使卖方收取货款得到保证，而且还可以使出口商对该项出口容易获得银行贷款和便于资金融通。

出口信用保险已成为国际贸易中的一个重要工具，是国际贸易中各国争夺出口市场尖锐化的产物，是各国政府保障出口企业的收汇安全、推动本国出口贸易发展的重要措施。

二、出口信用保险的主要特点与作用

出口信用保险与一般商业性保险相比较，具有以下几个特点。

（1）出口信用保险承保被保险人在国际贸易中，因进口国和进口商的原因导致的货物发运后不能收回货款的风险，包括政治风险和商业风险。

（2）出口信用保险是出口国政府鼓励发展出口贸易的重要措施，其目的在由政府承担国

际贸易中的收汇风险，鼓励国内企业积极开拓国际市场，扩大出口。

（3）出口信用保险和贸易融资结合在一起，是出口信贷融资的重要组成部分。

（4）出口信用保险是政策性保险，不以营利为目的，国家财政是承保风险的最终承担人。

（5）出口信用保险承保的是一般商业性保险机构不愿或无力承担的业务，其中包括部分短期险业务和大部分中长期信用险业务。

正因为出口信用保险具有以上不同的特点，所以它具有以下几个作用。

（1）提高市场竞争能力，扩大贸易规模。投保出口信用保险使企业能够采取灵活的结算方式，接受银行信用方式之外的商业信用方式（如 D/P、D/A、OA 等），使企业给予其买家更低的交易成本，从而在竞争中最大限度地抓住贸易机会，提高销售企业的竞争力，扩大贸易规模。

（2）提升债权信用等级，获得融资便利。出口信用保险承保企业应收账款来自国外进口商的风险，从而变应收账款为安全性和流动性都比较高的资产，成为出口企业融资时对银行的一项有价值的"抵押品"，因此银行可以在有效控制风险的基础上降低企业融资门槛。

（3）建立风险防范机制，规避应收账款风险。借助专业的信用保险机构防范风险，可以获得单个企业无法实现的风险识别、判断能力，并获得改进内部风险管理流程的协助。另外，交易双方均无法控制的政治风险可以通过出口信用保险加以规避。

（4）通过损失补偿，确保经营安全。通过投保出口信用保险，信用保险机构将按合同规定在风险发生时对投保企业进行赔付，有效弥补企业财务损失，保障企业经营安全。同时，专业的信用保险机构能够通过其追偿能力实现企业无法实现的追偿效果。

三、出口信用保险承担的风险和对象

出口信用保险承保的对象是出口企业的应收账款，承保的风险主要是人为原因造成的商业信用风险和政治风险。

（1）商业信用风险是指进口商付款信用方面的风险，又称买家风险，主要包括以下几项：①买方因破产而无力支付债务；②买方拖欠货款；③买方因自身原因而拒绝收货及付款等。

（2）政治风险是指与被保险人进行贸易的进口商所在国或地区内部的政治、经济状况的变化而导致的收汇风险，又称国家风险或非商业性风险，主要包括因买方所在国禁止或限制汇兑、实施进口管制、撤销进口许可证、发生战争、发生暴乱等卖方、买方均无法控制的情况，导致买方无法支付货款。而以上这些风险是无法预计、难以计算发生概率的，因此也是商业保险无法承受的。

四、出口信用保险的种类

出口信用保险的种类有以下几种。

（1）短期出口信用（特定方式）保险：是指信用期限不超过 180 天，最长不超过 1 年的出口合同。采取特定方式承保，即一笔合同一个保单。只承保出口的机电产品。

（2）短期出口信用（综合险）保险：通常是指信用期限不超过 180 天，最长不超过 1 年，以 D/P、D/A 和 OA 方式结算的出口合同。采取"总括"方式进行承保，即被保险人必须将保单规定范围内的出口全部向保险人投保,不得有"逆选择"。

(3)买方毁约保险:主要承保出运前风险,即在产品发运前或发运中由于买方单方面终止合同而给出口方造成的损失。常用于出口船舶建造合同的承保。在该保单下,出运后的风险也可以负责。

(4)中长期出口信用(延付合同)保险:通常适用于资本性货物出口,承保在延期付款条件下(信用期限超过 1 年)由于买方不能付款或不能按时付款而给出口企业造成的损失。采取特定式承保,即一份合同一张保单。

第二节　国外的出口信用保险

一、国外出口信用保险的发展

在国际贸易中,短期信贷与中长期信贷业务开展以后,出口商或银行对进口商提供的信贷,常因进口商倒闭或丧失支付能力,不能收回款项而遭受损失。在第一次世界大战期间,美国、英国和德国的一般保险公司就开始经营国际信贷保险业务,但是业务量较少。出口商一般采用贴现无追索权的汇票方式减少风险,避免损失。

第一次世界大战后,西方国家为争夺市场,普遍推行进口限额制与外汇管制,使出口信贷的风险加大。因此,为了解决利用出口信贷促进进口和出口信贷风险增大之间的矛盾,西方国家先后成立专门的信贷保险公司。在 1919 年,英国成立了第一家官方支持的出口信贷担保机制——英国出口信用担保局(ECGD);1926 年,德国政府成立了赫尔姆斯公司(Hermes),专门从事信贷保险业务;1946 年,法国政府也成立了科法嗣(Coface)公司。第二次世界大战后,出口信用保险业务在发达国家得以迅速发展,有力地支持了所在国家和地区的出口和资本输出。20 世纪 60 年代之后,随着经济的发展和世界贸易的增长,众多发展中国家纷纷建立了自己的出口信用保险机构,如韩国政府成立的"出口信用保险公司"。

国际组织的相关规定有以下两个。

(一)世界贸易组织(WTO)的基本要求——长期收支平衡

《关贸总协定》(GATT)所列《补贴与反补贴措施协议》所附的《出口补贴示例清单》第十一条明确规定:"政府或政府控制的特殊机构提供的出口信贷保险或担保,针对出口产品进行保险或担保,保险费率不足弥补长期营业成本或亏损",将被视为是禁止性补贴。由此可见,出口信用保险是符合 WTO 规则的扶持出口政策,只要在一段时间内经办机构不出现持续性亏损就符合世贸组织的规定,即信用保险机构在较长一段时间内须保持收支的基本平衡。

(二)经济合作与发展组织(OECD)的君子协定

君子协定《关于官方支持的出口信用准则的约定》第二章"关于出口信用的规定"中指出:出口信用保险的"保险应足以弥补长期的营运成本和损失"。这项规定实际上重申了世贸组织的规定,也就是说,保费不足以弥补长期的营运成本与损失是不允许出现的。

中国虽不是 OECD 成员国,但上述规定在一定情况下可适当借鉴和参考。

二、国际主要出口信用保险机构的类型

国际出口信用保险机构有以下五种类型。

(一)政府设立特别的机构和部门

政府以其财力作保证,单独设立特别的机构和部门进行运作管理,所有承保业务,无论是短期、中长期性质的业务,还是出口信贷和融资担保的业务,都在政府开设的账户上进行经营和管理,等同于国家政府部门,人员编制为国家公共服务人员。例如,英国的出口信用担保局,日本通产省输出入保险局下设的日本出口和投资保险课(NEXI),澳大利亚出口融资与保险公司(EFIC)等。

英国官方的出口信贷保险机构于 1919 年设立,自 1949 年起成为英国贸易部属下的一个独立部门,是由政府直接管辖的贸易组织,与贸易部一起由同一大臣掌管。出口信用担保局具有双重经营原则,既要维护英国利益,又要免除因市场的买方无力偿付所带来的风险,其主要业务是承保本国出口商通常无处投保的风险,主要包括:进口方无力偿付或长期违约,进口方国家实行新的进口许可证限制或撤销已生效的进口许可证,英国和买方国家间发生战争,英国撤销出口许可证,进口方国家发生内战或其他动乱。大多数风险可获得 85%~95%的担保。此外,它还对英国银行给出口商或国外买主发放的信贷提供担保。一般根据合同金额的大小,提供二至五年的信贷担保。对大工程或竞争激烈的产品,担保期限可达五年以上。对海外投资的政治风险担保,期限短则三年,最长达十五年。第二次世界大战后,该局业务发展很快。出口信用担保局本身经营的信用保险业务并不花纳税人的钱,它按照商业方式经营,多年来一直收支平衡,并按照一般保险原则,以合理的价格提供充分的出口信贷保险保障。

(二)国营全资或控股公司

政府依照国家法律或政府命令由财政出资组建全资国有公司,专门办理出口信用保险业务,政府只负责制定具体的经营政策和方针以及资金上的支持,而不具体负责经营。例如,加拿大的出口发展公司(EDC)、捷克出口担保和保险公司(EGAP)、芬兰担保委员会(FINNVERA)、中国香港的出口信用保险局(HKEG)、匈牙利的出口信用保险机构(MEHIB)等。

加拿大出口发展公司(Export Development Canada, EDC)成立于 1944 年,是一家提供贸易金融服务、支持对外出口和投资,并实现了自负盈亏的联邦国有企业。EDC 向活跃在 200 多个国际市场(其中 130 多个为发展中国家)的加拿大出口商和投资人提供服务,其中 90%的客户为中小企业。2003 年,依靠 EDC 提供的金融支持,加拿大企业共达成 519 亿加元的交易,包括出口、国内销售以及投资等,当年共向 7172 家客户提供了服务,其中 6575 家为中小企业,实现净收入 1.58 亿加元。

EDC 的金融服务主要是保险、信贷和担保三大类。基本业务是提供固定或浮动利率贷款,

对出口和对外投资进行中长期融资；向出口商和投资者提供政治和商业风险的保险；向出口商提供投标、履约和预付款保函或担保等。

（三）政府控股的有限责任公司

类似于第二种，是政府拥有控股权，如波兰出口信用保险公司（KUKE）、葡萄牙信用保险公司（COSEC）。

（四）政府委托私人办理方式

该类公司实行国家账目与公司账目分立原则，在国家政策性的出口贸易项目及对外投资项目上由国家财政承担风险，在小型贸易及私人小额对外投资上实行商业化运作及管理，相关收入分别计入两个不同的账户。德国的 Hermes 信用保险公司是这一类型的主要代表。

（五）国营进出口银行

该模式的特点是由进出口银行在直接进行出口融资业务的同时兼营出口信用保险业务。以美国进出口银行为代表，美国进出口银行是一个通过议会立法成立的独立于政府的机构，由参众两院的独立机构拨款委员会决定拨款，它主要依据1945年颁布的《进出口银行法》的规定，从事贷款、担保和信用保险等金融业务，以支持美国制成品、农产品及其他产品和服务出口，维持和增加就业机会，提高国民收入水平。

虽然国际上存在着多种不同的模式，但是，无论选择何种模式，最关键的是要与本国的客观情况相符合，否则反而会影响出口信用保险事业的健康发展，影响出口信用保险对贸易支持作用的充分发挥。

第三节　中国的出口信用保险

与其他国家相比，中国的出口信用保险起步较晚，其发展还处于初级阶段，但发展速度较快，对促进中国的出口贸易发展发挥了不可替代的作用。出口信用保险在我国对外贸易迅猛发展的过程中起到风险保障、出口促进、政策导向等重要作用，且作用将日益明显。有理由相信，将来出口信用保险将成为支持我国出口企业开拓国际市场、扩大业务范围、提高其产品国际竞争力的最有力措施之一。

一、中国出口信用保险的发展历程

（一）中国出口信用保险的诞生

1983年，中国人民保险公司上海分公司与中国银行上海分行达成协议，对中国出口船舶买方信贷提供中长期出口信用保险，试办了中国第一笔中长期出口信用保险业务。1986年年初，中国人民保险公司上海分公司开始试办有关短期货物出口信用保险。此后，其他保险分公司也开始试办短期出口信用保险公司。

1988年，为了加大支持出口的力度，鼓励高附加值的机电产品出口，改变出口产品结构，增加外汇收入，国务院于该年 8 月正式决定由中国人民保险公司开办出口信用保险业务。在 1989—1992 年，通过国家财政部分 4 次划拨赔款准备金 4000 万美元，中国人民保险公司逐步建立了赔款准备金制度，用于单独核算出口信用保险业务的专项资金。当时，中国人民保险公司经营的主要业务是短期出口信用保险。

（二）起步发展阶段

1992 年 6 月，国务院决定在我国正式建立出口信用保险制度，把国家财政下拨的出口信用保险赔款准备金增加到 1 亿美金，从而形成了"国家风险基金"。对出口信用保险业务采取三年期独立核算，免征营业税。同时，中国人民保险公司开始经营中长期资本的出口信用保险业务。

1994 年 7 月，为了扩大对机电产品和成套设备等资本性货物出口的政策性金融支持，成立了中国进出口银行，其主要任务是执行国家产业政策和外贸政策，其业务范围包括出口信用保险业务，重点是支持机电产品等中长期出口信用保险业务。自 20 世纪 80 年代起，中国的出口信用保险一直由中国人民保险公司和中国进出口银行共同经营。

1988 年以来的十余年，虽然中国人民保险公司和中国进出口银行陆续开展了出口信用保险业务，但是经营一直不顺畅，在商业化经营的中国人民保险公司，出口信用这样的政策性业务很难放到重要的位置，并得到应有的重视；而在中国进出口银行这样的信贷机构中，出口信用保险业务的风险根本没有转移出去。因此，尽管出口信用保险事业在中国经历了十余年的发展历史，但是，发展速度缓慢，规模十分有限，出口信用保险金额占同期出口的比重始终徘徊在 1% 左右的水平，大多数年份低于 1%。出口信用保险对出口的支持作用难以发挥，出口信用保险在落实国家外经贸政策方面的作用难以充分发挥出来，出口信用保险也没有成为大多数企业防范和规避出口收汇风险的重要工具。

（三）正式成立

2001 年 12 月 11 日，中国正式加入世贸组织，同年 12 月 18 日，中国政府成立了中国出口信用保险公司（简称中国信保，英文为 Sinosure）。该公司是我国唯一承办政策性信用保险业务的金融机构，资本来源为出口信用保险风险基金，由国家财政预算安排。目前，中国信保已形成由 25 个分公司、31 个总部部门/营业部组成的覆盖全国的服务网络，并在伦敦、约翰内斯堡、迪拜设有代表处。

中国信保的主要任务是积极配合国家外交、外贸、产业、财政和金融等政策，通过政策性出口信用保险手段，支持货物、技术和服务等出口，特别是高科技、附加值大的机电产品等资本性货物出口，支持中国企业向海外投资，为企业开拓海外市场提供收汇风险保障，并在出口融资、信息咨询和应收账款管理等方面为企业提供快捷、便利的服务。

中国出口信用保险公司成立以后，中国人民保险公司和中国进出口银行停办出口信用保险业务，其业务和其全部责任由中国出口信用保险公司承接。

出口信用保险对我国外经贸事业的支持作用日益显现。2002—2008 年，中国信保累计支持的出口和投资的规模为 1700 多亿美元，为数千家出口企业提供了出口信用保险服务，为数百个中长期项目提供了保险支持，包括高科技出口项目、大型机电产品和成套设备出口项目、大型对外工程承包项目等。同时,中国信保还带动110家银行为出口企业融资3500多亿元人民币。

二、中国出口信用保险的政策性特征

与大多数国家一样,中国出口信用保险是政策性保险,国家财政是其后盾,并以支持中国企业出口货物、服务、海外投资和对外承包工程等国际经贸活动为目的的一项特殊的政策性措施。因此,它具有以下明显的政策性特征。

(一)承保商业性保险公司不愿承保的风险

中国出口信用保险公司承保商业性保险公司无力承保或不愿意承保的一些巨额风险,如进口商所在国政府颁布禁止法令、外汇管制等政治风险,进口商破产倒闭或恶意拖欠货款等风险。

(二)服务于国家外交、外贸、产业、财政和金融政策目标

中国出口信用保险公司为国家全资国有企业,因而它在险种设计、客户选择和确定承保国别或地区时,遵循国家制定的各项经济与外交政策,如国内产业政策、中小企业政策、西部大开发战略、"走出去"战略,以及市场多元化、科技兴贸、以质取胜和大经贸等战略;同时,在对外交往方面,还体现中国的国别政策服从国家经济、金融安全的要求等。

(三)政策性公司、商业化运作和保本经营三者相结合

根据世界贸易组织的规定和国务院确定的原则,政府支持的中国出口信用保险公司,既要体现国家的政策性意图,同时要通过商业化的经营机制,寻求一段时间里的"收支平衡"点,争取达到保本经营的目标。

中国出口信用保险公司在厘定费率和定损核赔时,仅以"保本"为限,并不追求利润最大化,同时也要避免给国家财政捅"大窟窿"。可以说,出口信用保险是以保险的形式体现国家的经济、外交和外贸战略意图。

(四)国家财政支持和税收减免

首先,为了确保中国出口信用保险公司圆满完成国家的政策性目标,国家设立了"出口信用保险风险基金",为中国出口信用保险公司全额提供资本金,并将根据其业务规模的扩大,在资本金不足时由财政预算给予补充。其次,国家对中国出口信用保险公司实行全面的税收优惠政策。税收优惠政策包括全部免除出口信用保险业务中的间接税,即免除营业税;同时,还对企业经营的直接税,即所得税实行"行政后返"。由于我国对出口信用保险公司的税收优惠政策,确保了国家有关政策性目标的实现。

(五)其他优惠扶持措施

中国政府有关部门与中国信保公司联合发布有关文件,鼓励中国出口企业充分运用信用保险手段,开拓国际市场,扩大出口规模,投保企业因此享有出口信用保险的各种优惠政策。

例如，对高新技术产品出口提供低贷款利息的出口信贷金融支持等。此外，各级地方政府也出台了一系列相关的扶持政策，鼓励当地的出口企业投保出口信用保险。

总的来说，出口信用保险与出口退税、汇率、外贸发展基金和中小企业扶持资金一样，均是支持出口的政策性经济杠杆，出口信用保险将与其他经济杠杆一起形成对扩大出口的合力，加速加工企业"走出去"的步伐。

三、中国出口信用保险的主要功能

中国出口信用保险具有以下几个主要功能。

（一）风险保障功能

出口信用保险帮助出口企业规避了因国外买方的商业风险和买方所在国或地区的政治风险而引起的收汇风险，最大限度地为企业提供了对外贸易过程中的外部风险保障，使出口企业能够更加大胆地开拓国际新兴市场，以更加灵活的结算方式、交易手段抓住贸易机会，从而扩大其出口规模，提高其在国际市场上的竞争力。

（二）融资支持功能

中国信保既可以为出口企业提供直接融资担保，也可以为中长期项目的出口信贷提供信用保险支持，同时中国信保还积极与多家银行合作，推出了"短期出口信用保险项下贸易融资业务"，帮助出口企业在规避收汇风险的前提下便利地获得银行的贸易融资，有效地缓解了出口企业资金紧张状况，促进了其出口的发展。

（三）风险管理功能

出口信用保险通过买方限额管理、费率机制和承保决策，使出口企业控制向高风险地区的出口和与高风险买方的交易。同时，利用专业技术优势和广泛的信息渠道，可向出口企业提供买方资信分析、买方所在国家风险状况分析，及时通报风险信息等，使出口企业强化自身风险管理，完善自身风险防范机制，有助于其正确选择贸易伙伴，有效地规避收汇风险。

（四）损失补偿功能

在发生保险责任范围内的损失时，中国信保将按照保险合同的规定及时向出口商进行赔付。中国信保通过代位追偿获取的追偿收入，也将与出口商按比例进行分摊。出口信用保险的损失补偿功能使出口企业的货款损失能够及时得到补偿，从而保障其持续稳健地经营和发展。

第四节 中国短期出口信用保险实务

一、短期出口信用保险概述

短期出口信用保险（medium and short-term export & credit insurance）是指贸易合同中规定

的放账期不超过 180 天的出口信用保险。经保险公司书面同意，放账期可延长到 360 天。

投保短期信用保险的作用：保障客户的收汇安全；提高客户在国际市场中的竞争地位和能力；为客户实施"出口多元化"战略、开拓新市场助一臂之力；为客户提供买方资信调查服务；可使客户获得资金融通的便利，帮助解决资金周转困难，扩大经营能力；帮助客户追讨欠款，减少企业和国家的损失。

（一）短期出口信用保险的适保范围

保单规定，凡是在中华人民共和国境内注册的，有外贸经营权的经济实体，采用付款交单（D/P）、承兑交单（D/A）、赊账（OA）等一切以商业信用付款条件产品全部或部分在中国制造（军品除外），信用期不超过 180 天的出口，均可投保短期出口信用保险。

经保险公司书面同意，也可以适用于下述合同：规定以银行或其他金融机构开具的信用证付款的合同；由中国转口的在中国以外地区生产或制造但已向中国政府申报进口的货物的合同；信用期限超过 180 天的合同；信用证方式改为非信用证方式，付款交单（D/P）方式改为承兑交单（D/A）方式或赊账（OA）方式的合同；延展付款期限超过 60 天的合同。短期出口信用的投保范围不包括出口货物的性质、数量、付款条件或付款货币未定的合同。

（二）短期出口信用保险的承保责任

1．信用证项下

（1）适用于在中华人民共和国境内注册的、有出口经营权的企业以信用证为支付方式，并满足如下条件的出口。

①按照《跟单信用证统一惯例》开立的、通过境内银行通知或者转通知的不可撤销的跟单信用证，转让行不承担付款责任的转让信用证除外。

②运输单据必须为全套可转让的正本海运提单或者经承兑后的远期信用证项下的单据。

③货物从中国出口。

④信用证付款期限不超过 180 天。

（2）商业风险包括以下情形。

①开证行破产，指开证行破产、停业或者被接管。

②开证行拖欠，指在单证相符、单单相符的情况下，开证行超过最终付款日 30 天仍未支付信用证项下款项。

③开证行拒绝承兑，指在单证相符、单单相符的情况下，开证行拒绝承兑远期信用证项下的单据。

（3）政治风险包括以下情形。

①开证行所在国家或者地区颁布法律、法令、命令、条例或者采取行政措施，禁止或者限制开证行以信用证载明的货币或者其他可自由兑换的货币向被保险人支付信用证款项。

②开证行所在国家或者地区，或者信用证付款须经过第三国颁布延期付款令。

③开证行所在国家或者地区发生战争、内战、叛乱、革命或者暴动，导致开证行不能履行信用证项下的付款义务。

2. 非信用证项下

（1）适用于在中华人民共和国境内注册的、有出口经营权的企业进行的、符合下列条件的出口贸易。

①货物从中国出口。

②销售合同必须书面订立，且在出口前已生效，销售合同内容应包括货物品名、质量标准、规格、数量、价格和履行期限等主要合同条款。

③支付方式为付款交单（D/P）、承兑交单（D/A）或者赊账（OA）等，付款期限不超过180天。

保险公司对客户在保险单有效期内从中国出口货物，并在按合同规定的条件下将货物交付承运人后，因下列原因引起的风险（包括商业风险和政治风险）予以承保。

（2）商业风险包括以下情形。

①买方破产或者无力偿付债务，指买方被宣告破产或者买方丧失偿付能力。

②买方拖欠货款，指买方收到货物后，违反销售合同的约定，超过应付款日仍未支付货款。

③买方拒绝受领货物，指买方违反销售合同的约定，拒绝接受已运抵的货物。

（3）政治风险包括以下情形。

①买方所在国家或者地区颁布法律、法令、命令、条例或者采取行政措施，禁止或者限制买方以合同发票列明的货币或者其他可自由兑换的货币向被保险人支付货款。

②买方所在国家或者地区颁布法律、法令、命令、条例或者采取行政措施，禁止买方所购的货物进口。

③买方所在国家或者地区颁布法律、法令、命令、条例或者采取行政措施，撤销已颁发给买方的进口许可证或者禁止进口许可证有效期的展延。

④买方所在国家或者地区，或者货款须经过的第三国颁布延期付款令。

⑤买方所在国家或者地区发生战争、内战、叛乱、革命或者暴动，导致买方无法履行合同。

（三）短期出口信用保险的除外责任

短期出口信用保险对下列损失不承保。

（1）在支付货款时已经或通常能够由货物运输险或其他保险承保的损失。

（2）由汇率变更引起的损失。

（3）由卖方本人或代表的任何人违反合同或不遵守法律引起的损失。

（4）在货物交付前，买方已有严重违约行为，卖方有权停止发货，但仍向其发货而造成的损失。

（5）在交付货物时由于买方没有遵守所在国法律、法令、命令或条例，因而未得到进口许可证或进口许可证展期所引起的损失。

（6）由于卖方的或买方的代理人或承运人破产、欺诈、违约或其他行为引起的损失。

（7）卖方向未经本公司批准信用限额并且不适用本人自行掌握的信用限额的买方出口所发生的损失。

（8）在卖方遵守有关规定的情况下，在货物交付承运人之日起两年内未向投保公司索赔的损失。

二、短期出口信用保险产品

以下为我国出口信用保险公司短期出口信用保险的主要产品。

（一）综合保险

综合保险承保出口企业所有以信用证和非信用证为支付方式出口的收汇风险。它补偿出口企业按合同规定出口货物后，或作为信用证受益人按照信用证条款规定提交单据后，因政治风险或商业风险发生而直接导致的出口收汇损失。该保险产品的特点是保险金额高，承保范围大，保险费率低。

（二）统保保险

统保保险承保出口企业所有以非信用证方式为支付方式出口的收汇风险。它补偿出口企业按合同规定出口货物后，因政治风险或商业风险发生而导致的出口收汇应收账款经济损失。

（三）信用证保险

信用证保险承保出口企业以信用证支付方式出口时面临的收汇风险，付款期限在360天以内。在此保险项下，出口企业作为信用证受益人，按照信用证条款要求，在规定时间内提交了单证相符、单单相符的单据后，由于商业风险、政治风险的发生，不能如期收到付款的损失由中国信保补偿。

（四）特定买方保险

特定买方保险专为中国出口企业而设。它承保企业对某个或某几个特定买方以各种非信用证支付方式出口时面临的收汇风险，其中，付款期限在180天以内（可扩展至360天）。

（五）特定合同保险

特定合同保险专为支持中国出口企业而设。它承保企业某一特定出口合同的收汇风险，适用于较大金额（200万美元以上）的机电产品和成套设备出口。其中，以各种非信用证为支付方式，付款期限在180天以内（可扩展至360天），其特点为投保针对特定出口合同，支付方式为非信用证支付，其收取的费用包括保险费、资信调查费、保单费。

（六）买方违约保险

买方违约保险也是专为中国出口企业而设。它承保出口企业以分期付款方式出口因发生买方违约而遭受损失的风险，其中最长分期付款间隔不超过360天。它不仅适用于机电产品、成套设备出口，而且适用于对外工程承包和劳务合作，其特点是出口以分期付款为支付方式，分期付款间隔不超过360天。

三、短期出口信用保险投保

中国短期出口信用保险的承保程序主要包括以下几个步骤。

（一）短期出口信用保险综合险投保流程

1．投保

（1）客户提供企业法人营业执照、中华人民共和国进出口企业资格证书、中华人民共和国组织机构代码证、投保买家的相关资料。

（2）填写《投保单》，把出口企业的名称、地址、投保范围、出口情况、适保范围内的买方清单及其他需要说明的情况填写清楚后，企业法人签字盖章。

（3）中国信保审核保单，核定费率，签发保单，提供《保单明细表》《费率表》《国家（地区）分类表》《买方信用限额申请表》《信用限额审批单》《出口申报单》等给客户。

2．申请限额

（1）客户在接到保险公司签发的《短期出口信用保险综合保险单》后，应就保单适用范围内的每一买家申请信用限额，填写《买方信用限额申请表》一式三联，按表内的要求，把买家的情况、双方贸易条件以及所需的限额填写清楚。

（2）中国信保评估买方资信，核定限额。

3．申报出口

客户应在限额生效日期后出口，每批出货后，15天内（或每月10号前）逐批填写《短期出口信用综合险出口申报单》（或《短期出口信用保险综合险出口月申报表及保费计算书》）一式三份，按表中的要求，把出口的情况如实填写清楚，供保险公司计收保险费。对于客户未在规定时间内申报的出口，保险公司有权要求客户补报。但若补报的出口已经发生损失或可能引起损失的事件已经发生，保险公司有权拒绝接受补报。如客户有故意不报或严重漏报或误报情况，保险公司对客户已申报出口所发生的损失，有权拒绝承担责任（出口香港的货物，要在3天内申报，账期在30天内的客户如有特殊情况，可以提出申请）。

4．交纳保费

客户在收到保险公司管理部开出的"保险费发票"10日内应交付保险费。如未在规定期限内交付保险费，保险公司对客户申报的有关出口不负赔偿责任；如客户超过规定期限两个月仍未交付保险费，本公司有权终止保单，已收的保险费概不退还。保险费率如需调整，保险公司将书面通知客户，通知发出后第二个月出口的货物，保险费按新费率计算。

（二）投保

如果出口商决定投保，则必须按照保险公司提供的《投保单》填制各项内容，向保险人发出投保的要约。投保人填制投保单的各项内容时，必须遵守保险的最大诚信原则，特别是履行告知义务和保证义务；保险人应对投保人的商业秘密给予保密。

（三）制定保险方案

如果保险人同意承保，则保险人依据投保单的内容和条件拟定承保方案，即拟定《保险单明细表》，该明细表主要包括以下几方面内容。

1．承保范围

中国出口信用保险公司的短期出口信用保险，实行统保原则，即保险双方约定，被保险人适保范围内的全部出口，必须全部投保，换言之，被保险人不得选择某一类业务投保或某一进口商投保，也不能仅挑选风险较高的业务投保。

2．赔偿比例

与一般商业保险的财产险不同，出口信用保险的保险人并不承担全部损失，这也是国际惯例。中国短期出口信用保险规定，通常情况下，进口商拒收所致损失的赔偿最高为80%，其他原因所致的损失，其赔偿比例最高是90%。这一规定的目的是，加强被保险人的风险意识与风险管理控制能力，避免发生商业欺诈行为。此外，保险公司还可以进口国别或地区的不同、进口商的不同以及出口商风险管理水平的不同，与投保人约定不同的赔偿比例。

3．最高赔偿限额

最高赔偿限额又称"保单限额"，是指保险人在保险单期限（一年）内，承担赔偿责任的最高累计限额。该限额通常控制在被保险人当年预计承保出口总额的1/3到1/2。

4．被保险人自行掌握信用限额

信用限额是指保险人承诺对保险单项下某一特定进口商或银行，在特定结算条件下的信用风险承担赔偿责任的最高限额。短期出口信用保险保险人所承担的最高保险责任不是实际出口金额，而是以信用限额作为最高赔偿限额。当损失金额小于有效信用限额时，保险责任是损失保险乘以保险单规定的赔偿比例；当损失金额大于或等于信用限额时，保险责任是有效信用限额乘以保险单规定的赔偿比例。

被保险人自行掌握信用限额，是指保险人授权被保险人对每一进口商自己控制信用限额，并且保险人承担相应的赔偿责任。当一个付款周期内发运货物的金额不超过被保险人自行掌握的信用限额时，被保险人无须事先向保险人申请信用限额即可直接发运货物，只要在发运货物后申报期内直接向保险人申报即可。这一做法的目的是节省被保险人办理手续的时间，降低其管理成本。

5．申报方式

出口申报是指保险双方在《保险单明细表》中约定，被保险人按约定方式将具体出口业务向保险人申报。申报方式有三种：①即时申报，即将符合保险单承保范围的全部出口情况在发运后三个工作日内向保险人申报；②周申报，即每周第二个工作日前将上周的全部出口向保险人申报；③月申报，即每月10日前将上月的全部出口情况向保险人申报。

6．保单批注等其他内容

保单批注是保险人在保险单上加注的内容。通常是保险人对保险条款的修改或补充，或其他特别规定，如扩大或缩小承保范围。

（四）出具保险单

保险人如果接受投保人的投保申请，并拟订好承保方案之后，可以向被保险人签发保险单。保险单是保险合同的证明及保险合同的组成部分,保险单生效后,保险双方应履行各自的义务。包括保险单在内的保险合同一般由以下几个部分构成。

1. 投保单

投保单的主要内容包括出口商的基本信息、投保范围、出口产品的性质、内部风险控制制度、过去两年的出口经营状况和未来三年的出口预测、承保范围内的进口商清单、近三年逾期未收汇情况等。

2. 保险单条款

保险单条款是保险双方权利、义务和责任的法律依据,其中,最主要的条款是承保范围、责任范围、除外范围、责任限额、出口申报、保险费、可能损失索赔与定损核赔、被保险人义务和其他规定等。

3. 保险单明细表

该表主要包括承保范围、赔偿比例、被保险人自行掌握的信用限额、最高赔偿限额、费率厘定、申报方式、保单批注、争议解决等内容。

4. 费率表

费率表是被保险人向保险公司缴纳保险费的依据。费率是被保险人获得保险保障的对价。为了降低投保成本,中国出口信用保险公司于2004年下调了短期险平均费率水平,已降至0.6%左右,基本达到国际平均水平。另外,中国信保公司对关键客户实行保费优惠措施,各级财政也出台了保险费优惠扶持措施。因此,出口商的投保成本大为降低。

5. 国家(地区)分类表

保险人依据社会制度的不同、政治是否稳定、经济发展状况、外汇储备多少、法律环境、贸易习惯、对华关系等情况进行综合评价,再按风险值大小将主要国家或地区进行排列、分类,可以对一类国家或地区风险接受承保,而对另一些国家或地区暂不接受承保。若保险人接受某一类国家或地区承保,有可能要附加限制承保条件。

6. 批单

批单是指变更保险合同某些内容的书面文件。当保险合同订立后,由于某种原因,需要对原保险合同的某些内容予以变更或修改,保险人向被保险人出具批单,证明对原保险合同的变更或修改。当保险合同与批单相矛盾时,以批单为准。

此外,保险单签发后产生的一些书面文件,也是保险单的组成部分,即属于保险合同的组成部分,这些文件通常有信用限额申请表、信用限额审批表、信用限额确认表及回执书、撤销信用限额通知单及出口申报单等。

(五)保单续转和保单终止

1. 保险单续转

中国短期出口信用保险合同的有效期通常为一年。保险合同期满前一个月,保险公司要对保险合同的承保情况进行总结,同时常年更新测算保险费率,调整承保条件。如果被保险人对调整结果无异议,保险合同在本期届满时,以新的承保条件转入下一期,即续转,有效期限为一年。

2. 保险单终止、解除或撤销

如果保险合同双方当事人有一方有意终止保险合同，则应提前通知对方，否则保险合同在每一期届满时自动续转。但保险合同终止的，不影响终止前保险人应承担的保险责任。

与一般商业保险合同一样，出口信用保险的被保险人有权单方面在有效期内解除保险合同。被保险人主动解除保险合同的，不影响保险人应承担的保险责任，已收取的保费则不予退还。

如果被保险人严重拖欠保费或在履行义务中有严重过失，甚至有欺诈行为的，保险人有权解除或撤销保险合同。在此情况下，保险人的所有保险责任全部终止，而且已收取的保费也不退还。

（六）申请信用限额

1. 信用限额的循环使用及涵盖原则

信用限额是保险人帮助投保人（出口商）有效控制风险的重要手段和措施。信用限额包括支付条件、金额和生效时间三个基本要素，有时还规定一定的限制条件，如赔偿比例、有效期等。

在信用证支付方式下，信用限额的使用分为两种情况：一种是不可循环使用的，只适用于一笔信用证的额度，该信用证使用完毕后，信用限额自动失效；另一种是可以循环使用的，即对于同一进口商在同一银行开出的信用证的信用限额可以循环使用，某一进口商的信用限额一旦被保险人批准，对信用限额生效后的出口可循环使用，直到保险人书面变更为止。

信用限额涵盖原则是指在同一保险合同下，对同一进口商在同一支付条件下，只能有一个有效信用限额。但同一支付条件下，信用期限长的信用限额可以涵盖信用期限短的信用限额。而不同支付条件的信用限额则按照 OA→D/A→D/P 的顺序，在同一信用期限下，OA 信用限额可以涵盖没有批复过信用限额的 D/A 方式或 D/P 方式的信用风险，D/P 信用限额可以涵盖没有批复过信用限额的 D/P 方式的信用风险。

2. 信用限额的申请

（1）一般信用限额的申请。在保险人向被保险人签发保险单后，被保险人应根据保险单承保范围出口的每一进口商和银行的具体情况，在出运前向保险人提出书面的信用限额申请，并留给保险人一个合理的时间收集、评估进口商的资信，以免货物出运时，信用限额未能得到批复而无法获得保险保障。特别是交易量和金额较大时，最好提前一个月左右的时间提出申请。

被保险人在填制《信用限额申请表》时，应做到以下几点。

①内容应准确、详尽。《信用限额申请表》及其附表的内容必须做到准确无误且详细，尤其是出口商的名称、地址、所在国家或地区、联系人与联系方式等，以免影响货物出运和将来的可能索赔。

②信用限额的测算应合理。被保险人应依据当年合同金额及出运计划，以一个付款周期为最高应收账款余额，即进口商应支付的账款余额为依据测算，它大约等于进口商在一个付款周期内的最高欠款额，而非手头订单的数额总和。

③信用限额的支付方式应与保单一致。申请信用限额的支付方式，若为非信用证支付时，则其支付方式应与保险单中的 OA、D/A 或 D/P 的定义一致；若贸易合同同时使用多种支付方式，被保险人可按风险最高的支付方式申请一个总额，或按不同的支付方式分别申请信用限额。

④正确理解"信用期限"。出口信用保险中的"信用期限"是指货物出口之日（以运输单据签发日为准）起至进口商付款之日止的一段时间。这一点与贸易结算方式中的支付期限的概念不同。

⑤如实填写历史交易记录。被保险人在填制历史交易记录时，必须真实、详细，特别是进口商的付款历史，如是否存在习惯性拖欠、拖欠时间，银行付款是否及时等。否则，保险人可以被保险人未履行告知义务为由，拒绝索赔。

⑥填写《信用限额申请附表》。被保险人申请的信用限额超过 20 万美元时，必须填写《信用限额申请附表》，向保险人告知与进口商交易的详细情况，如交易建立过程、历史交易和收汇情况以及被保险人的风险控制措施等。

⑦《信用限额申请表》《信用限额申请附表》以及被保险人提供的其他辅助材料和有关信息，都是保险人决定是否承保及决定承保方案的重要依据，被保险人对此应遵守告知义务，否则保险人可解除保险合同。

（2）特殊信用限额的申请。无论采用哪种支付方式，当运输单据以进口商为收货人或货物所有权发生转移时（如航空运单、陆运运单或一份正本提单直接寄给进口商以及记名提单），被保险人应按 OA 支付方式申请信用限额，以保证充分保障保险权益；当支付方式为 D/P 远期或 CAD（cash against documents）远期或由进口商指定货运代理时，被保险人最好按 D/A 远期或 OA 方式申请信用限额，避免因代收行或承运人擅自放单而导致的损失；当以 T/T 成交但采用先传真发票，待进口商全额付款后再转移货权时，则被保险人可按 D/P 支付方式申请信用限额，以减少保险成本支出。

（3）信用限额的重新申请与追加申请。若被保险人在新订单的付款条件比原信用限额的支付条件风险高、时间长，或贸易合同的付款条件、付款期限发生变化，以及进口商的情况发生重大变化时，则被保险人应向保险人重新申请信用限额。

若保险人批复的信用限额不能满足被保险人的出口需要，则被保险人可在一个付款周期结束并正常收汇后，向保险人提出追加信用限额申请。追加申请视为新的申请，被保险人需要重新制作《信用限额申请表》，并提供该进口商的收汇记录和其他有利于提升其资信的相关信息和资料。

（4）信用限额审批时间。如保险人已经拥有买方的详细资料，一般在 1~2 天内批复信用限额。但是如果保险人需要向国外信用调查机构索取材料，则要视海外情况而定，有的可能只需 4 天，有的也可能要数天甚至数星期才可获得答复。因此，被保险人提供的资料齐全、准确将会大大有助于保险人的快速批复。

保险人批复后，《信用限额审批单》送交被保险人备存。被保险人收到后应仔细核对信用限额的买方名称、地址是否与申请的买家相符，并注意信用额度的金额、批复的支付条件和附带的特殊条件。

（七）限额审批

1. 进口商风险评估

被保险人提交《信用限额申请表》后，保险人将在资信调查的基础上对进口商的风险进行评估，若符合条件，将对信用限额进行审批。为此，保险人将按以下程序操作。

（1）国别（地区）风险评估。保险人首先要对进口商所在国家或地区的风险进行分析和评估，需要评估的主要因素包括该国（地区）的政治、经济、法律环境，特殊贸易限制，尤其关注其财政实力、外汇储备、外汇管制状况等各方面的情况。

（2）买方资信调查。这是对进口商资信状况进行调查时保险人审批信用限额的重要程序之一。为此，保险人通常通过各种渠道对进口商进行详细的资信状况调查。资信调查内容主要包括进口商的基本注册信息、经营信息、财务信息、银行融资与抵押记录等。

（3）买方风险分析与评估。在对进口商所在国（地区）风险评估和对进口商资信状况调查的基础上，保险人对进口商的各项信息和资料进行综合分析，特别是对其财务状况要重点分析，预测其经营状况、短期偿债能力、长期发展趋势，最后对其未来的信用风险做出比较科学的评估报告，作为审批信用限额的重要依据和参考。

2. 进口商总限额评定

进口商总限额是指保险人对某一进口商，依据对其风险评估的情况，核定最高可授信额度。中国出口信用保险公司使用风险评估模型（RAM），对进口商给予评级并据此给予总限额。若进口商的正面或有利信息较多，则授信额度较大；反之，则降低授信额度或不予授信。

3. 有效信用额度的审批

在完成上述程序的基础上，保险人开始审批信用限额。保险人依据有效控制风险原则，在总限额可授信余额范围内合理审批有效信用限额，尽可能满足被保险人最大信用限额需求。

保险人在审批有效信用限额时参考的主要因素包括贸易合同金额、货物出运时间金额和频率、最高单批出运金额、信用期限、支付方式、国际惯例、出口货物的特征、运输方式与时间、进口商付款意愿和偿付能力、贸易双方交易的历史、被保险人内部经营管理与风险控制能力和水平等。

如果保险人批复信用限额后，则将《信用限额审批表》送交被保险人备存。被保险人收到该审批单后要核对有关内容，使其与申请内容一致，特别要注意信用限额的金额、批复的支付条件和附带的特别条件等。

（八）出口申报与保费缴纳

在短期出口信用保险项下，被保险人应向保险人履行出口申报和缴纳保险费义务，这是获得保险保障的前提条件。

（1）出口申报。被保险人获得信用限额并安排货物出运后，应按照《保险单明细表》列明的出口申报方式，在规定的时间内将符合承保范围的货物全部出口，按保险人规定的出口申报单格式向保险公司申报，保险人则按发票金额和约定的费率计收保险费，并开始承担保险责任，但保险人对未申报的出口不负赔偿责任。

（2）缴纳保险费。被保险人缴纳保险费的方式有：①按"出口申报缴纳"，这种方式多采用按月缴纳，即保险人每月定期计算各保险单应缴纳的保费，并向被保险人发出《保险费通知书》，被保险人根据该通知书向保险人缴纳；②按"年度最低保费"或"预缴保险费"，这两种方式是指保险人按照约定，按期机选出口申报的应缴保费，并以通知书的形式，核减"年度最低保费"或"预缴保险费"。当其不足以核减当期应缴的保费时，保险人将及时向被保险人收取不足部分的保险费。当保险合同终止时，"年度最低保费"不予退还，但"预缴保险费"可以在结算后退还。

（九）收汇确认及信用限额跟踪管理

保险人批复信用限额后，则意味着已开始承担进口国（地区）或进口商的政治风险和商业风险，向被保险人提供保险保障。为此，保险人将采取措施进行风险监控，对已批复的信用限额进行跟踪管理。

当保险人获悉风险信息，如接到可能损失通知时，将会以书面形式通告其他被保险人撤销或下调特定进口商、特定出口国家（地区）的信用限额，协助被保险人加强风险防范与控制，避免损失扩大。但被保险人撤销或下调信用限额，不影响此前保险人已承担的保险责任；当保险人获悉风险减少的信息时，保险人可以适当上调信用额度。

中国出口信用保险公司为了降低风险，合理使用信用限额，对于超过或等于80万美元的单个有效信用限额，或者在单一进口商项下累计超过或等于150万美元的有效信用限额，建立严格的大限额的风险跟踪和防范机制，实行专门管理和跟踪。该信用限额批复后，随时搜集进口商的风险信息以及被保险人的出运和收汇信息，及时进行风险分析，并采取有效的风险防范措施。

此外，保险人还密切关注被保险人已获批准的信用限额的使用情况，以防止信用限额的空置和浪费。若发现被保险人空置或使用不足的信用限额，保险人有权撤销或降低该信用限额或收取一定的成本费用。

四、短期出口信用保险理赔和追偿实务

在短期出口信用保险中，如果发生承保责任范围内的损失，则要发生理（索）赔与追偿的问题。

理赔是指保险人对被保险人的收汇损失进行定损和赔偿的过程。该项工作直接关系到被保险人的保险权益，是出口信用保险保障作用的直接体现。这项业务对被保险人的要求是及时索赔。

追偿是指保险人向被保险人补偿后，取得代位追偿权，向进口商或有关银行（债务人）等调查致损原因，追索债务的过程。该项工作直接关系到保险人的权益，其追偿收入直接弥补保险人的风险基金。

理赔与追偿通常涉及可能损失、索赔、定损核赔以及境外调查与追偿等问题。这些工作与贸易商（出口企业）有着密切的利益关系，因此，作为被保险人的出口企业对这些问题应有所认识和研究，确保自己的权益获得充分的保障。

（一）可能损失

当被保险人（出口商）获得损失已经发生或引起损失的事件已经发生的信息后，应在保

险单条款规定的时间内（10个工作日内）向保险人提交可能损失通知书，告知保险人已经发生可能引起损失的事件、造成损失的原因、被保险人已经采取或准备采取何种措施减少损失或防止扩大损失等。被保险人的这一做法旨在及时将有关信息告知保险人，双方共同采取相应措施，控制风险蔓延，避免损失扩大。

1. 被保险人提交通知书的时间及要求

根据中国出口信用保险公司的短期出口信用保险条款第十九条的规定，被保险人获悉保险单条款列明的保险责任时间已经发生，导致出口收汇损失可能或已经发生时，应在下列时间向保险人提交可能损失通知书。

（1）无论是在信用证还是在非信用证支付方式下，被保险人在获悉保单所列的政治风险事件已经发生、买方或开证银行已破产或无力偿付债务、开证银行拒绝承兑、买方已拒绝受领货物等情况后，应在获悉上述情况之日起10个工作日内，向保险人提交通知书。

（2）在非信用证支付方式下，被保险人在获悉买方拖欠货款，则应在付款日后60天内，向保险人提交通知书。

（3）在信用证支付方式下，被保险人应在开证银行拖欠后15个工作日内，向保险人提交通知书。

被保险人应特别注意，上述及时通知义务对被保险人的补偿具有重要影响。若被保险人未能及时通知保险人，有可能导致损失扩大，延误保险人的调查和追偿，甚至导致保险人无法行使代位追偿权，按照保险的基本原则和惯例，保险人可能降低赔偿比例，甚至追回已赔偿金额。

此外，被保险人在填制可能损失通知书时，必须做到内容准确、完整，尤其是发货日期、付款日、发票号码与金额、案情说明、报损日期及出口申报日期等内容必须保证准确无误，否则将会影响索赔时效。

2. 保险双方共同处理可能损失

当保险人接到可能损失通知书后，将在审核出运申报、有效信用限额等情况的基础上，与被保险人共同采取积极措施，控制风险，最大限度减少损失。在出口信用保险中，常见的可能损失通常有以下几种情况。

（1）拖欠款项。在以D/A或OA等支付方式下，进口商很有可能因为政府的原因或自身的原因拖欠出口商（被保险人）的款项，如在规定的期限内拖延承兑出口商开立的远期汇票，或超过约定的预付款期限拖延付款，在此情况下，保险人将要求被保险人与其合作，提供相关的单据，说明有关情况，对拖欠的款项进行全面调查，在此基础上采取一定的措施，如加紧追讨或给予被保险人赔偿等，来解决这一问题。

（2）拒绝受领货物。在以D/A或OA等支付方式下，进口商因种种原因拒绝受领货物，拒绝受领货物在大多数情况下意味着拒绝付款。此时，保险人会要求被保险人在最大限度减少损失的前提下处理货物，防止货物长时间滞留港口导致货物本身的损失和产生滞港费用。

（3）拒付货款。在任何支付方式下，买方或银行都可能因政治原因或商业原因拒绝向被保险人付款或拒绝承兑远期汇票。为此，保险人将与被保险人共同采取相应措施，如再次提示付款或提示承兑等，来使买方付款。

（4）破产。买方或银行在付款或承兑前，宣布破产，导致其无力偿付债务。此时，保险人将会同被保险人了解货物的情况，若买方尚未提货，保险人将要求被保险人先行处理货物，如转卖等；若买方已经受领货物，保险人将要求被保险人及时向当地法院申请破产债权，以求日后获得破产账户清偿。

3. 危险买方或银行名单

被保险人向保险人报送可能损失后，对符合标准的买方或银行，保险人可将其列入危险买方或银行名单，撤销其有效信用限额，以便控制风险，防止损失进一步扩大。危险买方或银行名单是保险人内部控制风险措施，一是协助被保险人控制风险，二是控制自身经营风险的重要手段。该名单一般不对外公布，但是经调查核实过的上单买方和银行，可以对外公布，为被保险人或其他出口商分析辨别买方风险起到参考作用。

在已撤销可能损失、已追回大部分货款或保险人认为必要的情况下，可将相应的买方或银行从危险名单中撤销并重新审批该买方或银行的信用限额。

（二）索赔

1. 索赔申请

可能损失发生后，经过保险双方的共同努力，最终可能没有挽回损失。在此情况下，被保险人可以向保险人提出索赔请求，并在保险单规定的期限内填制《索赔申请表》和《索赔单证明细表》等，向保险人提交有关的证明文件，办理索赔事宜。在索赔过程中，被保险人应明确以下几个方面。

（1）索赔时限。非信用证项下的出口损失，被保险人在提交可能损失后 4 个月内向保险人提出索赔；而信用证项下的出口损失，被保险人在提交可能损失后 3 个月内向保险人提出索赔。如超过上述时效后，仍未提出或才提出索赔，将视同被保险人放弃索赔权，但是办理过延期索赔的除外。

（2）索赔材料。索赔材料必须完整、准确、齐全。被保险人向保险人提出索赔后，必须同时提交《索赔申请表》和《索赔单证明细表》，并按照规定如实、准确、完整地填制其中各项内容。这些信息是保险人定损核赔的基础材料，齐全、清楚、无误的索赔材料，将有助于保险人迅速定期核赔；相反，若被保险人的材料不完整，将会影响保险人的理赔进度，从而影响被保险人的利益。

2. 索赔处理

保险人收到被保险人的索赔申请后，核查《索赔申请表》相关内容，及时更正和补充错误和漏填内容。通常情况下，若被保险人未在可损阶段委托保险人追讨，保险人在被保险人提出索赔后即要进行海外调查，此时，被保险人要填写《委托代理协议书》，将相关贸易单证和损失证明以及来往函电提供给保险人，委托保险人追讨欠款。

（三）定损核赔

定损核赔是保险人进行海外调查，确定损失原因，在损失发生后，进行理赔，确定保险责任，支付赔款的过程。这一过程主要包括以下程序。

1. 审核索赔单证

保险人在理赔时，首先要审核被保险人提供的索赔文件或单证是否齐全、有效，案情陈述、贸易往来函电是否连贯、合理，以便掌握案情的具体情况，为以后处理索赔提供有力的证据。此工作有时在接到可能损失通知书时就已经在进行了。

2．海外调查损因

保险人依据贸易合同规定，审核被保险人作为出口商是否履行商务合同项下的义务，通过海外调查，向买方核实相关贸易事实，确定损失原因，判定是否属于保险人的承保责任范围，确保事实准确、证据有力。

3．审核被保险人的义务履行情况

保险人依据保单条款规定，审核被保险人保险单项下义务履行情况：一是被保险人作为出口商是否有违约行为，如不按时发货、货物质量存在严重问题等；二是被保险人作为保险合同的一方当事人是否存在违反保险合同的行为，如是否遵守最大诚信原则、是否缴纳保险费等。如果被保险人未履行义务，将严重影响保险人权益时，保险人有权降低赔偿比例甚至拒绝赔偿。

4．确定赔偿责任

保险人根据损失原因调查，结合保险人的义务履行情况，做出是否赔偿的决定。在下列情况下，保险人应该承担赔偿责任。

（1）进口商拖欠货款，且承认其债务，被保险人也履行了应尽义务，则保险人即可定损核赔。

（2）进口商拒绝接受货物，责任在于进口商，在被保险人采取退运、降价转卖等方式处理货物后，保险人可定损核赔。

（3）对存在贸易纠纷的索赔案件中，必要时被保险人要根据贸易合同中的约定进行仲裁或海外诉讼时，保险人可根据结果定损核赔。

（4）进口商或银行拒绝承兑或拒付货款，且被保险人也履行了应尽义务，则保险人可定损核赔。

（5）进口商或银行破产，因破产债权确认时间较长，保险人可先行按债权登记金额定损核赔，待债务金额确定后，保险人对保险责任范围内的赔偿进行结算，多退少补。

如果损失原因属于保险规定责任免除范围，或查明被保险人未履行应尽义务且情节严重的，保险人可拒赔。及时、准确、科学、合理是处理索赔案的一贯原则。保险人在接到可损通知或索赔文件时，应在第一时间进行审理，对不符合条款规定的索赔案，要及时向被保险人指出问题所在，该拒赔的案子就要明确拒赔。

5．计算赔偿金额

保险人在定损核赔的基础上，依照核定的实际损失金额与有效信用限额从低原则确定配股基数，按照保险单规定的赔付比例，以赔付基数乘以赔付比例计算赔偿金额。保险人按照申报发票的金额收取保险费，因此，不论何种情况，保险人的赔偿金额不超过出口货物的发票金额。

保险人在计算赔偿金额时，应扣除下列款项。

（1）买方已支付的、已抵债和被保险人已同意接受买方反索赔的款项。

（2）被保险人已通过其他途径收回的款项，包括不限于转卖货物或者变卖抵押物所得的款项及担保人支付的款项。

（3）被保险人擅自与买方商定的降价部分及被保险人擅自发起债权的部分。

（4）被保险人已获得的属于开征行或买方的其他款项或权益。

（5）被保险人根据销售合同应向买方收取的利息和罚金。

（6）其他不合理的费用。

6．支付赔款

保险人计算完赔偿金额后，向被保险人签发《赔偿通知书》，同时被保险人要出具《出口信用保险赔款收据及权益转让书》。保险人据此办理赔款支付手续，补偿给被保险人，同时取得代位求偿权。如果被保险人已通过《赔款转让协议》在银行办理了贸易融资，保险人将赔款直接划至融资银行账户。

7．定损核赔的期限

国际上一些国家和地区的出口信用公司在应收账款逾期几个月后才接到被保险人的可损通知，定损核赔设立了赔款等待期，即在应收账款日后的一段固定时间后（4～6个月不等）才对被保险人的损失进行定损核赔。

五、短期出口信用保险贸易融资实务

（一）概念

信用保险贸易融资业务是指销售商在保险公司投保信用保险并将赔款权益转让给银行后，银行向其提供贸易融资，在发生保险责任范围内的损失时，保险公司根据《赔款转让协议》的规定，将按照保险单规定理赔后应付给销售商的赔款直接全额支付给融资银行的业务。

（二）办理贸易融资的程序

受益人向保险人申请买方信用限额，同时选择融资银行，签订《赔款转让协议》。受益人获得信用限额并出运后办理出口申报，缴纳保费，经保险公司确认后，向融资银行出具《短期出口信用保险承兑情况通知书》。被保险人持相关资料到融资银行办理融资手续。

如发生保险单责任损失范围内的损失，由被保险人提交索赔申请，出口信用保险公司按保险单规定定损索赔后，直接向融资银行支付货款。

（三）办理贸易融资所需材料

（1）出口信用公司、融资银行和被保险人签订的《赔款转让协议》（首次融资前提供）。

（2）短期出口信用保险的保险单副本（首次融资前提供）。

（3）《信用限额申请表》及《信用限额审批单》（首次融资前提供）。

（4）《出口申报单》及保单发票（每次融资时使用）。

（5）《短期出口信用保险承保情况通知书》（每次融资时使用，出口信用公司直接向银行提供）。

（6）融资银行要求的其他材料。

第五节 中国中长期出口信用保险实务

一、中长期出口信用保险概述

(一)中长期出口信用保险的概念

中长期出口信用保险(medium and long-term export & credit insurance)是出口信用保险业务中非常重要的分支,它是指保险责任期限为中期(1~5年)或长期(5~10年)的出口信用保险产品。该保险旨在鼓励我国出口企业积极参与国际竞争,特别是高科技、高附加值的机电产品和成套设备等资本性货物的出口以及海外工程承包项目,支持银行等金融机构为出口贸易提供信贷融资。

中长期出口信用保险通过承担保单列明的商业风险和政治风险,使被保险人得以有效规避出口企业收回延期付款的风险和融资机构收回贷款本金和利息的风险。

(二)中长期出口信用保险的特点

中长期出口信用保险是各国政府支持本国资本性货物出口和帮助本国公司在境外承揽大型工程项目的重要政策性金融工具。中长期出口信用保险业务除期限的特征外,相对于短期业务而言,在风险特征、业务办理模式、业务目标和风险承担机制等方面都具有自身的特点。

1. 期限长、金额大、风险高

中长期险业务所承保的项目信用期限较长,在此期间,债务人的经营状况、市场环境以及其所在国家的政治经济状况发生变化的概率要远远高于短期险业务。同时,中长期险业务的单笔金额大,项目执行复杂,建设期风险和执行风险较高。中长期险业务风险的度量和定价仍是金融界的难题,因此该业务至今难以商业化。

2. 服务国家外贸、外交和产业政策

政策性是中长期险业务最重要的特征。中长期出口信用保险在落实国家政策方面具有自己独特的优势。

首先,中长期险业务是帮助企业开拓新市场的有力武器。新市场、新客户、新环境往往使出口商望而却步,特别是面对金额大、信用期限长的项目,决策就更加困难,如果有了中长期出口信用保险的帮助,出口商就可以专心致力于商务及项目执行的管理,中长期出口信用保险的风险咨询服务将为出口商提前采取风险化解和规避措施提供有利的帮助。

其次,中长期险业务以其较强的风险承担能力,具有广泛的市场影响力,因此通过其承保政策的导向作用,为政府落实产业政策、调整贸易结构和进行反周期的市场干预提供手段。

中长期出口信用保险作为政策性调节工具的最大好处是其对市场造成的扭曲程度最低,占用公共资源规模最小,而取得的效果却非常显著和直接。

3. 国家信用支持,中央财政作为后盾

到目前为止,中长期出口信用保险产品一般都是由国家单独设立机构办理,或政府委托商业机构办理,业务所产生的责任由国家承担,财政提供保证。政府对中长期业务的支持还表现在税收的减免,以及政府驻外机构为中长期业务提供大量的国别信息和在谈判方面提供协助等。

4．非营利性

为提高对本国出口的支持力度，并服务其他政策目标，各出口信用机构都宣布中长期险业务实行"保本"经营的原则，这样既符合"世贸组织"的有关规定，又弥补了商业保险市场无法提供此类产品的缺陷。

中长期险业务的非营利、政策性以及政府的支持这三个特点是相辅相成的。

（三）中长期出口信用保险的承保

1．承保范围

合同金额在100万美元以上，收汇期限超过360天的大型成套设备、机电产品或船舶等资本性或半资本性货物，技术成熟、国产化程度为60%～70%（船舶50%）以上，或回报率较高的大型基础设施建设，如公路、桥梁、电站等融资项目。

2．承保风险

（1）中长期出口卖方信用保险。负有还款责任的各方倒闭、破产、被接管或清盘，或丧失偿还能力；进口商或其还款担保人自商务合同规定的付款之日起未履行还款义务；进口商因故单方面停止或终止执行贸易合同；进口商所在国或任何与偿还债务或履行商务合同规定的付款义务的第三国政府颁布法令实行外汇管制，限制汇兑；进口国与中国或任何有关的第三国发生战争、敌对行为，以及内战、叛乱、革命、暴动或其他骚乱，或发生不可抗拒的其他事件，致使合同无法执行。

（2）中长期出口买方信用保险。海外进口商或借款人丧失偿付能力，进口商或借款人拖欠或拒付货款，进口商单方面终止或取消合同，货币不能兑换或汇出，项目所在国发生战争、革命、暴乱或其他政治骚乱，项目所在国取消或限制已执行的进出口合同，项目所在国政府宣布延期支付债务。

（3）海外投资（政治风险）保险。没收，是指东道国对外国投资企业征用、没收或国有化，致使其投资全部或部分归于丧失；禁止汇兑，是指东道国或任何与项目还款有关的第三国政府颁布法令实行外汇管制、禁止或限制汇兑；战争，是指因东道国与中国或与任何有关的第三国发生战争、敌对行为，以及内战、革命、叛乱、暴动或其他骚乱等，以致不能继续经营等。

（四）中长期出口信用保险的分类

（1）按保单责任开始时间的不同可分为出运前保险和出运后保险。

（2）按所保风险范围可分为单纯政治风险保险、单纯商业风险保险和政治、商业风险综合保险。

（3）按承保方式可分为额度保险和项目保险。

（4）按融资方式的不同分为出口买方信贷保险和出口卖方信贷保险。

（五）中长期出口信用保险的作用

1．转移收汇风险，避免巨额损失

在国际经济交往中，出口商会面临两种收汇风险：一是商业风险，主要包括进口方或国外担保方破产、倒闭、拖欠等;二是政治风险,主要包括进口方发生战争或其他政治事件,导致进口国限制买方还款,或者是进口国采取措施时合同无法正常履行。通常情况下,出口商无法单独承担此类风险,因为在开展正常的出口业务时,进口国的信用风险是出口商无法估量和承受的。一旦风险发生,出口商的损失将是巨大和致命的。因此,若投保了中长期出口信用保险,将风险转移给保险人获得收汇风险保障,从而避免巨额损失。

2. 提升信用等级,为出口商或进口商提供融资便利

在中长期出口项下,出口商除了获得政府优惠的直接贷款,还可以找商业银行寻求商业性的出口信贷,无论出口商选择哪种形式,中长期出口信用保险都将起到至关重要的作用。

政府的优惠贷款主要是低息或者是贴息贷款,为了保证偿还政府贷款,出口商即借款人需要借助中长期出口信用保险获得收汇风险保障,换言之,政府通过出口信用保险在信用和信用保险方面给予支持。商业性出口信贷是大型出口项目融资的主要方式之一,如果出口商投保了中长期出口信用保险,有了保险人的收汇风险保障,出口商可以比较容易地获得商业性贷款。因此,中长期出口信用保险为买卖双方提供了融资便利,由此可以扩大出口规模。

3. 使贸易支付方式更灵活,增加贸易机会

对出口商而言,采取信用证支付方式,开立汇票,收取货款是比较安全的结算方式。但是,由于中长期出口项目的期限较长、金额较大,即使采用信用证支付货款,也无法使用汇票。因此,中长期出口项目的进口商会要求分期付款或延期付款。但是这些支付方式对出口商来说,则面临着巨大的收汇风险。如果出口商接受进口商的支付方式,将其收汇风险转嫁给信用保险人,则会大大增加贸易机会。

4. 拓宽信用调查和风险鉴别渠道,增强抗风险能力

在中长期出口项下,出口商对进口商的财务状况、资信等级和偿债能力以及进口国的政治风险分析,限于各种原因,不会十分清楚地了解。在这种情况下,出口商投保了中长期出口信用保险之后,利用出口信用保险机构提供的信息咨询服务,就能很便利地获取所需信息,从而也对项目有个客观的评判,另外,出口信用保险机构也可根据自己的经验向出口商提出有价值的意见。

二、出口买方信贷保险

(一)出口买方信贷与出口买方信贷保险

1. 出口买方信贷

出口买方信贷(buyer credit)是指国家为支持本国产品出口,通过采取提供保险、融资或利息补贴等方式,鼓励本国金融机构向进口国政府、银行或进口商提供优惠贷款,主要用于国外进口商购买本国的船舶、飞机、电站、汽车等成套设备以及其他机电产品。贷款银行可以是出口国银行也可以是第三国银行。

出口买方信贷是出口信贷的一种重要形式,具体方式有以下两种。

(1)出口方银行直接向进口商提供贷款,并由进口方银行或第三国银行为该项贷款担保,出口商与进口商所签订的成交合同中规定为即期付款方式。出口方银行根据合同规定,凭出口商提供的交货单据,将贷款直接付给出口商,而进口商按合同规定陆续将贷款本、利陆续

偿还给出口方银行。这种形式的出口信贷实际上是银行信用。

(2) 由出口方银行贷款给进口方银行，再由进口方银行为进口商提供信贷，以支付进口机械、设备等的贷款。进口方银行可以按进口商原计划的分期付款时间陆续向出口方银行归还贷款，也可以按照双方银行另行商定的还款办法办理。而进口商与进口方银行之间的债务，则由双方在国内直接结算清偿。这种形式的出口信贷在实际中用得最多，因为它可以提高进口方的贸易谈判效率，有利于出口商简化手续、改善财务报表，有利于节省费用并降低出口方银行的风险。

出口买方信贷的特点有以下几个。

(1) 买方信贷是一种中长期跨国的外汇贷款。

(2) 买方信贷一般使用 OECD 组织公布的商业参考利率或以 LIBOR 为基础的浮动汇率。

(3) 买方信贷的商务合同可以采用 L/C、D/P 付款方式，出口商发货后即期收汇，不承担汇率风险和进口商的信用风险。

(4) 出口商无须负债。

2．出口买方信贷保险

出口买方信贷保险是指在出口买方信贷融资方式下，出口信用机构（ECA）向贷款银行提供还款风险保障的政策性保险。出口买方信贷保险所依据的基础合同是出口买方信贷贷款协议，保险货币与贷款协议货币一致，一般是美元。出口买方信贷的被保险人是贷款银行，投保人一般为出口商或贷款银行。

（二）出口买方信贷保险承保条件

1．出口买方信贷保险的承保范围

买方信贷保险对被保险人按贷款协议的规定履行了义务后，由于下列商业或政治风险导致借款人未履行其在贷款协议项下的还本付息义务，且担保人未履行其在担保合同项下的担保义务而引起的直接损失，保险人根据保单的规定，承担赔偿责任。

(1) 政治风险。政治风险主要包括：借款人所在国家（或地区）政府或其在贷款协议项下还款必须经过的第三国（或地区）政府颁布法律、法令、命令、条例或采取行政措施，禁止或限制借款人以贷款协议约定的货币或其他可自由兑换的货币向被保险人偿还贷款；借款人所在国家（或地区）政府或其在贷款协议项下还款必须经过的第三国（或地区）政府颁布延期付款令；借款人所在国家（或地区）发生战争、革命、暴乱；借款人所在国家（或地区）发生恐怖主义行动和与之相关的破坏活动；保险人认定的其他政治事件。

(2) 商业风险。借款人被宣告破产、倒闭或解散，借款人拖欠贷款协议项下应付的本金或利息。

2．投保人资格和投保条件

(1) 出口项目符合双方国家法律、法规，且不损害出口国国家利益。

(2) 投保人是在出口国注册的具有出口经营权和资质的法人，财务状况良好。

(3) 进口国政局稳定，经营状况良好。

(4) 贷款人和担保人资信在保险公司可接受的范围之内。

(5) 出口标的主要为出口国生产的资本性货物。出口的成套设备或机电产品的国产化部分占产品的 70%以上，船舶及车辆类产品的国产化部分不低于 50%，对商务的合同金额有最低要求，我国规定是不低于 100 万美元。

（6）对于进口商现汇支付比例，船舶产品在交船前不低于贸易合同金额的 20%，成套设备和其他机电产品一般不低于合同金额的 15%。

（7）还款期一般在一年以上，一般机电产品还款期不超过 10 年，大型项目还款期一般不超过 12 年。

（8）项目的技术和经济利益可行并且符合出口国的有关政策。

3．出口买方信贷保险的贷款协议要求

（1）贷款协议的签订应符合协议双方国家法律和金融监管规定。

（2）还款期一般在 1 年以上，一般机电产品还款期不超过 10 年，大型项目还款期一般不超过 12 年。

（3）贷款利率应参照同类贷款的市场利率水平，采用其他利率方式应符合中国信保公司的有关规定。

（4）贷款货币为美元或其他中国信保公司可接受的货币。

4．出口买方信贷保险除外责任

在买方信贷保险中，保险人的除外责任主要有以下两个。

（1）被保险人违反保险单或贷款协议的规定。

（2）因被保险人的过错致使保险单或贷款协议部分或全部无效。

（三）出口买方信贷保险投保程序

在出口买方信贷保险下，投保人既可以是出口商，也可以是贷款银行，两种投保业务程序有所差别。

1．出口商为投保人的业务程序

在此情况下，进口国的银行是转贷银行，买方信贷银行为被保险人，出口商为投保人。具体做法如下。

（1）签订贸易合同。出口商与进口商订立买卖合同，并约定以买方信贷形式偿还货款。

（2）投保。出口商以贷款银行为受益人向保险人申请投保出口买方信贷保险，提出保险要约。

（3）风险评估。保险人接到出口商的投保要约后，开始对进口商及进口担保银行的经营状况进行资信调查，对其风险进行科学的评估，已决定是否或如何承保。

（4）承保。如果保险人在风险评估后接受了投保要约双方订立保险合同；出口商向保险人交纳保险费，保险人对买方信贷给予承保。

至此，出口买方信贷保险合同成立。

（5）签发保单。保险人向出口商所在地提供买方信贷的银行签发以其为受益人的保险单，保险合同生效。

（6）签订信贷协议。出口商所在地提供买方信贷的银行与进口商的转贷银行签订买方信贷协议，贷款银行开始提供买方信贷。

（7）签订转贷协议。进口商的转贷银行与进口商再签订转贷协议，将买方信贷款项转贷给进口商。

(8) 出口设备。出口商按照合同要求向进口商发运设备，履行合同义务。

(9) 通知即期支付货款。进口商收到设备后，通知本国的转贷银行，用贷款即期向买方信贷的银行支付货款。

(10) 即期支付货款。进口商的转贷银行接到进口商的上述通知后，用贷款即期向买方信贷的银行支付货款。

(11) 偿还设备货款。提供买方信贷的银行接到进口国转贷银行支付的货款后，即期向出口商支付项目设备的货款。

(12) 偿还本息。进口商以协议规定，按期6个月一次向转贷银行偿还贷款本息，同时转贷银行也同样按期6个月一次向买方信贷银行偿还贷款本息。

(13) 索赔。出口商发运设备后，如果在协议和合同规定的期限内，因进口商或进口商转贷银行的风险无法使提供买方信贷的银行获得偿还的贷款本息，则作为受益人的买方信贷银行可依照合同的约定向保险人索赔。

2. 贷款银行为保险人的业务程序

在此业务下，提供贷款的银行既是投保人，也是被保险人，而进口商银行则具有贷款银行、转贷银行和担保人这三重身份。

(1) 签订贸易合同。出口商与进口商订立买卖合同，并约定以直接贷款给进口商银行的买方信贷形式偿还货款。

(2) 投保。贷款银行以自己为投保人和受益人向保险人申请投保出口买方信贷保险，提出保险要约。

(3) 风险评估。保险人接到贷款银行的投保要约后，开始对进口商及进口担保银行的经营状况进行资信调查，对其风险进行科学的评估，以决定是否承保或如何承保。同时，保险人还要对出口商的出口情况予以审查。

(4) 承保。如果保险人在风险评估后接受了投保要约，则与贷款银行签订买方信贷协议，由投保的贷款银行支付保险费，出口买方信贷保险合同成立。

(5) 签订信贷协议。提供出口买方信贷的银行与作为借款人、转贷人和担保人的进口国签订买方信贷协议，由前者向后者提供出口买方信贷款项。

(6) 申请保函。进口商向进口国银行申请开立保函。

(7) 开立保函。进口国银行向出口地提供买方信贷的银行开立保证付款的保函。

(8) 转递保函。贷款银行接到付款保函后，向出口商转递保函。

(9) 出口设备。出口商按照合同要求向进口商发运设备，履行合同义务。

(10) 通知即期支付货款。进口商收到设备后，通知本国的借款银行，用贷款即期向提供买方信贷的银行支付货款。

(11) 即期支付货款。借款银行接到进口商的上述通知后，用贷款即期向买方信贷的银行支付货款。

(12) 转递货款。当贷款银行收到借款银行的货款后，向出口商即期支付项目设备的货款。

(13) 分期偿还本息。进口商收到设备后，按照合同约定，按时每半年一次向借款银行偿还贷款利息。

（14）按期偿还贷款本息。进口国借款银行按照贷款协议的规定，向出口商的贷款银行按期偿还贷款利息。

（15）索赔。如果在协议和合同规定的期限内，因进口商或进口商转贷银行的风险无法使提供买方信贷的银行获得偿还的贷款本息，则作为受益人的买方信贷银行可依照合同的约定向保险人索赔。

三、出口卖方信贷保险

（一）出口卖方信贷与出口卖方信贷保险

1. 出口卖方信贷

出口卖方信贷是指出口方银行向本国出口商提供的商业贷款，为方便出口商以延期付款的方式向国外进口商出售技术、设备和劳务的一种贷款。

出口卖方信贷的特点有以下几个。

（1）卖方信贷是一种中长期的人民币贷款，资金并不出境。

（2）卖方信贷一般使用中国人民银行所颁布的指导利率。

（3）由于出口方为进口方提供延付便利，因此，卖方信贷的商务合同一般采用延期付款方式，出口商发货后不能即期收汇，且须承担汇率风险和进口商的信用风险。

（4）出口商必须在资产负债表上反映出该笔负债。

出口卖方信贷一般都具有很强的官方性质，更能体现出国家的产业政策、贸易政策、金融政策和财政政策，体现了政府强有力的支持。目前，中国绝大部分出口卖方信贷由中国进出口银行提供，其利率比商业贷款优惠。根据出口项目不同，中国进出口银行将出口卖方信贷分为以下六类。

（1）设备出口卖方信贷。

（2）船舶出口卖方信贷。

（3）高新技术产品出口卖方信贷。

（4）一般机电产品出口卖方信贷。

（5）对外工程承包贷款。

（6）境外投资贷款。

出口卖方信贷的一般做法：出口卖方信贷支持的范围比较广泛，只要单笔出口合同金额超过 30 万美元，设备在我国国内制造部分的比重符合国家规定，出口合同中规定的现汇支付比例符合国际惯例（一般机电产品不低于 15%，船舶不低于 20%，特殊情况例外），或海外工程承包项目在其合同总额中能带动 20%机电产品和成套设备出口的，都属于银行出口卖方信贷支持的范围。

2. 出口卖方信贷保险

出口卖方信贷保险又称延付合同保险，是在出口商以延期付款的方式向境外出口商品和服务时，延付期超过 1 年，出口信用机构（ECA）向出口商提供收汇风险保障的政策性信用保险。出口卖方信贷保险承保的风险包括政治险和商业险，赔付比率为 90%。出口商可以将卖方信贷保险的赔款权益转让给银行作为保证,获得出口卖方信贷,这就是"出口卖方信贷保险"名称的由来。

(二)卖方信贷保险承保条件、适用范围

1．出口卖方信贷保险的承保范围

对于被保险人在《保险单明细表》中列明的商务合同项下由下列事件引起的直接损失,保险人按本保险单规定承担赔偿责任。

(1)商业风险。

①进口商及其担保人破产、倒闭、解散。

②进口商未履行商务合同项下对被保险人的付款义务,且进口商的担保人(如有)也未履行担保合同项下的担保义务。

③进口商违反商务合同的规定,致使商务合同提前终止或无法履行。

(2)政治风险。

①进口商所在国政府颁布法律、法令、命令或采取行政措施,禁止或限制进口商以商务合同约定的货币或其他可自由兑换的货币履行商务合同项下对被保险人的付款义务。

②进口商所在国、项目所在国或进口商付款须经过的第三国颁布延期付款令。

③进口商所在国或项目所在国颁布法律、法令、命令或采取行政措施(包括撤销或不予展延进口许可证),致使商务合同部分或全部无法履行。

④进口商所在国或项目所在国发生战争、敌对行动、内战、叛乱、革命或暴动,致使商务合同部分或全部无法履行。

2．投保人资格和投保条件

出口卖方信贷保险的投保人资格和投保条件与"出口买方信贷保险"的标准基本相同。

3．出口卖方信贷保险的除外责任

(1)被保险人违反商务合同规定或违反有关法律、法规引起的损失。

(2)由于进口商拒绝支付或推迟支付商务合同下的应付款所引起的间接损失。

(3)汇率变更引起的损失。

(4)除进口商及其担保人外的任何与商务合同付款相关的机构和人员违约、欺诈、破产、违反法律或其他行为引起的损失。

(5)因进口商违约,被保险人按商务合同规定应向进口商收取的罚款或惩罚性赔偿。

(6)在商务合同履行过程中,属于货物运输保险或其他财产以及责任保险范围内的损失。

(7)被保险人无权直接从进口商收取的款项的损失。

(三)卖方信贷保险业务操作流程

如果出口商决定投保卖方信贷保险,保险人同意承保,通常情况下包括以下几个程序。

1．签订贸易合同

出口商与进口商订立买卖合同,约定以延期付款方式支付货款。

2．申请开立保函

进口商向进口担保银行申请开立延期付款保函,并由该银行对延期付款进行担保。

3．开立保函

进口国的担保银行接受进口商的申请后，应对卖方信贷银行开立延期付款保函，开始承担担保责任。

4．转递保函

当卖方信贷银行接到进口国担保银行开立的保函后，将其转递给出口商，出口商可凭此担保。

5．出口商投保

出口商接到保函后，依据投保单的相关内容填制投保单，并向保险人发出投保的要约。

6．风险评估

保险人接到投保要约后，开始对进口商及进口担保银行的经营状况进行资信调查，对其风险进行科学的评估，以决定是否或如何承保。

7．承保

若保险人进行风险评估后接受了出口商的投保要约，则保险人与出口商协商承保条件和条款，达成协议后向出口商签发保险单。

至此，保险合同成立。

8．签订信贷协议

保险合同成立后，出口商和卖方信贷银行协商贷款协议，达成一致后，该银行向出口商发放贷款。

9．转让权益

出口商和卖方信贷银行签订保险单项下的权益转让协议，约定一旦出口商获得了保险人的赔偿后，出口商应以该赔偿金额偿还银行的贷款。

10．发运货物

出口商按照合同要求发运货物，履行合同义务。

11．分期付款

进口商按照有关协议向开立保函的进口担保银行分期支付货款，履行合同和保函的义务。

12．分期付贷

进口担保银行接到进口商的货款后，再向卖方信贷银行分期偿付贷款。

13．结算货款

卖方信贷银行接到进口担保银行转来的进口商支付的货款后，再与出口商结算货款。

14．索赔

若进口商的分期付款出现风险，最终导致卖方信贷银行损失，该银行将依据协议向保险人索赔损失。

四、出口买方信贷保险与出口卖方信贷保险的区别

虽然两个保险都是为了支持本国资本性货物的出口，但还是存在着以下不同点。

（1）投保的必要性。买方信贷保险有完全的必要性，不保不贷，投保可贷，卖方信贷保险完全没有必要投保，有事由出口商自行决定是否投保。

（2）保险收益人。买方信贷保险的贷款银行作为直接的受益人，卖方信贷保险的保险单受益人是出口企业。

（3）贷款币种。买方信贷保险是外币专项贷款，卖方信贷保险是人民币专项贷款。

（4）贷款方向。买方信贷保险的贷款方向是进口方或者是国外银行，卖方信贷保险的贷款方向是本国出口商。

（5）保险标的物。买方信贷保险是贷款行在贷款协议下的还款风险，卖方信贷保险是出口企业在商务合同下的收汇风险。

（6）赔偿等待期。买方信贷保险的赔偿等待期是 3 个月，卖方信贷保险的赔偿等待期是 6 个月。

（7）最高赔偿责任。买方信贷保险按照贷款本金及利息之和承担最高可达 100%，卖方信贷保险通常只负责出口合同中延期付款金额的 95%。

（8）保险费率。卖方信贷保险的保险费率略低于买方信贷保险的保险费率。

（9）对出口企业影响。买方信贷保险项下，出口企业即期收汇，不承担未来的汇率波动的风险。卖方信贷保险项下，出口企业是利用银行的出口信贷，给进口方提供延期付款合同的权利，既有债权，也有债务。

（10）信贷保险与贷款协议是否直接联系。买方信贷保险与贷款协议直接联系，须向贷款银行承担无条件投保责任。卖方信贷保险不与贷款协议直接联系，贷款银行可视情况决定是否要求出口商投保。

某公司货物保险索赔案

方先生是一家民营棉制品企业的老板。经过 5 年发展，方先生的企业逐渐打开海外市场，开始向外出口棉制品。2006 年年末，方先生与巴西一家小型外贸公司签订了出口合同，为其生产一批价值 40 万美元的棉袜。

2007 年春节，袜子顺利生产完成。方先生担心一旦到了春节，货物出口会拖延，于是赶在春节前办理了货物出口手续。按照惯例，方先生享受了国家鼓励出口而提供的政策性险种出口信用险。投保了该险种后，方先生就放心给员工放假过年了。

由于与巴西的贸易公司此前已经有过几次成功的交易经历，方先生对该公司还是比较放心的。过年期间，由于私人事务比较繁忙，方先生打了几次电话询问对方货物收发情况和发收款事宜，期间，对方以货物检验需要时间，以及资金需要周转等原因多次拖延了付款时间。方先生虽然有所怀疑，但是，由于正处于中国的春节，也就没有多做纠缠。

没想到，春节过完，工厂恢复生产，突然传来了巴西方面没有办法付款的消息。方先生经过多方交涉未果，才知道该贸易公司已经破产，无法支付货款。方先生想到了出口信用险，于是带着有关材料向保险公司提出了理赔申请。

然而，事情却没有想象中的顺利，尽管种种手续齐全，但是，经过保险公司的一番调查后，保险公司拒绝了方先生的理赔申请，理由是巴西公司破产已经超过一个月，超过了理赔追溯期。

分析

出口信用险是国家为了鼓励并推动本国的出口贸易,为众多出口企业承担由于进口国政治风险(包括战争、外汇管制、进口管制和颁发延期付款等)和进口商商业风险(包括破产、拖欠和拒收)而设置的收汇损失的政策性险种。这确实是一种对企业出口提供保障的全面险种。但是,该险种的条款也比较复杂,操作时有不少细节要注意。

方先生遇到的理赔期问题就是其一。目前,我国的保险公司规定,对于买方无力偿还债务造成的损失,不得晚于买方被宣告破产或丧失偿付能力后的一个月告知保险公司。对于其他原因引起的损失,不得晚于保单规定的赔款等待期满后两个月内提出索赔,否则保险公司视同出口商放弃权益,有权拒赔。

方先生由于对巴西的公司比较信任,没有想到该公司已经破产,再加之春节期间耽误了不少时间,造成了理赔时机的延误。实际上,规范的做法是,发现买方有信誉问题,在应付日后15日内未付,应及时向保险公司上报《可能损失通知书》,并采取一切可能措施减少损失。目前,不少中小企业害怕影响与进口商的关系,往往容易造成付款拖延,很难做到上述条款。

除了理赔期,出口信用保险申请限额也是比较容易出问题的环节。合同一旦签订,企业应立即向保险公司申请限额。因为调查资信需要一段时间,包括内部周转时间、委托国外资信机构进行调查时间,有时长达一个月之久。在限额未审批之前,如果合同有变更,应及时与保险公司联系。由于保险公司只承担批复的买方信用限额条件内的出口收汇风险,如果出口与保险公司批复的买方信用限额条件不一致,如出运日期早于限额生效日期、合同支付条件与限额支付条件不一致,保险公司将不承担赔偿责任。

作为像方先生一样的中小企业主,承担出口风险的能力是比较弱的,就更要求企业要提高自我保护意识。对于不熟悉的出口信用保险,可以请专业人士逐一对保险合同的签订到资料准备,再到理赔材料准备等进行把关,不要浪费国家为企业提供的这一保障措施。

复习思考题

1. 与一般商业保险相比,出口信用保险的特点是什么?
2. 短期出口信用保险的承保范围有哪些?
3. 出口买方信贷保险与出口卖方信贷保险的区别是什么?
4. 中长期出口信用保险的特点及作用有哪些?
5. 短期出口信用保险理赔和追偿实务是什么?

第十章 国际产品责任法与进出口产品责任保险

由于所生产、组装、出售或分配的产品在设计、生产、包装等环节存在缺陷或警示不足，导致使用或操作该产品的第三者遭受人身伤害或财产损失，其生产商或销售商由此而依法承担的法律责任即为"产品责任"。对该责任承保的险种就是"产品责任险"。对于一家经营出口贸易的生产商或销售商来说，一旦发生产品责任事故，企业将面临的是消费者的巨额索赔及漫长的法律诉讼。如果法庭做出对企业不利的高额判决，那么企业被要求支付的巨额赔偿则足以对企业未来的生产经营起到负面，甚至灾难性的影响。与此同时，索赔导致的出口产品声誉受损也将进一步阻碍企业的业务发展。目前在美国、加拿大等北美地区以及欧洲发达国家和地区，由于其经济发展水平及公民文化水平相对较高，司法体系较为严格，公民索赔意识较强，因此，这些地区的产品责任风险也较世界其他地区更高。出口美国、加拿大地区的企业面临着巨大的产品责任风险，而投保产品责任险则能够通过保费的固定支出，确保企业在遭遇巨额索赔时避免出现财务波动。本章重点介绍世界主要国家及我国关于国际产品责任的法律制度以及产品责任保险经营实务。

第一节 产品责任及其法律制度

一、产品责任

（一）产品的含义

产品是构筑产品责任法体系和确立产品责任承担的基点。产品的含义非常广泛，通常来说，一切工业、农业、手工业生产制造的，供人们使用、消费的物品都可以归入产品的行列。在不同的国家，产品有不同的定义。

美国《统一产品责任示范法》指出：产品是具有真正价值的，为进入市场而生产的，能够作为组装整件或者作为部分、零售交付的物品，但人体组织、器官、血液组成成分除外。该定义用概括的方式界定了产品的内涵。出于保护产品使用者的基本公共政策的考虑，法官在审理案件过程中更倾向于采用更广泛、更灵活的产品定义。

在欧盟《关于产品责任的法律适用公约》中，产品是指天然产品和工业产品，无论是未加工的还是加工的，也无论是动产还是不动产。《欧共体产品责任指令》第二条规定：产品是指初级产品和狩猎物以外的所有动产，即使已被组合在另一动产或不动产之内。初级农产品是指种植业、畜牧业、渔业产品，不包括经过加工的这类产品，产品也包括电。与美国相比，欧盟所界定的产品范围略微狭窄。英国《消费者保护法》中的产品是指任何物品或电，且包括不论是作为零部件还是作为其他东西装到另一产品中的产品。德国的《产品责任法》中规定的产品是指一切动产，而且动产也包括构成另一动产或不动产的部分，同时也包括电，但"未加工的"农业产品不是产品。

我国《产品质量法》规定，产品是指经过加工、制作，用于销售的产品。按照我国法律的规定，产品必须具备两个条件。一是必须经过加工、制作，包括工业上的和手工业上的。电力、煤气等虽是无体物，也是工业产品，也应包括在内。但未经过加工的天然品（如原煤、原矿、天然气、石油等）及初级农产品（如未经加工、制作的农、林、牧、渔业产品和猎物）则不属于产品。二是用于销售，即为了自己使用的加工、制作品不属于产品质量法中所指的产品。

综上来看，各个国家对于产品的定义及其范围的限定虽然不尽相同，但对产品的规定大都存在以下特点：一是产品一般指动产；二是多数国家立法未将初级农产品列入产品责任法范围，原因在于农产品易受自然环境因素影响，其产生的潜在缺陷难以确定缺陷来源，而且农产品没有明确的质量标准；三是产品一般指有形物品。

（二）产品责任的含义

所谓产品责任，是指产品在使用过程中因其缺陷而造成用户、消费者或其他第三人的人身伤害或财产损失时，依照法律规定应由产品制造者、销售者、修配者或承运者等分别或共同承担的经济损害赔偿责任。例如，假酒造成的人身伤亡、微波炉爆炸引起的火灾或人身财产损失、化妆品不合格对人体皮肤的损害等，均属于产品责任事故。在此，产品制造者包括产品生产者、加工者、装配者，产品修配者指被损坏产品或陈旧产品或有缺陷产品的修理者，如汽车修理厂；产品销售者包括批发商、零售商、出口商、进口商等各种商业机构；承运者是指承运各种产品的运输部门或个人。

产品责任是随着现代工业生产发展而出现的问题。工业革命的兴起，新技术、新产品的研制、开发和使用，使资本主义国家的经济得到了高度发展。与此同时，由于产品缺陷而导致消费者人身、财产损害的事故也日益增多，因而出现了很多消费者要求制造商、销售商赔偿因其产品引起的人身、财产损害的诉讼。由此，制造商、销售商对其产品损害事故所承担的法律责任就被称为产品责任。

产品责任一般分为广义责任和狭义责任两种。广义的产品责任既包括产品有缺陷致人损害所应承担的民事责任，即侵权责任；又包括产品质量不合格所引起的不适当履行合同的责任，即违约责任。狭义的产品责任只包括侵权责任。本章所指为狭义的产品责任概念。

（三）产品责任的构成条件

产品责任是由于产品缺陷导致的损害赔偿责任，是指产品存在缺陷给受害人造成人身伤害或产品以外的财产损失所产生的法律后果。因此，产品责任的构成条件可以归纳为以下三个方面。

1. 产品存在缺陷

产品缺陷是确定产品责任的前提条件。产品没有缺陷，就没有产品责任；谁造成产品的缺陷，最终就由谁来承担产品责任。产品缺陷是指产品由于存在不合理危险性或不符合国家有关质量、安全的强制性标准，或违反明示担保或默示担保而形成的缺陷。这种缺陷可能是生产者在制造产品时已经了解的，而因为疏忽没有告知使用者，也可能是生产者在制造产品时尚未发现的，但一定是产品在制造或销售过程中业已存在的。我国《产品质量法》第四十六条规定：本法所称缺陷，是指产品存在危及人身、他人财产安全的不合理的危险；产品有保障人体健康和人身、财产安全的国家标准、行业标准的，是指不符合该标准。可见，产品缺陷有两个特征：一是产品存在危及他人财产、人身安全的危险，二是这种危险属于不合理的危险。所谓不合理的危险是指产品存在明显的或潜在的，以及被社会认为不应当具有的危险。这种危险主要表现为存在可能危及人体健康、人身财产安全的因素。不合理的危险又分为两种情况：一是有的产品本身不应当存在危及人身、财产安全的危险性，但因设计生产上的原因，导致存在一定的危险；二是某些产品本身就带有一定的危险性，但在正常合理的使用情况下，不会发生危险，这类危险属于合理危险。

根据各国的判例，各国法院依产品的生产、制造过程，将缺陷大致分为以下几种。

（1）设计上的缺陷。设计缺陷是指生产者在设计产品时，其产品的结构、配方等方面存在危险。这种缺陷是因设计产品时忽视产品应有的安全性所致，因而是产品的先天不足，它在生产和销售过程中无法克服。我国产品责任案件中，大部分缺陷产品属于设计缺陷。

（2）材料的缺陷。产品原材料或配件的质量好坏直接对产品的质量产生重大影响。例如，制药原材料不纯会导致药品含有影响人体健康的物质；电器产品选用的原材料绝缘性能差会导致产品使用时漏电而伤人，甚至导致死亡；化纤衣料未经阻燃会导致衣物烧伤穿用者等。

（3）制造装配上的缺陷。制造缺陷是指因产品在制作、装配、铸造以及建设过程中疏于监督、控制，而导致产品粗糙，边缘有锐角、毛刺等可能危及人身安全的危险。例如，烟花爆竹的引线太短，或者机械电子产品或交通工具等的零部件装配不当出现松动、脱落而造成损害事故。可见，这些缺陷是基于设计以外的一切制造行为所致，它使产品的质量与设计要求的质量出现差异，因此它可以通过对其规格、技术要求的检验或通过对正常产品的对比检验加以主观识别。

（4）指示上的缺陷。指示上的缺陷是指产品在使用上或危险防止上缺乏必要的适当的说明或警告，致使该产品存在危及人身、财产安全的危险，它又被称为告知缺陷、表示缺陷或经营缺陷等。这里的"说明"是指有关产品的主要性能、正确的使用方法以及错误使用可能招致的危险等事项的文字表达。"警告"是指对产品本身所具有的危险性运用标志或文字所做的警告性标记。指示缺陷的特征主要体现在以下两点：第一，产品的指示缺陷属于市场缺陷，它与产品的设计缺陷和制造缺陷均不相同，不是体现在产品中的有形瑕疵，而是表现为对产品的不适当的、不充分的信息传递；第二，指示缺陷与生产经营者的告知义务直接相关。所谓告知义务，是指生产经营者对其所提供的产品的有关情况，如产品的主体、质量、功能、使用方法、注意事项以及产品的储运、维修保养等方面给予说明或介绍的义务。指示缺陷与告知义务的关系是，产品存在指示缺陷，必然是生产经营者违反告知义务所致，但是违反告知义务，并非意味着该产品就必然产生不合理的危险。关于认定产品是否存在指示缺陷的标准，在产品责任制度较为发达的国家有三个：一是消费者期望标准，二是成本效益标准，三是兼顾消费者期望标准和成本与效益标准的混合标准。在我国，根据产品质量法的规定，判定产品是否存在缺陷时，如果该产品有保障人体健康、人身与财产安全的国家标准、行业标准的，要以这一专门标准的要求为依据；如果尚未制定保障人体健康、人身与财产安全的标准的，应以社会普遍公认的标准为依据。前者可称为法定标准，后者可称为普遍标准或一般标准，它与消费者期望标准基本一致。

应当指出的是，产品缺陷与产品瑕疵的含义不完全相同。产品瑕疵是指产品存在的小毛病，如布料上有些小线头但这块布仍然可用。产品缺陷与产品瑕疵最根本的区别是：产品瑕疵是非危险性的毛病，而产品缺陷是指产品存在危及人身、财产安全的不合理的危险。根据法律的有关规定，符合法律规定条件的瑕疵的产品仍然可以在市场销售。《产品质量法》第二十六条第二项规定：产品必须具备应当具备的使用性能，但是对产品使用性能的瑕疵做出说明的除外。因此，存在瑕疵的产品是可以销售的，但是必须以"处理品""次品"等形式注明，并告诉消费者哪方面有瑕疵。如果将有瑕疵的产品冒充合格品销售，则属于欺骗消费者行为，应承担相应的法律责任。

2. 有缺陷的产品已经造成了损害事实

这里的损害是指因为产品缺陷而使人受到人身伤害或财产损失。例如，有缺陷的手机电池发生爆炸，除手机本身爆炸外，人也被炸伤，人和手机的损失即为损害事实。

3. 损害致因与结果存在客观的因果关系

这里的因果关系是指受害人的人身财产损害必须是因为产品缺陷而引起的，产品缺陷与损害事实之间存在近因关系。例如，上述手机电池爆炸导致的人和手机的损害后果必须是手机电池本身有缺陷所致，如果是使用者不小心将电池掉入火中引起的爆炸所致，则不属于产品缺陷所导致的产品责任。

以上产品责任的三方面构成要件必须同时具备，产品提供人才能承担产品责任，对于受害方的当事人来说，在产品责任诉讼过程中，他必须证明产品存在缺陷，确有损害事故发生，并且产品缺陷与损害之间存在近因关系，其所受到的损害才能得到赔偿。

（四）产品责任与产品质量违约责任的区别

在许多场合，人们很容易把产品责任与产品质量违约责任相混淆，进而把产品责任保险与产品质量保险等同起来。事实上，这是一个虽与产品相关却完全不同的法律概念，后者仅指合同当事人因提供的产品质量不合格时依法应承担的产品本身损失的经济赔偿责任及产品质量责任。所谓产品质量违约责任，是指产品生产者、销售者以及其他相关的第三人对产品责任所应当承担的义务以及违反此种义务时应当承担的法律责任。产品质量违约责任制度既包括因产品缺陷而给消费者、使用者造成人身财产损失时，由生产者和销售者依据法律规定应承担的责任，还包括违反标准化法、计量法以及规范产品质量的其他法规应当承担的责任。

产品责任和产品质量违约责任有着以下具体的区别。

1. 责任性质不同

产品质量责任是以事先签订合同为前提，当合同当事人一方提供的产品质量不符合合同规定时即引起产品质量责任，它是一种违约责任，是合同当事人的一方侵犯了另一方的债券，即相对权利；产品责任不以当事人之间存在合同关系为前提，在有缺陷产品的使用过程中引起人身伤亡或财产损失时即产生产品责任，责任方损害的是不确定的第三者的财产权或人身权，即严格责任，因此，产品责任属于侵权责任范畴。

2．当事人之间的法律关系不同

在侵权民事责任的双方当事人中，事先并没有特定的权利义务关系，只有当侵权行为发生后，加害人与受害人之间才产生特定的权利义务关系；而违反合同的民事责任是以当事人双方事先签订的合同为前提，在违约行为发生以前，当事人之间存在债权债务关系。

3．适用的责任原则不同

质量违约责任适用的是过错责任原则，即只有当违约方对给付质量不符合合同规定的产品存在故意或过失时，才能构成产品质量违约责任；产品责任则适用严格责任原则，即只有产品制造者、销售者能证明自己所制造的、销售的产品是合格的，或者能证明消费者、购买者故意违反使用规则时，才能免除其所造成的民事损害责任，否则，不论产品制造者、销售者有无过失，均必须对产品所造成的损害负经济赔偿责任。

4．承担责任的依据不同

判定产品责任的依据是产品存在缺陷，而判定产品质量违约责任的依据包括默示担保、明示担保和产品缺陷，较产品责任更为广泛。

5．对损害后果的要求不同

构成产品质量违约责任不以造成债权人的财产损毁或人身伤害为要件，只要产品不符合合同规定的质量要求而形成违约即可；产品责任的构成必须要有损害后果，这一损害后果必须是在有缺陷产品的使用过程中造成用户、消费者或其他人的人身伤害或财产损失。

6．责任承担者的范围不同

产品质量违约责任的承担者仅限于合同当事人中提供不合格产品的一方；产品责任的承担者可以是产品制造商，也可以是产品的销售商，还可以是产品的承运者、保管者。产品的制造商和销售商对产品责任负连带责任，受害人可以任择其一提出赔偿损失的请求，也可以同时向各方提出赔偿请求。

7．承担民事责任的方式不同

产品质量违约责任的承担方式可以是继续履行合同，可以是修理、重作、更换、支付违约金，也可以是赔偿损失；产品责任的承担方式通常采取赔偿损失的方式。

8．保险人提供的保障不同

对产品质量违约责任，保险人提供的是带有担保性质的保证保险，仅承保不合格产品本身的损失；对产品责任，保险人提供的是代替责任方承担因产品责任事故造成的对受害者的经济赔偿责任，属责任保险范畴。

9．诉讼的管辖不同

构成质量违约责任的案件由合同签订地和履行地人民法院管辖，因产品责任提起诉讼的案件应由被告所在地或侵权行为发生地人民法院管辖。

（五）产品责任当事人之间的民事责任关系

产品责任是产品制造者和销售者由于生产和销售有缺陷的产品，致使他人的人身遭受伤害或财产受到损失所承担的损害责任。因此，产品责任当事人涉及赔偿义务人与赔偿权利人双方。当事人之间的民事责任关系，根据产品责任法律制度所规范，具体包括以下几项。

（1）产品制造者与产品用户、消费者或公众的民事责任关系。它是产品责任法律制度所规范的主要关系。在此，当产品造成用户、消费者或公众的利益损失时，除非是受害方自己的故意行为或不按操作、使用规则所致，否则产品制造者均应根据有关法律规定的原则（如过错或疏忽责任、严格责任）承担相应的损害赔偿责任，以此达到保障产品用户、消费者及公众权益的目的，并促使产品制造者恪尽职责。

（2）产品修配者与被修配产品的用户、消费者或公众的民事责任关系。当被修配的产品造成用户、消费者或公众的损害时，除非是受害方自己的故意行为或不按规则操作、使用所致，否则修配者均应依法律原则承担相应的损害赔偿责任。

（3）产品销售者与产品用户、消费者或公众的民事责任关系。当被销售的产品造成用户、消费者或公众的损害时，除非是受害方自己的故意行为或不按规则操作、使用所致，否则产品销售者均应依照法律原则承担相应的损害赔偿责任。

（4）产品制造者与产品销售者的民事责任关系。如果产品责任事故的发生是因其本身缺陷所致，或者产品销售者是按产品制造者原样产品、原样包装出售的，应由产品制造者承担相应的民事责任，产品销售者可以据此依法减免相应的损害赔偿责任；反之，如果产品在销售过程中被改造、损坏或改装、变换包装等，一旦发生产品责任事故，产品制造者将不再负责，而由产品销售者承担一切责任。

由上可见，产品制造者、修配者、销售者构成了产品责任关系的责任方，其中产品制造者承担着最大也是最终的责任风险，而产品用户、消费者或公众则构成了产品责任关系中的受害方，是产品责任事故的最终受害者，也是产品责任法律制度所保障的对象。

二、产品责任法律制度

产品责任法是调整有关产品的制造者、销售者和消费者之间侵权行为的法律规范的总称，其基本含义是由国家立法机关颁布各种有关产品责任的法律及由国家权力机关颁布有关产品责任的法规、条例等，确定产品责任关系当事人承担民事责任的原则，作为人们在产品责任关系中的最高行为准则和承担相应民事责任的协商、仲裁、判案依据，并严格执法和守法，其目的在于保护消费者的利益，确定制造者和销售者对其生产或销售的产品所应承担的责任。产品责任法的主要特征是：第一，它调整因产品责任引起的人身或财产损害，不包括单纯的产品本身的损害；第二，它主要调整没有任何合同关系的产品责任侵权行为。

产品发生责任事故后，责任方如何承担经济赔偿责任，由当地法院根据有关产品责任法律判定，即产品责任是一种法律赔偿责任。但责任方所负责任的划分及大小，却因各国法律制度的不同而有较大差异。由于产品责任与各国的产品责任法律制度紧密相关，经营产品责任保险就必须先了解并掌握产品责任法律制度在国际、国内的形成和发展。

（一）外国产品责任法律制度

在西方各国，产品事故的法律赔偿责任最初都从英国习惯法中关于制造商或销售商对产品应负"谨慎之责"这一总的原则出发，再在民法或相关的单行法规中加以具体规定的。从上述总的原则出发，凡产品的制造商或销售商未尽到谨慎之责，使消费者遭到损害，就应负赔偿责任。目前，西方国家的产品责任法律制度大致分为两大体系：美国、加拿大实行严格责任制，西欧、日本实行疏忽责任制。

1. 美国产品责任法律制度

美国是西方最早出现产品责任法的国家，也是产品责任保险最发达的国家，美国的产品责任法是从传统的侵权行为法和合同法脱胎而来的一种特殊的侵权行为法，既有传统的侵权行为三大要件（侵权行为、侵权行为确实造成损害、侵权行为与损害有因果关系），又吸收了现代侵权行为法发展的要素，同时采纳了合同法中的某些概念。美国产品责任法的这一性质为美国各州的产品责任诉讼提供了灵活的基础。《侵权行为法重述第二编》（*Restatement (Second) of Torts*）第四百零二条A款明确了产品严格责任的原则："凡经销任何有缺陷的产品对用户或消费者或其财产带来不合理危险的人，对于因此而造成最终用户或消费者的身体伤害或财产损失负有责任。"这个规定被美国的绝大多数州所采纳。除此之外，美国还有不少产品安全、产品责任及保护消费者的立法，主要有《联邦危险物品法》《交通汽车安全法》《联邦食品、药品、化妆品法》《消费者物品安全法》《统一产品责任法》等。

2. 欧洲产品责任法律制度

一般认为，1842 年英国的温特伯顿诉赖特案是英国也是世界产品责任制度的发端。不过，在 20 世纪中期以前，欧洲并无专门的产品责任法，有关案件都是通过引申解释民法典有关规定来处理的。自 20 世纪 70 年代初开始，在欧共体的推动下，各国日益重视产品责任的研究和立法。1973 年，海牙国际私法会议通过了《关于产品责任适用法律的公约》（即《海牙公约》）；1976 年，欧洲委员会通过了世界上第一个有关产品责任的实体法规，即国际公约《关于人身伤亡的产品责任公约》（又称《斯特拉斯堡公约》）；1981 年，葡萄牙公布了《消费者保护法》；1984 年，西班牙颁布了《消费者和使用者的利益保护法》；1985 年，欧共体发布了产品责任适用严格责任的《使成员国产品责任法相互接近的指令》（简称《欧共体产品责任指令》）和欧洲理事会制定的《消费者保护宪章》。《欧共体产品责任指令》要求欧共体成员国以该指令为基础，以严格责任为原则通过各自的产品责任立法，其赔偿范围包括人身伤亡和财产损害，并对赔偿数额规定了最高限额。目前，该指令所规定的严格责任在欧洲已得到广泛的采用。在某种程度上，《欧共体产品责任指令》推动了欧洲各国产品责任立法的统一，尤其是使产品责任归责原则趋向于严格责任原则。《欧共体产品责任指令》及各国产品责任法律的颁布，既标志着欧洲产品责任法的成文化、专门化趋势，也标志着以产品责任为原则而形成的、独立的欧洲产品责任法律制度。此后，一直到 2004 年 1 月，为了为公众提供与其密切相关的产品安全方面的信息，以保障消费者安全，欧盟又新修订了《通用产品安全指令》。

在具体的产品责任的归责方面，欧洲各国一般颁布有特别的法规。例如，德国在 1976 年制定了一部《药物伤害法》，规定生产有缺陷药物的生产者对此应承担严格责任，这也是欧洲最早的一部关于药品责任的专门立法。1978 年，为进一步规范药品生产和保护消费者权益，德国又实行了新的《药品法》。法国对于儿童玩具产品的责任除了通过《消费者安全法 1983》《法国民法典》归责，还通过《公共健康法》来对玩具产品责任进行归责。再如，2000 年，瑞典颁布了《电子电器产品制造商责任法》，对电子电器产品责任进行归责等。

3．日本产品责任法律制度

在日本，1957 年开始实行侵权法律赔偿制度，但须由受害者负责举证，即受害者首先必须证明产品有缺陷，这种缺陷对他造成了伤害，并且这种缺陷是制造者或销售者的疏忽造成的。由于受害者常常无法证明制造者的疏忽，使制造者大多逃避了责任。后来，法院认为产品制造商应高度关心消费者，就将举证之责转移到制造商、销售商身上，即产品责任事故一旦发生，受害者就可以向该产品的制造商、销售商提出索赔，只有当制造商、销售商证明自己没有疏忽时才可以免除赔偿责任，从而比较有利于受害者。

1975 年，日本颁布了《制造物责任法》，规定只要证明产品缺陷与事故的因果关系，不论制造商是否有过失，受害者均可申请赔偿。但是，该法把制造物的生产者"无过失"专门规定为严格责任条件下的免责事由，这对于保护消费者的权益是不利的。除此之外，日本还颁布有对相关产品责任归责的其他法律法规，如《消费者保护基本法》《药品不良反应受害救济、研究开发和产品评审组织法》《特定商品贸易法》《家庭有害物质控制法》《特殊家用设备再商品化法》（通称《家电回收法》）《日本玩具协会标准——玩具安全》等。

近年来，日本也开始采用严格责任原则来处理某些产品责任事故索赔案件，但它并不像美国那么严厉，索赔金额也没有美国那么高。因此，日本的产品责任险业务发展势头很好。

（二）我国产品责任法律制度

我国产品责任法规产生的时间并不长，只有二十余年的历史。目前尚未颁布专门的产品责任法。1993 年以前，我国陆续颁布过一些与产品责任有关的法规，如《食品卫生法》《药品管理法》《经济合同法》《中华人民共和国民法典》《工业产品许可证试行条例》《产品质量监督试行办法》《进出口商品检验条例》等。这些法规对于调整某些领域内的产品责任关系，提高产品质量，起到一定的积极作用，但还不是严格意义上的产品责任法，因为这些法规大多未明确规定因生产、销售缺陷产品而应承担的法律责任。

2020 年颁布实施的《中华人民共和国民法典》是我国民事法规的基本法。该法第一千二百零二条规定："因产品存在缺陷造成他人损害的，生产者应当承担侵权责任。"该法第一千二百零三条规定："因产品存在缺陷造成他人损害的，被侵权人可以向产品的生产者请求赔偿，也可以向产品的销售者请求赔偿。产品缺陷由生产者造成的，销售者赔偿后，有权向生产者追偿。因销售者的过错使产品存在缺陷的，生产者赔偿后，有权向销售者追偿。"该法第一千二百零四条规定："因运输者、仓储者等第三人的过错使产品存在缺陷，造成他人损害的，产品的生产者、销售者赔偿后，有权向第三人追偿。"该法第一千二百零五条规定："因产品缺陷危及他人人身、财产安全的，被侵权人有权请求生产者、销售者承担停止侵害、排除妨碍、消除危险等侵权责任。"这实质上是我国产品责任制度的基本规定。

1993 年颁布实施了《中华人民共和国产品质量法》。这项法律分为两项主要内容：①国家对产品质量的监督管理；②产品的质量责任，包括民事责任、行政责任和刑事责任。2018 年又对该法进行了修正，其中第四十一条规定："因产品存在缺陷造成人身、缺陷产品以外的其他财产（以下简称他人财产）损害的，生产者应当承担赔偿责任。生产者能够证明有下列情形之一的，不承担赔偿责任：（一）未将产品投入流通的；（二）产品投入流通时，引起损害的缺陷尚不存在的；（三）将产品投入流通时的科学技术水平尚不能发现缺陷的存在的。"该法第四十二条规定:"由于销售者的过错使产品存在缺陷,造成人身、他人财产损害的,销售者应当承担赔偿责任。销售者不能指明缺陷产品的、生产者也不能指明缺陷产品的供货者的,销售者应当承担赔偿责任。"该法第四十三条规定:"因产品存在缺陷造成人身、他人财产损害的,受害人可以向产品的生产者要求赔偿,也可以向产品的销售者要求赔偿。属于产品的生产者的责任,产品的销售者赔偿的,产品的销售者有权向产品的生产者追偿。属于产品的销售者的责任,产品的生产者赔偿的,产品的生产者有权向产品的销售者追偿。"

我国《消费者权益保护法》第七条规定:"消费者在购买、使用商品和接受服务时享有人身、财产安全不受损害的权利。消费者有权要求经营者提供的商品和服务,符合保障人身、财产安全的要求。"第十一条规定:"消费者因购买、使用商品或者接受服务受到人身、财产损害的,享有依法获得赔偿的权利。"

我国《食品卫生法》第四十八条规定:"违反本法规定,造成食物中毒事故或者其他食源性疾患,或者因其他违反本法行为给他人造成损害的,应当依法承担民事赔偿责任。"

我国《药品管理法》第一百四十四条规定:"药品上市许可持有人、药品生产企业、药品经营企业或者医疗机构违反本法规定,给用药者造成损害的,依法承担赔偿责任。"

三、归责原则

归责,顾名思义,就是法律责任的归结。在侵权法上,归责是指确认和追究侵权行为人的民事责任。归责原则是指确定行为人责任归属所依据的准则,它所解决的是侵权的民事责任的基础问题。归责是一个复杂的责任判断过程,这一过程必须遵循一定的原则。这一原则不同于但又必须体现民法的基本原则,尤其是平等、公平、诚实信用以及民事权益受法律保护原则。

产品责任归责原则在产品责任法律制度中具有重要意义,是处理产品责任纠纷所应遵循的基本准则。对当事人而言,明确自己的案件适用何种归责原则,有利于搜集对自己有利的证据,正确地行使诉讼权利和履行诉讼义务,提出合理的诉讼请求。对司法人员而言,明确归责原则也有利于做出公正的判决,同时还有助于对产品责任理论的研究。

(一)归责原则的发展

随着经济活动的日益复杂和法律的逐渐完善,产品责任归责制度的发展基本上经历了合同责任原则、过错(疏忽)责任原则和严格责任原则三个阶段的发展。

1. 合同责任原则

最初的产品责任是一种合同责任,即产品生产者、销售者不履行或不适当履行合同中规定的产品质量义务,而给消费者造成损害时应承担的赔偿责任。它是以合同为基础和条件,受害者只有与生产者具有直接的合同关系,才能就因产品缺陷造成的人身伤亡、财产损害对生产者或销售者提出请求赔偿的诉讼。此外,合同中的损害还包括产品本身的损害及由此引起的其他经济损失。

18世纪末,工业革命首先在英国兴起,机器生产开始代替手工操作,但当时生产力水平相对低下。为促进资本的积累和推动自由资本主义的发展，合同责任原则侧重保护生产经营者的利益。同时，当时提倡合同自由原则，生产的专业化和社会化程度不是很高，生产者和消费者的地位基本平等，能够依据合同确定责任的归属和范围。

合同责任的确立是在1842年英国的温特伯顿诉赖特案的判决。该案的原告是受雇于驿站站长的马车夫，因驾驶雇主从被告那里买来的有缺陷的马车而受伤，遂向被告提起赔偿诉讼。被告辩称原告与他无直接合同关系，不应赔偿。结果法院认可了被告的理由，判其胜诉。法院认为，被告保证马车处于良好状态的责任是向第一契约方（即驿站站长）承担的契约责任，被告无须对原告负责。审理此案的法官还指出："如果责任要扩展到没有契约关系的人，那就会出现最荒谬和最可悲的后果，而对此后果尚看不到任何限制的可能。"此案确立了"无合同、无责任"的原则，也就是契约关系原则，即生产商、销售商所承担产品责任是以受产品伤害的产品使用者或消费者具有契约关系为前提的。换言之，产品责任损害赔偿诉讼的原告与被告必须是契约的双方，原告也只能在契约规定的范围内向被告索赔。然而，在实际生活中，产品的最后消费者往往与制造商或销售商没有契约关系，消费者受到损害后就无权向制造商或销售商提出索赔，这就对受害方极为不利。随着经济的发展，产品责任问题不断增多，合同责任对于公平处理产品责任纠纷已经越来越不适应。

2. 过错（疏忽）责任原则

过错责任正式确立是在1916年美国纽约上诉法院审理的"麦克弗森诉别克汽车公司案"。该案案情为：原告从零售商处购买了一辆由被告制造的汽车，当他驾车行驶时，因车轮破裂，汽车突然翻覆，原告被抛在外而受伤，遂向被告提起求偿诉讼。被告引英国合同责任判例作为抗辩。卡多佐法官代表上诉法院多数意见表示拒绝接受英国判例的约束，因为"它不适用于今天的履行条件"。他还指出"'托马斯诉温彻斯特案'的原则并非局限于毒物、爆炸物及具备同等性质的物质"，还包括其他危险品。他进一步指出："制造者如果知道该项物品将由买受者以外的第三者未经检查而使用的，则无论有无契约关系，制造者对该项危险的制造，均有注意义务。制造者未尽注意义务的，就所产生的损害，应负赔偿责任。"最后，法院判决被告败诉。美国法官在此案中创立了产品制造商的过失责任，从而废除了契约关系原则而使用疏忽责任原则作为产品责任事故的判案依据。

所谓过失责任原则，就是在产品制造商或销售商与消费者之间没有合同关系的情况下，因产品制造商或销售商的疏忽，造成产品有缺陷，致使消费者的人身或财产受到损害，对此，产品制造商或销售商应对其疏忽承担责任。过错责任原则的确立，将产品责任纳入侵权行为的范畴。依据该原则，可以请求救济的权利主体扩大到了合同以外的第三人。义务主体也不限于合同一方当事人，如果生产者预见到危险却不加以防范而致人损害，生产者就对此负有责任，同时也扩大了产品的范围，不局限于本身具有危险属性的产品，对人有危险的产品均包括在内。

当受害人对生产经营者提起过错侵权起诉时，必须证明：①被告对产品的缺陷负有注意义务；②被告违反了这一注意义务；③原告因此受到了损害；④违反义务是造成损害的原因。原告举证成功后才能获得赔偿，但在许多情况下，原告要证明被告有注意义务且违反该注意义务很困难。

为了解决举证难这一问题，大陆法系采用"过错推定"原则减轻原告的举证责任，即当损害发生时，法律上推定被告有过错，由被告证明自己没有过错而免责，实现举证责任倒置。如果被告举证不能，那就要承担相应的责任。最典型的是德国联邦最高法院在"家禽瘟疫案"中的判决，过错推定原则至今在德国得到了很好的运用。

英美法系采用"事实自证"规则来减轻原告的举证责任。该规则认为在很多情况下，事故的发生作为一个事实，本身就证明过错的存在，除非被告有充分的理由证明自己没有过错，否则就应承担责任。

因为产品从设计到制造都受控于生产者，在现代化大生产的条件下，原告多受自身专业技能、知识水平的限制，对产品的设计制作过程不甚了解。对一般的消费者来说，要举证明白十分困难，甚至不可能。如果在被告并没有过错、原告也没有过错的情况下，依据过错责任原则，原告无法获得赔偿，被告也无须承担责任。该原则在保护消费者利益方面大打折扣。

3. 严格责任原则

在美国，从过错责任到严格责任，担保理论起着桥梁的作用。在美国产品责任法中，担保责任与英国类似，但并没有从根本上解决充分保护广大消费者的权益的问题。在 1944 年美国加利福尼亚州最高法院审理的"埃斯科勒诉可口可乐瓶装公司案"最早提出严格责任的思想。正式确立严格责任则是 1963 年加利福尼亚州最高法院审理的"格林曼诉尤巴电器公司案"。特雷诺法官在判决中指出："只要制造商将其产品投放市场，又明知使用者对产品不经检验就使用，只要证明该产品的缺陷对人造成了伤害，则制造商就应对损害承担严格责任。"

严格责任原则也称无过错责任原则或绝对责任原则，是指只要产品存在缺陷，对使用者或消费者构成不合理危险，并因此使他们的人身或财产遭受损失，该产品的生产商或销售商就应承担损害赔偿责任。严格责任注重的是产品本身的缺陷，较过错责任相比具有更强的客观性，具有较强的赔偿功能，同时严格责任还具有提高效益和实现公平的功能。相对于合同责任而言，适用于一切产品的购买者和使用者，并赋予了他们合法的诉权；相对于过错责任而言，大大减轻了受害人的举证责任；相对于担保责任而言，不要求产品的制造商或销售商对产品做出明示或默示的担保。严格责任能够鼓励和促进生产者提高产品的安全性。

随着时代的发展，严格责任原则并非完美无缺，有时对被告过于严格，其可抗辩事由越来越少。在实行惩罚性赔偿的国家，出现了案件逐年成倍增长、赔偿数额日趋高额化，以及保险业的危机等诸多问题，不少人提出这样对生产者是不公平的。正如学者所指出的："绝对的严格责任对产品制造者似乎有失公正，但绝对的公正从来都不存在。"

由于严格责任也有其局限性，20 世纪 90 年代初，各国通过限制严格责任的适用，或者过错责任的反向适用，或扩大被告的抗辩理由增加原告的举证负担等手段，对产品责任法进行了改革，寻找效率与公平最佳结合点。

美国为了更好地保护受害人，相继出现了共同责任说、行业责任说、市场份额理论，以进一步丰富严格责任的内容。《第三次侵权法重述：产品责任》的评注指出："制造缺陷使用的严格责任原理并不适用于设计缺陷和因缺乏产品说明或警示所引起的缺陷。"也就是在设计缺陷和警示缺陷的诉讼中，原告应该证明被告有过失，这实际上是过错责任原则的适用，同时也是对严格责任的一种限制。

欧洲产品责任法同样也对严格责任做出了限制，《欧共体产品责任指令》规定："生产者如能证明其在产品投入流通时，对因为科学技术发展水平的局限而无法发现的产品的潜在危险，生产者得以免责。"这同样也承认了过错责任原则，至少否定了完全的严格责任原则。为了消除严格责任所带来的不良后果，不少国家都在责任制度之外寻找补救措施。

（二）我国产品责任归责原则

由于在法条表述上的不一致性，我国产品的归责原则一般有三种：一是疏忽（过错）责任，二是担保责任，三是严格责任。

疏忽包括不充分或误导性的使用说明，也包括对产品正常磨损或不当使用带来的后果没有做出适当的警告。按照疏忽责任原则，受害人只需证明制造商已知道或应该知道危险的存在，但没有就减少或避免风险而采取措施或采取的措施不够充分就可以要求赔偿。具体而言，一旦产品责任事故发生，受害人的索赔须具备以下条件：①损害是由产品引起的；②损害是产品有缺陷或存在不合理的危险而发生的；③产品离开责任时已存在缺陷或不合理的危险。

担保责任是指生产者或销售者因违反了对产品的明示担保或默示担保而应该承担的责任。产品的明示担保是指生产者、销售者通过标明采用的标准、产品标识、使用说明、实物样品等方式，对产品质量做出的明示承诺或保证。产品的默示担保又称法定担保，是指国家法律、法规对产品质量规定的必须满足的要求，或者说法律推定的买卖双方交付的货物应达到的基本要求。它是生产者未就其产品质量明确表明的情况下，由法律直接为其设定的担保。一件产品在被销售时就存在一种默示担保，也就是说，此产品是适合生产用途的。如果产品达不到标准，那制造商就违反了担保，就应承担相应的法律责任。对于销售者而言，我国《产品质量法》第四十条对此有规定：售出的产品有下列情形之一的，销售者应当负责修理、更换、退货；给消费者造成损失的，销售者应当赔偿损失：①不具备产品应当具备的使用性能而事先未作说明的；②不符合在产品或其包装上注明采用的产品标准的；③不符合以产品说明、实物样品等方式表明的质量状况的。

严格责任是指生产者或销售者对不当威胁消费者人身安全的任何或所有缺陷或危险产品承担责任。依据严格责任的分析，致害人被假定了解其产品的危险倾向，或假定制造商、供应商存在过错，受害人或索赔人只需出示而不需证明产品的缺陷是在离开制造商控制前就存在的、产品的缺陷存在不合理的危险及产品存在的缺陷造成了人身伤害或财产损失。相对于疏忽责任，严格责任对受害人补偿更有利；而相对于担保责任，严格责任不以担保的存在构成要件，可以不受担保的限制，有利于受害人利益的保护。

在我国，由于没有专门的产品责任法律规定，从而难以有一部法律或专门法律来体现产品责任的归责原则到底属于哪一种，从总体来说，我国目前产品责任实行的是严格责任原则与疏忽责任原则相混合的归责原则制度，并由消费者依据自己的具体情况来选择使用。

四、产品责任损害赔偿

（一）责任损害赔偿的内容

产品责任损害赔偿是指有缺陷的产品造成他人人身、财产等损害时，该产品的制造者、销售者以及其他相关主体所应承担的特殊侵权责任。

就各国产品责任法立法来看，对于损害赔偿范围的规定都不一致。产品责任损害赔偿的具体内容因各国法律不同而略有差异。

美国《统一产品责任示范法》规定损害包括财产损害、人身肉体伤害、疾病和死亡以及由此引起的精神痛苦或情感伤害。法院对人身损害赔偿判定的数额较大，精神损害赔偿占大部分。美国产品责任法的特色之一是规定了惩罚性赔偿。所谓惩罚性损害赔偿，是指作为一种惩罚方式而由加害人给予受害人超过其实际损失的损害赔偿金额。这对于惩罚在生产、销售中的恶意、轻率行为，预防类似行为发生，具有重要作用。对于产品自身损害的赔偿，不同的州采取了不同的态度，因而在司法实务界没有达成统一见解。

《欧共体产品责任指令》第九条对于损害的定义做了严格的限制，规定的损害赔偿包括人身损害和财产损害。同时，允许各成员国对非物质损害（即精神损害）予以规定。在财产损害方面，规定仅限于缺陷产品以外属于通常用于个人使用或消费的财产，排除了产品自身损害及为商业目的使用的财产损害。

日本的《制造物责任法》虽然未对损害做专门认定，但其第一条规定："本法的目的在于通过规定因制造物具有缺陷致他人生命、身体或财产发生损害情形，制造者应承担损害赔偿责任。"在这里，"财产"的界定并不明确，学者间也都未对所谓侵害"财产"一词做特别概念或定义上的界定或说明，而只是泛指对物所造成的损害以及纯经济上的损失。

根据我国相关产品责任法律规定，产品责任的赔偿项目包括以下三项。

1. 人身损害赔偿

产品责任中的人身损害一般是指产品具有缺陷而对他人生命、身体、健康所造成的损害，受害人可以向产品的责任人要求赔偿，可具体包括生命丧失、肢体伤残及健康受损。具体就我国产品责任法而言，经2018年12月29日修正的《产品质量法》在第四十四条规定："因产品存在缺陷造成受害人人身伤害的，侵害人应当赔偿医疗费、治疗期间的护理费、因误工减少的收入等费用；造成残疾的，还应当支付残疾者生活自助费、生活补助费、残疾赔偿金以及由其扶养的人所必需的生活费等费用；造成受害人死亡的，并应当支付丧葬费、死亡赔偿金以及由死者生前抚养的人所必需的生活费等费用。"我国《最高人民法院关于审理人身损害赔偿案件适用法律若干问题的解释》第六条规定医疗费根据医疗机构出具的医药费、住院费等收款凭证，结合病历和诊断证明等相关证据确定。赔偿义务人对治疗的必要性和合理性有异议的，应当承担相应的举证责任。医疗费的赔偿数额，按照一审法庭辩论终结前实际发生的数额确定。器官功能恢复训练所必要的康复费、适当的整容费以及其他后续治疗费，赔偿权利人可以待实际发生后另行起诉。但根据医疗证明或者鉴定结论确定必然发生的费用，可以与已经发生的医疗费一并予以赔偿。第七条规定误工费根据受害人的误工时间和收入状况确定。误工时间根据受害人接受治疗的医疗机构出具的证明确定。受害人因伤致残持续误工的，误工时间可以计算至定残日前一天。受害人有固定收入的，误工费按照实际减少的收入计算。受害人无固定收入的，按照其最近三年的平均收入计算；受害人不能举证证明其最近三年的平均收入状况的，可以参照受诉法院所在地相同或者相近行业上一年度职工的平均工资计算。第八条规定护理费根据护理人员的收入状况和护理人数、护理期限确定。护理人员有收入的，参照误工费的规定计算；护理人员没有收入或者雇佣护工的，参照当地护工从事同等级别护理的劳务报酬标准计算。护理人员原则上为一人，但医疗机构或者鉴定机构有明确意见的，可以参照确定护理人员人数。护理期限应计算至受害人恢复生活自理能力时止。

受害人因残疾不能恢复生活自理能力的，可以根据其年龄、健康状况等因素确定合理的护理期限，但最长不超过二十年。受害人定残后的护理，应当根据其护理依赖程度并结合配制残疾辅助器具的情况确定护理级别。第九条规定交通费根据受害人及其必要的陪护人员因就医或者转院治疗实际发生的费用计算。交通费应当以正式票据为凭，有关凭据应当与就医地点、时间、人数、次数相符合。第十条规定住院伙食补助费可以参照当地国家机关一般工作人员的出差伙食补助标准予以确定。受害人确有必要到外地治疗，因客观原因不能住院，受害人本人及其陪护人员实际发生的住宿费和伙食费，其合理部分应予赔偿。第十一条规定营养费根据受害人伤残情况参照医疗机构的意见确定。第十二条规定残疾赔偿金根据受害人丧失劳动能力程度或者伤残等级，按照受诉法院所在地上一年度城镇居民人均可支配收入或者农村居民人均纯收入标准，自定残之日起按二十年计算。但六十周岁以上的，年龄每增加一岁减少一年；七十五周岁以上的，按五年计算。受害人因伤致残但实际收入没有减少，或者伤残等级较轻但造成职业妨害严重影响其劳动就业的，可以对残疾赔偿金作相应调整。第十三条规定残疾辅助器具费按照普通适用器具的合理费用标准计算。伤情有特殊需要的，可以参照辅助器具配制机构的意见确定相应的合理费用标准。辅助器具的更换周期和赔偿期限参照配制机构的意见确定。第十四条规定丧葬费按照受诉法院所在地上一年度职工月平均工资标准，以六个月总额计算。第十五条规定死亡赔偿金按照受诉法院所在地上一年度城镇居民人均可支配收入或者农村居民人均纯收入标准，按二十年计算。但六十周岁以上的，年龄每增加一岁减少一年；七十五周岁以上的，按五年计算。第十六条规定被扶养人生活费计入残疾赔偿金或者死亡赔偿金。第十七条规定被扶养人生活费根据扶养人丧失劳动能力程度，按照受诉法院所在地上一年度城镇居民人均消费性支出和农村居民人均年生活消费支出标准计算。被扶养人为未成年人的，计算至十八周岁；被扶养人无劳动能力又无其他生活来源的，计算二十年。但六十周岁以上的，年龄每增加一岁减少一年；七十五周岁以上的，按五年计算。被扶养人是指受害人依法应当承担扶养义务的未成年人或者丧失劳动能力又无其他生活来源的成年近亲属。被扶养人还有其他扶养人的，赔偿义务人只赔偿受害人依法应当负担的部分。被扶养人有数人的，年赔偿总额累计不超过上一年度城镇居民人均消费性支出额或者农村居民人均年生活消费支出额。可见，该规定的人身损害赔偿的项目、范围要比《民法典》《产品质量法》等多、广，并且更具体。正因为如此，目前我国关于人身损害赔偿的法律依据基本上是依据该《解释》来执行的。

2．财产损害赔偿

对产品责任造成的财产损失予以赔偿是各国通例。这里所指的财产损失是指缺陷产品造成的缺陷产品以外的其他财产损失，通常包括直接的物质损失和伴随物质损失而产生的间接的资金损失。一般来说，因产品缺陷而造成的直接的物质损失是显而易见的，往往在损害事故发生后即可表现出来，是一种实际损失，可以用货币的形式加以计算。而因产品缺陷造成的间接损失，则相对模糊。在具体判断上，一般认为必须是作为物质损害的直接后果而出现的经济损失才予以赔偿。这样做的效果是允许赔偿有限的经济损失，这种有限的经济损失的补偿被看作完全拒绝或完全接受经济损失索赔这二者之间重实效的折中办法。

我国《产品质量法》第四十四条第二款规定："因产品存在缺陷造成受害人财产损失的，侵害人应当恢复原状或者折价赔偿。受害人因此遭受其他重大损失的，侵害人应当赔偿损失。"

显然，我国对产品责任造成的财产损失赔偿，也包含了直接损失和间接损失的赔偿。但对间接损失的赔偿却设定了范围：必须是因此遭受的其他重大损失。至于何种情况构成重大损失，法律没有提供具体的判断标准，只能在司法实践中由法官根据具体情况加以自由裁量了。

3．精神损害赔偿

关于精神损害，《牛津法律大词典》对其解释为"目前被认为是同身体伤害一样可以起诉的一种伤害。实际上，精神损害不仅仅是一种惊吓，而是一种可辨认的身体或精神上的损害，它不是由于撞击而引起的，而是其所见、所闻或其他经历通过大脑而产生。"该定义揭示出了精神损害的原始含义。它指自然人大脑在外界行为影响或侵害（如惊吓）下产生的一种身体或精神上的损害。精神损害的外延是广泛的，包括所见、所闻或其他经历。我国现有的立法尚未对这一概念下一个准确的定义，一般理解为，权利人的人身和人格方面合法权益受到不法侵害，致使受害人在精神利益方面所遭受的非财产上的损失。精神损害的基本内容是受害人的精神痛苦，其基本特征在于不能以金钱予以等额计算，忧虑、绝望、怨恨、失意、悲伤、缺乏生气和活力均为其表现内容。所谓精神损害赔偿，是指由于生产者、经营者的缺陷产品，导致人身伤亡，带给受害者或其近亲属的心理上和感情上的创伤和痛苦，因此可以要求一定的财产赔偿以制裁不法行为人并对受害人予以抚慰。

《最高人民法院关于确定民事侵权精神损害赔偿责任若干问题的解释》（以下简称《解释》）第一条规定："自然人因下列人格权利遭受非法侵害，向人民法院起诉请求赔偿精神损害的，人民法院应当依法予以受理：（一）生命权、健康权、身体权；（二）姓名权、肖像权、名誉权、荣誉权；（三）人格尊严权、人身自由权。"据此，产品责任法作为民法的特别法，在因产品责任致使受害人人格权利受到损害时，适用该解释的规定，而使产品生产者或销售者应承担精神损害赔偿责任，当无异议。需要说明的是，该《解释》第九条规定："精神损害抚慰金包括以下方式：（一）致人残疾的，为残疾赔偿金；（二）致人死亡的，为死亡赔偿金；（三）其他损害情形的精神抚慰金。"显然，该条规定与笔者所持观点并不完全相同，而是将残疾赔偿金与死亡赔偿金也作为精神损害抚慰金的形式。《解释》第十条规定："精神损害的赔偿数额根据以下因素确定：（一）侵权人的过错程度，法律另有规定的除外；（二）侵害的手段、场合、行为方式等具体情节；（三）侵权行为所造成的后果；（四）侵权人的获利情况；（五）侵权人承担责任的经济能力；（六）受诉法院所在地平均生活水平。"显然，作为最新具有法律效力的解释性文件的明文规定，这六项要素理所当然地会成为司法机关确定精神损害赔偿数额的依据。

（二）产品责任承担的主体

关于产品责任承担的主体，各国法律都有明确规定，德国、挪威谓之"生产者"，日本谓之"制造业者"，美国谓之"产品制造者"和"制造者以外的产品销售者"，称谓不同，涉及的范围亦存在某些差别。

《欧共体产品责任指令》第一条规定："生产者应当对其产品的缺陷造成的损害负责。"依该指令第三条，生产者包括：①制造人，含成品制造者、原材料生产者和零部件制造者；②准制造人，即在产品上标明自己是该产品生产者的人；③进口商，指在商业活动过程中以销售、出租或其他形式的分销为目的将产品输入共同体市场的人；④供应者，在不能确定生产者的情况下，产品的供应者视为生产者。美国产品责任法将产品制造者和制造者以外的产品销售者作为责任主体。其中，制造者包括"在产品出售给使用者或消费者之前，设计、生产、制作、组装、建造或者加工相关产品"的人，还包括"实际不是但自称是制造者"的产品销售实体；销售者包括产品制造者、批发商、出租人、经纪人。总之，在欧美产品责任法上，产品责任承担的主体一般包括产品的制造者、销售者、进口商以及准制造人（即虽非制造者但将其名字、商标或其他识别特征标示在产品上表明自己是生产者的人）。此外，美国还将产品设计人、出租人、经纪人包括在内。

根据我国《民法典》第一千二百零二条、第一千二百零三条、第一千二百零四条，产品责任的赔偿义务主体仅仅是生产者或销售者。对于运输者、仓储者造成产品的缺陷，运输者、仓储者本应是赔偿义务的主体，但根据该条规定，两种赔偿义务主体是不同性质的法律关系，生产者或销售者适用产品侵权赔偿关系，运输者、仓储者则是该侵权赔偿责任由生产者、销售者承担以后的另一种求偿关系，这是一种运输者、仓储者与生产者之间的违约责任。因此受害人并不直接向运输者、仓储者求偿，而是在销售者、生产者承担了赔偿责任以后，对产品负有责任的运输者、仓储者有义务赔偿销售者、生产者的损失。而《产品质量法》《消费者权益保护法》等法律中则是明确确定产品责任主体仅仅为生产者或销售者。根据特别法优于普通法的原则，目前我国的产品责任主体不包括运输者或仓储者，而只限于生产者和销售者。法律把运输者和仓储者排除在外，主要是因为这两类主体与生产者和销售者相比，同消费者的联系是很偶然的，当发生产品责任事故时，消费者或受害者往往不可能直接找运输者或仓储者请求其承担产品责任，同时，在运输者或仓储者对产品缺陷负有责任时，生产者或销售者往往可以依靠合同关系对其进行追偿，而没有必要借助产品责任制度。总之，我国的法律法规关于产品责任主体的表述可以概括如下：①生产者与销售者均为责任主体，受害人可以向产品的生产者、销售者要求赔偿，但值得注意的是，销售者承担的是过错或疏忽责任，而生产者承担的是严格责任。②销售者承担了非因自己过错使产品存在缺陷造成他人人身或财产损害的赔偿责任后，可以向产品的生产者、供货者追偿。③属于产品的销售者的责任，产品生产者赔偿的，产品的生产者有权向产品的销售者追偿。④如果销售者不能指明缺陷产品的生产者或提供者，销售者应当承担赔偿责任。概而言之，缺陷产品的生产者、销售者均为承担产品责任的主体，受害人可以选择其中之一或二者作为被告请求赔偿。至于销售者、生产者之间的内部责任划分及追偿，不影响受害人选择被告。

第二节 产品责任保险经营实务

一、产品责任保险概述

产品责任保险，是指产品的制造商和销售商因生产和销售的产品造成产品使用者人身伤害或财产损失，而应当承担的以损害赔偿责任为标的的责任保险。产品责任保险属于损害赔偿责任保险，其目的在于保护产品的制造商或销售商因生产或销售有缺陷的产品，在消费或使用过程中发生事故，对产品用户、消费者或其他第三者造成人身伤害或财产损失，依法应承担的经济赔偿责任。产品制造商或销售商向保险公司投保了产品责任保险,便将这种经济损害赔偿责任转嫁给了保险公司,一旦由于产品责任事故给产品用户、消费者或其他第三者造成人身伤害或财产损失,保险公司承担依法应由该制造商或销售商负责的经济损害赔偿。

在发达国家,因为有比较完善的对消费者利益有很强保护作用的产品责任法律制度,同时也因为这些国家的消费者有很强的索赔意识,所以产品的制造商、进出口商和销售商对制造、销售、购买产品都持谨慎态度。这些环节的当事人为保护自己的经济利益,就不得不购买保险,借以转嫁风险。

(一)产品责任保险的发展概况

责任保险最早产生于英国,最初的产品责任保险所承保的产品大多直接与人体健康有关,如食品、药品。随着科学技术的不断进步、产品和生产的发展,产品责任保险逐步扩展到轻纺、机械、石化、电子等行业的产品。第一张产品责任保险单问世已有一百多年的历史,但此项业务真正得到迅速发展是在20世纪70年代美国确立了严格责任原则以后,这一期间美国、西欧及日本的产品责任保险业务发展尤为突出。

我国在实行改革开放政策后,为了配合产品的出口贸易,从1980年起开始试办产品责任保险。一方面,由于外商有这种要求,有些产品不投保产品责任保险很难或者说无法在国外市场(特别是美国市场)打开销路;另一方面,由于我国有些产品在国外确实产生了责任事故,因此遭到受害方的起诉,我国外贸出口企业也感到有必要为某些出口产品投保产品责任保险。例如,10年前发生的美国德克萨斯州的"拉斯蒂、斯考特兄弟诉中华人民共和国烟火案",原告兄弟俩因燃放从我国进口的烟火不幸伤眼,遂以我国产品违反美国产品责任法为由,在美国法院对我国提起诉讼,索赔600万美元,但由于该案被诉对象有误,最终由我国国际贸易促进会斡旋结案。鉴于这一情况,当时中国唯一的保险公司(中国人民保险公司)开始于1980年试办产品责任保险业务。迄今为止,我国涉外业务已承保了包括烟花爆竹、汽车轮胎、自行车、儿童玩具、航空食品及饮料、施工机械、电扇、药品在内的十类一百一十余种产品的产品责任保险。

国内业务也于1985年开办了产品责任保险。近几年来,随着我国经济迅速发展和公民的法律意识增强,有关因产品缺陷致使消费者受损害的诉讼案件的报道也屡见不鲜。国内业务也承保了包括家用电器在内的许多种产品的产品责任险。以产品品种划分,国内已开办过的产品责任险主要有以下几类。

(1)家用电器产品类。主要承保各种型号的电视机、电冰箱、洗衣机、电风扇、空调器,还有一些小型电器产品,如电热毯等。在这里,保险人负责赔偿因家用电器产品内在缺陷造成使用者人身伤亡、财产损毁而引起的经济损失。

(2)机电产品类。主要指锅炉、压力容器产品和少量的机器设备产品责任保险。

(3)食品类。保险人主要负责食品由于不符合卫生标准造成食用者食物中毒,依法应由被保险人承担的经济赔偿责任。

(4)其他产品类。目前我国产品责任保险业务规模还很小,主要是出口商品投保,内销商品较少投保,出口商品中销往美国的商品在所有投保产品责任险的商品中占了较大的比例。但是,我们毕竟经历了一个从无到有的初步发展阶段,产品责任保险的保费收入每年都有增加,承保的产品种类已有食品、药品、轻纺产品、机电产品等几十种。随着我国对外贸易的发展、有关产品责任的法律制度的健全、企业和公民索赔意识的增强,国内销售产品的产品责任险投保需求也会增加,产品责任保险业务必将有更进一步的发展。

(二)产品责任保险的意义与特点

由于产品责任的风险是巨大的,多数单个的企业无力承担,通过有效的商业保险手段进行产品责任风险转嫁就成为处理风险的最好的途径。事实上,产品责任保险是世界各国普遍采用的方式。这是因为,一方面,经过多年的发展,保险方式已经相当成熟,保险人承担的保险责任对被保险人的利益力求最大化;另一方面,保险费的固定支出将确保不致出现巨额索赔时企业可能面临的财务的波动性。因此,开展产品责任保险无论是对产品消费者还是对产品生产者、销售者或修理者等责任主体,其意义都是重大的。

(1)有利于保障消费者的利益。任何产品都有发生意外事故的可能,能否使消费者的财产和人身权益得到保障,不仅取决于国家和社会对消费者的保护措施和法律制度,而且还要取决于生产者、销售者、修理者的经济承受能力。在某些情况下,即使法律保护消费者的权益,致害人也无力赔偿或无力全部赔偿,而产品责任险可以在最大限度内起到保护消费者权益不受损害的作用。

(2)有利于生产者、销售者、修理者转嫁其不确定的产品责任风险,促进科学技术的发展。企业生产的产品不可能绝对安全,即使是合格品也往往包含某些缺陷或不确定的风险。从社会发展趋势来看,科技越发展,社会产品就越丰富,伴随的不安全因素也就越多。产品责任保险在产品生产者、销售者、修理者提高产品质量和促进创新的过程中,分散、转移了风险,提供了重要的保障。

(3)有利于提高产品质量。一方面,在一个法律制度不断完善、人们索赔意识逐渐增强的国家和地区,保险人是否接受生产者、销售者、修理者投保产品责任保险成为广大用户或消费者衡量或评价产品质量优劣的一个重要指标,有产品责任保险的产品比没有保险的产品更有竞争力,更易占领市场。但保险人承保产品责任保险是有选择和限制条件的,即只承保那些产品质量优秀或合格的产品,因此有利于促进企业提高产品质量。另一方面,保险公司承保产品责任保险,从某种意义上说参与了质量综合治理。因为保险合同签订后,保险人为了自己的风险防范,除了深入企业、协助企业抓好质量管理工作,还可与有关经济主管部门配合,按照有关法规、质量标准和合同要求,参与对投保企业的产品质量的监督和管理,促进企业增强质量观念,不断提高产品要求。

(4)有利于扩大产品出口,为国家多创外汇收入。随着国际贸易往来的日益扩大,产品责任的国际化趋势将更加明显,不符合国际标准的产品不可能走出国门,即使走出国门也将面临巨大的销售风险。目前我国许多轻纺、土特产、食品、机械、机电产品等以及为外商加工装配的产品越来越多地进入国际市场,由于某些产品在国外发生责任事故引起对方巨额索赔以及诉讼纠纷,基于严格的地方法律对产品安全性的要求,越来越多的进口商要求出口商能够对其产品负完全责任。为此,产品责任保险成为进入更多国外市场的重要通行证。如果不购买产品责任保险,一些重要的国际性买家就不会和出口企业进行合作;即使出口商购买产品责任保险,在投保时,国际性买家也要求将其列为额外被保险人共同享受保险利益,否则，他们将有权拒绝结汇，甚至有些国家还要求保险单是标准普尔或同等级的其他评级机构排名 A+或以上的保险公司签发的才被认可。由此可见，出口产品责任保险能够提高我国出口产品的信誉和竞争能力。

产品责任保险有如下几个特点。

（1）产品责任保险强调以产品责任法为基础。因为受害者与致害者之间为侵权关系，必须通过一定的法律来规定责任的划分和索赔的依据，保险人也只是负责"依法应由被保险人负责"的赔偿责任。

（2）产品责任保险虽然不承担产品本身的损失，但它与产品本身有着内在的联系，即产品质量越好，产品责任的风险就越小，反之亦然；产品种类越多，产品责任的风险就越复杂，反之亦然；产品销售量越大，产品责任的风险就越广泛，反之亦然。

（3）由于产品是连续不断地生产和销售的，因此，产品责任保险的保险期限虽然仍为一年期，但强调续保的连续性和保险的长期性。

（4）强调保险人与被保险人的协作与信息沟通。因为竞争的需要，产品必然要不断改进并更新换代，或者要采用新技术、新工艺、新材料，这一特征决定了产品责任保险人须随时把握被保险人的产品变化情况，并通过产品的变化来评估风险，做出反应。

（5）为避免因产品事故导致纠纷，保险人在承担产品责任保险时，一般要求被保险人同时投保产品保证险。

（三）产品责任保险与产品质量保证保险的区别

在一些场合，人们极易将产品责任与产品质量违约责任相混淆。其实，尽管这两者都与产品直接相关，其风险都存在于产品本身且均需要产品的制造者、销售者、修理者承担相应的法律责任，但作为两类不同性质的保险业务，它们仍然有本质的区别。

（1）风险性质不同。产品责任保险承保的是被保险人的侵权行为，且不以被保险人是否与受害人之间订有合同为条件，它以各国的民事民法制度为法律依据；而产品质量保证保险承保的是被保险人的违约行为，并以合同法供给方和产品的消费方签订合同为必要条件，以经济合同法规制度为法律依据。

（2）处理原则不同。产品责任事故的处理原则，在许多国家用严格责任的原则，即只要不是受害人出于故意或自伤所致，便能够从产品的制造者或销售者、修理者等处获得经济赔偿，并受到法律的保护；而产品质量保险的违约责任只能采取过错责任的原则进行处理，即产品的制造者、销售者、修理者等存在过错是其承担责任的前提条件。可见，严格责任原则与过错责任原则是有很大区别的，其对产品责任保险和产品质量保险的影响也具有很大的直接意义。

（3）自然承担者与受损方的情况不一样。从责任承担方的角度看，在产品责任保险中，责任承担者可能是产品的制造者、修理者、消费者，也可能是产品的销售者甚至是承运者，其中，制造者与销售者负连带责任，受损方可以任择其一提出赔偿损失的要求，也可以同时向多方提出赔偿请求；在产品质量保证保险中，责任承担者仅限于提供不合格产品的一方，受损人只能向他提出请求。从受损方的角度看，产品责任保险的受损方可以是产品的直接消费者或用户，也可以是与产品没有任何关系的其他法人或者自然人，即只要因产品造成了财产或人身损害，就有向责任承担者取得经济赔偿的法定权益；而在产品质量保险中，受损方只能是产品的消费者。

（4）承担责任的方式与标准不同。产品责任事故的责任承担方式，通常只能采取赔偿损失的方式，即在产品责任保险中，保险人承担的是经济赔偿责任，这种经济赔偿的标准不受产品本身的实际价值的制约；而在产品质量保险中，保险公司承担的责任一般不会超过产品本身的实际价值。

（5）诉讼的管辖权不同。产品责任保险所承保的是产品责任事故，因产品责任提起诉讼案件应由被告所在地或侵权行为发生地法院管辖；产品质量保险违约责任的案件由合同签订地和履行地的法院管辖。

（6）保险的内容性质不同。产品责任保险提供的是代替责任方承担的经济赔偿责任，属于责任保险；产品质量保险提供的是带有担保性质的保险，属于保证保险的范畴。

由于这两者的本质差异，保险公司在经营这两类保险业务时，必须严格区分，以避免因顾客的不了解而产生不必要的纠纷。不过，在欧美国家的产品保险市场上，被保险人一般同时承担产品责任保险和质量保险，以此达到控制风险和避免纠纷的目的。

二、产品责任保险的种类

（一）国内产品责任保险

国内产品责任保险是指在我国境内，以被保险人产品存在缺陷，造成使用、消费该产品的人或其他任何人的人身伤害、疾病、死亡或财产损失，依据我国法律应由被保险人承担的经济赔偿责任为保险标的的保险。

1. 责任范围

责任范围是保险合同的重要组成部分，特别是产品责任保险，其责任范围是否适度，直接关系到投保者的决心和消费者的切身利益，保险人对责任范围需要在保险合同中进行明确而详尽的规定。

产品责任保险的责任范围通常分为以下两项。

（1）在保险有效期内，由于被保险人所生产、销售、分配或修理的产品发生事故，造成使用、消费该产品的人或其他任何人的人身伤害、疾病、死亡或财产损失，依法应由被保险人负责时，保险公司根据保单的规定，在约定的赔偿限额内予以赔偿。在这项保险责任中，需要明确以下问题。

①产品责任保险承担赔偿责任以产品有缺陷为前提，而该缺陷必须是在产品离开制造商或销售商控制以前已经存在。

②保险人承担缺陷产品损害赔偿责任是有一定的限制条件的。一是造成用户损害的事故，必须具有"意外""偶然"的性质，而不是被保险人事先所能预料的。保险人承保的是偶然的而不是必然的产品缺陷引起的索赔。二是保险事故必须发生在制造或销售场所以外的地方，而且产品的所有权已经转移至用户。如果造成伤亡或损失的有缺陷产品仍在被保险人的生产场地内，则不属于产品责任险的赔偿范围。但是，在承保餐厅、旅馆等的产品责任险时，由于其本身生产或销售的食品、饮料等，一般均由消费者在其场馆内食用，为了使被保险人由

于这类产品责任事故引起的赔偿责任也能在产品责任险项下获得保障，可以在加收保费后在产品责任险项下扩展承保。

（2）被保险人为产品事故所支付的诉讼、抗辩费用及其他经保险公司事先同意支付的费用，保险公司也予负责。产品责任事故发生后，是否应由被保险人承担损害赔偿责任以及赔偿数额的多少，一般是通过诉讼由法院裁定，由此而产生的诉讼费用、抗辩费用、律师费用、取证费用等，保险人可予负责。但是，有时因诉讼费用很高，或被保险人为了避免在法院诉讼影响其声誉，保险人也可以对一些索赔金额不大、责任比较明确的案件，与受害人协商解决或通融赔付，对于这些费用的支付，保险人亦可承担，但须坚持自己的原则。通常情况下，保险人支付的诉讼费用在另一个赔偿限额内计算，或在双方约定的限额内赔付。

2. 除外责任

保险人对于下列原因导致的产品责任，一般不予承保。

（1）被保险人根据与他人的协议应承担的责任，但即使没有这种协议，被保险人仍应承担的责任不在此限。在责任保险中，合同责任是一种常规的除外责任。由于合同规定，被保险人可能对第三者承担了本可以不承担的责任，或承担加大了的法律责任，这种合同责任不应该转嫁给保险人，所以应予除外。但如果没有合同存在，被保险人仍需对他人承担法律责任时，保险人还是应予负责的。这条除外责任并不是绝对的，如果被保险人要求取消，在承保时，承保人可要求被保险人申报所有合同责任，由承保人根据责任大小，确定合适的加收保费后，出具批单加保这些项。但承保人对没有申报的合同责任仍不予负责。

（2）根据劳动法或雇佣合同应由被保险人对雇员承担的责任。雇主对雇员承担损害赔偿责任，法律上有规定的，按法律规定办，无明确法律规定的，按雇佣合同办。雇主对雇员的损害赔偿并不一定由侵权造成。根据雇佣关系，雇主对雇员既可能承担法律规定的赔偿责任，又可能承担雇佣合同上规定的赔偿责任。这种风险可以由被保险人投保雇主责任险来转嫁，所以在产品责任险中也将此条列为除外责任。但雇员作为消费者使用产品受到损害则不在此限。

（3）保险产品本身的损失或退换回收的损失。产品责任险有两项重要限制：一条是不负责因修理或置换有缺陷产品的费用，另一条是只限于对第三者造成的人身伤害和财产损失。保险市场上的产品质量保证保险就是专门填补这两项空白的。

（4）被保险人所有、保管或控制的财产的损失。这类财产并不属于产品责任险项下的第三者所有，被保险人可以投保财产险来转嫁此类风险，所以除外。

（5）被保险人故意违法生产、出售的产品或商品造成任何人的人身伤害、疾病、死亡或财产损失。从法律角度讲，保险合同不能保护违法利益。保险人不能接受被保险人转嫁产品责任风险以助其谋取非法利益。从风险角度看，保险人无论从保单规定上，还是从公共准则方面均要求被保险人履行和遵守当局颁布的一切法规并应采取所有的合理预防措施，阻止有缺陷产品的生产或销售以防止发生人身伤害或财产损失。产品责任保险的责任范围中明确保险人负责的产品责任事故，应该是"意外的""偶然的"。如果被保险人故意违法生产、销售产品或商品，那么这种行为对于制造商或销售商来说，造成产品责任事故就不是意外和偶然的了。因此，由此造成的责任，保险人不予承担。

（6）产品仍在制造或销售场所，其所有权尚未转移至用户或消费者的产品责任事故，属于除外责任。

（7）保险产品造成的大气、土地及水污染及其他污染所引起的责任。

（8）由于战争、类似战争行为、敌对行为、武装冲突、恐怖活动、谋反、政变直接或间接引起的任何后果所致的责任。

（9）由于罢工、暴乱、民众骚乱或恶意行为直接或间接引起的任何后果所致的责任。

（10）由于核裂变、核聚变、核武器、核材料、核辐射及放射性污染所引起的直接或间接的责任。

（11）保险产品造成对飞机或轮船的损害责任。对飞机或轮船的损害，后果过于严重，非普通产品责任保险条款可保。

（12）罚款、罚金、惩罚性赔款。产品责任产生的侵权行为，由于法律的不同，导致的赔偿金额大相径庭，特别是美国，其特殊的司法制度，在判定制造商或销售商因为有缺陷产品导致的损害有责任时，出于同情受害人和惩罚恶劣肇事者的目的，往往在判决损害赔偿金额的同时，另外还判定一笔可能远远高于损害赔偿金额的罚款或惩罚性赔款。因此，现行的保险单把罚款等列入除外责任。

（13）保险合同或有关条款中规定的应由被保险人自行负担的免赔额。

（14）在港、澳、台地区以及中华人民共和国境外使用产品，发生的损害赔偿和费用，以及同上述地区的法院、仲裁机构提起诉讼或仲裁而产生的赔偿费用，保险人不负责赔偿。

3．赔偿限额和保险期限

赔偿限额是保险单上载明保险人所承担的最高赔付金额。赔偿限额的约定，均是为了明确和限制保险人承担的产品责任风险范围的需要。在产品责任保险单中，通常规定两项赔偿限额，每次事故的赔偿限额和保险单累计赔偿限额，即保险人对每一次产品事故规定一个最高赔偿金额，对保险有效期内的赔偿累计规定一个最高限额。以上每项限额还可以分别划分为人身伤害和财产损失两个限额，因产品事故导致用户或消费者人身伤害或财产损失时，分别适用各自的限额。保险人负责的诉讼抗辩费用，在赔偿限额以外赔付。产品责任保险赔偿限额的高低主要由两个因素决定：一是产品事故可能引起的损失程度，二是地区、国别。

产品责任险的保险期限通常为一年，期满可以续保。同其他单独承保的责任险一样，保险人对产品责任险项下承担的责任，一般以两种方式作为承保基础：一种是"期内发生式"，另一种是"期内索赔式"。

传统而普遍的产品责任险保单均采用"期内发生式"。但是，由于采用该种方式常会出现这样的情况，即在保险期限内发生的事故，常至保险期限终了后一段时间才提出索赔，保险人必须随时准备处理那些保单早已到期但却刚刚报来的索赔案件。这样的案件越多，对保险人来说越难以进行财务控制。因此，为避免这一弊端，国外产品责任险的承保人已经开始采用"期内索赔式"作为承保基础，至今方兴未艾。但它也有一个弊病，就是将多年前的事故揽到现在保单中予以负责，如果不加以限制，现保单的保险人将承受过重的负担，而且多年前的事故有时也很难调查取证，为此，保险人又规定了追溯期。规定如果事故发生在追溯期之前，被保险人即使在保单有效期内提出索赔，保险人仍不予负责。

究竟采用何种方式作为承保基础，应根据具体情况而定。原则上讲，凡保险事故发生后能够立即得知或发现的，宜采用"期内发生式"；反之，如果事故的发生不能立即得知或发现的,以采用"期内索赔式"为宜。例如,某些具有缺陷"潜伏期"的产品(如药品)投保产品责任险,适合采取"期内索赔式"。

(二)出口产品责任保险

出口产品责任险是指制造商或销售商因出口产品在设计、生产、包装等环节存在缺陷或警示不足,导致消费者、使用者或者其他任何第三人在使用过程中造成人身伤亡或财产损失,依法应当承担以损害赔偿责任为标的的责任保险。

1. 保障范围

出口责任保险的保障范围与国内产品责任保险的保障范围大体相当,其区别除了产品事故发生地有境内外之分,主要是在承保的产品方面有比较严格的要求。

由于进口国产品安全标准要求与我国国内不同,在产品责任保险方面主要对下列产品有严格要求:①家电产品(冰箱、彩电、空调、厨房用具等);②工具类产品(电动机、手动工具、机械产品);③玩具(长毛绒玩具、电动玩具等);④家庭用品(化妆品、家具产品、自行车等);⑤其他工业类或轻工业类产品。此外,对于保险公司而言,产品风险比较大的产品,一般不予承保。如有的保险公司在保险合同上列示的不予承保的保险产品标的名单有:飞机制造品(包括零配件),石棉及含石棉产品,儿童用车,飞镖、射枪、手枪、弹药、导火索、弹药筒、火药、氮等易爆炸或爆炸物,药物、美容产品、医疗设备等医药产品,农药、杀虫剂、化肥、除草剂等,枪炮、军需品或武器,血液制品等。

2. 保险费、赔偿限额及保险期限

出口产品责任保险的保险费率的高低主要取决于产品的性质、销售区域和承保区域、年销售额、赔偿限额、免赔额、以往索赔记录、进口国的法律等因素。保险费一般按照出口产品的预计年度销售总额乘以费率,计算每年度的应交保费,保险期限结束,根据实际销售额进行报废调整,但一般保险公司规定有最低保险费。

出口产品责任保险的赔偿限额一般分为每次事故赔偿限额和累计赔偿限额。其保险期限可长可短,一般为一年。如果多年连续在一家保险公司投保,可获得1~5年的追溯期保障。

3. 被保险人的义务

出口产品责任保险对被保险人及其代表的要求除了必须遵循诚信原则及按时足额交纳保险费等,被保险人在保险期间有义务向保险人提供一定期限内所生产、出售的产品或商品总值的数据,并随时接受保险人派员检查被保险人的有关账册或记录并核实有关数据;保险期满后,被保险人必须将保险期间生产、出售的产品或商品的总值书面通知保险人,以作为计算实际保险费的依据,实行多退少补;一旦发生保险合同所承保的任何事故,被保险人或其代表必须立即通知保险人,并在规定的时间内以书面报告提供事故发生的经过、原因和损失程度;在预知可能引起诉讼时,应立即以书面形式通知保险人,并在接到法院传票或其他法律文件后,立即将其送交保险人;被保险人申请赔偿时,应向保险人提交有关事故证明书、医疗证明、产品合格证及保险人认为有必要的有效单证材料等。

(三)产品责任保险常用的扩展条款

我国产品责任保险常用的扩展条款有以下几个。

1. 以索赔提出为基础条款

本保险条款仅在下列条件下对于本保险单明细表中列明的追溯期开始后发生的事故引起的人身伤害和财产损失承担赔偿责任。

（1）由于人身伤害和财产损失引起的任何索赔，必须在本保险单有效期限内以书面形式向任一被保险人提出索赔。

（2）任何被保险人在本保险合同生效之日对事故的发生都不知情或不能合理预见。

其中，"任何索赔"是指任一被保险人或承保公司一经收到任何个人或组织寻求损失补偿的书面通知（以先收到为准），视为该索赔已经提出。同一个人或任何组织在任何一次事故中，因人身伤害或财产损失向任何被保险人第一次提出索赔时，即被视作"全部索赔"已经提出。在实务中，追溯期一般只能在保险合同续保的情况下存在，最长不得超过 5 年；首次投保的业务在补交以前年度保险费后可给予追溯期，补交年份不超过 3 年。规定追溯日期是为了限制保险公司承担的赔偿责任。出口产品的产品责任保险单应加贴以索赔提出为基础条款，以防止"长尾巴"责任。

2. 发现期条款

发现期条款又称延长报告期条款，即延长被保险人提出索赔期限的条款。本扩展条款的目的是给予被保险人一定的宽限期。在用以索赔提出为基础的保单时，一旦保单到期或注销，被保险人就会立即丧失有效的索赔机会。在扩展投保这一险种后，即便保单到期或注销，只要被保险人在规定的发现期中提出索赔，索赔依旧有效。该项条款只可能存在于以索赔提出为基础条款的保险单中，即只能与以索赔提出为基础条款联用。

3. 保费调整条款

因为产品责任险的保费计算是用预计年销售额乘以费率，因此存在调整保费的情况。根据本条款规定，如果保险合同双方当事人同意，被保险人应在本保险合同终止后一个月内申报当年保险年度内实际销售额。如果实际销售额低于预计销售额，则保险人相应退还保险费，但退还部分不得超过预付保费的 50%。

4. 增加被保险人条款

本条款规定，经投保申请人和保险公司书面同意，在保险期间内，产品责任保险合同中的被保险人扩展到包括参与被指明保险产品的正常批发商或零售商（可以是个人或机构）。本条款是为了适应产品在生产和销售过程中会经过制造商、进出口商、批发商和零售商等许多环节而设，为正常分销或销售产品的销售商提供产品责任保障，减少销售商购买单独的产品责任保险的负担。附加该条款的前提是在保险合同上注明附加的被保险人名称、经营地址和经营范围，必要时还要提供产品责任保险原被保险人和增加的被保险人的合同文本，以明确相互的责任范围。

（四）产品召回保险

产品召回是指投放市场的产品，发现由于设计、制造或指示方面的原因，存在缺陷，有可能导致人身安全、财产损失及环境保护问题，制造人必须及时向政府有关部门报告该产品存在的问题、造成问题的原因、改善措施等，并提出召回申请，经批准后对在用产品进行免费修理、更换或退货，以消除缺陷产品对公众安全或环境的威胁。

召回险虽然在国内并不多见,但在国外由来已久,这主要是由于国外的产品召回制度实施较早。1966 年美国制定的《国家交通与机动车安全法》中明确规定汽车制造商有义务召回缺陷汽车,美国 1972 年颁布的《消费者产品安全法案》赋权美国消费品安全委员会对有缺陷的产品发布召回。在其他国家,也有类似的对产品安全有严格规定的法案,如欧洲的《消费者法案行动计划》、澳大利亚的《1990 年消费者事务和公平贸易法案》。我国于 2004 年颁布实施《缺陷汽车产品召回管理规定》,对缺陷汽车进行召回试点。这标志着我国在产品质量安全管理中跨出了实质性一步,也表明我国缺陷产品召回制度开始确立。

产品召回必然会给企业带来成本增加的经营风险,为了有效控制和降低产品召回所产生的巨额费用,及时恢复产品信誉,大多生产厂商通过购买保险来规避风险。产品召回保险是以承保由于被保险产品存在缺陷而导致或可能导致消费者人身伤害或财产损失所引起的召回费用,包括告知费用、运输费用、仓储费用、销毁费用、雇用额外劳动力的费用、员工加班费用、重新配送费用、聘请专业顾问进行危机处理的费用,以及双方约定的其他费用的保险。产品责任保险和产品召回保险有非常紧密的联系,产品召回保险可以作为产品责任保险责任范围的组成部分,但它们之间的区别也是显而易见的:产品责任保险保障的是制造商与经销商在消费者因使用其产品而遭受身体伤害或财产损失时应承担的法律责任,而产品召回保险保障的则是召回的相关费用或损失。

三、产品责任保险的承保

(一)产品责任风险评估与承保条件的确定

保险人在决定承保前,应对投保人的产品及与其有关的情况进行调查,并对调查得来的资料进行分析研究,以估测该项业务的风险大小。在国外,保险人对投保产品的调查非常详细,几乎囊括了一个产品从设计制造至转移到消费者手中的所有环节。一般情况下,保险人以调查表的形式,主要调查以下环节。

1.产品的总体情况

产品的名称、型号、性能及用途,有关产品的详细说明,以及产品的营业额、销售区域等,尽量取得包括所有过去的产品的详细资料。

2.使用的材料

(1)材料的选择方式。

(2)材料从市场上的获得方式。

(3)是否向供货商提供了详细全面的说明。

(4)材料的生产规格。

(5)在材料和部件发现缺陷后是否采取了行动。

(6)有缺陷的材料对产品有何影响。

(7)取得购货时的购货条件和供货商赔偿条款。

3.制造过程

(1)是否进行了加工工序能力评价。

(2)产品生产线是否合理,能否保证原材料、工作流程的正确及能否正确地鉴定产品。

（3）生产工序是否接受客户或其他外部机构的审查。
（4）是否保持正确的卫生标准。

4．质量管理

（1）产品一次生产的批量和数量。
（2）从原材料到完工制造，产品的每个阶段是否都进行了检验。
（3）产品检查的合格率。
（4）检验员的资格、经验。

5．包装或标签

（1）包装材料源于何处。
（2）包装采取哪些方式，是否有利于安全。
（3）谁负责包装，若由外单位进行，采用怎样的管理办法。

6．销售环节

（1）怎样组织市场。
（2）广告会不会因言过其实或错误引导引起索赔。
（3）是否向客户提供咨询。
（4）对产品质量和保证期限是否有明确的担保书。

7．顾客投诉

（1）处理投诉的程序。
（2）消费者怎样投诉有缺陷的设计或某批产品的情况。
（3）被保险人是否能跟踪其已销售产品的去向。
（4）是否采用列表、分析的方法，找出有缺陷产品问题的地区和发展趋势。
（5）是否建立有协调方法，当发现产品缺陷时能将设计与制造工序联系起来，避免重复生产有缺陷产品，并在必要处给予纠正。

8．以往记录

（1）有无投诉，有无产品致损记录。
（2）是否向被保险人要求索赔。
（3）索赔金额及是否落实。

9．其他方面

（1）供应给销售商的产品有没有用来作为生产其他产品的部件。
（2）产品有没有与其他制造商的产品相组合。
（3）有没有其他可能的因素影响风险。

根据上述调查得来的材料，保险人可以分析、预测未来风险趋势，从而做出是否承保及承保条件如何、费率如何制定的决策。

（二）产品责任保险的投保人和被保险人

凡是对产品责任事故造成他人损害负有法律责任的个人或企业都可以投保产品责任保险，投保人通常就是被保险人。在产品责任保险中，投保人提出申请并经保险人同意后，可以将其他有关方也列为保单中的被保险人，如进口商投保时可把本国的批发商、零售商甚至外国的出口商和制造商也列为被保险人,同时可规定在各被保险人之间相互不追偿责任。对产品责任事故负有法律责任的各方中,制造商的风险最大,因为只要其他人没有将产品重新装配、改装、修理、更换包装、改变用途或使用说明书等,产品原有缺陷引起的赔偿责任最终都将追溯到制造商,并由制造商来承担保险责任。

在典型的产品责任保险单中,保险人同意承保因被保险人生产或销售有缺陷的产品造成他人人身伤害和财产损失,依法支付的赔偿金和有关费用。

保险人支付的赔偿金分为人身伤害和财产损失两方面,人身伤害包括疾病或死亡,财产损失是指直接损失。不管哪种损害赔偿,事故发生应具有意外或偶然的性质;对预料之中和必然会发生的事件,保险人是不会承保的。例如,厂方明知月饼的馅里有杂物而继续生产并投放市场由此引起的索赔,保险人理所当然不予负责。此外,事故必须发生在被保险人制造或销售场所以外的地方,而且产品的所有权已转移到消费者或用户。如果事故发生在被保险人的场所,所有权仍属于制造商或销售商,其赔偿责任应属于公众责任保险范围。再者,人身伤害或财产损失必须发生在保险期内,即使索赔在保险期结束后提出,被保险人仍有权得到赔偿。最后,如同其他责任保险单一样,产品责任保险单除了负责人身伤害和财产损失这两种基本责任,还替被保险人支付法律费用及其他有关的合理费用,如诉讼费、事故发生后的抢救费用、验尸或死亡调查的费用。

(三)承保方案的拟订

在认真分析产品的风险等级后,就可以拟订承保方案,内容如下所示。
(1)保险单种类。
(2)投保人名称、地址。
(3)被保险人名称、地址。
(4)投保产品名称、用途。
(5)产品今年预计销售额。
(6)产品销售地区。
(7)赔偿限额(每次事故赔偿限额和累计赔偿限额)。
(8)费率。
(9)免赔率。
(10)司法管辖权。
(11)其他,如追溯期条款、是否需要附加其他条款、是否应加费等。

四、产品责任保险费率的厘定

(一)费率厘定原则及影响因素

1. 费率厘定原则

按照保险经营理论与原则,保险费率的高低取决于保险人所担风险的大小。产品责任保险承保的是各种不同类型的产品,产品的多样化和危险程度的差异性等,都要求保险人对不同的产品制定不同的费率。在厘定费率时,应遵循下列原则。

（1）以产品危险程度、承保条件及承保方式为依据。

（2）协商定费，公平合理，平等互利。

（3）优质优费，先高后低，灵活运用。

（4）将费率作为杠杆，调节保险人与被保险人的关系，并使之成为督促被保险人加强全面质量管理的工具。

2．影响费率的因素

一般在厘定费率时，应考虑下列因素。

（1）产品的特点和可能对人体或财产造成损害的风险大小。

（2）产品数量和产品价格。同类产品的投保数量大、价格高，销售额也高，保险费收入绝对额大，费率就可相对降低。

（3）承保的地区范围，即承保产品的销售地区范围大小。一方面，承保的地区范围大，风险也大，产品责任保险费率较高，如世界范围或出口销售的产品就比国内销售的产品责任风险大；另一方面，承保销往产品责任严格的国家或地区，比其他国家或地区风险大，因为这些国家或地区的索赔金额高，且实行绝对责任制原则，故费率亦高，如出口美国与出口非洲国家的产品责任保险在费率上就应有所区别。

（4）产品制造者的技术水平和质量管理情况。承保人根据产品种类、销售区域并在研究所有承保资料后考虑风险评估结果，最后再确定费率。

（5）赔偿限额的高低。在产品的其他条件相同的情况下，赔偿限额越高，费率越高，因为高限额意味着保险人要承担更高的风险，但限额与费率之间并非成比例增长。

（6）投保产品以往事故（包括召回）记录及赔偿金额，即事故发生率高、赔偿金额大的产品费率高，反之亦然。

综合上述因素，并结合保险人以往经营同类业务的损失赔偿资料和经验，就能厘定出比较合理的保险费率。在实践中，保险人一般事先根据各种类型产品的性能等，将其按照风险大小划分为若干类型，并以此作为确定各具体投保产品的费率。

（二）产品危险程度的划分

产品自身的风险是决定产品责任保险费率的首要因素。根据各种产品的性能及损失概率进行产品风险等级划分，可以将产品分为以下三个。

1．一般风险产品

一般风险产品是指风险小，产生的后果不严重的各种产品。

2．中等风险产品

中等风险产品是指有一定的风险，可能造成一定的损害后果的产品，包括农作物产品、活牲畜、金属制品、橡胶品、工业机械设备等。

3．特别风险产品

特别风险产品是指产品责任风险大，且风险特别的产品，其适用费率较高，如原油、天然气、香烟、雪茄、化学产品、轮胎、石棉产品、武器弹药、内燃机、电梯、家用洗衣机、运输设备、药品、烟花等。

（三）保险费计算及注意事项

产品责任保险保费的计算与赔偿限额的高低和销售额的大小关系极大。产品责任险中的保额就是其赔偿限额。销售额是被保险人在一定时间段内售出品的总计金额。赔偿限额与销售额是承保人在责任险中计算保费的主要依据之一。销售额是计算保费的基础，赔偿限额是参考数字。其保费计算公式为

$$保费 = 销售额 \times 费率$$

产品责任保险可实行预收保险费制，即在签订产品责任保险合同时，按投保生产、销售的全部产品或商品价值计算收费，待保险期满后再根据被保险人在保险期内的实际生产、销售的产品或商品价值计算实际保险费，对预收保费实行多退少补，但实收保险费不得低于保险人规定的最低保险费。

此外，还应注意以下事项。

（1）保险人有权在保险期内要求被保险人提供一定时期内所生产、销售的产品总值的数据，并派员检查被保险人的有关账册或记录，核实上述数据，以保证按规定准确计算保险费。

（2）保险期间，被保险人若生产新产品或改变原有产品的成分用途等，应及时通知保险人，保险人有权选择加收保费或其他方式来维持保单的效力，否则，保险人对该产品引起的产品责任事故不负责任。

（3）中途退保或中途注销保险单可以退费。被保险人中途退保时，已保日期按短期费率计算保险费，已交保险费减去短期费率计算的已保日期保险费的差额皆退还被保险人，保险人也可以在规定时间书面通知被保险人注销保险单，对于已生效期间的保险费，一般按日平均计算，已交保险费扣除保险单已生效期间的保险费后，差额退回被保险人。

五、风险管理与赔偿处理

（一）产品责任保险的风险管理

产品保险的风险管理是指保险人采取防范或控制风险发生的措施的总称，它贯穿于保险经营的全过程，是保险人经营产品责任保险业务的必要手段。产品责任保险中强调加强风险管理，能增强用户或消费者的安全感，使人们放心并安全使用各种产品；督促被保险人安全优质生产，加强其对用户、消费者及公众的责任心；有利于保险人自身效益的提高；减少产品责任诉讼案件，有利于社会秩序的稳定。

产品责任险承保的风险巨大，如何控制、减免风险隐患，达到防灾防损的目的，最大限度地降低发生事故的可能性，是保险经营中的重要一环。保险人可以采取下列措施控制风险。

（1）督促被保险人严格按照产品的技术质量标准进行生产，并将其作为承担保险责任的先决条件。

（2）要求被保险人的各种产品均须备有明确、详细的使用说明书，对其产品的品质、性能、技术指标、使用程序、注意事项给予充分说明，并明确告诉使用者可能出现的危险及禁忌，以此保障广大消费者、使用者安全使用该产品，既可以有效地减少产品事故的发生，又可以在一定程度上免除保险人对被保险人的损害赔偿责任。

（3）要求被保险人将保险期内产品变更及销售情况的变化及时通知保险人，以便重新评估风险，调整承保条件，采取相应的措施来控制新的风险。

（4）审议被保险人的各种产品广告，保证产品广告内容的真实、可靠，谨防虚假广告及不规范广告，以此避免不必要的纠纷或索赔。

（5）建立产品检验或抽查制度，随时掌握被保险产品的质量变化。保险人可以与被保险人联合检验或抽查，也可以委托有关部门或机构进行定期或不定期的产品检验或抽查。

（6）与计量、质检部门及消费者协会保持经常联系，随时掌握上述部门反馈的产品及产品责任事故信息，并协同开展社会化的产品风险管理。

（7）运用赔偿限额、免赔额及保险费率来促使被保险人加强产品质量管理。

（8）做好产品责任保险的承保、理赔及各种产品责任事故的统计分析工作，逐步积累自己的业务资料，并从中摸索出产品责任风险的一般规律，为有的放矢地开展风险管理提供科学依据。

（9）充分运用分保手段，将产品责任保险的风险控制在自己承保能力的限度内，以此达到稳定财务并使产品责任保险业务健康发展的目的。

（二）产品责任保险的赔偿处理

产品责任保险的赔偿要与其业务承保或续保相适应，即看其是以索赔提出为前提，还是以事故发生为前提。

产品责任保险的理赔工作要经过以下程序。

1. 受理案件

承保人接到被保险人的出险报告后应要求被保险人填写出险通知书，然后查出保单及批单并立案编号。

2. 责任审定

责任审定即核对承保方式、承保区域和司法管辖范围；核查肇事产品是否属于保险产品，并根据保单条款及批单内容，确定保单是否有效。

3. 查勘检验

承保人接到报案后，或自己派员或请被保险人或代理人（如保险事故发生在国外）到现场查勘检验或与被害人接触，以证实事故的发生及损害的后果，要确认肇事产品是否为承保产品。此外，要注意了解受害人是否有使用产品不当的过错，产品事故是否发生在产品保质期或安全使用期以内。

4. 取证

承保公司必须要求被保险人和受害人提供有关资料，如有伤残事故则需提供有资格证明的医院所出具的证明和医疗费用凭证。承保人在必要时也要对损失程度进行鉴定。

5. 赔偿处理

根据具体情况，承保人或受害人议定赔偿数额赔付结案，或委请律师准备辩诉材料以诉讼方式解决。

某公司人身保险索赔案

生产升降机设备的 A 公司向保险公司投保产品责任险。期间，某粮库工作人员 B 在使用 A 公司出产的升降机维修粮库时，由于升降机侧翻，不幸从八米多高处摔下，致使颅骨骨折、脑部损伤，花费治疗费用十万余元。

A 公司据此向保险公司索赔，保险公司接到报案后即派人对现场进行了查勘，发现升降机的底部安全止推没有展开，并且事故现场地面有 25 度的坡度，属于明显的操作不当，应予拒赔。B 向 A 公司索赔，A 公司认为在保险公司同意赔偿之前，自己不会赔偿。因此，B 向法院直接起诉保险公司，要求赔偿 10 万元。

原告代理人称，依据《保险法》第六十五条的规定，保险公司可以直接向第三者支付保险赔偿金。因此，既然法律规定保险人有直接向第三者赔偿保险金的义务，那么，原告就有权起诉保险公司并享有向保险公司请求直接赔偿的权利。

保险公司则认为，原告混淆了两种不同的法律关系，即损害赔偿关系和保险赔偿关系。原告和 A 公司之间属民事侵权法律关系，而 A 公司与保险公司之间则是保险合同法律关系。保险公司既非侵权责任人，原告也非合同当事人，保险公司与原告之间无任何法律关系。因此，将保险公司列为被告没有任何法律依据。

此外，《保险法》第六十五条只是规定了保险人可以直接向第三人赔偿，而非规定第三人有权直接向保险人索赔，只有在法律规定或者合同约定的前提下，第三者才可以对保险人直接提出索赔。本案原告与 A 公司之间的《产品责任险保险条款》中没有约定第三人可以向保险人直接索赔。同时，保险公司也提出本起事故是原告操作不当引起的，不属于产品责任问题，保险公司不应承担赔偿责任。

一审法院审理后认为，根据《保险法》第六十五条之规定，原告有权向保险公司索赔，保险公司主张事故属于原告违规操作所致证据不足，不予采信。一审法院判决被告（保险人）承担原告（第三人）损失 10 万元。

虽然责任保险第三者不受合同的直接保障，可是间接上享受合同约定的利益。责任保险发展的潮流是以保护第三者受害方的利益为目的，责任保险的公益性也日渐突出。

分析

从中国《保险法》第六十五条的立法本意来看，该条虽然承认第三者可以依法请求保险人给付保险金，但并未明确第三者对保险人的直接请求权。由于本案《产品责任险保险条款》没有约定第三者有权直接向保险人索赔，第三者依法不享有直接请求权。

但从另一方面讲，虽然责任保险第三者不受合同的直接保障，可是间接上享受合同约定的利益。责任保险虽以被保险人的赔偿责任为前提，但保险人仅以责任的终结裁判而不一定要求被保险人实际已经支付了第三者经济赔偿金为前提。从保护第三者的利益出发，如果第三者能得到责任保险的直接索赔权，那么就可以避免被保险人逃避或延期对第三者赔偿的风险。第三者在获得保险赔偿后可就不足部分再向被保险人索偿。

责任保险发展的潮流是以保护第三者受害方的利益为目的，责任保险的公益性也日渐突出。责任保险中的第三人直接请求权势必将会得到法律的认可，目前中国的立法进程已显示出这种趋势，责任保险的第三者直接请求权正日益得到肯定和加强，如《民用航空法》第一百六十八条规定了第三者受害方对保险人的不附抗辩事由的直接请求权，以及《海事诉讼特别程序法》第九十七条规定了对船舶造成油污损害的赔偿请求，受损害人可以直接向承担船舶所有人油污损害责任的保险人提出。

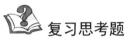

复习思考题

1. 什么是产品责任？产品责任的构成要件有哪些？
2. 如何区别产品责任与产品质量违约责任？
3. 产品缺陷的种类有哪些？
4. 简述产品责任保险的特点。
5. 产品责任保险与产品质量保证保险的区别有哪些？
6. 产品责任保险费率厘定的影响因素有哪些？
7. 一青年在家中因啤酒瓶爆裂致死，其家属无法证明啤酒瓶属自爆。

问：

（1）啤酒瓶供应商生产的玻璃啤酒瓶是否存在缺陷？如何判定产品的缺陷？

（2）如果啤酒生产厂家投保了产品责任保险，该青年受害者家属是否能间接从保险公司处获得赔偿？为什么？

8. 某三岁男孩在吃 A 厂生产的果冻时被噎住，窒息后昏迷两个小时，经抢救无效死亡。男孩父母将果冻的经销商、生产厂家一并告上法庭。

问：

（1）根据法律，法院会判决受害者家属胜诉吗？为什么？

（2）如果法院判受害者家属胜诉，销售商和生产厂家都应该承担责任吗？其承担什么责任？如何承担？

（3）如果果冻生产厂家投保了产品责任保险，在法院判生产厂家赔偿的情况下，保险公司负责赔偿吗？为什么？

参 考 文 献

1. 孙祁祥. 保险学[M]. 北京：北京大学出版社，1996.
2. 张洪涛，郑功成. 保险学[M]. 北京：中国人民大学出版社，2004.
3. 钟明. 保险学[M]. 上海：上海财经大学出版社，2006.
4. 吴百福. 国际货运风险与保险[M]. 北京：对外经济贸易大学出版社，2002.
5. HARRINGTON S E，NIEHAUS G R. 风险管理与保险[M]. 陈秉正，王珺，周伏平，译. 北京：清华大学出版社，2001.
6. 申曙光. 现代保险学教程[M]. 北京：高等教育出版社，2008.
7. 顾寒梅，张华. 国际货物运输保险理论与实务[M]. 北京：中国物资出版社，2005.
8. 池小萍. 保险学案例[M]. 北京：中国财政经济出版社，2008.
9. 曾立新. 海上保险学[M]. 北京：对外经济贸易大学出版社，2001.
10. 周伏平. 个人风险管理与保险规划[M]. 北京：中信出版社，2004.
11. 孙祁祥，郑伟，等. 中国保险业发展报告[M]. 北京：北京大学出版社，2019.